クオン
人文・社会シリーズ
07

植民地朝鮮における日本の同化政策
1910〜1945年

Mark E. Caprio　マーク・カプリオ[著]

福井昌子[訳]

CUON

クオン
人文・社会シリーズ

植民地朝鮮における日本の同化政策
1910〜1945年

Mark E. Caprio　マーク・カプリオ［著］

福井昌子［訳］

CUON

Japanese Assimilation Policies in Colonial Korea, 1910-1945
By
Mark E. Caprio

Copyright 2009 by Mark E. Caprio

Japanese translation rights arranged with University of Washington Press by author

謝辞

　私がこの研究のために調査を始めたのは1994年、ワシントン大学の博士課程に在籍し、ジェームズ・パレ教授の指導を受けていたころだった。パレ教授は時間を惜しみなく割いてくれ、的確な助言と指摘を与えてくださった。教授の影響はこの論文の端々にうかがえる。教授は2006年に他界されたが、存命中に本書を上梓できなかったことが最大の心残りである。教授の遺訓は、その教えや実例を通して学生に注ぎこまれた、全身全霊を傾けた本物の知識に息づいている。

　また、クラーク・ソレンセン氏にもお世話になった。研究の方向性がほぼ固まったのは、ソレンセン氏が重要な文献を教えてくれたおかげだ。その後、貴重なコメントもいただいている。ウィルトン・フォウラー、ケント・ガイ、ケネス・パイルの各氏から有用な助言を得たことにも感謝したい。大学在籍中は、ジョージ・ベックマン、ハーバート・ビックス、スーザン・ハンレー、ローリー・シアーズ、山村耕造各氏の講義を受け、日本と植民地の歴史に関する知識を得ることができた。ハーバード大学でオーランド・パターソン氏の講義を聴講し、米国で起きているさまざまな人種問題に接することができた。

　日本および韓国の多彩な研究者がご教示くださったことにも深く感謝したい。とくに、五十嵐暁郎、青木敦子、フランク・ボールドウィン、林哲、小林英夫、海野福寿、木村健二、後藤健一、水野直樹、リ・ジョンチャン、キム・ジョンセプ、パク・タギュン、山田昭次、ス・スン、荒野泰典、杉田米行、ハ・ヨンチョル、小代有希

子の各氏である。その他、リオネル・バビッツ、クリスティン・デネヒー、カーター・エッカート、ヒュン・グリム、アン・ヘイラン、クリスティン・キム、レオ・マツザキ、ヒュン・イルパ、イゴール・サヴェリエフ、ジュン・ウチダ、ドン・ウォンモなど多くの方々が、この研究がまとまるまでの山あり谷ありの長い道程が順調に進むように手を貸してくださった。1940年代初めの日本での日々について、食事をしながらお聞きしたナム・キム・ワグナー夫人の記憶からは、とりわけ深い啓発を受けた。また、アレクシス・ダッデン、スンジョ・キム、マーク・リンシコム、ハリー・レイ、その他匿名のお2人の査読者が論文の全部あるいは一部にコメントしてくれたことにもお礼を述べたい。本書に不備があるとすれば、その責任はすべて私にあることはいうまでもない。

　この研究が非常に豊かなものになったのは、韓国国際交流財団の助成を得て、ハーバード大学の大学院生として数年を過ごすことができたからである。ワシントン大学、ハーバード大学、立教大学、国立国会図書館、文化センターアリランの司書の方々は、私が有益な資料を見つけられるように随分とお手伝いくださった。東京にある朝鮮史研究会と日本植民地研究会、ソウルにある韓国医学史学会、ワシントン大学朝鮮研究所、ハーバード大学朝鮮研究所、ハワイ大学朝鮮研究センター、ウェールズにあるアベリストウィス大学で行なった私の報告を聞いた方々は、朝鮮が経験した日本の支配についての私の一考に建設的なコメントを寄せてくれた。

　今回の翻訳版は、英語版の原書を出版して8年経ってから出版するものであるため、本研究の内容を補足・見直し、筆者が見逃していた参考文献の記述を加えるべく改め、時間をかけて再考し、2009年以降に行なわれた新たな研究を加筆している。植民地研究全般、とくに朝鮮の植民地化をめぐって本書では、物議を醸しているこの

歴史をより広い視点で捉えた多数の新しい研究を取り上げた。日本では、2010年に日韓併合100年という節目を迎え、朝鮮研究がとくに盛んになった。韓国においては、「屈辱の時代」の残滓を正すために2004年に法律が制定されてから、親日的な協力者をまとめる文献の出版が相次いだ。またより残念であるのは、こうした事情のゆえに歴史研究が国家主義的な色を帯びることになり、歴史学者らが歴史学というよりはむしろ「国史」という狭い領域でその見解を発表せねばならないように圧力を感じたことだ。この傾向は、韓国と日本とのギャップを解消するのではなく、深める方向に向かわせ、長引かせるという残念な結果しかもたらさない。

　この日本語版の翻訳は福井昌子さんによるものである。補足部分の翻訳は五十嵐暁郎さんによるが、彼はまた草稿を読み、修正のために有効なコメントもしてくれた。水野直樹さんと林哲さんも草稿を練り上げるために効果的な助言をしてくれた。本書を編集してくれたのは黒田貴史さんである。伊藤エドワードさんは索引を作成してくれた。最後になったが、この日本語版の出版を実現してくださったのはクオンの金承福社長やスタッフのみなさんのお力による。日本語版を実現するためにご尽力いただいたみなさんに心からの感謝をおくりたい。

◎植民地朝鮮における日本の同化政策　もくじ◎

謝辞　3

はじめに

植民地統治機構による決定　9

本書の構成　13

内国、周辺、国外への植民地拡大　17

日本の拡大と同化　30

第Ⅰ章　西洋の同化政策……………………………………………………45

植民地政策としての同化　48

同化の動機　66

同化のツール：「未開人」を教育する　71

周辺領土の人民を想像する　80

支配される人びととの反応　88

結論　96

第Ⅱ章　日本による内国的同化および周辺的同化の発展…………99

岩倉使節団と日本の内国的領土拡大　102

明治時代初期における周辺植民地の拡大　120

台湾併合：レトリックと実践　136

結論　153

第Ⅲ章　朝鮮同化政策の構築………………………………………………155

朝鮮同化の正当化　157

朝鮮のイメージを形成する　163

軍事統治下における日本の教育政策　174

社会教育と『毎日申報』　187

結論　201

第Ⅳ章　3月1日以降の政策改革と同化政策 ……………………… 203

同化政策に対する課題　206
朝鮮人に対するイメージの確定　219
原敬、齋藤實、文化政治　222
日本人と朝鮮人との共学への歩み　231
社会的、政治的参加　239
結論　246

第Ⅴ章　戦時中の急進的な同化政策 …………………… 249

暗雲立ちこめるなかに現れた楽観主義の兆し　251
内鮮一体を強化する動き　255
「国民教育」と内鮮一体強化政策　266
日本人から見た戦時中の朝鮮人のイメージ　279
結論　292

第Ⅵ章　日本の同化政策に対する朝鮮からの批判 …………………… 293

日本の同化政策に対する朝鮮人の反応　296
文化的民族主義者による同化批判　299
朝鮮人「対日協力者」の批判　315
結論　336

終章　周辺植民地化を評価する ………………… 339

同化に向けた慎重な歩み　341
日本の同化政策における失策と過失　346
周辺民族の同化　358

参考文献　363
索引　394

凡例
本文中には、本論文が対象とする時期に用いられていたものの、現在では
差別的とされる語や表現が使われている。差別的な語や表現については、
引用文については原文のまま記載し、本文中に単語のみ使用する場合には
「　」を付した。

はじめに

植民地統治機構による決定

朝鮮総督府が発行していた月刊誌『朝鮮』の1940年3月号に、息子をもつ朝鮮人の投書が掲載された。3ページという短いながらも自信に満ちあふれたその投書は、「長男は志願兵になった[1]」という一文で始まっていた。この父親が自信をもったのは、息子の志願だけがその理由ではなかった。息子の成功に、同胞である朝鮮人の成功を重ね合わせていたからである。2年前、大日本帝国政府が志願兵として帝国に貢献するという特権を朝鮮人男子に認める法律を施行してから、帝国における朝鮮人の地位が向上していた。一部の朝鮮人にとって、この変化は、朝鮮人を同化するために日本の植民地政策として掲げられていた文言とその施策を一致させるために日本がようやく踏み出した重要な一歩であった。[2]宮田節子が表現した

1　曺秉相、「志願兵を子に持ちて」、『朝鮮』（1940年3月）、61〜63頁。曺の次男は学徒兵として入隊した（学徒出陣）。曺については김영진編『반민자대공판기　제1집』、한풍출판사、1986年)、89. Kyeong-Hee Choi は自著 "Another Layer of the Pro-Japanese Literature: Ch'oe Chŏnghŭi's 'The Wild Chrysanthemum", (*Poetica* 52), 1999, 61-87 で、妥協された愛国主義（compromised nationalism）について論じている。

2　朝鮮人はそれまで、「志願」（義勇）通訳や「志願」運転手として帝国軍で仕えていた。1932年の上海事変の際は約200人の朝鮮人が従事している。1938年以降は日本軍に義勇兵として、1944年以降は徴兵されて軍務に就いた。戦中は15万4907人の朝鮮人が従軍し、6377人が戦死した。樋口雄一『皇軍兵士にされた朝鮮人』（社会評論社、1992年）、12〜13、16頁。朝鮮総督府の資料によると、1938年、朝鮮人義勇軍の400人の募集に対し、3000人の朝鮮人が志願したという。1942年になると、帝国軍は25万に上る志願を受けつけた。『朝鮮統治と皇民錬成の進展』、日帝下支配政策資料集17巻, 辛珠柏（編）（ソウル：高麗書林、1993年）, 701頁。

ように、朝鮮人は「差別からの脱出」を実現できたのだろうか[3]。

　京城（現在のソウル）で警防団長を務め、朝鮮総督府の中枢院参議でもあった曺秉相は、この投稿の中で２つのことをくり返し強調していた。１つ目は、帝国軍に志願するよう長男に勧めたことだ。曺秉相は、自ら犠牲を払うことによって、親族を中心とする伝統的な朝鮮社会から決別したことを示したのだった。この行為の重みをつぶさに説明する必要はなかった。彼の投稿を読んだ日本と朝鮮の人びとは、どちらも伝統的に儒教になじんでいたことから、彼が「長男」とくり返すだけで、その犠牲の大きさを理解したからである。朝鮮半島が併合されてからずっと、日本人は、日本と朝鮮に共通していたこの伝統を利用して、朝鮮人の同化は容易だと主張していた。

　曺秉相は、息子の志願を公表すれば、日本人の読者は、この犠牲が朝鮮人のあいだに広まっていた傾向を示したことに納得するだろうと考えていた。すなわち、このことは朝鮮人が伝統（一族／親族）よりも近代（国民／帝国）を受け入れていることの表れだった。この犠牲が例外などではなく、朝鮮人に浸透しつつある慣例だと日本人が納得することを期待したのである。曺秉相は、この方向転換は朝鮮半島が併合されたときに始まったと説明した。当時のすべての朝鮮人がそのように認識していたわけではなかったが、1910 年に日本が朝鮮半島を併合したことによって、この国は、それまで向かっていた「さびしい」路線から方向転換をしたのである。併合されたことによって、朝鮮人は３つのグループに分裂した。３つとは、「本当の日本人」にしてやるという日本人の言葉を信じた親日派と、民族自決による独立を追求することによってのみ朝鮮は救われると信じた反日派、この２つの極端な思想に挟まれて灰色的な存在となった朝鮮人である[4]。曺秉相によると、1931 年９月の満州事変以

降、世論は日本寄りになっていった。反日派の朝鮮人の多くは中立的な集団へと変わっていき、中立的な集団は親日派の感情に同調していった。1937年7月の盧溝橋事件を機に、この傾向は一層顕著になった。曹秉相は、朝鮮人がその愛国心と日本帝国の使命とを結びつけようとしたことは、このような変化から明らかだと強く主張した。

　この結論から曹秉相が指摘した2つ目の点は、日本人は、朝鮮人がこの使命を支持していたことを認めるべきだということだった。彼は、朝鮮人の「真の欲求」は本当の日本人になることだと暴露したのである。つまり、最終的には、半島民と内地人によってより偉大な日本人という存在が構成されるという対等な構成要素となることを期待したのだ。曹秉相は、自分の願望は個々の朝鮮人の単なる願望に留まるものではなく、「半島民全部の声」を反映させたものだと信じていた。朝鮮人の青年に帝国防衛の責務を任せることによって、大日本帝国は「内鮮一体の実現」に向けた重要な一歩を踏み出した。日本人に対する曹秉相の問いかけは微妙な表現ではあるが、明らかだった。朝鮮人は責務を果たしている。日本人には朝鮮人を対等な相手として認める心積もりがはたしてあるのか？　この結論は、単に日本人が朝鮮人を同化するというに留まらない、より広い状況に適用される方針に本質的なものだとして、曹秉相が韓国併合を支持したことも示していた。彼はむしろ、両民族の融合を朝鮮と日本のより大きな結びつきとして思い描いたのである。大日本帝国の朝鮮総督府は、「大日本帝国と朝鮮が一体化する可能性を現実のものとする」ために、両民族の共存共栄の実現という目的にい

3　宮田節子『朝鮮民衆と「皇民化」政策』（未来社、1985年）、136頁。

4　曹によるこの極端なグループ化は、申基旭による汎アジア系と独立志向の国粋主義グループにあたるものである。Gi-Wook Shin, *Ethnic Nationalism in Korea: Genealogy, Politics, and Legacy*, (Stanford, Calif.: *Stanford University Press*, 2006), chapter 1.

たることを曹秉相は読者に指摘したのだった。[5]

　日本の同化政策を支持していた他の朝鮮人たちも、同じ問題について考えた。曹秉相と同じく、彼らは、日本が朝鮮人の入隊を認めるという決定を前向きな姿勢の証として歓迎した。19世紀後半における朝鮮改革運動の旗手であった尹致昊（ユン・チ・ホ）は、戦時中の日本の政策に朝鮮人をかかわらせるべく積極的に活動した。彼は、帝国軍に仕える朝鮮人青年を募集し、その壮行会に顔を出し、戦線を生き延びた兵士が帰国した際には彼らを出迎えた。[6] 朝鮮語新聞『毎日申報』に入社する前、1919年2月に東京で開かれた独立宣言大会の開催に尽力した徐椿（ソ・チュン）も日本が朝鮮人の帝国軍入隊を認めたことに発奮した。彼は1942年、朝鮮人青年を大日本帝国の国民皆兵制度の対象とするという決定を聞いた朝鮮人の「感激」について記事を書いている。[7]

　2人には、日本人はこの熱い気持ちを共有しているのだろうかという曹秉相の不安が伝わってきた。支配者側は、併合以来朝鮮人が払ってきた犠牲と、朝鮮人によって達成された発展を認識していたのだろうか？　1939年7月、尹致昊は、豪奢な朝鮮ホテルで行なわれた内鮮一体についての座談会に出席した際、この懸念をとり上げた。1939年7月3日の日記で、彼は支配者たちへの助言を簡潔にまとめている。それは、日本は差別政策をやめるべきだが、朝鮮人は日本人の尊敬を得るべく努力しなければならない、ということだった。この助言は、日本人は朝鮮人に責任ある地位を任せることができなかったことをうかがわせる。一般的に言えば、朝鮮人には「強い責任感がなく、公共心に欠け」てはいるものの、「（ある）朝鮮人が日本人と同じく効率的な人間だとわかれば、その者に対する差別はなくさねばならな」かった。[8] 程度の差はあれ、すべての朝鮮人が「帝国軍兵士」であると考えていた徐椿は、「聖業」つまり大

東亜共栄圏［欧米の植民地支配に代わり、アジア地域に共存共栄の新秩序を
構築するという日本のアジア政策構想］の構築のために、日本人兵士に
劣らない精兵であることを身を持って示すよう朝鮮人に呼びかけ
た。

　朝鮮人の同化には適切な方針をもって行なうという日本の横柄な
公約を支持するために、日本人のこの取り組みを支持した朝鮮人は
少なかったが、本研究にとってこの反応は重要だ。大半の朝鮮人は
曺秉相の「声」に共感せず、自分たちを帝国軍兵士であるとは少し
も考えていなかった。満州事変が日朝関係に肯定的な影響をおよぼ
したのはたしかだが、同化を呼びかける日本に対して、多くの人は
その政策や日本の存在にささやかな抵抗を続けていた。同化政策の
対象となった朝鮮人の声は、反対であれ賛成であれ、朝鮮における
日本の同化政策をわれわれが理解し、評価するにあたって重要な視
点を提示している。

本書の構成

　本書は、日本の同化政策を広く歴史的な例に照らしながら、次の
ような問いに答えようとするとするものである。第1に、日本が植

5　曺、「志願兵を子に持ちて」、61、62頁。

6　拙著 "Loyal Patriot or Traitorous Collaborator? Reassessing Yun Ch'iho's Colonial Activities
　 in Contemporary Japan-Korea Relations", *Journal of Colonialism and Colonial History*
　 (e-journal, December 2006) で、尹致昊に対する非難について論じている。クーン・デ・カー
　 ステルは朝鮮人による協力について幅広くとりあげている (Koen De Ceuster, "The Nation
　 Exorcised: The Historiography of Collaboration in South Korea" (*Korean Studies* 25, no. 2
　 (2001): 207-42)。批判的な評価については、반민족문제연구소 (編)、『친일파 99인』、돌베개、
　 2002 全3巻を参照のこと。

7　徐椿「徴兵制実施と半島人の感激」(『朝鮮』、1942年7月)、55〜57頁。

8　尹致昊『尹致昊日記』11巻 (1939年7月3日) (ソウル：國史編纂委員會 (1986年)、196頁。

9　徐椿，「徴兵制実施と半島人の感激」、56頁。

はじめに　13

民地支配として同化政策を選択したのはどのような影響によるものだったのか。この問題について本書は、日本が外国の土地を帝国に編入しはじめた当時、植民地の状況をどのように見ていたのか、を検証する。すなわち、ヨーロッパが外国の領地をそれぞれの帝国に吸収するようになる以前の植民地の状態を日本がどのように観察していたか、という問題である。それぞれの植民地支配にどのような長所、短所があると見ていたのだろうか。日本が置かれていた状況はどのように異なっていたのだろうか。

　これらの疑問にたいする答えは、主にイギリス、フランス、ドイツの植民地支配についての本やその他の印刷物に書かれているものから収集することができる。この点に関しては、日本人が海外視察中に獲得した植民地統治についての知識も考察する。そうした海外旅行には岩倉使節団のように長期にわたる視察もあった。この使節団には、のちに中国が台湾を日本に割譲したときに総理大臣であった伊藤博文のような人物も含まれていた。

　第2に考察するのは、1910年に朝鮮半島を併合する以前に日本が行なった同化の実験である。本書では、劣っていると見なされた文化にたいする支配的な文化の普及と定義される、より広義の植民活動が考察される。この「内国植民地主義」(internal colonial rule)は、19世紀後半のドイツやイタリアの統一政策のように多くのヨーロッパ諸国で見られた国家統合と同様のものであり、南北戦争後のアメリカ合衆国再建でも見られたものである。隣接した領土の併合である「周辺植民地支配」(peripheral colonial rule)は日本がもっとも注目したものであった。その例は、フランスのアルジェリアやドイツのアルザス、ロレーヌ、大英帝国のスコットランド、ウェールズ、アイルランドに認められる。第3のレベルである「国外植民地支配」(external colonial rule)は、西欧列強によるアフリカおよびアジア

諸国への侵略の歴史を反映している。以上3つのレベルを分けるの
は、宗主国が植民地をどの程度まで同化しようとしているか——
強度の「内国」レベルから最小限（あるいはまったくの）「国外」レベ
ルまで——による。

　第Ⅱ章では、日本の植民地主義にもどって、1910年までの日本
の歴史をたどる。最初に考察するのはロシアの探検家が蝦夷やその
周辺諸島にやって来るようになった18世紀後半に形成されはじめ
た江戸時代の膨張思想である。誕生間もない維新政府が2つのレベ
ルで植民地支配に取り組むようになった1868年からダイナミック
な変化が生じた。維新政府は、内国レベルにおいては江戸時代の領
地を新しく中央集権化された文化と政治の下に置こうとした。ま
た、周辺レベルにおいては、蝦夷もふくめて新たに獲得した琉球諸
島、のちに台湾を統合した。これらの実験によって生み出された政
策は、変化したものもふくめて、1910年の併合後の朝鮮で実行さ
れた政策に影響を与えた。

　以上の2つの章は本書の主題、すなわちその後の35年間にわ
たって日本が朝鮮で行なった同化政策にとって重要な背景を説明し
ている。日本は同化政策が複雑な要因をともなうことを認識すると
同時に、帝国の臣民の社会的地位についての効果を考えると教育こ
そがもっとも重要であることを理解していた。朝鮮人にたいする日
本の教育政策を（本国における、また朝鮮における）日本人にたいする
それと比較すると、朝鮮人が帝国の構造のなかでどのような地位を
占めることになると日本人が考えていたかが分かる。

　日本人が完全な同化を説いたところで、日本の教育制度と期間も
内容も異なる朝鮮の教育制度が植民地の臣民をそうした目標に導く
ことを期待できただろうか。教育制度にみられるこのような違いは
生活環境や雇用、賃金における格差をどのように反映していただ

はじめに　15

ろうか。三一運動（1919 年）後の改革や 1937 年の「内鮮一体」運動は、漸進的な同化運動を急進的なそれに変えることを意味したが、こうした格差をどの程度修正しただろうか。

　最後に、本書は日本の同化政策にたいする朝鮮人の反応を考察する。まず、1920 年改革で許可された朝鮮の新聞紙上の反日の声に表れた反応を手短に概観する。こうした声は、朝鮮人を日本人にすることを誓うというような政策の非常識を批判していることは想像にかたくない。興味深いのは、日本の植民地政策に利点を見出した、つまり日本による植民地化を受け入れた朝鮮人による批判である。彼らの批判は、日本人が朝鮮人を同国人として受け入れることを躊躇している、というように植民地政策の欠点を突いているのである。

　本書の結論として、植民地政策に対して日本と朝鮮の同化を推進する日本人の文言に内在する矛盾を考察する。日本の植民地政策はさまざまな点で民族的統合と食い違っているのである。同化におけるこの矛盾した側面は、日本の場合であれ他の国の同化政策であれ、周辺植民地化の多くの場合に現れているのである。他の諸国が失敗したにもかかわらず日本は成功したというならば、日本人は果たしてヨーロッパの同化政策を正確に理解していただろうか。フランスやドイツが周辺植民地に対して民族的アイデンティティを捨てることを求めた完全な文化的同化は、日本の朝鮮にたいするアプローチとまったく同じものだっただろうか。英国が行なった政治的な同化、すなわち外国の文化を強制することなしに代表権を与えるという方がより効果的だったのではないか。35 年間の日本の朝鮮統治は積極的な結果を期待するには短かすぎたというならば、日本の朝鮮統治はアジア太平洋戦争を生き延びることができただろうか。日本がその文言を実行可能な政策手段と真に調和させることを

妨げたものがあったのだろうか。

内国、周辺、国外への植民地拡大

　新たな領土を併合する際に日本が選ばねばならなかった最も重要な選択肢とは、新たな支配対象を統治する組織についてだった。当時、植民地の学者や官僚たちは、一般的に支配国がもつ選択肢とは、フランス式の直接支配（同化）かイギリス式の間接支配（連合）のどちらを選ぶかだと考えていた。この違いは、それぞれの国家らしい選択であったように見える。しかし、より正確には、植民地支配をする側と支配される側の関係に基づいていた。フランスやイギリスを含む宗主国は、植民地の人びとと地理的にも人種的にも近いことを根拠として統治にかかわる決定を下している。

　ここでの問題は、「支配される側」のイメージだ。とくに、「植民地化された」領土を成り立たせるものとは何かである。「植民地化される」のはどの国民だろうか？　植民地に関する歴史文献を一読すれば、この問題に対する回答を決定するのは現代における地政学であることがわかる。解放された諸国家はかつて植民地支配されていたが、合併された諸地域はそうではなかった。他の国家の一部に留まる領土は、一般的にこうした議論の対象にはならない。イギリスの歴史研究に照らせば、解放されたインドやビルマはかつて植民地支配されていたが、ウェールズとスコットランドはそうではなかった。[10]日本に関して言えば、朝鮮と台湾はかつて植民地として支配されていたが、沖縄と北海道はそうではなかった。「植民地支配

10 Lawrence JamesのThe Rise and Fall of the British Empire (London, Little Brown, 1994)は、インド、エジプト、南アフリカ、白人による植民地（カナダ、オーストラリア、ニュージーランド）に関して個別の章を設けているが、アイルランド、スコットランド、ウェールズに関しては数ページを割いているのみである。

はじめに　17

された人びと」の伝統的なイメージには、征服者とは人種と文化が異なる人びという別の要素がかかわる。たとえばブルース・カミングス（Bruce Cumings）は、日本の朝鮮支配は人種的、文化的によく似た人びとを支配したという点で独特だったと指摘している[11]。日本が朝鮮を（植民地支配ではなく）統合することができた主な理由として、日本人がくり返し指摘したのは、朝鮮人との類似性だった。この指摘は、日本はヨーロッパの植民地支配者とは違うという当時の保守主義者らによる主張の柱である[12]。これは、より含みをもたせた「植民地支配」の定義が必要とされていることを示している。

　日本の場合は同化であるが、植民地政策を「融合」と定義すると、植民地支配者はどのような意味になるのだろうか。支配された人びとを、本土に統合された一地域の人びととして、「植民地にいる人びと」から進歩したものとみなしていたのだろうか。同化の定義として、「ある個人ないし集団が、他の個人や集団の感情や態度を取得し、その経験や伝統を共有するにいたり、同質的な文化単位にもたらさせる過程[13]」というものがある。この定義には、植民地という状況において前提とされる階級的な関係性が欠けている。その関係性とは、アングロ人とケルト人の場合のような政治的な階級関係、あるいはフランスの場合のような文化的な階級関係である。両方の関係性を検討した結果、日本は後者の関係性に落ち着いた。石田雄は、フランスにおける同化の本質は「普遍主義」であり、日本の「同文同種」のような同化政策とは違うと指摘する[14]。だが、いずれにおいても、イギリスの場合と同じように、植民地とした土地の人びとを劣った存在とみなしている。このプロセスは、強者の立場に立つ民族がその政策や伝統、文化を弱者の立場に立つ民族に押しつけようとする力関係の一部として、同化の定義に反映されている。融合は、同化を謳いながら実際に図るのは異化であるという

矛盾を特徴として描かれることが多い[15]。アイヌ民族の同化について
執筆した竹ヶ原幸朗は、この矛盾を「近代日本の天皇制国家の政策
の基本的特質はアイヌの〈日本人〉化を強制するとともに、一方で
は、アイヌであるが故に〈日本人〉社会から排除するという二重の
差別構造を内在化した同化（主義）政策と規定できよう[16]」と表現し
ている。宮田節子は同化政策を「朝鮮人をより『完全なる日本人』
たらしめようとする支配者の『皇民化要求の極限化』と、朝鮮人の
皇民化の度合との矛盾・乖離の中から誕生したもの[17]」とつけ加えて
いる。この乖離は、植民地支配者の文化と伝統が優先されて自分た

11 Bruce Cumings, *The Origins of the Korean War: Liberation and the Emergence of Separate Regimes, 1945-1947* (Princeton, N.J.: Princeton University Press, 1981), 7（ブルース・カミングス「解放と南北分断体制の出現：1945 年―1947 年」（『朝鮮戦争の起源 (1)』、明石書店、2012 年）。以下も参照のこと。Gregory Henderson, *Korea: The Politics of the Vortex* (Cambridge, Mass.: Harvard University Press, 1968), 72（グレゴリー・ヘンダーソン『朝鮮の政治社会：朝鮮現代史を比較政治学的に初解明：渦巻型構造の分析』（サイマル出版、1973 年））。Carter J. Eckert, Ki-baik Lee, Young Ick Lew, Michael Robinson, and Edward W. Wagner, *Korea Old and New: A History* (Cambridge, Mass.: Harvard University Press, 1990), 256. 日本の歴史学者によるものであれば、江口圭一『日本帝国主義史研究』（青木書店、1998 年）、31、122 頁。カミングスは後に、*Korea's Place in the Sun : A Modern History* (New York: W. W. Norton, 1997), 140（『現代朝鮮の歴史：世界のなかの朝鮮』、明石書店、2003 年）で、英国とアイルランドとの関係性についての類似点を提起している。

12 筆者は、"New Interpretations of Japan's Annexation of Korea: A Conservative Agenda Groping for "Normalcy"" *Acta Koreana* 13, no. 1 (2010): 113-34 においてそうした議論を分析している。

13 福武直樹ほか「社会学事典」。石田雄が『「同化」政策と創られた観念としての「日本」(上)』（「思想」892、1998 年 10 月、49 頁）に引用した。

14 石田雄『「同化」政策と創られた観念としての「日本」(下)』（「思想」893 号、1998 年 11 月）161 頁。

15 たとえば、石田雄『「同化」政策と創られた観念としての「日本」(上)』（「思想」892 号、1998 年 10 月）50 頁、駒込武『植民地帝国日本の文化統合』（岩波書店、1996 年）21 頁。崔錫榮『일제 동화이데올로기의 창출』（書景文化社、1997 年、349 頁）；Leo T. S. Chung, *Becoming Japanese: Colonial Taiwan and the Politics of Identity Formation*, 5; Nayoung Aimee Kwon, *Intimate Empire: Collaboration & Modernity in Korea and Japan* (Durham, NC: Duke University Press, 2015).

16 竹ヶ原幸朗『教育のなかのアイヌ民族』（社会評論社、2010 年）17 頁。

17 宮田節子『朝鮮民衆と「皇民化」政策』（未来社、1985 年）150 頁。

ちの文化と伝統が奪われることを予期し、２つの民族の関係が平等に基づいているとはほとんど期待していない人びとに対して植民地支配者が抱く偏見を反映している。すなわち、石田雄の言葉を借りれば、彼らは「周辺化された」のである。[18]ここで私が「周辺植民地化」と呼ぶものは、国家建設（ここでは「内国植民地化」）という一つの目的を共有している。被支配者が権力者に対して疑問を感じることなく従うようにさせるという目的である。

　理論的には、同化によって支配者側と被支配者側はいずれ、拡大した国民国家の対等な構成員として肩を並べるようになるという考え方が広がっていた。フランスは、植民地であったアフリカ出身の黒人が白人であるフランス人に加わって国会議員になることを想定したという点で例外である。彼らの取り組みは「劣った」人種が文明化されるはずはないと主張した社会進化論者らの批判を受けた。それ以外の宗主国は、支配国に隣接し、人種的に近い人びとが住む領土だけを同化の対象とした。支配国は、自分たちの慣習や言語、政治形態を受け入れれば、支配された人びとが支配国の人びとと対等の地位につくことができると説明した。この点で、同化政策を推進する目的は、国家建設の目的とよく似ている。すなわち、国家の構成員に共通の文化的、政治的制度を浸透させることだ。本書では、種類ではなく程度や実践の違いとして、この２つの差を論じる。

　いくつかの研究では、陸続きであるか、ほぼ陸続きである土地への進出と区別するためにさまざまなレベルの植民地主義を識別している。この結果、植民地主義とは海外の土地の収奪であるとする従来の捉え方から距離を置いた「植民地支配」の概念が拡大した。すなわちハンナ・アーレント (Hannah Arendt) は、「汎民族運動」をより古典的な「海外帝国主義」と区別するために「大陸帝国主義」

——「本国と植民地の間の海が保証してくれたような距離が……なく、そのため帝国主義の方法と支配観念の諸結果が……感じられるようになった」——を取り入れている。[19]マイケル・ヘクター(Michael Hechter)は、イギリス人に同化されたケルト民族について考察し、「内国」植民地主義と「外的」植民地主義を同様に用いて、内国的に植民地化されたウェールズ人やスコットランド人、アイルランド人がなぜ英国国教会系イギリス人とは異なるアイデンティティを維持したのかを論じている。[20]山中速人は植民地における活動を社会構造的次元(「平等化」対「差別化」)と文化的次元(「差異化」対「同一化」)という2つの軸で分けるマトリックスを作成し、多元主義タイプ、同化・融合タイプ、分離タイプ、階層タイプという4つの異なるタイプに分けている。ハロルド・ウォルペ(Harold Wolpe)による(「通常」と対比した)「内国」植民地は、イスラエルに住むアラブ人、米国の黒人、南アフリカの黒人などの例を含め、「ある特定の社会に固有の」事例を考察したものだ。[21]

ウォルペは「内国」植民地を、国境の内側に居住する文化的に支配されたマイノリティと捉えることによって、定義を拡大した。すなわち、国外に居住していることが「植民地支配」される人びとの前提条件ではないということである。その他にも、定義をさらに

18　石田雄、『同化(上)』55頁。權泰檍は日本の最終目的は「朝鮮の四国九州化」だと表現した。權泰檍『동화정책론』『역사학론』17号 (2001): 357.

19　Hannah Arendt, *The Origins of Totalitarianism* (Orlando: Harcourt Brace, 1979), 223(ハナ・アーレント『全体主義の起原』、みすず書房、1972年、163〜164頁)。

20　Michael Hechter, *Internal Colonialism: The Celtic Fringe in British National Development, 1536-1966* (Berkeley: University of California Press, 1975)

21　Harold Wolpe, "The Theory of Internal Colonialism: The South African Case," in *Beyond the Sociology of Development: Economy and Society in Latin America and Africa,"* edited by Ivar Oxaal, Tony Barnett, and David Booth (London: Routledge & Kegan Paul, 1975), 231. 以下も参照のこと。Elia T. Zureik, *The Palestinians in Israel: a Study Internal Colonialism* (London: Routledge & Kegan Paul, 1979).

はじめに　21

広げて国家建設そのものを植民地支配的なものとする学者も登場している。パルタ・チャタジー (Partha Chatterjee) は、「植民地国家と近代国家とを区別するという分析的な目的に有効」であるかどうかを問いかけ、この2つの類似性を示している[22]。アーネスト・ゲルナー (Ernest Gellner) は、ナショナリズムとは、覇権的な「上位文化」が「下位文化」を従属させることであると定義しているが、この定義は植民地支配がどういうものかを示している。

> そもそもナショナリズムとは、ある社会に属する多数、場合によってはすべての人びとの生活に充満していたそれまでの低位文化に代わって、上位文化を全般的に押しつけることである。つまり、ある程度の合理的な正確さがあり、画一的で技術的な通信手段に合うように体系化され、学術的に管理された言葉が学校を介して一般化されることである。それは、個性を失った匿名の社会、相互に代替可能な分子化された個人で構成され、とくに、そのような共通文化によって結びついた社会の確立なのである。そうした社会は、その地域の集団が複雑に絡み合い、マイノリティ集団そのものによって地域独特の方法で再生産された土着文化によって維持されていたそれまでの構造に置き換わるのである。これが現実である[23]。

　外国の人びとに強制的に「押しつけ」られる場合、「ナショナリズム」は即座に「植民地主義」に一変する。この2つの概念は区別されるが、まったく異なる概念でもない。ベネディクト・アンダーソン (Benedict Anderson) の言葉を借りれば、「国民を発明する」プロセスには、「（その国民が）共同の聖餐（コミュニオン）のイメージ」に受け入れられるような民族集団を決定することが含まれる[24]。こうして、新たな植

民地を獲得した場合、どうすればその領土が帝国になじむかについて改めて検討する必要が生じる。まず決定すべきは、その領土が間接的な連合によって統治されるのか、あるいは直接的な同化によって統治されるのかである。国民国家の外側にいた人びと――物理的に切り離されているか、社会的に排除されていた――が、内向きに形成されている地域社会に短期間で受け入れられることはなかった。どの程度文明化しているかによって条件つきで一員となることが認められただけだった。この区別は帝国における地位を決める要因であり、本研究の主要な検討テーマである。異国の民族は同化されることによって国民となることができたのだろうか？　そうであるとするならば、彼らの地位に影響をおよぼした要因とは何だったのだろうか？　この政策の対象である植民地の人びとは、帝国における自らの地位にどの程度影響をおよぼすことができたのだろうか？[25]

　植民地支配された人びとを管理する行政府もそうだが、植民地支配を決定するのは、主として支配国の国民のニーズと利益であり、支配される人びとのニーズや利益が考慮されることはほとんどない。支配国は通常、比較的緩やかな外的植民地支配から徹底した内

22　Pratha Chatterjee, *The Nation and Its Fragments: Colonial and Postcolonial Histories* (Princeton, N.J.: Princeton University Press, 1993), 14.

23　パルタ・チャタジー（Chatterjee, Partha）は *Nationalist Thought and the Colonial World: A Derivative Discourse* (Minneapolis: University of Minnesota Press, 1986), 5-6 でアーネスト・ゲルナーの『民族とナショナリズム』（岩波書店、2000 年）を引用し、イタリアやドイツといった西洋の国々がアジアの人びととよりもナショナリズムの「普遍的規範」をとりこむことに長けていたという考え方に異議を唱えた。

24　Benedict Anderson, *Imagined Communities: Reflections on the Origin and Spread of Nationalism* (London: Verso, 1991), 6. ベネディクト・アンダーソン『定本 想像の共同体：ナショナリズムの起源と流行』（書籍工房早山、図書新聞発売、2007 年、社会科学の冒険）2〜4 頁。

25　イーモン・カランは "The Ethics of Assimilation" *Ethics* 115 (April 2005) 471-500 でこうした疑問のいくつかをとりあげている。

はじめに　23

国植民地支配まで、レベルの異なる3つの統治方法から1つを選択した。周辺植民地主義はその中間だ。支配国が取り入れた国外植民地支配とは、アーレントの国外植民地主義、山中の分離タイプとヘクターの国外植民地主義に準じるものである。遠く離れた領土においては、支配下に置く人びとと政治的、社会的、文化的につながる努力をほとんどせずに、間接的な方針を適用したということだ[26]。本国を離れ、人種的に異なる人びとを管理するために雇われた植民者たちは、文化的なつながりがあったとしても、それを主張することはまずなかった。彼らを変えるよりも、むしろ「彼らの一風変わった……やり方を好むようになった[27]」。彼らを文明化させるという「任務」は、被支配者に対する植民地支配を正当化する、実体のない優越性の裏づけだった。彼らは、人的にも資金的にもほとんど投資をすることなく、資源を採掘するために土地を開発し、人びとを働かせた。国外植民地主義の最大の狙いは経済的利益だった。安全上の懸念が持ち上がるのは、植民地の位置が、本国が持つ別の領土の安全確保に役に立つ場合だった[28]。

　国外植民地と対立するもの――内国植民地（山中の「同化・融合」タイプ）＝人びとを国民として徹底的に同化させること、つまり国家建設――は、支配者たちの2つ目の選択肢となった[29]。人民に政治的な忠誠を示させることを第1の目標として掲げ、植民地支配の中心的な役割を担うこととなった人びとは、被支配者に覇権主義的な文化を広めるために必要な仕組みを駆使した。その地の国語となるような語法を定め、教育や報道機関、軍といった国家建設に役立つ組織を統率し、その地の人民たる人びとに国家の構成員であることを教え込み、国家建設に加わるよう指導したのである。また、国家的行事や象徴（祝日や旗、通貨、音楽など）を定め、彼ら構成員が新たな義務を負うことを認識させた。内国植民地化が成功するかどう

かは、その地の政治体制が長く維持してきた政治的、社会的、文化的な壁を新国家が解体できるかどうかにかかっていた。その地の人びとを国民として同化させることができなかった行政府は役に立たない「悪政」だとの謗りを受けた。植民地政府は、このことを利用してその領土での介入を正当化したのである。

　内国植民地化に必要とされた強固な統合と、その地の人びとが当然としていた強い地理的かつ歴史的な結びつきが必要であったことから、内国植民地の周辺にいた人びとに対してはこうしたアプローチは適切ではなかった。だが、そうした人びとが距離的に近くにいたために、かえって、彼らに忠誠心をもたせるような仲間意識を確立する必要があった。植民地化を正当化するために作りあげられたイメージ——地理的または歴史的な共通性ではなく、文化的な違いを際立たせるもの——は、内国の人民には受け入れられることのないような上下関係を前提としていた。そのため、周辺植民地支配（アーレントのいう大陸的帝国主義や、山中の多元主義タイプあるいは階層タイプ、ヘクターのいう海外植民地化）は、支配される人びとに内国の人民として同化するという約束を振りかざす中間的なものではあったが、導入された政策は常にその約束を反古にするようなものだった[30]。このように、同化は政治的な前提ではなく、言葉のうえだけの

---

26 外的植民地主義の例を挙げるには数が多すぎるが、そのなかには第1次世界大戦に至る数十年におよぶアフリカやアジアでの「土地の収奪」をもくろんだヨーロッパも含まれる。

27 John D. Fage, 'British and German Colonial Rule: A Synthesis and Summary,' in *Britain and Germany in Africa: Imperial Rivalry and Colonial Rule*, edited by Prosser Gifford and William Roger Louis, (New Haven, Conn.: Yale University Press, 1967) 691-706.

28 英国は、植民地の「宝石」であり「ライフライン」であるインドを守るために必要であったとして、国外に獲得した植民地の多くについて正当化した。James, *The Rise and Fall of British Empire*, 204.

29 内国植民地主義には、ドイツ国を創設しようとしたプロイセンの取り組み、ピエモンテ公によるイタリア半島の統一、江戸時代の薩摩藩と長州藩による藩の統一といった例が含まれる。

目的として機能した。人びとの生活に深く入りこむことは、周辺領土というものの最も重要な目的であった。すなわち、周辺敵国から支配国を守るための戦略的緩衝地帯となることである。

　拡大主義者が統治政策を選ぶ際に影響を受けた要因は数多くある。その決定をする際の大きな要因は、支配される人びとをどう認識するかだった。その認識によって、支配される人びとが国家建設を担う組織の正式な一員としてどの程度取り立てられるかが決まった。領土と本土の地理的な近さは重要な要因ではあったが、決定的なものではなかった。植民地に関する文献で「内国」植民地とされる事例の多くは、この枠組みにおいては「周辺」植民地か、「国外」植民地とみなされる。たとえば、米国の黒人やネイティブ・アメリカンは、白人の米国市民であれば無条件に受け入れる組織からは制度的に排除されていた。これとは対照的に、国外植民地の支配国は、現地住民の一部のエリートに自分たちの子どもたちと同等レベル（それ以上のものであることも多かった）の教育を受けさせて取り立て、入植者たちと支配される人びととの仲介役となるように育成した。

　内国植民地の支配国と周辺植民地の支配国との大きな違いの１つは、支配される人びとを位置づける文言だった。内国植民地の統治者たちは、支配者たちの政治体制と文化に関わる行動や思想的な教義に親しみ、国民としての役割を果たすよう人民を説得した。国民として確固たるふるまいをすることが期待されたのである。他方で周辺植民地の統治者たちは、支配される人びとを改善すべき対象と決めつけた。植民地の人びとは劣った人間とされ、宗主国の国民となる覚悟を決めなければならなかった。同化はどちらにおいても文明化の一過程ではあったが、内国植民地においてよりも周辺植民地においてのほうがより鮮明に示されていた。同化とは、内国植民地

の場合のように、所属しているものと考えられていた体制に統合するというよりはむしろ、劣っている人びとをより文明化した文化的な体制に統合することだった。朝鮮人を日本人に同化させるという明確な目的は言葉のうえでは成立する考えだが、（植民地にした朝鮮の民は法律上、日本人であり、その）日本人を日本人に同化させるという目的は意味をなさない。これはくり返し言及されているような、文言として被支配者の朝鮮人を 50 〜 100 年の過程で内国国民に近い同化、すなわち日本人（日本に生まれ育った）と同じような「国民」になる度合いを暗示しながら、実際には国外に住む人びととして差別する扱い方で半島を統治したという政策がもつ「矛盾」につながる。しかし、この「矛盾」は日本だけのものではなく、他の宗主国と周辺的植民地が抱えた特質でもある。

　この違いが実際に表面化したのは、とりわけ、支配者側が内国植民地、周辺植民地、国外植民地の人民に対して進めた異なる教育政策においてだった。教育政策は 2 つの理由から検討するにふさわしい。支配する側が支配される側をその学校に受け入れた状況から、当時、支配者が被支配者に対して抱いていたイメージと、被支配者の将来について抱いていた展望が明らかになることと、被支配者に低レベルの教育しか受けさせないとしたら（あるいは公教育をまったく認めないとすれば）、将来、彼らが社会の底辺層となる可能性が格段に大きくなることだ。内国植民地の支配者たちは普遍的かつ義務的な教育目的をもっていた。国が校舎を建設し、通学のための交通手段を整備すれば、間を置かずしてすべての人民が入学できるはずだった。周辺植民地の支配者たちは就学を奨励してはいたが、ほとんどの場合義務教育とすることはなかった。彼らは、教室で内国の人民と交わるのはふさわしくないとされた被支配者たちに義務教育ではない機会を提供したが、その教育期間は短く、予算も少なく、

はじめに　27

受け入れる人数も少なかった。ここで鍵となる重要な言葉は「意図」である。もともとどちらの場合も、全国民に近代教育を行なうために必要な資源は不足していた。それでも内国植民地の支配者たちは、義務教育の対象を全人民に広げるつもりであると宣言していた。周辺植民地の支配者たちは教育施設の増築には賛成したかもしれないが、就学を義務化すると宣言することはなかった[31]。

　隔離的な教育制度に加え、支配国は、内国植民地と周辺植民地の人民を区別する別の方法を考えついた。本国との関係によって決められた領土の地位に応じて、領土に適用される法律を決定したのである。さらに、人民がどのような形で、どの程度政治組織にかかわることができるのかも決定された。周辺植民地と国外植民地の都市は植民地における関係性を映しだす鏡だった。本国の臣民が都市の特定の区域を占有し、現地の空気やにおいといった気分を害するものに接しなくてもすむように自らを守っていたからである。支配する側も支配される側も、相手側の区域を通り抜ける際は、国境を越え、実物を展示する博物館にはいりこむかのように、外国探検のようだと表現した。支配する側が猥雑さと臭気について書き記したために、支配される側の人びとは身の回りの環境を整えることも、ましてや統治することなどもってのほか、とさまざまな方法で伝えられてしまうことになった。

　支配国が描いた被支配者層のイメージにはステレオタイプのものもあるが、時間も空間も超越してしまうほど柔軟だ。こうしたイメージについてエドワード・サイード（Edward Said）は、支配国と被支配国とを分ける「存在論的・認識論的区別にもとづく思考様式」だと指摘する[32]。支配する側は、支配される人びとが文明化に必要な慣習と特徴を周知させることができなかった悪政の犠牲になったものとした。ピエール・ブルデュー（Pierre Bourdieu）の見解によれ

ば、彼らの昔ながらの生活環境は「社会化の過程で獲得した一連の枠組みあるいは素質」である劣悪な「ハビトゥス」を反映するものだった。[33] 支配者たちの考えでは、支配される人びとの劣悪なハビトゥスは彼らの粗末な衣服や料理、社会倫理や労働倫理、言語にまで反映されていた。支配者側に立つ諸組織の最初の任務は、こうした違いへの対応を決めることだった。内国植民地政策によって文化的な垣根が崩れ、さまざまな層の人びとを束ねる統一した文化が誕生した。国外植民地の統治者たちは、支配される人びとに伝統的な諸制度を維持するように仕向け、支配者と被支配者とを区別し続けた。周辺植民地の統治者たちは、支配者と被支配者の統合を説きながらも両者を分離する障壁を強化した。

　ここまで、支配国による決定に注目してきたが、被支配国にはほとんど目を向けていない。残念なことだが、これは植民地における現状を反映している。支配国が被支配国の声を直接聞くことはほとんどないままに植民地統治に関する決定が下されたということだ。被支配国の最も重要な働きかけはそうした決定に反応することだった。その反応は複雑で、別途研究する価値がある。多くの人びとが

30　周辺植民地主義が見られた状況には、ウェールズ、スコットランド、アイルランドとイギリス「連合」、フランスによるアルジェリアの征服、プロイセンによるアルザスとロレーヌの併合、米国がレコンストラクション期に黒人とネイティブ・アメリカンを統合しようとした試みがある。

31　このように、日本の同化政策における教育面は大いに注目された。教育勅語と朝鮮に関しては、『植民地帝国日本の文化統合』第4章 (岩波書店、駒込武、1996年)、教育とジェンダーに関しては、『植民地期朝鮮の教育とジェンダー ―就学・不就学をめぐる権力関係』(世織書房、金富子、2005年) 参照。日本語教育についても徹底的な研究がなされている。『帝国日本の言語編制』(世織書房、安田敏朗、1997年)、『植民地朝鮮の日本語教育――日本語による「同化」教育の成立過程』(九州大学出版会、久保田優子、2005年) 参照。

32　Edward W. Said, *Orientalism* (New York: Vintage Books, 1979), 2.（E・W・サイード『オリエンタリズム』(上)、平凡社ライブラリー、1993年、20頁)。E・M・コリンガムは *Imperial Bodies: The Physical Experience of the Raj, c. 1800-1947* (Oxford: Polity, 2001), 7 で「英国本土とインドを区別する「感情の壁 (affective wall)」の創設」に言及している。

33　コリンガムからの引用。*Imperial Bodies: The Physical Experience of the Raj*, 2.

同化は不可避として受け入れ、フランツ・ファノン (Franz Fanon) の言葉によれば、「白人の文化、白人の美、白人の白さと結婚」したのであった[34]。故国の併合に対して、愛国主義的な論理や物理的な抵抗で立ち向かった人びともいた。どちらの反応も国民を一気に引きつけ、より大きな愛国的な観点からアイデンティティについて考え直すきっかけとなった。支配国は、支配に対する被支配国のさまざまな反応を逆に利用した。その反応の多様性ゆえに、支配される側の社会構造が分断され、弱められ、植民地支配に結集して立ち向かう力が削がれることになった。そうした勢力がどの抵抗勢力にも属さない人びとに及ぼしていたひそかな影響力によって、植民地統治者による政策決定が後押しされることも、妨げられることもあった。

日本の拡大と同化

　一般的に日本の歴史文献では、日本が植民地拡大の洗礼を受けたのは、日清戦争を終結させる講和条約の一環として台湾を割譲させた 1895 年だったとされている[35]。日本を植民地拡大の後発国であると定義することは、江戸時代の「鎖国」と、1868 年に明治政府が権力の座についたことを「開国」とするイメージを強くした。江戸時代は、植民地拡大に乗り出していた世界各国から日本を守るために厳しい鎖国政策を敷いた体制として描かれることが多い。したがって、この時代の日本は国土拡大にほとんど関心がなかったのだろうということになる。そのため一般的には、日本の拡大は明治政府末期の構想だと考えられている。政府が国民化政策を進めた後で着手した政策だということである。この解釈は、これまでに述べてきた「植民地化」の限られた視点からも導くことができる。

このような視野の狭い江戸時代および明治時代の外交史観に対して、多くの学者が反論を試みてきた。荒野泰典とロナルド・トビ (Ronald Toby) はともに、鎖国下にあった江戸時代の日本というイメージに対して異を唱えた。彼らはまず、徳川幕府は「鎖国政策」を始めたわけではなく、諸外国との通商と外交に関わる比較的広い範囲におよぶネットワークに積極的にかかわっていたと主張する[36]。徳川幕府や個々の藩は何度も、その支配領域を超えて周辺領土、とくに琉球諸島北部と蝦夷に影響をおよぼしていた[37]。徳川幕府が、これらの領土を植民地として正式に併合することはなかった。虚構でしかなかったとしても、これらの領土が自治領域であるほうが功利的だったからだ。この点で、徳川幕府が植民地拡大について知識があることをたびたび暗示し、海外進出に関心を見せることはあったものの、国益を守るために、慎重で警戒的な政体だったと説明するほうがより正確であろう。明治期の日本は、これらの周辺領土を正式に日本の領土に組み込むことでこの流れを継承したのである。

　明治期の日本が江戸時代の志向を継承しているとする見解は、

---

34 Frantz Fanon, *Black Skin, White Masks*, translated by Charles Lam Markmann (New York: Grove Weidenfield, 1967), 63. （フランツ・ファノン『黒い皮膚・白い仮面』、みすず書房、1998年）。

35 たとえば、駒込武、『植民地帝国日本の文化統合』（岩波書店、1996年）、Akira Iriye, *Pacific Estrangement: Japanese and American Expansion* (Cambridge, Mass: Harvard University Press, 1972).

36 荒野泰典『近世日本と東アジア』（東京大学出版会、1988年）、Ronald Toby, *State and Diplomacy in Early Modern Japan: Asia in the Development of the Tokugawa Bakufu* (Stanford, Calif.: Stanford University Press, 1984). （ロナルド・P・トビ『近世日本の国家形成と外交』、創文社、1990年）。

37 Brett L. Walker, *The Conquest of Ainu Lands: Ecology and Culture in Japanese Expansion, 1590-1800* (Berkeley, University of California Press, 2001). （ブレット・ウォーカー『蝦夷地の征服：1590-1800：日本の領土拡張にみる生態学と文化』、北海道大学出版会、2007年）George H. Kerr, *Okinawa: The History of an Island People* (Rutland, Vt.: Charles E. Tuttle, 2000); Robert I. Hellyer, *Defining Engagement: Japan and Global Contexts, 1640-1868* (Cambridge, MA: Harvard University Asia Center, Harvard University Press, 2009).

1868 年の「倒幕」は古代に見られたしきたりの「復活」だとする
見解に反論するものである。この過程は革命的な進展だとする説も
ある[38]。内国においては、新たな社会的、政治的、経済的基盤の上に
制度を構築し、本国の臣民に新たな（日本人としての）気風にあふれ
た国民としての自覚をもたせようとした[39]。外交関係では、国の安全
を強化するために日本はすみやかな国土拡大を目指した。朝廷は明
治維新を象徴する中心的存在となり、この流れは内国および周辺地
域で植民地を拡大することによって加速した。日本は、明治末期ま
でに拡大の第 1 段階を終え、さらなる拡大に乗り出そうとした[40]。子
どもの多くは学校に通い、日本軍は 2 つの大国に勝利した。また、
日本はすでに抑圧的に支配していた、南は沖縄と台湾から、朝鮮半
島、北海道、樺太南部（サハリン）までを獲得し、そうした周辺領
域によって日本列島の周囲を固めていた。日本を脅かす最大の存在
は、このような併合された領土の向こう側にあった。すなわち、ア
ジアにおける利権を日本に奪われないように警戒の目を向けるよう
になっていた存在である。日本の指導者たちは、1895 年に台湾が
割譲されるとすぐ、植民統治政策としてこれを承認した。だが日本
は 18 世紀末に徳川幕府が蝦夷を一時的に支配して以来、さまざま
な形で同化を行なってきた国である。明治時代の初めから、統一
された日本語と日本文化を日本列島の隅々にまで広めることによっ
て、内国を強制的に同化したのはまさにそれだ。明治政府の官僚た
ちは、そこまで強烈ではなかったものの、琉球諸島と蝦夷の人びと
も統合しようとした。

　日本人の進出が明治維新の基盤の中心だったと主張し続けてきた
韓国の学者たちは、この解釈を喜んで受け入れた[41]。明治政府が樹立
されると、日本はすぐに朝鮮に対して攻撃的な姿勢を取り始めた。
1868 年、明治政府が朝鮮との国交を回復しようとしたのは、対馬

藩に外交交渉を任せるしかないような取り決めを終わらせるため
だった。その後にもち上がった征韓論では、朝鮮が国交回復を拒否
するという「侮辱」的な対応をしたことを理由に、朝鮮を成敗す
るかどうかが議論された。[42] 1875 年から 76 年にかけて、日本は米国
の「砲艦外交」をまねて、日朝修好条規に署名するよう朝鮮政府に
迫った。この条約は、その後数十年をかけて朝鮮の主権を奪ってい
くことになる一連の条約の最初のものとなった。1881 年の「紳士
遊覧団」に参加した朝鮮人たちは、沖縄と北海道における日本の施

38 ケネス・B・パイルはこの論文を再検討している Kenneth B. Pyle, *The Making of Modern Japan* (Lexington, Mass.: D. C. Heath, 1996), 71-74.

39 参考文献としては以下がある。Carol Gluck, *Japan's Modern Myths: Ideology in the Late Meiji Period* (Princeton, N.J.: Princeton University Press, 1985); Byron K. Marshall, *Learning to be Modern: Japanese Political Discourse on Education* (Boulder, Colo.: Westview, 1994); Sheldon Garon, *Molding Japanese Minds: The State in Everyday Life* (Princeton, N.J.: Princeton University Press, 1997); Takashi Fujitani, *Splendid Monarchy: Power and Pageantry in Modern Japan* (Berkeley: University of California Press, 1996); and Tessa Morris-Suzuki, *Re-inventing Japan: Time, Space, and Nation* (New York: M. E. Sharpe, 1998).

40 山縣有朋大将は 1890 年の国会冒頭で首相として、この過程についてこう説明した。「国家の安全と独立は、主権国家としての『主権線』を守ることが第一であり、次に『利益線』を守ることである……現在の列強諸国の中にあって国家の安全を保つことを望むのであれば、『主権線』を守るだけでは不十分であり、『利益線』も守る必要がある」Pyle, *The Making of Modern Japan*, 135 から引用。

41 박영재は、大日本帝国による朝鮮侵略に関する研究における著書 "근대일본의 한국인식" (『일제의 대한침략 정책사 연구) 조항래 編 (현음사 , 1996), 7-37 で、日本の朝鮮侵略を明治維新の「成果」だと表現した。または이광래 , 『일본의 「아시아主義」속에서의 한국의식─「脱亜論」과 「大東合邦論」을중심으로』『한일 양국의 상호인식』、정창용 (編)、 (국학자료원 , 1998) で、日本の「アジアシンドローム」、とくに福澤諭吉の「脱亜論」を背景にこの歴史について考察している。以下も参照のこと。朴慶植『日本帝国主義の朝鮮支配』(青木書店、1993 年)、차기벽、「日本帝国主義植民政策의 형성배경과 그 展開」(『일제의 한국 식민통치 : 식민통치의 천대 , 사회 경제적 평화 , 민족운동」、차기벽編 (정금사 , 1985), 12-44. 海野福寿『韓国併合史の研究』(岩波書店、2000 年)。高崎宗司は、福澤が朝鮮を「蔑視」していたことを指摘している。高崎宗司『「妄言」の原形 : 日本人の朝鮮観』(木犀社、1990 年) 17 頁。

42 金雲泰は、任那（韓国伽耶）などはかつて日本の領地だったと植民地時代の日本が主張していたことが日韓同祖論の出発点だと指摘している。金雲泰「日本의 對韓植民支配의 基調로서의 同化政策 이데올로기」、『서울대학교 행정대학원』23 호 1, (1985): 192-202 を参照のこと。日本がかつての主張をうまく利用する一方で、同じ満州の地から韓国人と日本人の両方が受け入れ、より一般に浸透した同祖論が誕生した。

はじめに 33

政を植民地拡大だと受け止め、日本の拡大論者たちがいずれ朝鮮に目をつけるのではないかと懸念した[43]。日本は、日朝修好条規の重要な目的は朝鮮の独立を「守る」ことによって、朝鮮が中国の影響から解放されるようにすることだと力説しつづけていた。日本は朝鮮の「文明の教師」であると評した福澤諭吉は、日本は朝鮮の医師として患者の生命にかかわるあらゆることを調べ、朝鮮の独立を強化するためにふさわしい薬を処方しなければならないと主張した[44]。1884年の甲申政変に失敗した金玉均を支援するための資金と人手を集めたとして裁かれた自由党の大井憲太郎は、日本の責任は、自由党が推進していた大アジア主義によって朝鮮の独立を維持することだと簡潔に述べている。すなわち、日本は朝鮮の「国家としての独立」を犠牲にしても「人民の独立」を守るべきであり、それが「東洋全体」の関心だとしたのである[45]。

　1880年代以降、朝鮮でさまざまな団体によって始まった変革を求める取り組みは、朝鮮政府あるいは外的要因によって弾圧されるまでは、望みがあるように見えた。1880年代初めから、朝鮮政府はいくつかの外国政府と条約交渉をするようになり、海外視察に資金援助し、朝鮮人を派遣した。こうした取り組みは、近代的な体裁を装いながら、朝鮮との古くからの結びつきを再度確立しようとした中国によって妨げられた。C. I. ユージーン・キム (C. I. Eugene Kim) とハンキョ・キム (Han-kyo Kim) は、中国の袁世凱が1885年に朝鮮に渡り、正確には「清国の副総理」と表されるほどの責務を引き受けたことを記している。彼の存在は、柳永益の言葉を借りれば、「独立を十分に維持できるほど国を豊かにし、強化する一方で、『隠者王国』を諸国家からなる一族の正式メンバーとして加わらせる道へ導く」努力を抑えつけた[46]。最近では、朝鮮を近代組織に結びつける際に中国が果たした役割を考察したカーク・W・ラーセン (Kirk W.

Larsen) が、当時の朝鮮における取り組みはそれまで考えられていた以上に「よりあいまいで複雑」なものだったと指摘している[47]。

　日清戦争で中国が敗北し、朝鮮の改革派と中央政府による次なる近代化の取り組みに弾みがついた。事態を観察していた外国人が朝鮮の発展について下した評価はさまざまだった。ジャーナリストだったアンガス・ハミルトン (Angus Hamilton) は、ソウル市内の社会基盤が整備されたことを指摘し、1904 年にこう記している。「古臭い秩序は新しい秩序に移行した。海外との交流によってもたらされたものはすぐにでも重宝されるようになり、あと数年もすれば、かつての首都の名残をソウルに見つけることは難しくなるだろう」[48]。だが、その同じ年、米国代表であったホレイス・N・アレン (Horace N. Allen) は、セオドア・ルーズベルト (Theodore Roosevelt) 大統領の「東アジア担当私的顧問」だったウィリアム・ロックヒル (William Rockhill) にこのような書簡を送っている。「これらの人びととは……自らを治めることができません。これまでずっとそうであったように、彼らは君主をもたなくてはなりません。中国でなければ、それはロシアか日本でした。君主がいなくなれば、別の国家に管理されるという失態を見せることになるでしょう。日本にすべてを任せて

43　鄭玉子 ,「紳士遊覧団考」,『歴史学報』27 호 (1965),105-42.

44　福澤諭吉『福澤全集　第 8 巻』(時事新報社編纂、國民圖書、1926 年) 591 ～ 593 頁。イ・クァンネによると、福澤は 1884 年まではアジアの発展を促進したいと考えていたが、その後は『脱亜論』を展開するようになった。이광래 ,『 ' 일본의 아시아주의 ' 속에서의 한국의식』(국학자료원 , 1998), 208 － 209 를 참조하고.

45　平野義太郎『大井憲太郎』(吉川弘文館、1965 年) 232 ～ 233 頁。

46　Young Ick Lew, "Yuan Shik-k'ai's Residency and the Korean Enlightenment Movement (1885-94)," *Journal of Korean Studies* 5 (1984): 63. 以下も参照のこと。C.I. Eugene Kim and Kim Hankyo, *Korea and the Politics of Imperialism, 1876-1910* (Berkeley: University of California Press, 1968), 64-65.

47　Kirk W. Larsen, Tradition, *Treaties, and Trade: Qing Imperialism and Chosŏn Korea, 1850-1910* (Cambridge, Mass.: Harvard University Asia Center, 2008), 161-62.

48　Angus Hamilton, *Korea* (New York: Charles Scribner's Sons, 1904), 25-26.

はじめに　**35**

はいかがでしょうか[49]」。このように、重要な問題は朝鮮が改革を実現できるかどうかではなく、それに向けた朝鮮の努力を国際社会が認識するかどうかだった。もちろん、西洋人の解説が併合前の朝鮮の状況についてすべてを語るわけではない。だが、世界の諸大国が当時の日本に多大な影響を及ぼしていたことを考えれば、そうした西洋人の印象を無視することはできない。日本が「極東におけるあらゆる危険の源泉としての朝鮮[50]」と評した半島を併合するために動いた時、諸外国からは反対の声がほとんど上がらなかった。

　後期朝鮮を専門とする歴史学者たちは、この時期の評価について態度を保留している。いくつかの研究は、朝鮮による改革の取り組みが十分ではなかった点に注目する。ジェームズ・B・パレ (James B. Palais) は、興宣大院君の貢献（1864～73）に焦点を絞って研究し、朝鮮の「伝統的な制度は……強力な中央君主制に向けた大規模変革には適応できない[51]」と主張する。マルティナ・ドイヒラー (Martina Deuchler) は、1876 年に日本から江華条約を押しつけられた後の朝鮮による改革の努力を検討し、改革派が昔ながらの儒教制度から決別しようとしなかったことを批判する。慎鏞廈[52]とヴァイパン・チャンドラ (Vipan Chandra) は、独立協会の改革運動（1896～98）について検討し、どちらも協会が成功するには革命的な行動が必要だったとしている。チャンドラによれば、その取り組みが成功しなかったのは、この運動の主導者たちが準備不足だったからだ[53]。渡辺惣樹は、植民地支配から逃れようとして失敗した1894～95 年の甲午改革は朝鮮にとって「最後のチャンス」だったとするが、これは誤認である[54]。一方、李泰鎮は、朝鮮の諸制度を改革しようとした高宗は有能な皇帝だったとして注目する。高宗の取り組みが頓挫したのは、中国、その後日本という外国が介入したせいだった。李は、朝鮮が近代化しなかったからではなく、近代化するだけの力を持っていたこ

とが、日本が朝鮮半島を併合しようとした動機になったのだと指摘する。[55]

　本研究では、朝鮮半島併合という青写真を描いていた明治期の日本については論じない。だが、日本は、「富国強兵」を追求するには植民地拡大が重要であることを十分認識していた。[56]日本にとって、朝鮮は戦略的に重要なだけでなく、手に入れたいほど利便性のよい位置にあった。これが日本の朝鮮半島併合を正当化するわけではない。だが、朝鮮と日本が感じていた諸外国の脅威や、朝鮮での

49　Howard K. Beale, *Theodore Roosevelt and the Rise of America to World Power* (Baltimore, Md. Johns Hopkins, 1969), 319. See also Fred Harvey Harrington, *God, Mammon and the Japanese* (Madison: University of Wisconsin Press, 1966). 米国の韓国使節団団長としてのアレンの通信文については、以下を参照のこと。Scott S. Burnett, ed. *Korean-American Relations: Documents Pertaining to the Far Eastern Diplomacy of the United States, vol. 3: The Period of Diminishing Influence, 1896-1905* (Honolulu: University of Hawai'i Press, 1989), 155-93.

50　"An Important Talk on Annexation," *The Japan Times* (August 30, 1910).

51　James B. Palais, *Politics and Policy in Traditional Korea* (Cambridge, Mass.: Harvard University Press, 1975), 272. その後の著書のなかで、パレは、朝鮮半島が後に必要となった改革を行なうことができなかったのは、社会的、政治的構造が硬直していたからだと述べている。とくに、「悪政、内輪の官僚的な縄張り主義、不公正な税制、富の集中、責任逃れ、国防の衰え」だという。*Confucian Statecraft and Korean Institutions: Yu Hyŏngwŏn and the Late Chosŏn Dynasty* (Seattle: University of Washington Press, 1996), 1004.

52　Martina Deuchler, *Confucian Gentlemen and Barbarian Envoys: the Opening of Korea, 1875-1885* (Seattle: University of Washington Press, 1977), 222-23.

53　Shin Yong-ha, *Modern Korean History and Nationalism*, translated by N. M. Pankaj (Seoul: Jimoondan, 2000) 139-40. Vipan Chandra, *Imperialism, Resistance, and Reform in Late Nineteenth-Century Korea: Enlightenment and the Independence Club* (Berkeley: University of California Press, 1988), 215.

54　渡辺惣樹、『朝鮮開国と日清戦争：アメリカはなぜ日本を支持し、朝鮮を見限ったか』（草思社、2014 年）。

55　李泰鎮『東大生に語った韓国史：韓国植民地支配の合法性を問う』（明石書店、鳥海豊訳、2006 年）。または 이태진 ,『고종시대의 재조명』（태학사 , 2005）。

56　Donald Keene, *The Japanese Discovery of Europe, 1720-1830* (Stanford, Calif.: Stanford University Press, 1952),176-204.（ドナルド・キーン『日本人の西洋発見』、錦正社など）。この解釈は 1868 年の明治維新よりも先に登場していた。Bob Tadashi Wakabayashi, *Anti-Foreignism and Western Learning in Early-Modern Japan: the New Theses of 1825* (Cambridge, Mass.: Harvard University Press, 1991).

行為に対して日本が諸外国から（主に、アジアにおけるそれぞれの国の利益を守るために）支持を得ていたこと、朝鮮半島が戦略的に重要な位置にあったことから、日本の朝鮮併合は当然に予測できるシナリオとなる条件がそろっていた。

　同化と戦時中の皇民化政策がまちがって結びつけられることは多いが、同化については、日本では朝鮮併合以前から議論されていた。1895 年に台湾が大日本帝国に割譲されると、日本人は同化政策のメリットとデメリットを議論した。1910 年には、総督府が朝鮮の同化を進める速度とその方向性についての議論を交わした。植民地支配国としての日本の「特異性」は、節度なく土地を収奪するなかで、民族的に近い人びとを同化する点にあった。この収奪は、エリック・ホブズボーム (Eric Hobsbawm) が「帝国の時代」と名づけたことで知られるこの時期（1875 〜 1914）の特徴である。[57] それにもかかわらず、日本が刺激を受けたのは、イギリス、プロイセン、フランスが国外の植民地で行なっていた政策ではなく、周辺領域で行なっていた政策だった。同化政策に関する明治時代の論文によれば、「植民地化」に対する日本の視点は、イギリス人が成立させた連合王国、フランスによるアルジェリアの併合、プロイセンによるアルザス地方とロレーヌ地方の編入など、かなり多岐にわたる例を見てできあがったものであることがわかる。日本は、同化とは、スコットランドやウェールズのような領土、すなわち、現代の文献では一般的に「植民地」とは扱われないような土地における統治政策であると認識していた。日本人は、朝鮮人を外国人だとしていた併合前の認識を改め、2 つの民族が類似点を共有しているからこそ、朝鮮の同化は他のヨーロッパの例以上に適切なのだと主張した。[58] これは、朝鮮のような状況において、同化は本当に最も適切な政策なのかという難しい問題に対応するために必要だった。日本人は、自

分たちの文化が優れていることを当然だと思っていたが、だからといって、朝鮮人に文化の大転換を求めるほど日本にとっての安全上の必要性は正当化されるのだろうか？　徹底的な同化に代わる手段はあり得なかったのだろうか？

　朝鮮における支配機構を構成していた要素については、植民地に関する歴史文献の中で十分考察されている[59]。朝鮮における日本の同化政策についても、興味深い分析や評価が多数行なわれている[60]。本研究は、多様な方法を用いてそうした研究を補足するものである。本研究の第1の側面は、ヨーロッパと米国の事例[61]を検証し、近代植民地史において同化がどのように位置づけられていたかを論じることにある。日本人はこれらの例に倣うと同時に、この政策を採用するという自らの決定を正当化し、成功の度合いを測るための基準としても利用した。他国による同化の事例を検討することは、日本に

- 57　Eric Hobsbawm, *The Age of Empire, 1875-1914* (New York: Vintage Books, 1987).（E・J・ホブズボーム『帝国の時代：1875-1914』、みすず書房、1993年）。

- 58　江戸時代の日本人が朝鮮人を外国人とみなしていた例については、以下を参照。Ronald P. Toby, "Carnival of the Aliens: Korean Embassies in Edo-Period Art and Popular Culture," *Monumenta Nipponica* 41, no.4 (1986): 415-56. 池内敏『近世日本と朝鮮漂流民』（臨川書店、1998年）。

- 59　日本の植民地政策に関する包括的な成果の一つは、大江志乃夫、浅田喬二、三谷太一郎、後藤乾一、小林英夫、高崎宗司、若林正丈、川村湊編集委員、「近代日本と植民地」（『岩波講座近代日本と植民地 3』、岩波書店、1993年）である。日本の言語政策については、安田敏朗『帝国日本の言語編制』（世織書房、1997年）、李錬『朝鮮言論統制史：日本統治下朝鮮の言論統制』（信山社出版、2002年）を、日本の教育政策については、金富子『植民地期朝鮮の教育とジェンダー：就学・不就学をめぐる権力関係』（世織書房、2005年）を参照のこと。

- 60　石田雄、『「同化」（上）』50頁。駒込武、『植民地帝国日本の文化統合』（岩波書店、1996年）。崔錫榮、『일제의동화이데올로기의 창출』（書景文化社 1997）．權泰檍、「동화정책론」『역사학론』17호 (2001): 335-65.

- 61　フランスの例は、同化の歴史についての最も興味深い研究としてまとめられている。Raymond F. Betts, *Assimilation and Association in French Colonial Theory, 1890-1914* (New York: Columbia University Press, 1961); and Eugen Weber, *Peasants into Frenchmen: The Modernization of Rural France, 1870-1914* (Stanford, Calif.: Stanford University Press, 1976). 小熊英二は「差別即平等—日本総民地統治思想へのフランス人種社会学の影響—」（『歴史学研究』662号、1994年）16～31頁で、日本が受けたフランスの影響について論じている。

よる政策実施を評価する基準となる。日本の植民地主義を世界に通じる言葉で定義することによって、侵略国である日本とその犠牲となった朝鮮という一面的な語りではなく、重層的な語りによる複雑な事例としてこの歴史を捉えることができる。[62]

　第2の側面として、この研究では植民地政策として日本が同化を選択し、それ以前の併合から教訓を得た過程を追う。[63] 戦前の日本が世界的に不安定な立場にあったことは、朝鮮政策に大きな影響をおよぼした。日本は、手に入れるべく狙いを定めた領域に虎視眈々とした視線を向ける一方で、西洋の反応を注意深く観察し、拡大を図った。[64] だが、朝鮮併合の準備が整う頃には、日本はむしろ植民地支配国としての経験を十分に積んでいた。内国や周辺地域を植民地化したそれまでの経験から日本が学んだ教訓が朝鮮政策に潜在的に影響していたことからすれば、この点を再検討する価値はある。

　本研究の第3の側面は、朝鮮における日本の政策の展開を追うことである。朝鮮半島を占領した35年間、日本の同化政策はどのように展開されたのだろうか？[65] 　日本は、この政策を段階的に進めるものと捉えていた。朝鮮人がその伝統文化を捨て、日本文化を吸収するまでには数十年、あるいは百年にわたって導いてやらねばならないと日本は主張した。この姿勢は、アジア大陸での戦況が切迫し、朝鮮総督府がこのプロセスを早急に進めなければならなくなった1930年代まで維持された。この間、日本政府は教育と報道を通じて、臣民としての新たな地位について朝鮮人に教えこんだ。この文言に留まらない、最も重要な日本の任務は、支配国と被支配国とを隔てていた壁をとり除き、日本人に朝鮮人を同胞たる「帝国国民」として受け入れさせることだった。

　そうするためには、双方が他方を蔑視するような従来のイメージをぬぐい去ることが必要だった。江戸時代に顕著だったこうしたイ

メージは、日本が朝鮮の主権に介入するにつれて強まっていく[66]。併合したからには日本はこのイメージを和らげ、同化についての文言と一致させるしかなかった。イメージは相変わらずひどいままだったが、日本人は、（日本の）よき統治があれば、朝鮮人はより高度に文明化することになるという希望をもたせた。朝鮮人には手を貸してやる必要があるのであって、望みがないわけではないと考えたのである。日本人は、自ら思い描いたアジア共同体で、いつの日か朝鮮人が協力相手となることを想像したのだろうか？　あるいは、朝鮮人は自分たちより劣ったままだと考えたのだろうか？　日本の政策を支持していた朝鮮人の多くは、前者が同化の目的だと受けとめた。日本人の誇張した説明がそう思わせたのである。だが、政策が示唆していたのは後者だった。文言上の目的と政策上の決定とを一致させることができれば、日本の同化政策は成功していた可能性は

62　Gi-Wook Shin と Michael Robinson の編集による *Colonial Modernity in Korea* の導入部は非常によくまとまっている (Cambridge, Mass.: Marvard University Press, 1999) 1-18.

63　台湾植民地史を研究する学生は、このテーマをもっと積極的に扱っている。Leo T.S. Ching *Becoming "Japanese" : Colonial Taiwan and the Politics of Identity Formation* (Berkeley: University of California Press, 1991) と、陳培豊『「同化」の同床異夢：日本統治下台湾の国語教育史再考』（三元社、2001 年）を参照のこと。韓国の事例については以下を参照のこと。駒込武『植民地帝国日本の文化統合』（岩波書店、1996 年）。崔錫榮『일제의 동화 이데올로기의 창출』。小熊英二は『「日本人」の境界：沖縄・アイヌ・台湾・朝鮮植民地支配から復帰運動まで』（新曜社、2002 年）のなかで、日本の植民地の境界について論じている。

64　この注意深いまなざしは、1919 年に朝鮮で起きた三一独立運動に最もよく表れている。Frank P. Baldwin Jr., "The March First Movement: Korean Challenge and Japanese Response" (Ph.D. diss., Columbia University, 1969). 長田彰文『日本の朝鮮統治と国際関係：朝鮮独立運動とアメリカ 1910-1922』（平凡社、2005 年）; and Dae-yeol Ku, *Korea Under Colonialism: the March First Movement and Anglo-Japanese Relations* (Seoul: Seoul Computer Press for Royal Asiatic Society, 1985).

65　Dong Wonmo, "Japanese Colonial Policy and Practice in Korea, 1905-1945: A Study in Assimilation" (Ph.D. diss., Georgetown University, 1969); Dong Wonmo, "Assimilation and Social Mobilization in Korea" in *Korea under Japanese Rule* edited by Andrew C. Nahm, 146-82 (Kalamazoo: Center for Korean Studies, Western Michigan University, 1973). 長田彰文は、『日本の朝鮮統治と国際関係：朝鮮独立運動とアメリカ 1910-1922』で、三一独立運動直前までの日本の植民地政策について論じている。

66　Duus, *The Abacus and the Sword*, chap 11 を参照のこと。

あったかも知れない。

　日本の同化について重要な批判を行なっているのは朝鮮人だ。朝鮮の視点による研究の多くは、近年まで、日本の厳しい植民地統治に立ち向かう英雄的で断固とした抵抗を取り上げている。朝鮮人の英雄的な抵抗は高い志によるもので、この歴史のなかではきちんと記録されてもいる[67]。だが、多くの朝鮮人がこの政策に強く反対したという容易に想像できるような事実以上に、同化に対して朝鮮人がどのような見解をもっていたのかについて新たな理解を与えてくれるものではない。当時、朝鮮人は日本の国家主権を受け入れる準備ができていないと考えた人びと──朝鮮に共感を抱く日本人や、段階的に力をつけていく方が望ましいと考えた朝鮮人──は、朝鮮の将来について議論した際、日本人の野望を厳しく批判した。しかし、そうした朝鮮人の多くは、日本の近代化の経験は有益だと捉えていた[68]。彼らを分断したのは、朝鮮人のアイデンティティについての問題だった。すなわち、日本から学ぶことは朝鮮人としての自己鍛錬の一助となるのだろうか、それとも、同化された日本人として融合することになるのだろうか？　どちらの集団も、朝鮮人に対する日本人の傲慢さを批判し、日本人が対等な相手として朝鮮人を受け入れなければ進展はあり得ないという点で一致している。日本を熱烈に支持する朝鮮人たちは、同化に関する文言に一致する方針を示すよう日本人に忠告した。曺秉相などの朝鮮人たちによる文章は、日本は発展を成しとげたとし、その発展は今後も続いていくことを信じているというものだった。本研究は、彼らの確信を裏づける証拠を求め、日本の同化政策を検証する。

67 最近の朝鮮歴史研究は日帝同化政策の執行に関して活発になった。チャン・ヨンミは併合直前の教育政策と同化「장영미、「교과서로 본 일제의 식민 전략 , 비사고와 동화 (同化) – 보통학교학도용 국어독본을 중심으로 –」、『동화와 번역 28 호』 (건국대학교 동화와번역연구소 , 2014) 287-308. ;鄭然泰は武断政治時期の同化政策を考察した (鄭然泰、「朝鮮総督　寺内正毅의　韓国観과植民統治 – 漸進的 民族同化論과　民族差別政策의 이중성 –」韓国史研究 124,2004)。국성하は同化政策には日本神宮の役割についての調査である (국성하、「일제 강점기 동화정책 수단으로서의『조선신궁』의 건립과 운영,『한국교육사학』제 26 권 제 1 호 , 한국교육사학회 , 2004, 31-56」。

68 英語で書かれた主要な文献は以下の通り。Michael Edson Robinson, *Cultural Nationalism in Colonial Korea, 1920-1925* (Seattle: University of Washington Press, 1988); Kenneth M. Wells, *New God, New Nation: Protestants and Self-Reconstruction Nationalism in Korea, 1896-1937* (Honolulu: University of Hawai'i Press, 1990); and Shin, *Ethnic Nationalism in Korea.*

第Ⅰ章

西洋の同化政策

1870 年代から第 1 次世界大戦に至るまでの 40 年間で示されたのは、わずかな数の大国が「ヨーロッパとアメリカ大陸を除く世界の大半」を分割し、領有を主張するという新たなかたちの植民地拡大であった。エリック・ホブズボームはこの分割をこう論じた。

世界が強者と弱者、「先進」地域と「後退」地域の 2 つに次第に分割されることを最も印象的に表していた。1876 年から 1915 年までの間に、地球の表面積の約 4 分の 1 が、半ダースの国々の間で植民地として分配もしくは再分配された。イギリスは 400 万平方マイル、フランスは 350 万平方マイル、各々領土を拡大し、ドイツは 100 万平方マイル以上の領土を獲得した。ベルギーとイタリアは各々 100 万平方マイル弱の領土を獲得し、アメリカ合衆国は主にスペインから約 10 万平方マイルの領土を手に入れ、日本も中国、ロシア、朝鮮からそれと同程度の大きさの領土を獲得した。[1]

1871 年末、世界外遊のために日本を出発した岩倉使節団の一行は、当時のヨーロッパがどの程度拡大していたかをよく認識していた。この外遊に随行していた歴史家の久米邦武は、イギリスの紹介文のなかで、イギリス帝国には 870 万平方マイル［訳注：約 2253 万平方キロメートル］の土地があり、「我邦ニ比スレハ七十五（、）六倍」にもなり、2 億 4300 万人を支配下においていたと記している。[2]一方、当時のフランス帝国はわずか 35 万平方マイル［訳注：約 91 万平方キロメートル］、360 万人しか擁していなかった。[3]1895 年に台湾が日本に割譲される頃には、イギリス帝国は全世界の 23％以上を支配していたとされる。ライバルであるフランスは小国ではあったが、それでも 9.3％を支配していた。[4]

植民地拡大が急速に進んだのは、当時、国家建設の動きが活発化したことと直接関連している。ホブズボームは、この間、自らを「皇帝」とする国家元首が最多数に上ったと推測している[5]。これは、この間の（主として）国外への拡大を後押ししていた植民地拡大はむしろ、高度な内国的植民地の拡大であったことを示している。新たな植民地大国が登場するのでなければ、この割拠状態で「帝国の時代」が到来することは想像しにくい。ドイツを中心として米国、イタリア、ベルギー、日本も含めた競合国は、従来からの拡大国家（とくにイギリスとフランス）に帝国の拡大を促した。フリードリッヒ・リスト（Friedrich List）の言葉によれば、領土獲得は、「海外の競争相手から受ける恐れのある報復から市場と天然資源を……守る手段」と受けとめられるようになっていた[6]。拡大すれば、世界的により強い地位につくことができた。ジョセフ・シャイリー・バート（Joseph Chailley Bert）が 1908 年に北アフリカ会議で説明したように、フランスによる拡大は、1871 年にプロイセンに敗北してから「フランスが後に、その地位を取り戻すための現象あるいは取り組み」だった[7]。

　こうした展開に対して日本と朝鮮の反応はまったく異なってい

1　Habsbawm, *The Age of Empire*, 59.（Ｅ・Ｊ・ホブズボーム『帝国の時代：1875-1914』、みすず書房、1993 年、、80、83 頁）

2　久米邦武『特命全権大使　米欧回覧実記二』（岩波書店、1978 年）23 頁（『現代語訳　特命全権大使　米欧回覧実記　第 2 巻　イギリス編』慶應義塾大学出版会株式会社、2005 年版、5 頁を参照）。

3　前掲書の『三』、22 頁。

4　Raymond F. Betts, *France and Decolonisation, 1900-1960*, translated by William Glanville Brown (New York: St. Martin's Press, 1991), 5.

5　Habsbawm, *The Age of Empire*, 56.（Ｅ・Ｊ・ホブズボーム 80 頁）。

6　以下で引用されている。Woodruff D. Smith, *The German Colonial Empire* (Chapel Hill: University of North Carolina Press, 1978), 13.

7　以下で引用されている。Winfried Baumgart, *Imperialism: the Idea and Reality of British and French Colonial Expansion, 1880-1914* (Oxford: Oxford University Press, 1982), 57.

た。日本は植民地拡大の流れに乗ったが、朝鮮は外交的駆け引きを通じて主権を維持しようとした。タイと同様、朝鮮半島はロシア、中国、日本という競合する諸帝国に囲まれた苦しい状況に置かれていたため、その対立を逆手にとって主権を維持しようとしたのである。だが、日本が中国とロシアを敗北させた後は、これはもはや現実的な選択肢ではなくなり、朝鮮はその直後、日本の拡大の動きに屈したのだった。この時期に領土を拡大した結果、植民地拡大に向けて日本は一般的に、とくに朝鮮半島に対して非常に強い関心を抱くようになった。誕生したばかりの明治政府は、富国強兵という第一の目的を達成できるか否かは、内国だけでなく周辺諸国、（最終的には）国外にまでその影響力をおよぼすことができるかにかかっていることを即座に理解した。

植民地政策としての同化

　岩倉使節団は、明治政府が行なった実情調査として最も重要なものの一つである。この使節団は、先の徳川幕府が押しつけられた不平等条約の撤回を西洋諸国に受け入れさせるという最も緊急性の高かった目標を達成することはできなかったが、「日日軫掌、寧処スルニ暇アラス、寒暑ヲ冒シ、遠邇ヲ究メ、僻郷遐域ヲ跋渉シ[8]」、すなわち、寸暇を惜しんで各地を観察するという、同じくらい重要な目標を実現することはできた。使節団の任務に調査すべき課題として西洋の拡大が特筆されてはいなかった。だが、当時この問題が最も重要であったことを考えれば、この問題を除外することは一行には考えられないことだっただろう。実際、久米邦武の記録にはその点が記されている。

　使節団の参加者たちは視察中、さまざまなレベルの植民地主義を

目の当たりにした。ドイツ、フランス、イタリアを経由した際には内国植民地主義を、ウェールズとスコットランドを訪れた際には周辺植民地の拡大を直に目撃した。政府関係者との話し合いや政府組織の視察を行なって組織の重要性を再認識し、彼らの考え方に明らかに影響された。久米たちは、ヨーロッパ、とくにドイツの国民国家の建設に向けた取り組みにいたく同感した。実際、久米の公式視察記録から、一行のほとんどが国家建設の中身を調査するために時間を費やしていたことがわかる。彼らは、日本が内国で直面していた課題の大きさに気がつき、少なくとも、より緊急性が高い内国的拡大（藩の統合）と比較的安全な周辺への拡大（琉球と蝦夷）を成しとげるまでは、周辺の植民地活動を抑えておく必要があることを理解した。

　太平洋を横断した直後、使節団は米国で周辺植民地主義を知った。この国はその 6 年前に血なまぐさい南北戦争を終了させており、連邦を作りなおすためにせわしく取り組んでいたところだった。近年解放された黒人やネイティブ・アメリカンを米国社会の主流派に同化させることもその一環だった。使節団はその後大西洋を渡って到着した土地で、多様なレベルの同化を間近に観察した。すなわち、ウェールズ人、スコットランド人、アイルランド人を融合させようとするイギリス人の高度な取り組みから、アルザス地方とロレーヌ地方という新たに併合した領土の人びとを取り込もうとした初期ドイツの野心的な取り組みである。フランスに到着すると、彼らは、フランス政府が南の諸州を統合するために始めた懸命な取り組みと、アルジェリアを（武力統治ではなく）直接的に官僚統治するためにこの植民地の統治方針を変更した様子を間近で見た。のち

　8　久米邦武『特命全権大使　米欧回覧実記一』（岩波書店、1977 年）、10 ～ 11 頁。

第 I 章　西洋の同化政策　49

に台湾と朝鮮を獲得して植民地政策を作成した日本の官僚は、領土を拡大する際に取り入れるべき行政方針について議論し、こうした事例をすべて活用した。

19世紀末頃には、植民地政策の理論上の構成概念としての同化がフランスの植民地政策に導入されるようになっていた。言葉のうえでは、直接統治は内国民として入植した人びとに与えられる便益を被支配者にも与えることとしていたが、実際には、そうした人びとは周縁化の対象として扱われた。イギリスが好んだ間接統治は支配国の人民と被支配国の人民の生活を一層分離することで、統治者は通常、その考え方に基づいて統治を行なった。これらの植民地の歴史をつぶさに観察すると、フランスはこの区別とはちがって同化について熟慮し、少数ではあるが多様な植民地の人びとを国会に招いた。しかし、その同化政策が、啓蒙主義者が大言壮語した壮大で包括的な目標に近づくことはほとんどなかった。一方、イギリスは植民地の多くで間接統治を行なったが、間接統治を行なわなかったその他の植民地では同化政策を取り入れた。フランスがすべての国民の普遍的な権利として同化を声高に掲げた一方で、イギリスは一連の周辺植民地に適用できるように、より現実的な方法でひそかに同化政策を導入した。フランスが同化の前提条件として文化的な転換を求めたのに対し、イギリスは、同化した人びとを政治課題として受け入れ、イギリス文化と言葉になじむよう求めることはなかった（そう促すことはあったにしても）。

同化の形態は、古くはローマ帝国の植民地政策にも見出せる。これは、ローマ帝国にいる人びとを市民として受け入れるよう促すものだった。イギリスにおいて、この政策は、クロード＝アドリアン・エルヴェシウス（Claude-Adrien Helvétius）やトマス・ホッブズ（Thomas Hobbes）、ジョン・ロック（John Locke）といった、人間の理

性の普遍性を説いた理性の時代の思想家らの哲学を支えとしている。たとえばエルヴェシウスは、教育とは「異なる階級や社会階層の間に存在する矛盾を正しうる手段」であるとした。この政策を支持した人びとは、ジャン・ル・ロン・ダランベール（Jean Le Rond d'Alembert）の「普遍的啓蒙」の人間の完成可能性の理論（コンドルセ、Nicola de Condorcet）、「体力や知力で同等でなくても、すべての人が条約や法的権利によって平等になる」としたジャン・ジャック・ルソー（Jean-Jacques Rousseau）の信念などによって意を強くした[9]。普遍的な一体感を説くこの考え方はフランスの市民権、つまり、すべての人間に付与される（特権ではなく）権利についての見解に表れている。ただし、この権利を得るのは、フランス語を話すことができ、「進化した」宗教に誠実に従うことを望み、野蛮な慣習と形式をやめる意思があるという３つの基本要件を満たせる人びとに限られていた。

　フランス政府が進めた同化政策は一貫していない。政府が同化の概念を受け入れたのは、植民地を「共和国の重要な一部分であり、同一の憲法を抱くものである」と宣言した1791年の憲法だ。だがその後に制定された憲法では、19世紀を通して、この概念を否定しては取り入れることのくり返しだった[10]。たとえば、フランス政府は1858年、対アルジェリア政策の基本を同化とすることをあっさり宣言したが、２年後の1860年にはその新たな政策を取りやめている。その後、1871年からは再び同化政策に立ち戻っている[11]。世

9　Jean-Jacques Rousseau, *The Social Contract and the Discourses*. translated by G.D.H. Cole (London: Everyman's Library, 1973), 181.

10　Raymond F. Betts, *Assimilation and Association in French Colonial Theory, 1890-1914* (New York: Columbia University Press, 1961), chap. 2.

11　シャルル゠ロベール・アージュロン『アルジェリア近現代史』（白水社、2002年、私市正年、中島節子訳）45 〜 48、66 〜 71頁。

第Ⅰ章　西洋の同化政策　51

紀の変わり目になると、社会進化論思想の支持者らからこの政策に厳しい反論が突きつけられた。パリでは、「人間の平等性という啓蒙思想に最初に強く反対した人物の一人」とレイモンド・ベッツ（Raymond Betts）に評されたギュスターヴ・ル・ボン（Gustave Le Bon）がこの概念を厳しく批判した。『心理学と人民の発展に関する法則』（*Les Lois Psychologiques de L'évolution des Peuples*）のなかでル・ボンは、人類を未発達な民族、劣った民族、中間的な民族、優れた民族という４つに分類する科学的アプローチを展開している。彼は、こうした集団は「精神的な格差」によって分断されているため、集団横断的な統合は不可能だと主張した。民族独自の習慣が改まることを期待して劣った人びとを教育しても、ほとんど成果はないとしたのである。このように同化は、「純粋理性論がこれまでに作りだしたなかで最も危険な幻想の一つ」とされた[12]。このような人種差別的な思想を支えたのは、人種的な違いを科学的に証明しようとした生物学的実証研究の構想であった[13]。

　植民地にいた人びとも同じような批判を口にした。トンキンとマダガスカルで勤務したジョセフ・ガリエニ（Joseph Gallieni）は、ヨーロッパ流の考え方を植民地に輸出することによって念入りに作りあげられる危険性について警告した。「既成の定式ほど植民地での事象にとって有害なものはない……ヨーロッパ的観念を基礎として構築されたといってよいような外部から取り入れる原則などは、原則を当てはめようとした環境や状況、場面には妥当ではない[14]」

　民族にかかわりなく誰でもフランス市民として認めるというフランスの宣言は、当然、人種差別的な反対意見や批判の的となった。そのうえ、植民地の人びとの同化に関しては、フランスは惨めなほど失敗した。第１に、フランスがこの政策を適用したのは、植民地の都市部のごく一部の人びとに限られていた。たとえばセネガルで

は、サン＝ルイ、ゴレ島、リュフィスク、ダカールを行政区域[コミューン]として指定し、そこの住民だけが市民権を得られるとした。こうして、植民地支配者はセネガル人を現地「住民」と現地「市民」に分断したのである。セネガル人が現地市民に昇格するには、フランス系の公的組織か民間企業に最低でも10年間勤務し、フランス語の読み書きができ、生計を立てる手立てがあり、（イスラム教徒ではないなど）善人でなければならなかった。[15]それでも、フランスは彼らを「フランス人」ではなく「現地住民」として位置づけた。ベトナムでは、フランスはごく少数の現地住民だけにフランスの市民権を与えた。[16]これから見ていくように、こうした特権が与えられたとしても彼らがフランス人による嫌がらせを受けなかったということではない。

12 ル・ボンに関する議論については、前掲書64〜69頁を参照のこと。李光洙は「民族改造論」のなかで、民族の特徴はル・ボンの思想が考慮した以上に柔軟であると主張して、ル・ボンの思想に反論している。李光洙の論点は、同化と自治のいずれかを選ぶ前に、朝鮮人は民族的に発展しなければならないというところにあった。『李光洙 全集』, 17巻 (三中堂, 1971), 187.

13 Stephen Jay Gould, *The Mismeasure of Man* (New York: W. W. Norton, 1996) (スティーヴン・J・グールド『人間の測りまちがい：差別の科学史』、河出書房新社、2008年)。

14 Raymond F. Betts, *Assimilation and Association in French Colonial Theory*, 116. フリードリヒ・ラッツェルやベルンハルト・デルンブルクなどの学問的植民地主義者の信奉者たちも同じ意見だった。Woodruff D. Smith, *The Ideological Origins of Nazi Imperialism* (New York: Oxford University Press, 1986), 147-52.

15 Raymond L. Buell, *The Native Problem in Africa*, vol. 1 (New York: Macmillan, 1928), 946. 当時、セネガルの人口120万人のうち現地市民の地位を付与されたのは2万2700人だったが、西アフリカの他のフランス植民地と比べると割合が高い。ビューエルはこれを「歴史的事件」のせいだったとしている。市民権が付与されたのは、規制が緩和された頃だった（前掲書、925、947頁）。ベトナムについては、Thomas Ennis, *French Policy and Development in Indochina* (Chicago: University of Chicago Press, 1936) (T・E・エンニス『印度支那：フランスの政策とその発展』、生活社、1941年)、Joseph Buttinger, *Vietnam : A Dragon Embattled: From Colonialism to the Vietminth* (New York: Frederick A. Praeger, 1967); David G. Marr, *Vietnamese Anti-Colonialism, 1885-1925* (Berkeley: University of California Press, 1971), and *Vietnamese Tradition on Trial, 1920-1945* (Berkeley: University of California Press, 1981); または Hue-Tam Ho Tai, *Radicalism and the Origins of the Vietnamese Revolution"* (Cambridge, Mass.: Harvard University Press, 1996).

16 Marr, *Vietnamese Anti-Colonialism*, 46.

フランスの同化政策の模範例として紹介されることの多いアルジェリアでさえも、受け入れられる条件は厳しく、実際にフランスの市民権を得られる現地住民の数は非常に限られていた。[17]第1次世界大戦後、フランス政府は、フランスが参加した戦争に、とくに兵士または労働者として貢献した人びとに報いるために、同化の対象とする人数を増やす法律を制定した。この動きを受けた国外に住むフランス人やアルジェリアに住むフランス人などはこの法律を施行させまいと抵抗した。彼らは、植民地の人びとがフランス市民権を得る基準を満たそうと努力しても拒絶した。フランスの同化政策の恩恵を受けたのは現地のアルジェリア人ではなく、かつてフランス領だったアルザスやロレーヌ、あるいはマルタやイタリアからの移民といったヨーロッパ系の移民たちだった。これは現地の階層制度にも影響をおよぼし、フランス人を頂点とし、ユダヤ人、アラブ人、ベルベル人は最下層に置かれた。ヨーロッパ系移民はその中間に位置づけられた。[18]

　アルジェリアにおけるフランスの言葉と行動の違いは、言語的、文化的、政治的にフランス寄りになろうとした「青年アルジェリア人(Jeunes Algeriens)」を支配国がどう扱ったかに最もよく表れている。統治政府は彼らの「反仏かつ国粋主義」的行為を起訴することでこれに報いた。[19]徴兵されることになった彼らが1912年6月に植民地政府に突きつけた改善要求には、アルジェリアに対するフランス側の差別が見てとれる。要求とは、原住民身分法（Code de l'indigénat）の廃止、平等な税負担と公金支出、アルジェリア人の地方議会議員の選出、フランス政府にイスラム教徒の代表をおくこと、戦果をあげて帰国した兵士にはフランス市民権を自動的に付与することなどだった。

　同化を支持していたアルジェリア人がとくに不満に思っていたの

は、原住民身分法だった。この法律は植民地において現地住民の地位を低めるように規定するものだったからだ。フランス議会がこの法律を制定したのは、フランスによる官僚支配が軍事支配に取って代わった直後の 1870 年代初めのことで、フランス人ではなくアルジェリア人を抑制するような 33 の屈辱的な違反行為が規定されていた。たとえば、許可証なく移動すること、フランス人官僚に無礼な話し方をすること、行政区域の外で物乞いをすること、強制労役義務に抗議することなどだ。この法律に違反すると、最長 5 日間の実刑判決あるいは最大 15 フランの罰金が科された。[20]

　同化政策を強化しようとするフランス政府の取り組みと、それを弱めようとする在外フランス人の取り組みが最も顕著に表れたのは、1919 年 2 月、アルジェリア人がフランス市民権を得やすくなるようなジョナール法を議会が成立させようとしたときだった。この取り組みを始めたシャルル・ジョナール（Charles Jonnart）にちなんで呼ばれているこの法律は、アルジェリア人が改宗しなくても、彼らの代表者を増やし、投票権を与えることを目的としていた。予想できたことではあるが、ヨーロッパ系住民はこの改革は行き過ぎだと考え、イスラム系住民は改革には欠点があると主張した。フランスが最終法案に改宗要件を残したため、緩和された条項の恩恵を受けるアルジェリア人は限定された。この法律によって、約 42 万

17　1865 年から 1913 年まで、フランス市民権を得ることができたイスラム教徒のアルジェリア人は、わずか 1557 人だけだった。Vincent Confer, *France and Algeria: The Problem of Civil and Political Reform, 1870-1920* (New York: Syracuse University Press, 1966), 27.

18　David Prochaska, *Making Algeria French: Colonialism in Bone, 1870-1920* (Cambridge: Cambridge University Press, 1990). プロチャスカは、フランスがヨーロッパ系住民に対する国民化政策を柔軟に行なったのは、アルジェリア人に対して人口的な防衛を築くためだったと主張している（152 ～ 153 頁）。

19　前掲書、234 ～ 235 頁。

20　John Ruedy, *Modern Algeria: The Origins and Development of a Nation* (Bloomington: Indiana University, 1992), 89.

5000人のイスラム教徒が「中間現地市民権」を認められ、参政権を得た[21]。だが、1919年から1924年までのあいだ、完全な市民権を与えられたアルジェリア人は359人だけだった[22]。フランス側の不作為に対する苛立ちが高じていった。1922年、フランス大統領だったアレクサンドル・ミルラン（Alexandre Millerand）がアルジェリアを訪問した際、エミール・ハーリド（Emir Khaled）——フランス軍将校として勤務した後、「青年アルジェリア人」の要請事項に署名をした人物——はこう宣言した。

　　すべてのアルジェリア人民は、宗教や人種の区別なく、等しくフランスの子であり、母国に対して同等の権利を有している。フランス内国において、われわれにふさわしく、フランスに恥じないような地位を得たいという願いは、われわれがよきフランス人であり、われわれと母国とをつなぐ絆を強めることだけを願っている証である[23]。

　こう宣言したことで、ハレドは「青年アルジェリア人」のなかでも「一番のトラブルメーカー」としてフランス人の間で知られるようになった。彼はエジプトに2年間逃亡せざるを得なくなり、その後（おそらく誇張だが）「初めてのアルジェリア人愛国主義者[24]」として、その名を知られるようになった。1946年、切羽詰まったのか、フランスはイスラム教徒のアルジェリア人に市民権を認めることにした[25]。

　フランスのベトナム人同化政策には、これによく似ているところがある。フランスは、中産階級を中心にごく少数のベトナム人にフランス市民権を与えていた[26]。国民として認められれば、投票権が得られ、就職の機会も多くなった。ブイ・クアン・チュウ（Bùi Quang

Chiêu）はおそらくその典型だ。彼が生まれたのは、フランスがベトナム南部の支配を強化した 1872 年である。彼は、フランスとアルジェリアで「フランス語教育を徹底的」に受けてベトナムに戻り、植民地統治機関での職を得た。その後、フランス語教育を受けたベトナム人を対象とした『先住民族トリビューン』紙の編集長に抜擢されると、大衆主義者というよりはエリート主義者であることを露呈するようになった。同紙は、同化したベトナム人が味わったエリート的立場を打ちだすことが多かったが、その一方で「偉大なるフランス国家」に対し、「生活手段も文化ももたない人びととみなされた、好ましくないベトナム人を受け入れる」よう具申した。だが植民地政府は、フランスに同化される際に彼が見せた熱意は「植民地政府側にささる棘」だと感じていた。1919 年、ジョルジュ・マスペロ（Georges Maspero）総督は競合紙に資金を提供し、ブイの力を削ごうとした。ブイは、サイゴン（現ホーチミン市）の港湾施設建設の独占権をフランス系共同企業体に与えるとしたコーチシナ［訳注：フランス統治時代のベトナム南部］知事の決定に抗議し、フランスの植民地政府によってプノンペンに国外追放されてしまった。彼の新聞はその直後に廃刊となった。

　アルジェリアでの同化の事例と並んでベトナムの事例からも、フランスの取り組みは国外植民地におけるイギリスのそれに近かったことがわかる。イギリスも、教育を終えた後は祖国に戻って植民地

21　前掲書、112 頁。

22　Confer, *France and Algeria*, 96-97.

23　Ruedy, *Modern Algeria*, 130.

24　エミール・ハーリドについては前掲書 129 〜 131 頁を参照のこと。

25　M. B. Hooker, *Legal Pluralism: An Introduction to Colonial and Neo-Colonial Laws* (Oxford: Clarendon Press, 1975), 212.

26　Marr, *Vietnamese Tradition on Trial*, 46.

27　Tai, *Radicalism and the Origins of the Vietnamese Revolution*, 40-43.

28　前掲書、45 頁。

第 I 章　西洋の同化政策　57

の運営に協力することを期待して、ごく一部の植民地の人びとを対象に特権的な教育を受けさせた。宗主国の計画に協力しなかったブイ・クアン・チュウやエミール・ハーリドのような人びとは、あっさり力を奪われ、他の協力者にとって代わられた。フランスはアルジェリアで行なったように、ベトナムでも同化を説き勧めた。1925年3月に帰国を許されたブイは、自分が支持したのは、協力者に平等の権利と機会を与えることを保障した完全なる同化だったと繰り返し語っている。だが、フエ・タム・ホー・タイ（Hue-Tam Ho Tai）が示したように、「ベトナム人の多くはフランス人になることなど望んでいなかった。多くの人びとは（フランス統治組織が）果たさない約束にしびれを切らしていた[29]」のである。

　フランスがそれ以上に同化に成功したのは、より祖国に近い土地、南部の諸州においてだった。この地の植民地化の取り組みがこれまでに述べた例と異なるのは、パリ市民から「野蛮人」だとみなされていたとしても、この地の人びとがフランス内国という従来の国境の内側に住んでいた点だ。1871年、プロイセン軍に敗北すると、フランス政府はこの地域の人びとの言語、信条、風習を「フランス化」することに力を注いだ。フランス人が彼らに抱いたイメージは、入植者たちが周辺植民地の人びとに対して一般的に抱いたイメージに近かった——あるパリ市民が表現したように、フランス人は「『野蛮人』を見るために米国まで行く必要はなかった……（ブルゴーニュ地方には）フェニモア・クーパー（Fenimore Cooper）［訳注：米国の作家。ネイティブ・アメリカンの勇者ナッティ・バンポーを主人公にした小説『モヒカン族の最後』などを執筆］が描いた『レッドスキン』がいる[30]」からだ。だが彼らに対する扱いからは、フランス政府が彼らを市民として捉えていたことがわかる。フランス市民として、彼らは国の政治制度や社会組織、教育機関、文化機構に貢献するものとさ

れた。

　19世紀末に登場したいくつかの植民地宗主国は、イギリスとフランスの植民地統治のアプローチは異なっていると信じて疑わなかった。こうした国々は、国外領地での統治には間接支配が適切だと考えた。だがイギリスの植民地史を見ると、19世紀初めにはイギリス人も、海外植民地の「宝石」となったインド亜大陸において同化政策を行なうかどうかを議論していたことがわかる。しかし、イギリス軍に勤務していたインド人兵士らが流血の事態となる反乱を引き起こしたことを受け、同化政策を支持していた人びとは、少なくとも社会的、文化的な慣習や信条が正反対といってよいほど異なる人びとに対してはその政策が適切ではないことに納得した。

　1830年代の「大インド教育論争」であげられたいくつかの意見は、同化に対する賛否を反映している。同化は、この世紀の後半にかけてなされた議論の中心だった。たとえば、歴史学者トーマス・マコーレー（Thomas Macaulay）は1833年、インド全土でなされる教育は英語で行なわれるべきで、イギリスで使用されている教科書を使うべきだと発言した。彼は、イギリスには、インドをイギリス風に作り直す能力と義務があると考えていた一人だった。そのため、ヒンドゥー主義とカースト制度というインドの恥ずべき慣習はインド社会から追放されるべきだと主張した。[31] マコーレーは1835年、教育改革委員会の議長を務め、インドにおける教育改革の目的とは「インド人は肌の色で、イギリス人は分別、意見、品行、知性に基づいて階級」を作り上げることだと断言した。[32] 宣教師で改革論者でもあったチャールズ・トレヴェリアン（Charles Trevelyan）も、イギリ

29　前掲書、156頁。
30　Weber, *Peasants into Frenchmen*, 1.
31　James, *The Rise and Fall of the British Empire*, 220-21.

ス帝国の「最も神聖な義務」の一つとして「知識の拡散」をあげ、1838年に同じような意見を述べている。

　　われわれがすべきことは、議論ではなく、教えることである
　　——まちがった制度で現地住民の精神に先入観を持たせるの
　　でも、有用でなくなるまでわが方のよき導きを継続するのでも
　　なく、最初からわれわれ自身の信念に従って彼らを教育するこ
　　とによって、彼らの偏見の先を機制することだ。われわれは
　　ヨーロッパ流の学びを大事にしなければならない。そうした学
　　びはすでに深く根を下ろし、勢いよく芽吹いている。かつての
　　制度という幹は自然に朽ちるに任せればよい。今後数年のうち
　　に、これからの世代が国全体を作り上げていくことだろう。彼
　　らは導きを切に求めており、われわれは、彼らの偏見のない柔
　　軟な精神を、どのような方法であれ、われわれが望むように作
　　り上げていけばよいのである[33]。

　こうした楽観的な意見に対する反対意見は、社会進化論者や、その世紀の後半にドイツの「学問的植民地主義」学校の関係者からあげられた反論の数十年先を行っていた。すなわち、人間はそれぞれの環境の産物である。このような、「偏見をもたず、臨機応変さのある精神」を洗練させようとする試みは無意味であるということだった。H・H・ウィルソン（H. H. Wilson）は、インド人を「あまりに無学で、迷信を根強く」信じている人びと、つまり、書簡をコピーしたり帳簿をつけたりするために雇われたベンガル人の書記官や事務員のような人びとだと決めつけた。彼らはイギリス人の雇用主の指示は英語で理解できるが、それ以外はヒンドゥー語しか理解できない「純朴で愚か」だった[34]。

1857 年のインド大反乱によって、イギリスの価値観を有するイ
ンド人を文化的に慣れ親しませることについての真剣な議論は打ち
切りとなった。この反乱は、イスラム教徒のインド人 85 人が、イ
ギリス軍から支給された、油で磨かれた新品の弾薬筒――豚の脂
肪を使っていると噂された――を使わなかったとして軍法会議に
かけられた後に起きた。他の連隊に所属していた兵士らが、同僚が
足かせをはめられて引きまわされ、辱められているのを見て暴動を
起こしたのだった。この暴動に加わった人びとはその怒りの矛先を
イギリス人市民に向け、女性や子どもなど 125 人を虐殺した。この
あまりの残虐行為を受けて、植民地の入植者たちは、インド人は人
間として欠陥であり、ヨーロッパの宗教や知識に触れさせても彼ら
を救済することはできないという結論に達した。入植した「文明的
な」人びとから植民地の現地住民を分離しておくほうがよっぽど有
益だった。イギリスからやってきた人びとは現地の自治政府を指導
することになっていたが、彼らのそれまでの組織をそのまま維持す
ることを認めることにした。[35]

　好ましい統治方針として登場したのは同盟である。これは、「直
接に指示を出して（彼らを）統治するのではなく、影響力を行使し、
助言をすることによって」統治者が被支配者を導くというやり方

32　Thomas Babington Macaulay, "Minute recorded in the General Department by Thomas
　　Babington Macaulay, Law Member of the Governor-general's Council (February 2,
　　1835)," reprinted in *The Great Indian Education Debate: Documents Relating to the
　　Orientalist-Anglicist Controversy, 1781-1843*, edited by Lynn Zastoupil and Martin Moir,
　　161- 73. (Surrey, U. K.: Curzon Press, 1999), 171.

33　Charles Trevelyan, "On the Education of the People of India (1838)" reprinted in *The
　　Great Indian Education Debate*, edited by Zastopil and Moir, 298-99, 302.

34　H. H. Wilson, "Letter to the Asiatic Journal concerning the 'Education of the Natives of
　　India' (December 5, 1835)," reprinted in *The Great Indian Education Debate*, edited by
　　Zastopil and Moir, 217.

35　James, *The Rise and Fall of the British Empire*, 192; Byron Farwell, *Queen Victoria's
　　Little Wars* (New York: W. W. Norton, 1972), chaps. 8-11.

だ[36]。管轄する現地住民に変革をもたらそうしなかった現地の従来型の統治組織のネットワークを、強い権限をもつイギリスの中央行政府が監督するというものだった。現地住民は、従来からある現地独特の組織と統治者を背景に「ゆっくりと穏やかに」変化していくはずだった[37]。先に述べたとおり、この方針は、19世紀後半に登場した複数の宗主国によってイギリス式として知られるようになったものである。後で検討するが、イギリスもそう喧伝していた。

インド人の同化に関する議論が早々にうち切られてしまったため、イギリス人が「文明化した」インド人をイギリスの政治的、社会的制度にどの程度取り入れるつもりがあったのかを確認することはできない。たとえば、インドのイギリス化を、最終的にイギリス議会の議員としてインドの代表者を迎えることになる取り組みとして理解するとすれば、提案者らの意図から外れたものになるだろう。だが、本国に近いその他の地は、イギリスによる同化がそれ以上にうまくいった例だ。有権者のあいだでは、そうした例は文化的な植民地化ではなく、政治参加であることが強調された。実際、イングランド領に接していたケルト民族のイングランドによる同化は、近年の歴史のなかで、周辺に居住する人びとを同化しようとした最も長期にわたる実例である。フランスが南部の諸州で行なった取り組みのように、イングランドによるウェールズ人、スコットランド人、アイルランド人の編入が植民地の歴史において言及されることはほとんどない。例外の一つは、イングランドが、他の県に住むイギリス人と同じ程度に、こうした民族を国民国家に統合することができなかった理由を取り上げたマイケル・ヘクター（Michael Hechter）の研究である[38]。外交的に混沌とした数世紀のあいだに、これらの人びとが支持と忠誠を示したことから、その取り組みが成功であったことがわかる。

この周辺植民地での活動に独特な特徴は、アングロ人とケルト人との「連合」が、ある程度、交渉されたものであったという点だ。ウェールズとスコットランドの場合、イングランドとの連合に向けた交渉は、統合された領土の現地住民であったウェールズ人のエドワード6世（Edward VI）とスコットランド人のジェームズ3世（James III）がイングランドの王についたことが大きな成功要因だった。これらの連合は、彼らの領土における議会を解散して、ウェストミンスターにあるイングランド（後のイギリス）議会に議員を送ることに同意する代わりに、自分たちの制度を維持することを認めさせるものだった。たとえば、ウェールズ人は言語を維持し、スコットランド人は教育や司法制度など自らの制度の多くを維持した[39]。この意味で、彼らによる同化は原則的に政治的なものだった。イングランド人は彼らの言語や文化を酷評することはあったが、イングランドの言語や文化を押しつけることはしなかった。こうした関係性が有用だったのは、何世紀にもおよんだフランスやドイツとの戦争中、ウェールズ、スコットランド、アイルランドにおいてイングランドに対する忠誠が維持されたことだった。実際、イングランドが戦争に勝ち、帝国を作りあげたことによって、彼らはイギリスの一部としてとどまることにしたのである。

　ドイツや米国といったその他の後発の拡張組も、周辺植民地で同化を実践した。普仏戦争の終結にともなってアルザスとロレーヌを

---

36 Prosser Gifford, 'Indirect Rule: Touchstone or Tombstone for Colonial Policy,' in *Britain and Germany in Africa*, ed. Gifford and Louis, 351-91 (New Haven, Conn.: Yale University Press, 1967), 351.

37 From *The Last Will and Testament of Cecil John Rhodes* quoted by Fage, "British and German Colonial Rule," in *Britain and Germany in Africa*, ed. Gifford and Louis, 351.

38 See Hechter, *Internal Colonialism*.

39 Donald J. Withrington, 'Education and Society in the Eighteenth Century,' in *Scotland in the Age of Improvement*, edited by N. T. Phillipson and Rosalind Mitchison, 169-99 (Edingburgh: Edinburgh University Press, 1996).

獲得した1871年以降のプロイセンによる両地域の統治は、「長く行方不明だった兄弟たち」を新たに登場したドイツ国家に同化させることに重点が置かれていた。ここに、内国的な拡大と周辺地域における拡大とが相互にうまく作用していたことがよく表れている。ドイツ内国の他の州が自治権を得ていたことと比べ、この2つの合併された地域は、直接ドイツ皇帝に報告する知事によって統治されていた。中央政府は徐々に、両地域の住民に国の制度を適用するようにしたが、そのペースは緩慢でまちまちだった。1872年から彼ら住民は徴兵制度の対象となり、1874年にはドイツ下院に議員15人を送ることが憲法で認められた。だが、より強い権限のある連邦参議院に代表を送ることはできなかった。[40] 国会に議席を占めるようになる前、ドイツ政府は平和維持法を施行した。政府の解釈によれば、これは公共の安全と秩序に対する脅威となるような行為は、どのようなものであれ制限する権限を統治権力にもたせるものだった。[41]

　米国が取り入れた同化は、管轄下の領土に居住する周縁化されたマイノリティ集団を直接あるいは間接的に対象としていたという点で、これまで述べたものとは異なっている。黒人とネイティブ・アメリカンは、歴史的に米国社会の主流から排除されてきた。だが、南北戦争後の政府は、リコンストラクション（Reconstruction）期（1865～1877）〔訳注：南北戦争終結後、アメリカ合衆国政府が合衆国から脱退した南部諸州を復帰させ、解放された奴隷に対する差別解消に取り組んだ時期を指す。始期を1863年1月1日の奴隷解放宣言からとする説もある〕にこうした集団を文化的、社会的にだけではなく、政治的にも統合する方針を立てた。リチャード・H・プラット（Richard H. Pratt）大将は南北戦争中に黒人連隊を指揮した経験から、ネイティブ・アメリカンの同化に関する意見をこう説明している。

達成すべき目標は……インディアンを完全に文明化し、他の個人一人ひとりに認められている権利と特権を与え、われわれ市民の生活に統合することだ。インディアンはインディアンとしてのアイデンティティを失い、部族との関係性を絶ち、米国市民の自覚をもつようになる。[42]

悲惨な南北戦争に続くリコンストラクション期には、黒人とネイティブ・アメリカンの学びの場が増えた。参政権を得た黒人は、南部の黒人を多数、政治家として選ぶようになった。

こうした努力を正当化するために伝えられたメッセージは、黒人とネイティブ・アメリカンを米国社会の一員として統合する必要性を説いたものだった。他方で、白人向けの学校にこうした人びとを迎え入れるよう求める声がまったくなかったわけではなかったが、はるかに小さなものであった。同化推進派は、排除されていた人びとに、統合されるだけの価値があることを証明するよう求めることが多かった。フランスでの同化の条件と同じく、米国の白人社会は、ネイティブ・アメリカンに市民権を認めるかどうかを検討する前に、彼らが「部族としての生活」を「文明化した」（英語を学び、キリスト教を受け入れることを意味する）ものと認められる生活に改めることを求めた。黒人の例で成功したことから、白人たちは同化の基準を厳しくしてもよいという自信を深めた。その成功を受け、南

---

40 Charles D. Hazen, *Alsace-Lorraine under German Rule* (New York: Henry Holt, 1917).

41 ドイツ憲法の「独裁条項」についての議論は、Dan Silverman, *Reluctant Union: Alsace-Lorraine and Imperial Germany, 1871-1918* (University Park: Pennsylvania State University Press, 1972), 76 を参照のこと。

42 K. Tsianina Lomawaima, *They Called It Prairie Light: The Story of Chilocco Indian School* (Lincoln; University of Nebraska press, 1994), 5 に引用されている。

第Ⅰ章　西洋の同化政策　65

部の米国社会では人種差別的なジム・クロウ法を成立させ、人種分離を法制化した。[43]

同化の動機

同化政策については当然、支配国は国外領土を統治する際にどのような意図をもっていたのだろうかという疑問がわく。彼らは、統治される側が発展して彼らと同等の地位を占めるようになることを予期していたのだろうか。予期していたとすれば、彼らの発展を促し、支援するためにどのような政策を行なったのだろうか。予期していなかったとすれば、干渉することが少ない国外植民地のアプローチを財政的にも労力的にも大幅に上回る押しつけがましい政策を採用したのはなぜだろうか。これらの疑問に対する答えは、治安上の懸念に潜んでいる。植民地と支配国の地理的および民族的利益が近いほど、その統治はより干渉的になる。国家の安全保障の必要性、とくに潜在的な危険性のある周辺領土を（敵対国がそうした領土を支配しないように）押さえておく必要があるからこそ、支配国は干渉的な統治方針を取り入れようとするのである。フランスは、普遍的な用語で同化を特定し、国家の多様性をめざす政策を導入した。その政策を施行しても、必ずしも印象に残るほど大成功したわけではなかった。というのも、植民地のごく一部の市民しか同化するつもりがなかったからだ。この策略が、第2次世界大戦後の悲惨な解放戦争をどの程度加速させたのかは推測することしかできない。

安全保障上の懸念が最もはっきり見てとれるのは、イギリスが成立していく過程においてである。すなわち、イギリスの隣国にフランスとの同盟関係を結ばせないことを目的の一つとして、複数の連合を形成した過程だ。イギリスは、フランスとの戦争が事実上

続いていた間、スコットランド（1707年）およびアイルランド（1800年）と「統合」関係を結んだ。1689年から1815年まで、イギリスは合わせて7つの大戦に参戦し、南方の近隣諸国と数えきれないほどの小競り合いを経験した。[44] スコットランドやアイルランドがフランスと同盟関係を結べば、イギリスに災いをもたらす第2戦線の口火を切ることになることはまちがいなかった。ウェールズとスコットランドそれぞれのフランスとの関係は、古くは13世紀にまで遡る。ウェールズは、イギリスがウェールズ北部を攻撃した13世紀初めにフランスと同盟を結んだ。[45] スコットランドがフランスとの「古い同盟関係」（Auld Alliance）に初めて署名したのは1295年のことだ。フランスは、親カトリック派のジャコバイトがスコットランド北部からイギリスを駆逐しようとした最後の戦いを積極的に支援した18世紀半ばまで、スコットランドのハイランドと島嶼地域に影響をおよぼしていた。1745年には、フランスはチャールズ・エドワード・スチュワート（Charles Edward Stuart 小僭王）に兵と資金を与え、敗戦後は避難場所も提供している。[46]

　イギリスが何世紀ものあいだアイルランドのカトリック教徒をど

43　Grace Elizabeth Hale, *Making Whiteness: The Culture of Segregation in the South, 1890-1940* (New York: Vintage Books, 1998).

44　Linda Colley, *Britons: Forging a Nation, 1707-1837* (New Haven, Conn.: Yale University Press, 1992), 1.（リンダ・コリー『イギリス国民の誕生』、名古屋大学出版会、2000年、1頁）を参照のこと。

45　このとき、ウェールズの王子であったルウェリンはフランスのフィリップ2世に書簡を送り、「あなたの書簡を受け取り、フランス王国と北部ウェールズ大公との同盟の証である黄金の紋章に感銘を受けました」としたためた。'Llywelyn Fawr to Philip Augustus,' reproduced in *Letters from Wales*, edited by Joan Abse (Bridgend, Wales: Poetry Wales Press, 2000), 16.

46　Robert Cylde, *From Rebel to Hero: The Image of the Highlander, 1745-1830* (East Lothian, Scotland: Tuckwell Press, 1998). 1745年の反乱は、スコットランドからイギリスを追い出そうとしたジャコバイト派による一連の戦いの最後のものだ。その他は、1708年、1715年、1719年に起きている。J. D. Mackie, *A History of Scotland* (Middlesex, U. K.: Penguin Books, 1964), 274-81.

う扱ってきたかからわかるように、イギリス人は、アイルランドと
フランスが「教皇とのつながり」をもつ可能性をより懸念してい
た。アイルランドやイギリス内国のその他の地域にいるカトリック
教徒に対するイギリスの政策を明確に示しているのは、差別的な慣
習である。リンダ・コリー（Linda Colley）が指摘するように 1829 年
まで、イギリス人のカトリック教徒は「反逆する恐れのある、非イ
ギリス人」として扱われた。彼らには選挙権がなく公職に就くこと
もできず、教育や徴税、軍務といった分野でも差別されていた[47]。な
かには、こうした差別政策を改めるべきだと考える人びともいた。
弁護士であったテオボールド・マッケナ（Theobald McKenna）は、19
世紀に入ったばかりの頃、イギリスがアイルランドのカトリック教
徒と強いつながりを築くことは両国の安全上の利益に貢献すると主
張している。

　　ヨーロッパとアイルランドを取り巻く状況を考えれば、イギリ
　スと密接に結びつくことがアイルランドにとって不可欠な利益
　である。第二に、両国のすべての権力、すなわち行政権および
　司法権を統合することが、最も永続的かつ適切な結びつきのあ
　り方である。ヨーロッパの現状においては、自然状態にある人
　間が生まれながらにもつ権利を制限し、相互の安全保障のため
　に隣人と連携しようとするあらゆる動機があるからこそ、アイ
　ルランドは関係性のある島にこだわり、適度な努力を尽くして
　関係を醸成しなければならないというのが私の理解だ！

　マッケナは続けてこう述べた。現状維持派は、カトリック教徒が
示す忠誠には目をつむりながら、宗教的な要素を大げさにとり上げ
る。もし、フランスとアイルランドとの同盟にわずかでも可能性が

あるとすれば、当時起こっていた米国独立戦争がもたらしたまたとない好機をつかんで、アイルランドとフランスはこれを最大限に利用しただろう[48]。

　安全上の懸念があったことも、ヨーロッパ大陸と米国において周辺地域への拡大が促された原因であった。フランス政府もドイツ政府も周辺領土に対する覇権を強化することによって、普仏戦争の余波が残る内国の状況を引き締めた。フランス政府はアルジェリアを直接統治し、アルジェリア領域との関係を改めて位置づけた。プロイセン政府は、新たに獲得したアルザスとロレーヌの住民をそのまま統合した。彼らの民族的な基盤は問題ではなかった。重要なのは、そこが戦略的に重要な場所にあったことである。ドイツの愛国主義的な歴史学者ハインリヒ・フォン・トライチュケ（Heinrich von Treitschke）も以下のように書きとめている。「たとえ、アルザス人が日本人であったとしても……メスとストラスブールが有する軍事的な利用価値を活用するために、いずれにしてもドイツはその地を併合したであろう」[49]

　米国は、壊滅的な結果となった南北戦争後の大混乱もあって、政府官僚と宣教師たちは解放されたばかりの黒人奴隷とネイティブ・アメリカンを同化しようと考えた。日本の例で見ていくように安全保障対策として周辺地域へ拡大していくことは、日本が学ぶべき教訓ではなかった。朝鮮半島が問題の火種だと考えられるようになるよりも先に、幕末以来の欧米列強の脅威――現実であれ、想像で

47　Colley, "Britons," 19.（コリー『イギリス国民の誕生』、21 頁）。

48　Theobald McKenna, "A Momoire on Some Questions Respecting the Projected Great Britain and Ireland," reprinted in *The Catholic Question in Ireland, 1762-1829*, vol. 4, edited by Nicholas Lee (Bristol, U. K.: Thoemmes Press, 2000; Tokyo Edition Synapse, 2000), 5. 前掲書が最初に出版されたのは 1805 年である。

49　Silverman, *Reluctant Union*, 10, 30.

あれ——に対して表れたごく自然な反応だったのである。

　国外植民地主義を促す動機は、安全上の問題以上に経済的な野望だった。安全保障問題が要因となる場合は通常、その国が国外にもつ別の領土の防衛が問題となる。たとえば、1873 年以降にマラヤ半島でイギリス政府が存在感を増していったのは、台頭しつつあったドイツ国家との競争が予想されたからだ。ジョン・ウッドハウス・キンバリー（John Wodehouse Kimberley）伯爵の言葉を借りれば、「マラヤ半島にある保護領をどのヨーロッパ国家が引き受けることも、認められなかっただろう」。マラッカ海峡を経由する貿易量は莫大で、この半島がインドと接していることもあり、イギリス帝国はこの領土を失うことはできないと考えていた[50]。

　そもそも拡張を思いついたのは、植民地本国が安全を必要とする状況を漫然と考えてのことだったという程度だ。国家のエゴを前面に押し出し、国庫を膨らませようとはしたものの、アフリカ南部の領土を失う可能性があったために、20 世紀初めのアイルランド独立をめぐる議論のようにはならなかった。実際、D・K・フィールドハウス（D. K. Fieldhouse）によると、国外植民地が必要となるのは国家のそれ以外のニーズを満たすためだった。それに限定されるわけではないが、とりわけ、余剰資本の投資や原材料資源など、ヨーロッパ大陸の産業化に絡む経済的なニーズである。民族主義はこれらを獲得することによっても表面化した[51]。海外領土を獲得したり、失ったりすることにともなって、祖国に対するプライドは高くもなり低くもなったのである。

　フィールドハウスは、帝国時代における領土拡大について、経済的理由よりも外交的理由で説明する方を好んだ。彼は、他の諸国が新たな領土を拡大すべく先を争うというドミノ効果は、普仏戦争後のドイツ拡大がきっかけだったと考えた[52]。宗主国が周辺領土と国外

70

領土をその帝国にどのように合併し、どう統治したのかという点が検討すべき課題だった。地理的に近く、親近感もあったことから、そうした領土に住む人びとには、外部の脅威や侵略から本国を守るための文化的な緩衝地帯となり、戦時中には物理的な緩衝地帯となることが求められた。このため、支配国は国外の人びとに求める以上に、これら「外国人」と言語的、文化的、社会的な関係を深める必要性に迫られた。だからこそ彼らは、本国から拡大された地域社会の一員となることが可能であることを示す必要があった。そして、彼らがその約束を守ることは必須ではなかった。

同化のツール:「未開人」を教育する

公教育は、植民地統治者にとって、内国と周辺領土の人びとを同化させる最も重要な手段となった。だが、この2種類の人びとに対する教育制度はまったく異なっていた。通常、周辺領土の人びとに行なわれる教育は、内国民が受ける教育に比べて見劣りするものだった。たとえば、義務教育ではない、就学期間が短い、外国語で行なわれることが多いといった点だ[53]。こうした点は、彼らが帝国内での仕事や社会的地位を国内民と争うチャンスの妨げとなった。

プロイセンは、1806年にイエナ・アウエルシュタットの戦いでフランスに敗北したが、国家を建設するために公的な義務教育を導入した先駆けである。ルートヴィヒ・ナトルプ(Ludwig Natorp)に

---

50 Thio Eunice, *British Policy in the Malay Peninsula, 1880-1910* (Singapore: University of Malaya Press, 1969), xviii.

51 D. K. Fieldhouse, *The Colonial Empires: A Comparative Survey from the Eighteenth Century* (New York: Dell, 1966), 207-9.

52 前掲書。

53 たとえばスコットランドでは、イギリスの教育制度よりも優れた制度を求めた。

第Ⅰ章　西洋の同化政策　71

よると、「国と教師、教育専門家、国に奉仕する人びとの育成」として1831年に定められたこの義務教育は、近代世界の羨望の的になったという[54]。この年、フランスのヴィクトール・クーザン（Victor Cousin）はこの制度について調べるため、プロイセンに向かっている。彼の報告の英語版が出版されると、フランスの制度のみならず、イギリスと米国の教育もその影響を受けた。クーザンは、プロイセンの教育制度が、「真の文明を支える2つの要素」である教育と軍務の義務とを結びつけたことを賞賛した[55]。フランスの場合、カトリック系教育機関と激しく競合したために、全国的な教育制度を構築することができなかった。その40年後、ユージーン・ストッフェル大佐（Colonel Eugène Stoffel）という人物は、フランスが1871年に普仏戦争で敗北したのはこの失敗が原因であると書き残している。戦争勃発までの3年間をプロイセンで過ごしたストッフェル大佐は、義務教育と全国共通の徴兵制度のおかげで、プロイセンは軍事的に先んずることができたのだと書いた。すなわち、この制度が「プロイセン国民に強い義務感」を浸透させたというのである。続けてこうも記している。「プロイセンはヨーロッパで最も進んでいる。つまり、この国においては、すべての階級に広く教育が普及している」。フランスが知的な取り組みを行ない、その成果を上げることができたのは、いくつかの大都市だけだった。それでも、彼の報告は普仏戦争後まで封印されていた[56]。

　フランスがこの時期から整えはじめた全国共通の教育制度がまず求めたのは、それまでフランス文化から距離を置いていた南部の人びとを統一し、市民同士を結びつけるような愛国心を広めることだった。新しいカリキュラムの狙いは、「フランス語とフランスのマナーやモラル、教養、知識と、自分が属する地域社会にとどまらない法体系と制度に対する意識」を教えることによって、国民意

識を広めることだった。1880 年代初めにジュール・フェリー（Jules Ferry）首相による教育改革を広めることによって、フランスは国家主義的な教育を全国カリキュラムの基盤として位置づけた。この改革によって、学校は「無償の義務教育となり、世俗的で、非常に国家主義的」なものになった。ロジャース・ブルーベイカー（Rogers Brubaker）は、小学校は「同化の強大な動力源となり、フランスを初めて統一されたネーション（国民）へとつくり上げた」ことを指摘している。[57] 国家主義はカリキュラムの端々に表れた。学校では、統一したフランスは強く、力のある国だと教えられ、音楽の授業で教えられる歌でもこの点が強調された。また、教師たちはこのカリキュラムに従って「（生徒たちが）母国を愛し、理解するようにすることが第一の義務」だと指導された。その後、学校は「統一を進める手段」であり、「分離主義的な危険な傾向への対応」かつ「国家防衛の要」であると指導されるようになった。教師たちは、生徒一人ひとりの得意な学業ではなく「フランスに対する愛」を教え込むように指導された。[58]

　この教育制度は、周辺領土の教育制度とは対照的である。フランス人議員は、どちらの取り組み――州における教育目標も、植民地における教育目標――も、パリ在住のフランス人に対する教育

54　ナトルプについては以下に引用されている。Karl A. Schleunes, *Schooling and Society: The Politics of Education in Prussia and Bavaria, 1750-1900* (Oxford: Berg, 1989), 50, 78.

55　Victor Cousin, "Report on the State of Public Instruction in Prussia," reprinted in Report *on European Education*, edited by Edward H. Reisner (New York: McGraw Hill, 1930), 130-31.

56　"A French View of the Prussians," *The Nation* (March 30, 1871). この雑誌では、彼の発言が戦前に読まれていたら戦争は避けられたかもしれないと指摘している。

57　Rogers Brubaker, *Citizenship and Nationhood in France and Germany* (Cambridge: Cambridge University Press, 1992), 15.（ロジャース・ブルーベイカー、『フランスとドイツの国籍とネーション：国籍形成の比較歴史社会学』、明石書店、2005 年、37 頁）。

58　Weber *Peasants into Frenchmen*, 332-36.

目標に劣ると受けとめていた。植民地化された２つの地域で始まった異なる教育政策は、異なる２つの植民地化構想の目的を達成するためのものだったと理解すると納得がいく。フランスによる周辺領土の合併に関する現代史を参照すると、これらの領土にもともと住んでいた人びとを統一するために、国が真剣に取り組んだかどうか疑わしい。植民地化の建前が条件つきながらもフランスの市民権を得る「権利」があると喧伝していたとしても、フランス南部の住民には、フランス市民としての義務を果たすために入学が義務づけられていたことと対照的だからだ。

　具体的な例としては、アルジェリアとベトナムにおける２つの教育政策がある。どちらの歴史も、比較的教育水準の高かった社会を無学へと至らしめたフランスの直接統治を描いている。ジョン・ルーディ（John Ruedy）は、コーランについて教える学校が聖典の読解を重視し、そうした学校の通学率が高かったことが、おそらくアルジェリア人の識字率を上げたのであり、宗主国となった当時のフランスのレベルを上回るほどだったとしている。フランス政府は、こうした伝統的な学校制度を、フランス人駐在者やヨーロッパからの定住者、数少ない裕福なアルジェリア人の子弟のためのキリスト教の公立学校へと変更した。アレクシ・ド・トクヴィル（Alexis de Tocqueville）はこれを残念に思い、こう述べている。「我々の周囲で（アルジェリアの）光が消えていく……我々は、イスラム社会が我々と出会う以前と比べて、この社会をより貧しく、より無秩序に、より無知で粗野なものにしてしまった[59]」

　同様の一連の出来事はベトナムでも確認されている。植民地化以前のベトナムには、地域ごとに少なくとも２つの学校があった。ゴ・ヴィン・ロン（Ngo Vinh Long）は、フランス統治以前の地方の識字率は、市部の識字率よりも高かったと推測する[60]。デイヴィッ

ド・G・マー（David G. Marr）は、ベトナム人の最大25％が、基本的な契約書やその他の記録文書を読解できる能力があったと指摘する。だが、1920年代半ばになると、「いずれかの言語で新聞や命令、手紙を読むことができるのは……5％を上回る程度にすぎないようだ」と嘆いた[61]。フランス統治政府は、第1次世界大戦の終戦まで、現地における教育に十分な視線を向けていなかった。ベトナムで最も進歩的な知事の一人だったアルベール・サロー（Albert Sarraut）の施政下で行なわれた改革のおかげで、子どもの通学率が上昇した。1930年までには、（総人口1700万人のうち）総計32万3759人のベトナム人の子どもが公立学校に通い、その他に6万人が私立学校に通うようになっていた[62]。ロンは、日本軍が中国とロシアに勝利したのは西洋の教育制度を取り入れたからだと解釈したベトナムの上流階級のおかげで、植民地の教育制度を改革するようフランスに圧力をかけることができたのだと述べている。教育政策の議論を後押ししたのは、同化政策に影響をおよぼした2つの問題だ。1つ目は言語で、とくにどの言語・表記（中国語、フランス語、ノム〈漢字を利用して作られたベトナム文字〉、クオック・グー〈アルファベット筆記〉）が教科書に使われるべきかという問題だった。結局、ベトナム語からフランス語へという「移行期における筆記」として支持されたのは、クオック・グーだった[63]。2つ目は、より多くの人びとに基本的な教育を行なうか、あるいは少数の人びとに高度な教育を行なうかとい

---

59 Ruedy, *Modern Algeria*, 103. トクヴィルは前掲書104頁に引用されている。ヨーロッパからやってきた保護者たちは、子どもたちが「完全に文明化していない現地人」と机を並べて学ぶことを認めなかった。イスラム教徒たちも自分たちの子どもたちが「異教徒の教師」から学ぶことを許さなかった（前掲書、103頁）。

60 Ngo Vinh Long, *Before the Revolution: The Vietnamese Peasants under the French* (New York: Columbia University Press, 1991), 73.

61 Marr, *Vietnamese Tradition on Trial*, 34.

62 Tai, *Radicalism and the Origins of the Vietnamese Revolution*, 34.

63 Marr. *Vietnamese Tradition on Trial*, 148.

う、ベトナム人に対する教育の普及の問題だった。フランス統治政府は前者を選び、1920 年代半ばには、植民地にあった「上級すぎる」中等学校の多くを閉校にした[64]。この決定は、下級官吏の職を埋めるためというフランス側のニーズに適っていた[65]。低学年の生徒たちが、フランスの歴史、数学、地理、科学全般など広範囲にわたる科目を学ぶことになった。だが、1920 年から 1938 年までの一連の改革がなされた後でさえ、ベトナム人学生の大半（90％）は第 3 学年以上に進級することができなかった[66]。

　アルザスとロレーヌの植民地政策に関する文献から、ドイツが周辺領土の住民に対する教育制度にフランス以上の力を注いでいたことがわかる。この教育制度は、ドイツ本国で行なわれている制度と比べてお粗末だという批判もある。が、コールマン・フィリップソン（Coleman Phillipson）は 1918 年、すべてのレベルの公教育が「見事なまでに組織化され、適切に資金が提供されている」と書いている。3846 校ある初等学校は 32 万人の児童に教育を行ない、中等レベルの学校にはさらに 1 万人が通っていた。ストラスブール大学には 2200 人が入学した。フィリップソンは、ドイツが整えた他の社会基盤とあわせ、この教育制度について「すばらしい構想であり、教育機関である」と評している[67]。

　しかし、ここまで好意的な人びとばかりではなかった。チャールズ・ヘイズン（Charles Hazen）はその前年に、この教育制度は、被支配国と支配国のどちらのニーズに応えているのだろうかと問うている。彼は大学に注目し、この制度の目的は「征服した領土に『ドイツ的精神』の中心たる最高級レベルの『ドイツ科学』大学を置くこと」であると主張した。続けて、175 人いる教員のうち、アルザス人はたった 15 人しかいなかったとも指摘している[68]。また、主にフランス語が使われている地域でフランス語による教育を廃止すると

いうドイツの決定を非難した。わけても、フランス語話者が周辺地域とのビジネスでドイツ人に経済的な便宜を提供できるはずだというのがその理由だった。実際問題としてこの批判を理解することができるとしても、その地の人びとが敵国の言語を使い続けることを周辺地域を植民地化した統治組織が認めるのは、内国植民地たる国家の併合というより大きな野望に矛盾し、その領域内の安全上のリスクを放置することになるのではないだろうか。[69]

　米国がリコンストラクション期に取り入れた同化政策は、同化の対象となる人びとが何世紀ものあいだ、外国人として米国領域にいた人びとであるという点でこれらの事例とは異なる。この場合の同化の取り組みは、マイノリティ（黒人、先住民など）の人びとを国民（白人）の周辺的な地位へと格上げしようとするものだった。この考えについて『ザ・ネーション』は、「一般市民の幸福のために権力を行使することにした国家における自治意識であり、人種や肌の色、地位にかかわりなく、人権や人類の発展そのものを認識したという点で国家の進歩」であると熱意を込めて説明している。[70]だがこの時代の精神を捉えたこの意見は、それほど公正なものではない。なかには、そうした人びとを文化的に消滅させるほうが、物理的に絶滅させるよりもコストがかからないと計算した人びともいた。[71]

　1878 年から 1887 年まで、米国政府はネイティブ・アメリカンの教育費用を 2 万ドルから 120 万ドルに増やした。さらにそのための

64　Tai, *Radicalism and the Origins of the Vietnamese Revolution*, 35.

65　Long, *Before the Revolution*, 74.

66　Marr, *Vietnamese Tradition on Trial*, 35.

67　Coleman Phillipson, *Alsace-Lorraine: Past, Present, and Future* (New York: E. P. Dutton, 1918), 48-49.

68　Hazen, *Alsace-Lorraine under German Rule*, 166-69.

69　ドイツ統治機構は当初、フランス語による教育を許可していた。Silverman, *Reluctant Union*, 76-81.

70　"What shall we do with the Indians?" *The Nation* (October 31, 1867).

学校を100校も増やし、入学者数はほぼ3倍になった[72]。こうした学校のほとんどは、「原始的」な居留地での生活様式から「文明化した」環境に（多くの場合は力ずくで）生徒を移し、「米国国家の市民として成功させるために……子どもたちを悪影響」から引き離すためだとした。こうした学校の一つを創設したリチャード・H・プラット（Richard H. Pratt）大将が述べたように、この教育の目的は、「（インディアンを）文明にひたらせ、十分にしみこませるまでそこにとどめておくこと」だった[73]。

　『ザ・ネーション』は1868年、黒人教育は、とりわけ米国社会で尊敬を得る足がかりとして重要だという記事を掲載した。同誌によると、黒人はそれまで「保護と教育」を提供されており、そのおかげで、「自由な社会の仕組みに慣れ」、有利なスタートをきることができた。だが、彼らのただ乗りはもう終了したのだ。これからは、黒人も「他の人種が勝ち取ろうとしてきたのと同じやり方で、よい地位を得る」ために働かねばならなかった。「詩人や演説家、学者、議員としての役割を引き受けたときに、人びとは彼らを大いに尊敬する」のだろう[74]。黒人に対する教育が盛んになったのは、岩倉使節団が米国を訪問していた時期でもあるリコンストラクション初期だった。1869年から1870年までで校舎と児童の数は倍増した。ミシシッピ州は1871年までに、解放された奴隷のための学校を399校建設した。新たな州政府も教育問題に多くの時間と労力を割いた。だが、ロバート・セルフ・ヘンリー（Robert Selph Henry）は、そうした取り組みは「現実がそうだというよりも、書面に書かれているだけのことだ」と記している。（黒人と白人の）共学学校と人種別の学校における黒人教育に反対する白人たちは、暴力に訴えるようになった。学校に放火し、そうした学校に雇用されていた教員たちを脅迫した。南部における黒人教育について検証していたある議会

委員会は、ある郡では、黒人向けの学校で教えることを認められた
者が一人もいないこと、一校を除いてすべての校舎が焼失したこと
を把握した[75]。他の状況と同じように、同化が進んでしまうかもしれ
ないという恐怖を感じた多勢派が、同化が進まないよう妨害したの
だった。

　ネイティブ・アメリカンと黒人を対象にした教育政策の焦点は、
1889年に「インディアン」問題担当委員であるトーマス・モルガ
ン（Thomas Morgan）が表現したように、「熱い愛国主義」をもたせる
ことだった。彼はこう続けている。彼らは「米国が祖国であり、米
国政府が友人かつ保護者であると理解するように教育されるべき
だ」。文化的には、「米国史における偉大なよき男女の生き方に今ま
で以上に親しみ、彼らによる成果に誇りを感じるように教えられ
る」べきだった[76]。こうした教育は、彼らと米国社会を文化的にひき
会わせるものだったが、社会に受け入れられることを保障したもの
ではなかった。すなわち、その教育内容は彼らに米国らしい英雄や
理念を教えるものではあったが、実際には、大半の学生が多数派で
ある白人とは分離された環境で教育を受けており、黒人とネイティ
ブ・アメリカンを米国社会に統合しようとする努力を損ねていたか
らだ。岩倉使節団の参加者らは、米国の黒人はいずれ怠惰な白人を
超える存在になるだろうと楽観的に考え、こうした取り組みを賞賛

71　1888年のモーホーク湖会議の報告書では、「インディアンを教育するコストは、戦うコ
　　ストの何分の1かですむ」と推測された。Francis Paul Prucha, *American Indian Policy in
　　Crisis: Christian Reformers and the Indian: 1865-1900* (Norman: University of Oklahoma
　　Press, 1976), 293. ネーション誌は "What shall we do with the Indians?" のなかで、この
　　費用を1人当たり7万ドルだとしている。

72　Prucha, *American Indian Policy in Crisis*, 288.

73　プラットは以下に引用されている。Lomawaina, *They Called It Prairie Light*, 3, 4. こうし
　　た組織は1899年には24にもなり、6263人の学生がこの指示を受けた。1930年代になる
　　と、こうした学校はネイティブ・アメリカンの子どもの29％を受け入れるようになってい
　　た。前掲書、10頁参照。

第Ⅰ章　西洋の同化政策　79

した。第1次世界大戦末期になると、日本人は米国の黒人差別政策を引きあいにして、植民地朝鮮の人びとに対する政府の扱いを批判した。[77]

周辺領土の人民を想像する

リコンストラクション期にマイノリティが達成した成果を無に帰することは、同化が抱えるパラドックスの一例である。恒久的に分離することは、支配国の包摂という建前を台無しにする。この建前を耳にした人びとは、主流社会にすぐにでも受け入れられるものと誤解してしまう。この意見が示すように、同化するという決定は、支配国が定義する文明化を受け入れるという、支配される側の人びとの決意があってこそのものである。この策略に翻弄された一部の人びとは支配国に協力することにした。こうした人びとは覇権的な文化を受け入れ、その意図を汲んで、支配国の言葉を広め、彼らの戦争で自ら犠牲になった。だがそうした努力を払ったとしても、支配国が彼らに対して抱く侮蔑的なイメージを払拭することはできなかった。支配する側の人びとはそもそも、周辺領土の人びとを対等な存在として認めるつもりなどなかった。フランツ・ファノンの言葉によれば、支配される側と支配する側は「劣等意識の奴隷となった」前者と「優越意識の奴隷となった（後者）」とが「神経症的な方向指示線にしたがって行動している」のだった。[78]

支配国は、周辺領土の人民の発展を妨げるために、内国の人民とは区別する文化的、社会的なイメージを作りだした。そうした障害物は、物理的なものから心理的なものまでさまざまだった。支配国は、地理的、生物的、歴史的、言語的なイメージを作りあげて巧みに操り、周辺領土の人民を劣った存在として描いた。こうしたイ

メージは、人びとを不平等な教育制度で学ばせ、組織的に分離することが必要だとほのめかすものだった。また、人種差別的な社会制度が作りあげられ、それ以降、人びとはこれに囚われるようになっていった。

　ここで鍵となる変数が示すのは、同化政策における皮肉なゆがみだ。支配国は支配・被支配の関係を歴史的、文化的に定義したものの、支配を受ける側の人びとは劣っているという考えにとらわれていたために、少なくとも彼らが「追いつく」までは同化を遅らせる必要があると思いこんでいた。被支配者らは自分たちの生活を支配国のそれにあわせようとしたが、それまで以上に受け入れられるわけではなかった。支配される側の人びとを対等な人民として受け入れるという目的は漠然としたままで、ごく一部の人びとしか達成できないように調整自在な障害が戦略的に設けられていた。この点で、支配国が作りあげたのは内国植民地主義を建前としながら、実際には国外植民地主義といえるような政策だった。

　２つの民族が住む領土を分ける地理的な境界線は、目に見える障壁の１つであり、その目的のために引かれたものだ。[79]国外植民地に向かう人びとが目的地に到着するのは、通常、広大な海や人を寄

74 "What shall we do with the Negro?" *The Nation* (November 12, 1868).

75 Robert Selph Henry, *The Story of Reconstruction* (1938; New York: Konecky & Konecky, 1999), 431-43.

76 モルガンは以下に引用されている。Michael C. Coleman, *American Indian Children at School, 1850-1930* (Jackson: University Press of Mississippi, 1993), 42.

77 そうした人物の一人は原敬首相で、第Ⅳ章で論じる 1919 年に発表された彼の意見書のなかでそう記している。

78 Fanon, *Black Skin White Masks*, 60.（フランツ・ファノン『黒い皮膚・白い仮面』、50 頁）。

79 モラグ・ベル、ロビン・A・バトリン、マイケル・ヘファーマンは、当時の地理学者を「ヨーロッパ帝国主義の誕生に一役買った」と表現し、地理教育を「人種的な植民地支配のプロパガンダをうっすらと装った形にすぎない」とした。モラグ・ベル、ロビン・A・バトリン、マイケル・ヘファーマン編 *Geography and Imperialism, 1820-1940* の "Introduction: Geography and Imperialism, 1820-1940" (Manchester, UK: Manchester University Press, 1995), 4 を参照のこと。

せつけないような土地を抜けた後だ。そこで出会う人びとが自分たちとはあまりにもかけ離れているために「人間以下」だとみなしてしまう。周辺の土地と人びとを区別するには、豊かな想像力が必要だった。そうした土地が自分たちの土地と陸続きの場合はとくにそうだった。イギリス人であるH・V・モートン（H.V. Morton）は、1935年にスコットランドとの境界にたどりついた時の記録に次のように書きとめている。スコットランドがイングランドと「統合」してから2世紀以上が経っていた。

　　境界にいたのは私一人だった。私は片足をイギリスに、もう片足をスコットランドに置いて立った。「スコットランド」と刻まれた金属製の柱がある。こんな柱は不要だった。イングランドの端にたどりついたといわれる必要はなかった。カーターバーはまさに入り口だった。ケルトとサクソンとの間にある由緒ある境界であり、スコットランドへの入り口なのだ。

また、こうも記している。

　　この境界にはまちがいなく何かが取りついている。片目を開けて――眠っている！　あたりが冷えこんでくる。私はスコットランドへと足を踏み入れた。[80]

　境界線はもちろん地理的なものだけではなかった。民族による区分や都心部での人種分離も物理的、経済的、社会的な障壁だった。支配国は、そうした民族の居住区域に近づくにつれて、原始的な建物や荒廃した環境、家や食堂から漂ってくる独特の匂いを言葉で表現したり、不安を感じたりすることによって、都市区域を区別し

た。1730 年にスコットランドを訪れたエドムンド・バート（Edmund
Burt）は、同郷の人びとの「偏見が強すぎて、ツイード川のこちら
側には何かがあることを認めない」と、ある書簡のなかでそれとな
く指摘している。[81] 支配国が社会的な基盤整備を管理していたため
に、彼らが住む区域は常に、支配される人びとが住む区域よりも整
備されたものになっていた。

　民族的あるいは人種的な区分は、教育制度や企業、余暇などあら
ゆるレベルにおいて区別が存在していたように、植民者たちと被支
配者らとの対人的な関係性においても浮き彫りになった。こうした
区分は、社会階級や民族的な違いという点からも、部分的に説明す
ることができる。この支配的な関係性がもつある特徴によって被
支配者が低い立場に置かれることが決定づけられ、その結果、支
配者・被支配者の分離が正当化される。教育の重要性は、どれだけ
語っても語りすぎることはない。同等レベルの教育を受ける機会が
平等に与えられなければ、被支配者が植民者たちと対等な立場に立
つために歩まねばならない道程は大きく妨げられる。就職の機会や
生活環境が大きく制約され、結局、彼らの社会的地位を向上させう
るような社会との接点も奪われてしまう。分離すれば、（支配国の視
点から見て）被支配者の社会的立場が低いのは当然とされる。ジム・
クロウ（Jim Crow）法時代、白人が黒人を見下したのは、ただ単に、
彼らが見劣りするトイレを使い、みすぼらしい環境で生活していた
からだった。[82]

　民族的分離を強化したその他の要素はイメージだった──支配

80　H. V. Morton, *In Search of Scotland* (New York: Dodd, Mead, 1935), 8, 9.

81　Andrew Simmons, ed, *Burt's Letters from the North of Scotland* (Edinburgh, Birlinn
　　Limited, 1998), 3. ツイード川はイングランドとスコットランドの境界に沿って流れてい
　　る。

82　Hale, *Making Whiteness*, 284.

第Ⅰ章　西洋の同化政策　83

する人びとが描いた支配する対象という構図である。「怠惰な現地人」は、植民地化の議論のなかで植民地におけるどの行為においても広く取り入れられたイメージの一つである。ベッカム大主教は1284年、エドワード1世（Edward I）に宛てた書簡のなかでウェールズ人の邪悪さは、彼らの「怠け癖のせいです。彼らは怠け者だから不道徳な行為を思いつくのです」としている[83]。ロナルド・タカキ（Ronald Takaki）は、怠け者のアイルランド人というイギリス人がもつイメージと、ネイティブ・アメリカンについて語る清教徒がもつイメージがよく似ていることを指摘している[84]。E・マートン・コールター（E. Merton Coulter）は、ロバート・E・リー（Robert E. Lee）大将が表現したように、リコンストラクション期の黒人は「気楽で、気晴らし」を満喫しているとして、彼らの「怠惰」について書き残した[85]。サイド・フセイン・アラタス（Syed Hussein Alatas）はそのイメージについてこう説明する。

> 植民地側のイデオロギーは、歴史的かつ経験的に明らかになった怠惰な民族という概念を悪用し、植民地の強制的な併合と不当な労働者の動員を正当化した。現地の人びとやその社会を否定的なイメージで描き出し、ヨーロッパ人による征服と彼らの領土の占領を正当化したのである。社会的な現実と人間的な真の要素を歪曲して、そうしたイデオロギーを無理なく作り上げたのだ[86]。

こうした議論は、「怠惰な民族」はどのような動機によって支配国のために働こうと思うのかを問うことなく、彼らの「怠惰さ」はそもそも人格上の欠点であり、この欠点が外国勢力の介入を求めたのだとした——彼ら自身の怠惰な性質が支配を受ける事態を正当

化したというわけだ。この性質的な欠点は、彼らの原始的な生活環境についての説明にもなった——余暇は、文明化した土地に住む人びとに与えられた贅沢なのだった。最終的にこれは、植民地化を正当化する2つ目の理由にもなった——統治組織は、全体を向上させるために働こうという意思を人民にもたせることができなかったではないか、ということである。「現地人」が健全で道徳的な性質を身につけ、働く意思をもつように、彼らを導くためのよき指導が必要だったのである。

　支配国が抱くイメージを確認するように空間的に近づいていき、支配者たちが被支配者たちとの関係を深めるに従って、余計にイメージが悪くなることはよくあった。リンダ・コリーは、人気を博したイギリスの議員ジョン・ウィルクス（John Wilkes）が「しきりにスコットランドをきらった」のは、「伝統的なイングランドらしさと連合内でのイングランドの優位が不動のものである」という「深刻な誤りにつながりかねない確信」だと解釈する。実際、彼女は、「スコットランド人がイギリスの政体に侵入している、というウィルクス支持者の不平の真の重要性は……それが真実だということにある」と指摘している。[87]リコンストラクション期において、黒人の進出に対して白人は暴力を激化させ、分離を進めることで応じた。

83　'Archbishop Beckham to Edward I,' in *Letters from Wales*, edited by Joan Abse, 27.

84　Ronald Takaki, *A Different Mirror: A History of Multicultural America* (Boston: Back Bay Books, 1993), 26-27, 39-41, （ロナルド・タカキ、『多文化社会アメリカの歴史：別の鏡に映して』、明石書店、1995年、29、54〜58頁）。

85　Prucha, *American Indian Policy in Crisis*, 293 に引用されている。

86　Syed Hussein Alatas, *The Myth of the Lazy Native : A Study of the Image of the Malays, Filipinos and Javanese from the 16th to the 20th Century and Its Function in the Ideology of Colonial Capitalism* (London: Frank Cass, 1977), 2.

87　Colley, *Britons*, 117. （リンダ・コリー『イギリス国民の誕生』、119、123頁）コリーは、18世紀後半から「イギリス社会のなかである特定の領域」（『イギリス国民の誕生』、132頁）にはいりこむスコットランド人が増えたと記している。ウィルクスは1774年にロンドン市長に当選した（前掲書、113頁）。

第Ⅰ章　西洋の同化政策　85

グレース・エリザベス・ハレ（Grace Elizabeth Hale）は、奴隷にされた黒人は「主人の想像や望みに応えようと、頭が弱くてお世辞をいうような忠実な怠け者という仮面を作りあげた」とする。解放されたことによって、かつて奴隷であった多数の黒人が政治的にも経済的にも成功を収め、その結果として社会に進出したが、このことは白人の反感を買っただけのようだった。『ザ・カラード・アメリカン・マガジン』の寄稿者の一人は、この結果「『妨害が増え』、白人による犯罪が一層卑劣になった」という。白人は、「人種差別の文化」を作りだし、「躍進を止めるために、絶対的な差という神話」を強固なものとすることで、黒人の成功に対抗した、とハレはいう。彼女は、「白人の願いに反し、南部の黒人の劣等さと白人の優位さは当然のものではなかったため、南部の白人は、その違いが有効であり続けるような現代的な社会秩序を作りあげた」と結論づけている。[88] ジム・クロウ法は、黒人は劣っているというイメージを単に正当化しただけではなく、それを作りだしたのだった。

　２つの集団の構成員には、植民者たちを被支配者から保護するために設けられた心理的な隔たりがあったが、その本質を定義していたのは劣っているというイメージだった。支配される人びとが最も頻繁に経験した支配する側との接点が彼らの立場を一層低いものにした。すなわち、人種としての純血性を保つために異人種間の婚姻に反対する社会的な道徳観念によって、支配される側の女性たちは支配する側の「妾」か売春婦という役割におとしめられたのである。[89] ２つの集団の女性たちが接触するのは原則的に家庭のなかであり、その関係はほぼ、主人としての植民者と家事使用人としての被支配者というものだった。後者は、その家庭の純血性を汚さないことが義務とされた。たとえば、イスラム教徒であるアルジェリア人女性は汚れているというイメージを押しつけられ、ヨーロッパ人の

食事の支度をするのにはふさわしくないとされた。[90]

　支配国による同化についての建前で声高に主張されていた目的を実現するためには、２つの民族を分断する階級的な関係を固定していた壁を支配国が壊すことが必要だった。この関係を築くことによって劣等性を前提とする根幹ができあがったことを考えれば、その任務を果たすよりも、説得するほうがよっぽど容易だった。民族的な境界線を解体することは、内国的に拡大すること——本質的に同質であるというイメージを確立するために異民族を統合すること——だった。だが、統合してしまうと、自分たちは優等であるという幻想を維持しようとする支配者たちが占有していた分不相応な地位を脅かすことになりかねなかった。周辺植民地を拡大するには、差異の壁を厚くし、支配者たちが民族を分断することが必要だった。同化のスローガンと政策は、被支配国の人びとが支配国の文化的アイデンティティを受け入れ、支配国の人びとがそのアイデンティティを統合する価値のあるものに再構成することを求めた。しかし、統合に向けたこの一歩は、ほぼ例外なく、支配国の人びとが自分たちの特権的立場が脅かされることのないように反対していたものである。[91]

88　Hale, *Making Whiteness*, 16-21, 284.

89　この性的な境界は、異人種間の婚姻を制限するために設けられた人為的なものである。Ann L. Stoler, "Rethinking Colonial Categories: European Communities and the Boundaries of Rule," *Comparative Studies in Society and History* 31, no. 1 (1989): 134-61; または Renisa Mawani, "'The Iniquitous Practice of Women': Prostitution and the Making of White Spaces in British Columbia, 1898-1905," in *Working through Whiteness: International Perspectives*, edited by Cynthia Levine-Rasky, 43-68 (Albany: State University of New York, 2002). 日本の朝鮮人妻については、「朝鮮女房の研究」(『朝鮮および満州』、1912 年 7 月、一記者 (仮名))、24 ～ 25 頁を参照のこと。

90　Elizabeth Friedman, *Colonization and After: An Algerian Jewish Community* (South Hadley, Mass.: Bergin & Garvey, 1988).

91　アメリカに移住した北欧移民がこの例外である。*Invisible Immigrants: The Adaptation of English and Scottish Immigrants in Nineteenth-Century America* (Ithaca, N. Y.: Cornell University Press, 1972).

支配される人びとの反応

　支配国と被支配国の関係を犠牲者と加害者の関係として描きだす議論は、自らの運命を方向づける際に被支配国が果たす重要な役割を無視してしまうことが多い。外国勢の侵略に対する彼らの反応は、無邪気に協力したり、耐え忍んだり、静かに抵抗したり、激しく争ったりなど入り組んだものである。施政者は少数者であることが多く、自分たちの地位を正当化するには不安定で観念的な根拠に頼るしかなく、何を成しとげるにしても被支配者たちの支援を得なければならなかった。

　支配される人びとは想像力と柔軟性を駆使して、自分たちに押しつけられる外国文化に抗おうとした。ウェールズ人とアイルランド人は神話を使い、自分たちは優秀だとするイギリスの主張に反論した。どちらの民族も歴史の流れを遡り、古代イスラエル国家に行きついた。立ち向かったウェールズ人が言語のルーツをたどってたどり着いたのはヘブライ語だ。彼ら民族の祖先はノア（Noah）の子孫だった[92]。彼らには、自らを「全ブリテン島の真の後継者であり、サクソン民族の裏切りによって敗北したトロイ人ブルータス（Brutus the Trojan）の子孫」だとする別の歴史もあった[93]。アイルランド人は、「言語的、社会的、人種的特徴」のあるアイルランド民族としての特徴を際立たせるためにも、「古代からの権利」を強く押しだした。アイルランドのある自治体首長はこう表現する。「『イギリスが野蛮行為に没頭していた当時、アイルランドは文明化し、教育水準の高い』国だった[94]」。この一文は、外国勢——この場合はイギリス——に取りこまれないために、異なる政治信条をもつアイルランド人に共通する文化基盤となった[95]。

植民地支配を受けると、人びとは伝統文化を過剰なほど実践することによって侵略者から距離を置くようにした。モロッコ人は、伝統的な衣装——女性のベールと男性の縁なし帽——を植民地支配下という状況でなければ過剰だと受けとめられるほど、あえて身に着けるようにした。アマル・ヴィノグラドフ（Amal Vinogradov）は、北アフリカのイスラム教徒と同じように、モロッコ人はフランス人がやってきたとき、「すばやくベールをかぶり、女性を家のなかに閉じこめ、ラマダンを熱心に実践するよう主張した[96]」と書いている。イギリスのクエーカー教徒が作りだしたスコットランド・キルトは、1745 年の大反乱の際、反イギリスのシンボルとして登場した。だからこそ、イギリスはこの衣装をまとうことを違法としたのである[97]。

　被支配者が愛国心を維持し、育もうとしたとき、言語は複雑な役割を果たした。隣国イギリスから容赦なくけなされたこともあったが、言語を維持できたことがウェールズ人の愛国心に大きな刺激を与えた[98]。これとは対照的に、アイルランド人とスコットランド人は英語を使っているにもかかわらず、別個の民族として存続すること

92　Glanmor Williams, *Religion, Language, and Nationality in Wales* (Cardiff: University of Wales, 1979), 4, 24.

93　Gareth E. Jones, *Modern Wales: A Concise History* (Cambridge: Cambridge University Press, 1995), 4; Prys Morgan, "From a Death to a View: The Hunt for the Welsh Past in the Romantic Period," in *The Invention of Tradition*, edited by Eric Hobsbawm and Terence Ranger, 43-100 (Cambridge: Cambridge University Press, 1992).

94　George Boyce, *Nationalism in Ireland* (London: Routledge, 1995), 197.

95　前掲書、228 頁。

96　ピエール・ブルデューは、「不変に見受けられる行動習慣にはまったく異なる意味と機能を与えられている」ことに対して「植民地伝統主義」というレッテルを用いている。Amal Vinogradov, "French Colonialism as Reflected in the Make-Female Interactions in Morocco," *Transitions of the New York Academy of Sciences* 36, no. 2" (February 1974): 194-95.

97　Hugh Trevor-Roper, "The Invention of Tradition: The Highland Tradition of Scotland," in *The Invention of Tradition*, ed. Hobsbaum and Ranger, 14-42.

ができた。アイルランド人の場合、ゲール諸語の伝統文学や音楽の英訳が民族アイデンティティを伝える重要な役割を果たしている。D・ジョージ・ボイス（D. George Boyce）は、こう書き残している。「イギリス化は、愛国的なアイルランドを破壊するには力およばず、その誕生を可能にした[99]」

　支配される人びとが自分たちの伝統文化を守るために利用したのは、主流派の文化による制度である。チェロキー族は1824年、自分たちにも現代的な制度を取り入れる力があることを圧迫しつづける米国人に見せつけるために、憲法を制定した。だが、彼ら侵略者たちが歓迎したのは文明化した隣人ではなく土地であったために、これは無駄な取り組みに終わってしまった。1828年以降、チェロキー族はメディアを利用して仲間たちに法律を周知させていった[100]。また、植民地化という外的な脅威にさらされながらも、伝統文化を維持するために教育の機会を増やす事例もあった。スコットランド人は19世紀初め、イングランドとの国境沿いにさまざまな学校制度を設けた。1834年に著した本のなかでジョージ・ルイス（George Lewis）は、「地区の教会や学校を除いて、私たちは愛国心を失った。私たちがイングランドとは距離をおき、彼らより優れた民族として存続しているのは、こうした制度においてのみだ」と述べ、この制度の重要性を認めている[101]。この意味で学校は、現地の言葉による新聞と同じく、文化の維持という役目を果たしていたのである。アレッド・ジョーンズ（Aled Jones）は、ウェールズ語のジャーナリズムは「ウェールズ語話者であるウェールズ人を、イングランドの価値観という彼らを蝕むような影響から引き離しておくために有効な文化的な壁[102]」として機能していると評価したが、これは同化に抗うために覇権主義的な権力側の制度を取り入れた被支配国の好例である。

最後に、帝国全土を動かすことによって支配された人びとは、支配国の壮大な植民地支配の枠組みに、よい意味でも悪い意味でも貢献する機会を得た。なかには、政府官僚として、あるいはそれらの領域で国外植民地の拡大に積極的に取り組む組織の一員として参加した人びともいた。その他、その機会を利用して、独立に向けたメッセージをそれら地域の住民に伝えた人びともいた。アイルランド自治運動に加わった人びとは、インドの独立運動にも積極的にかかわった。「現地化」で示された民族主義と愛国主義という刺激は、イギリス統治政府にとって深刻な脅威だとみなされた。「白い女神」としてインド人に知られるようになるこうした「白人の姉妹たち」や「白人の聖母たち」は、亜大陸に赴き、美術や教育における近代性について教えただけでなく、インド独立についてもメッセージを伝えたのである。[103]

98　ウェールズ語に加えられたもっともたちの悪い攻撃は、"Reports on the Commissioners of Inquiry into the State of Education in Wales" に詳しい。ウェールズでは "Brady Llyfrau Gleision" (ブルーブックの背信) として知られている。Gwyneth Tyson Roberts, "'Under the Hatches': English Parliamentary Commissioners' View of the People and Language of Mid-Nineteenth Century Wales,'" in *The Expansion of the English Race: Race, Ethnicity, and Cultural History*, edited by Bill Schwarz, 171-97. (London: Routledge, 1996), 182-89, and *The Language of the Blue Books: The "Perfect Instrument of Empire"* (Cardiff: University of Wales Press, 1998).

99　D. George Boyce, *Nationalism in Ireland*, 254. トム・ガービンは著書 "The Anatomy of a Nationalist Revolution: Ireland, 1888-1928," *Comparative Studies in Society and History* 28 (1986): 468-501 で、アイルランドに社会革命が起きなかったのは、人びとが英国化したからだとしている。

100　『チェロキー・フェニックス』紙はネイティブ・アメリカンによる初めての新聞であると認識されている。James E. Murphy and Sharon M. Murphy, *Let My People Know: American Indian Journalism* (Norman: University of Oklahoma Press, 1987), 16.

101　ルイスは以下に引用されている。R. A. Houston, *Scottish Literacy and the Scottish Identity: Illiteracy and Society in Scotland and Northern England, 1600-1800* (Cambridge: Cambridge University Press, 1985), 10.

102　Aled G. Jones, *Press, Politics, and Society: A History of Journalism in Wales* (Cardiff: University of Wales Press, 1993), 186.

103　Kamari Jayawardena, *The White Women's Other Burden: Western Women and South Asia During British Rule* (New York: Routledge, 1995), 180-81.

教育を受けるために本国へ行くことを許された人びとは、民族主義的な野心を擬装するような急進的イデオロギーの教訓を学んで、教育を補完することが多くあった。たとえば、1916 年にレーニン（Vladimir Lenin）が『資本主義の最高段階としての帝国主義』を出版すると、マルクス主義思想への関心が高まった。革命派の指導者たちは、世界で認められたイデオロギーを取り入れることによって自らの正当性をうち立てたのである。ベトナムの指導者、ホー・チ・ミン（Ho Chi Minh）がそうであり、アルザスやロレーヌの社会党党員も同じである。パリ在住のアルジェリア人労働者は 1926 年、共産主義者の集団である「北アフリカの星」を結成した。これはすぐに拡大し、「イスラム人民」という、より大きな国家主義運動に発展した[104]。

　被支配者たちも、単に生きのびるに必要な程度を超えて支配者たちに協力することで、植民地支配を容認する姿勢を見せた。こうした協力の多くは、ドイツの植民地だったアルザスとロレーヌの商売人のように、見返りとして期待した報酬を条件としていた。先の場合でいえば、ドイツ市場に進出が許されることだった[105]。「青年アルジェリア人」は、支配国の戦争に協力し、帝国の前哨基地に赴いた見返りとして、フランスの市民権を要求した。支配国がこうした貢献をきちんと認識しなかったことが反発を招き、協力者たちは植民地反対勢力に身を翻すことが多かった。

　1919 年、第 1 次世界大戦中の支配国の行為に幻滅した被支配者たちは、興隆しつつあった反帝国主義感情に勇気づけられ、反植民地主義独立運動に乗り出した。それまで、こうした抵抗行動は孤立したものであった。脆弱な（または勢いを奪われた）民族主義感情のせいで、革命的変革をもたらしうるほどにこの運動が広がることはなかった。植民地の一般市民は分裂して力を失った。1919 年が他

の年と異なるのは、国際的にも内国的にも珍しいほどいくつもの出来事が重なり、広範囲にわたる人びとが、第1に自分たちには自決権があること、第2に力を結集させた示威運動を行なえば国際社会はその地域の大義を支持するだろうということに一瞬で納得したという点である。この機会に民族主義感情をもたらした一連の出来事によって、それまで政治的にも社会的にも参加できずに排除されてきた人びと、とくに女性をとり込むことに成功した。彼女たちは、男性に並んでデモ行進に加わっただけでなく、監獄や拷問部屋、墓場にまで行動をともにしたのであった。

　限られた期間で多岐にわたる人びとが参加したことを考えれば、こうした動きの広がりは並外れていたといえる。2月初め、東京で朝鮮人学生たちが朝鮮独立宣言を発表した。3月1日、数千人もの朝鮮人がソウルの路上に繰り出し、日本による植民地支配に抗議した。3月9日、数百人のエジプト人女性が「ベールを被っていたハーレムを飛び出し、路上デモに参加した」[106]。およそ1カ月後、インドのアムリッツァルでは、イギリス軍が「1857年の反乱以来、イギリス支配に反対し、成果もあげてきた最大規模のデモ」の一つに参加していた400人以上のインド人を殺害した[107]。5月初め、日本に抵抗して立ち上がった朝鮮人に刺激された中国人の学生たちが、21カ条の要求をかかげて、山東半島を占領した日本の行為を非難

104　Charles-Robert Ageron, *Modern Algeria: A History from 1830 to the Present*, translated by Michael Brett (London: Hurst, 1991), 93-94.

105　Silverman, *Reluctant Union*, 188-89.

106　エジプトの「1919年の革命」については、以下を参照のこと。Huda Shaarawi, *Harem Years: The Memoirs of an Egyptian Feminist (1879-1924)*, translated by Margot Badran (London: Virago, 1986); and Marius Deeb, "The 1919 Popular Uprising: A Genesis of Egyptian Nationalism," *Canadian Review of Studies in Nationalism* 1, no. 1 (Fall 1973): 106-19.

107　Denis Judd, *Empire: The British Imperial Experience from 1765 to the Present* (London: Basic Books, 1996), 258-72.

する文化運動を始めた。またこの時期は、これらの国や、西アフリカ、スーダン、ベトナムでも、支配された人びとのあいだで民族主義が高まった[108]。こうした集団の多くは、第1次世界大戦後の世界的な地政学の行く末を議論するために集まったパリ講和会議の参加者たちに、各国が自決権を認めることを求める要請文を提出した。

多くの場合——すべてではないが——、支配された人びとが怒りを感じたのは、終わったばかりの世界大戦で並んで戦ったにもかかわらず、支配する側からひどい扱いを受け続けたからだ。戦争中は本国と同じく、植民地でも禁欲が強いられた。被支配者の多くは、引き立てられることを期待して労働力を提供したり、軍用目的の立ち退きを受け入れたりした。しかし、あまりに多くの人びとが戦死した。フランスは戦時中、労働力として14万人以上のベトナム人をフランスに送りこんだ。アルジェリアからは17万3000人の男性に兵役義務が課せられ、それとは別に11万9000人がフランスでの任務に動員された。イギリス帝国の周辺領土や国外領土も、兵士の供給に応じた。140万人以上のインド人が戦争に従事し、そのうちの6万2000人が犠牲になった。イギリス領だった東アフリカおよび西アフリカは、それぞれ3万4000人、2万5000人を部隊に送った。兵役義務を課せられたウェールズでは、選りすぐりの男子28万人が兵役に就いた。それ以上に多くの人びとが8万2000人のエジプト人とともに非戦闘業務にかかわった[109]。

大衆運動を行なうことに加えて、一部の領土ではこの機会を利用して独立を求めるメリットとデメリットが議論された。こうした議論は、これらの領土がどれほど本国に依存するようになっていたかを明らかにした点で意味があった。その一つは、1919年3月半ば以降にウェールズで行なわれた議論だ。3月15日付『ノース・ウェールズ・タイムズ』はこの日の社説で、独立した場合、ウェー

ルズの教育や財政、医療にどのような利益と不利益があるかについて議論すべきだと主張した。この議論は少なくとも 1 カ月は続き、同紙は 6 月 14 日、独立したウェールズ議会をカーディフに置くことに反対した。カーディフは「あらゆる点で、ウェールズらしからぬ街」だったからだ。社説で断じられたように、ウェールズ語を耳にする機会はリバプールの方が多かった。続けてこの社説は、地理的にも、カーディフからはウェールズ北部よりもロンドンに出る方が便利だとも指摘した。[110] 結局、ウェールズ人が選んだのはイングランドに残ることだった。

　実際には、こうした取り組みの成果として独立を勝ちとることができた民族はほとんどなかった。最もよく知られている例は、アイルランドとエジプトだ。アイルランドはイギリス連邦と同様、妥協して独立を手に入れた。すなわち、アイルランドが分離（北アイルランドはイギリス連邦の一部にとどまった）を受け入れる代わりとして、イギリスは「自由国」の地位を認めたのである。国会議員であったヘンリー・ウィルソン卿（Sir Henry Wilson）は、アイルランドを失うことは、帝国の「滅亡」を暗示するものだと不満を述べた。[111] イギリス帝国がそのように大きな損失に耐えうる力をつけたのは、フラ

---

108 A. Adu Boahen, ed., *General History of Africa: Africa under Colonial Domination, 1880-1935* (London: James Currey, 1990), 140-41. ベトナム人の動きについては、Tai, *Radicalism and the Origins of the Vietnamese Revolution*, 68 でごく簡単にとりあげられている。朝鮮の独立運動については、Baldwin, "The March First Movement: Korean Challenge and Japanese Response," Dae-yeol Ku, *Korea Under Colonialism*, 長田彰文『日本の朝鮮統治と国際関係』を参照のこと。中国の五四運動については、Chow Tse-tsung, *The May Fourth Movement: Intellectual Revolution in Modern China* (Stanford, Calif.: Stanford University Press, 1960) を参照のこと。

109 ベトナム人の数字については Buttinger, *Vietnam : A Dragon Embattled*, 96、アルジェリア人が果たした貢献については、Confer, *France and Algeria*, 96-97、大英帝国の数字については Judd, *Empire*, 245-46、ウェールズ人の参加については John Davies, *A History of Wales* (London: Penguin Books, 1993), 515-16 を参照のこと。

110 "Home Rule for Wales," *"North Wales Times,"* March 15, 1919, and June 14, 1919.

111 James, *The Rise and Fall of the British Empire*, 383.

ンスとの関係が改善したからでもあった。このように、アイルランドがイギリス帝国の一員に残ったのは安全保障上の必要性というより、帝国としてのプライドの問題になったからである。これとは対照的に、支配される側の民族が、ウッドロウ・ウィルソン（Woodrow Wilson）大統領によって示された14カ条の平和原則で述べられているような自治権の承認を求めたにもかかわらず、イギリスやその他の植民地支配国が統治した数多くの領土において臨機応変に適用されていたのは本国の制度だった。

結論

日本の統治組織は、イギリスの政治的同化モデルや、フランスおよびドイツの文化的同化モデルなど、植民地で実践しうる多数の選択肢を西洋の同化の取り組みから学んだ。第1次世界大戦後にフランスが発展させた第3の選択肢は、支配される民族の同化は「完全」でなくてもよいということだった。支配国は、周辺領土の文化を完全につくり変えなくても、その地の住民を取り込むことで必要な安全を手に入れることができた。最も成功したのがイギリスによる政治的同化であることは歴史から明らかだ。当初は抵抗していたものの、ウェールズ人もスコットランド人も、アイルランド人でさえも、少なくとも2つの点で忠誠を示していた。すなわち、イングランドの敵（フランス、その後ドイツ）と手を組まなかったことと、イングランドの植民地政策や軍事行動に資源と兵力を提供したことである。1745年にスコットランド高地で起きた大反乱が失敗すると、ウェールズ人とスコットランド人が独立を求めてイギリスと戦うようなことは一般的に起きなくなった。実際、アイルランド人という親戚も含め、植民地支配された人びとは路上にくり出して植民地支

配に抗議したが、ウェールズ人は新聞紙上で将来について議論しただけだった。この関係は何世紀ものあいだ、被支配者にとっても支配者にとっても好都合だったようである。

このやり方は、協力した見返りとしてせいぜい限定的な政治参加を認めるだけで、植民地住民が織りなす文化を変えようとして、それ以上に威圧的だったフランスとドイツのやり方とは対照的だ。この２カ国による周辺植民地化は、協力する見返りとして政治的権利を完全に認めたという両国の南部領土に適用した内国植民地化の方法とは正反対だった。第Ⅱ章で見るように、日本はこうした例をたびたび思い出して、植民地住民を同化するという決定を正当化した。日本人は台湾人や朝鮮人と文化的に近いことから、宗教や言語、社会的背景が異なる人びとを同化しようとした支配国よりは有利だった。文化的な同化を図ろうとしたヨーロッパと米国が失敗したのは、第１に、政策に関わる建前とその実践を一致させることができず、第２に、支配国の人びとから同化政策に対する支持を得ることができなかったからである。したがって、こうした例から日本人が学ぶべきであった最も重要な教訓とは、被支配者の支持を得ることと、帝国における被支配者の新たな立場について自国民を納得させることが必要だったということである。

第Ⅱ章
日本による内国的同化
および周辺的同化の発展

日本の拡大を語る際に蝦夷と琉球の位置づけを考えると、日本は植民地支配国のなかで「後発国」であり、1895 年に日清戦争に勝利し、台湾の割譲を受けてから拡大を目指すようになったとする従来の解釈は受け入れがたい。たとえば入江昭は、拡大論者の思想は「この時期まで、決して（日本の）主流の見解ではなかった[1]」とする。これらの土地が江戸時代の藩とは異なる位置づけを与えられていたとする学者は他にもいるが、その違いが「植民地支配的なもの」であるとはしていない。マーク・R・ピーティ（Mark R. Peattie）は、明治時代の合併は「19 世紀、20 世紀のヨーロッパにおける国家建設に共通する国境の画定」だったとしている[2]。大江志乃夫によれば、蝦夷と琉球は江戸時代における「近代以前の植民地」であり、明治初期までに「本土」の一部として併合されていた[3]。植民地として征服されたこの 2 つの領土の近代史については活発な議論が交わされている[4]。

　日本の拡大論者が大きな野心を抱いていたのは明治時代以前からであり、19 世紀にヨーロッパの侵略が強まるにつれてその野心は大きくなっていった。江戸時代の思想家や政治家は日本の拡大計画を作りあげ、日本帝国が将来、遠くはオーストラリアにまで広がる様を思い描いていた[5]。18 世紀後半にロシアが日本の北方にある諸島に進出すると、日本政府はこの領土を一時的に占領し、現地住民を同化しようとした。19 世紀半ばには世界中で拡大傾向が強まり、収奪できる土地が残されているうちに日本も領土を手に入れるべきだと考える日本人のあいだでは拡大への関心が高まっていった。

　日本は、「無人の広大なジャングルや砂漠」ではなく、日本人と「人種的に近い住民が多く住む」「手近な」土地を徐々に手に入れていったとするピーティの指摘は的確だ[6]。だがこれは、（国外に求める）植民地という文脈に限れば、「異例」だ[7]。内国および周辺領域

での植民地化には、支配する側の人びとが、「人種的に近い」としても「劣った」人びとに自分たちの文化を押しつける場合が多いからだ。明治維新はそうした例の一つである。明治政府が導入した近代化は、江戸時代の藩の住民に新たな政治的、社会的、文化的制度を強要する強硬な取り組みだった[8]。この取り組みを始めてすぐ、明治政府は蝦夷と琉球も統合しようとした。徳川幕府は影響力をおよぼしたいという野心も見せてはいたが、これらの領土に主権を認めるほうが政治的にも経済的にも功利的だと考えていた[9]。明治政府は蝦夷と琉球を北海道と沖縄として併合することによって、これらの領土の住民を日本人として同化する責任を引き受けた。1895 年に

1 Akira Iriye, *Pacific Estrangement: Japanese and American Expansion 1897-1911* (Cambridge, Mass: Harvard University Press, 1972), 35. 中江兆民の『三酔人経綸問答』は、日本の日清戦争以前の拡大論者についての優れた読み物となっている。

2 Mark R. Peattie, 'The Japanese Colonial Empire, 1895-1945,' in *Cambridge History of Japan*, vol. 6, edited by Peter Duus, 217-70, (Cambridge: Cambridge University Press, 1988), 224.

3 「東アジア新旧帝国日本」（大江志乃夫他編、『近代日本と植民地』、岩波書店）6 ～ 16 頁。

4 たとえば、沢田洋太郎『沖縄とアイヌ：日本の民族問題』（新泉社、1996 年）；David L. Howell, "Ainu Ethnicity and the Boundaries of the Early Modern Japanese State," *Past and Present* 142 (February 1994), 75-87; Walker, *The Conquest of Ainu Lands*; 竹ヶ原幸朗『教育の中のアイヌ民族』（社会評論社、2010 年）: Alan S. Christy, "The Making of Imperial Subjects in Okinawa" in *"Foundations of Colonial Modernity in East Asia"* edited by Tami Barlow, 141-70 (Durham, N. C.: Duke University Press, 1997); and Morris Suzuki, *Re-Inventing Japan*.

5 本多利明の思想は、ドナルド・キーン『日本人の西洋発見』で述べられているように、『西域物語』に見ることができる。会沢正志斎については、Wakabayashi, *Anti-Foreignism and Western Learning in Early-Modern Japan: The New Theses of 1825*, 吉田松陰の『幽囚録』については、David M. Earl, *Emperor and Nation in Japan; Political Thinkers of the Tokugawa Period* (Seattle: University of Washington Press, 1964), 173. に記述がある。

6 Mark R. Peattie, "Introduction" in *The Japanese Colonial Empire*, edited by Myers and Peattie, 7.

7 前掲書。

8 Conrad Totman, "Ethnicity in the Meiji Restoration: An Interpretive Essay," *Monumenta Nipponica* 37, no. 3 (1984), 269-87.

9 テッサ・モーリス＝スズキは、異国らしい印象を与えるために、「徳川幕府は、薩摩から江戸に赴いた際の中国人を見るように、と琉球の官僚たちに言った」と書いている。Morris-Suzuki, *Re-Inventing Japan*, 19.

台湾を獲得すると、慎重な姿勢を取っていた日本は外国人の助言を求め、同化政策の中身について議論し、統治方針を確認した。植民地拡大に走ったこの40年間で得た教訓は、1910年以降の朝鮮の統治方法を決定する際に役に立つことになる。

岩倉使節団と日本の内国的領土拡大

『世界之日本』誌の創刊者であり、後に政友会党員にもなった竹越與三郎は、江戸時代には「『……日本国民たる思想は微塵ほども存せず』という状態であったと書いている。その転機は、1853年（嘉永六）6月、マシュー・C・ペリー率いる『米艦一朝浦賀に入るや、驚嘆恐懼の余り、……300の列藩は兄弟たり、幾百千万の人民は一国民たるを発見[10]』したと記している。日本は永続的に存在し続けてきたという認識が大きくなっていくなかで、新たな国家観を認識した点で竹越は称賛に値する。だが、黒船艦隊がやってきたことだけが人びとを国家としてまとまらせたとする主張は短絡的で、非常に複雑なプロセスをあまりに単純化しすぎている。日本の人びとを近代国家に作りなおすプロセスには半世紀以上がかかっており、1920年代後半以降、世界における日本の立場が不安定になっていくなかでは、定期的に新たな努力を講じる必要があった[11]。

明治政府の拡大志向は、部分的には、明治政府が権力を握った時代の特徴であった世界的な拡大傾向にその勢いを得ていた。植民地化される事態を避け、西洋諸国が日本に押しつけた屈辱的な「不平等条約」を撤回させる可能性を高めるために、明治政府は、近代的な制度を取り入れ、内国とみなす領土全域に知らしめることが必要だと考えた。明治政府の前身であった徳川幕府は、そうした一連の条約に署名をした後に初めて、西洋から学ぼうとするようになって

いた。明治政府はこの姿勢を継承し、1871 年、ベテラン外交官と若い学生（そのなかには 6 歳から 16 歳までの少女もいた）を集め、情報収集のために世界各国を回らせることにした。岩倉使節団は、内国および周辺領土を確保するための国家の必要条件を明確に認識し、また無謀に拡大してしまった場合の結末の重大性を理解して、1873 年に帰国した。使節団は、当時同化政策を行なっていた主要な国々の首都を歴訪し、日本が蝦夷と琉球の住民を併合しようとしていたちょうどそのときに、その政策の要点を深く理解するようになった。

　一行の一員だった歴史学者、久米邦武は、使節団が見聞した内国および周辺領域の植民地化を 5 冊に上る歴史書にまとめている。米国では、リコンストラクション期にさまざまな市民を教育するためにどのような努力がなされたのかを記録している。彼は、学校では男女を区別せず、黒人やネイティブ・アメリカン、障害者をも教育しようとしている様子を観察した。米国における教育は、粗暴な住民でも責任を果たす成人へと変身させようとするものだった。久米[12]はこう記している。「皮膚ノ色ハ、智識ニ管係ナキコトモ亦明ケシ、故ニ有志ノ人、教育ニ力ヲ尽シ、因テ学校ノ設ケアル所ナリ」また、次のような楽観論も残している。「十余年ノ星霜ヲ経ハ、黒人ニモ英才輩出シ、白人ノ不学ナルモノハ、役ヲ取ルニ至ラン」[13]

　一行はイギリスに渡り、ロンドンの博物館を訪れて、植民地拡大

10　竹越與三郎の『新日本史』は尹健次『日本国民論：近代日本のアイデンティティ』（筑摩書房、1997 年）、3〜4 頁に引用されている。

11　一過程としての明治維新は注目を集めたテーマである。Gluck, *Japan's Modern Myths*, Fujitani *Splendid Monarchy*, Garon, *Molding Japanese Minds*, Michael Lewis, *Becoming Apart: National Power and Local Politics in Toyama, 1868-1945* (Cambridge, Mass: Harvard University Press, 2000) を参照のこと。

12　Marlene Mayo,"The Western Education of Kume Kunitake, 1871-76,"*Monumenta Nipponica* 28, no.1 (Spring 1973): 43.

の歴史展示を観察した。博物館ではその進展と意義を最もよく観察することができた、と久米は記している。大英博物館を訪れた後で、久米は以下のように書き残した。

> 進歩トハ、旧ヲ舎テ、新キヲ図ルノ請ニ非ルナリ。故ニ国ノ成立スル、自ラ結習アリ。習ヒニヨリテ其美ヲ研シ出ス。知ノ開明ニ、自ラ源由アリ。由ニヨリテ其善ヲ発成ス。其順序ヲ瞭示スルハ博物館ヨリヨキハナシ[14]

　一行は、過去 40 年間のイギリスと現在のイギリスに関する展示物を陳列していたサウス・ケンジントン博物館（1899 年にヴィクトリア・アルバート博物館に改名）でも、この発展の様子を観察している。この博物館は、「（四十年前ニ至レリ、此時代ニ於テ、欧地貿易ノ情態モ、）因テ察スルニ足」る場所であり、イギリスが現在享受しているような恵まれた地位をどのようにして得るに至ったのかを見せてもいた。[15] イギリスの豊かさの基盤は、海外に領土を獲得した成果だった。

　久米は、ロンドンのビーコン・ヒルで大規模な観兵式を見学した後で、この富を守るために強大な軍がもつ価値について考えた。文明化した国家が戦争に備えつづける理由をじっくりと考え、久米は、文明化した国民が常備軍を維持しなければならないのは、彼らが野蛮な状態から脱していないからではなく、野蛮な人びとが戦闘を好んでいるからだと書いている。健全な治安部隊を経済的に維持するには、「外敵ニ遠」く離れている必要があった。イギリスは、フランスやドイツ、ロシアとは対照的に、国境沿いで敵と対峙する必要がなかったため、資源を海軍に集中させることができた。次に久米は、重要な軍事目的を 2 つ定義した。それは、国内の安全と周

辺領土の安全の両方を確保することだった。国内の安全を確保する
には、国家がその人民を「互ニ相和協シテ、生産作業ヲ勉メ、愛国
ノ心ニ篤ク、他国ノ下ニ屈スルヲ愧ル」ように指導しなければなら
なかった。また、周辺領土の安全を確保する必要もあった。「四面
海ニテ、切迫ニ海陸ノ敵ヲ有セサル国ハ、自国ノ治安ヲ保有スル
ニ、無用ノ軍備ヲ要セサルハ、固ニ国ノ幸福ナリ」[16]

　次に一行は英仏海峡を渡り、イギリスが警戒する唯一の周辺国フ
ランスに入った。彼らがフランスに到着したのは、ちょうど、国に
対する国民（とくに南部州に住む国民）の義務を強化し、同化によって
植民地との関係を強める必要があるという認識が高まった頃だっ
た。彼らは、フランスがプロイセンに妥協したばかりであること
を表立って批判しようとはしなかった。久米の公式訪問録におい
ても、そうした記述はない。リチャード・シムズ（Richard Sims）は、
日本人はその時点においても、フランスをヨーロッパの最先端を行

13　久米邦武『特命全権大使　米欧回覧実記一』（岩波書店、1977 年）216 頁。翻訳は以下に拠っ
　　た。Kume Kunitake, *The Iwakura Embassy, 1871-73, a True Account of the Ambassador*
　　Extraordinary Plenipotentiary's Journey of Observations Through the United States and
　　Europe: The Unites States of America,"5 vols., edited by Graham Healey and Chushichi
　　Tsuzuki (Chiba: The Japan Documents, 2002), 219. See also Mayo,"The Western
　　Education of Kume Kunitake," 43. 久米がこれを記録したのはワシントンＤ．Ｃ．に滞在し
　　ていたときだった。一行の一員であった木戸孝允も、彼が視察した黒人部隊は「仕官も多
　　くは皆黒人一大隊に両三の白人仕官を加ふれは於現場も格別の優劣はなし」と日記に記し
　　ている。木戸孝允『木戸孝允日記第二』（日本史籍協会、1933 年）178 ～ 179 頁。翻訳は、
　　The Diary of Kido Takayoshi, vol. 2, 1871-1874, translation by Sidney Devere Brown and
　　Akiko Hirota (Tokyo: University of Tokyo Press, 1985), 167 に拠った。
14　久米邦武『特命全権大使　米欧回覧実記二』（岩波書店、1978 年）114 頁。翻訳は以下に拠っ
　　た。Kume Kunitake, *The Iwakura Embassy, vol. 2*, 109-110. イギリスでの一行の見聞につ
　　いては以下を参照のこと。Andrew Cobbing, "Britain (1): Early Meiji Encounters" in *The*
　　Iwakura Mission in America and Europe: A New Assessment, edited by Ian Nish (Surrey,
　　U. K.: Japan Library, 1988)（イアン・ニッシュ編『欧米から見た岩倉使節団』、ミネルヴァ
　　書房、2002 年）。
15　Kume Kunitake, *The Iwakura Embassy*, vol. 2," 57-58（久米邦武『特命全権大使　米欧回
　　覧実記 2』、岩波書店、1978 年、69 頁）。
16　前掲書、89-90.（久米邦武『特命全権大使　米欧回覧実記 2』、岩波書店、1978 年、99 頁）。

く国だと考えていたようだと説明している。久米は、フランス人について「イギリスの工業は機械に頼る。フランスでは人間の技能と機械が調和している」と賞賛した。イギリスは、「優雅さと繊細さ」の点でフランスに太刀打ちできなかったのである[17]。

　彼は、人間の技能と機械がフランス人にもたらした植民地網と製品に大いに注目したが、豊富な知識と事実に基づいて議論するスタイルではなく、アルジェリアとフランスの近さと、朝鮮と日本の近さという地理的な類似点について簡単に言及するにとどめている。朝鮮について率直に触れたのは、朝鮮の「無礼」な姿勢——日朝外交の近代化を求める日本の特命使節との会談を拒否した——は、日本の軍事行動を正当化するか否かという日本で交わされていた激しい議論の影響だったのだろう。久米の記述からは、彼がどちらに共感していたのかはわからない。だが、歴史家としての彼は後に併合を支持するようになっていく。久米にすれば、朝鮮や九州、中国南部を網羅し、神話に初めて登場した神武天皇（紀元前660〜585年）以前から制海権が存在していたということは、日本に近代的な植民地志向があったことを示す例だった[18]。

　一行はプロイセンで、祖国の状況と同じような進展をさまざまな形で目にした。近年、プロイセン軍がオーストリアとフランスに勝利したことは、新生ドイツ国家にとっては諸刃の剣となった。その戦勝によってドイツは統一へと勢いづいたが、周辺諸国はドイツの脅威が高まることに対して不安を感じるようになったからである。誕生したばかりのドイツ国家が直面した課題について、統一の立役者であったオットー・フォン・ビスマルク（Otto von Bismarck）首相以上に理解していた者はいなかった。ビスマルクは日本の客人たちに、強国が弱小国に突きつける脅威についてこう警告した。万国公法は、紛争状態にある特定の国々に対してのみ効力を発する[19]。この

会談でビスマルクは、「我国ハ、只国権ヲ重ンスルニヨリ、各国互ニ自主シ、対当ノ交リヲナシ、相侵越セサル公正ノ域ニ住センコトヲ望ムモノナリ」と指摘し、拡大の必要性についてそれとなく言及した。続けて、ドイツは（幸運にも）遅きに失することなく、何事もそううまくいくわけではないことを学び、国の自治を守るためには武力を行使しなければならないとも発言した。国際法が行使されるのは、「大国ノ利ヲ争フ」場合だった。[20]

　使節団が収集した情報には、何世紀も前から語られていた思考が反映されていた。本多利明は、18世紀に執筆した『西域物語』のなかで、まずは近辺に存在する人びとを同化し、その後周辺領域へと拡大していった列強諸国は誠実ではないと書いている。徳川幕府は、諸外国の侵略から北方の周辺領域を守るために蝦夷で同化政策を行なった。誕生したばかりの明治政府は、19世紀の世界的な拡大傾向を受け、国内領域にいる人びとを国民として統一する方法を取り入れようとし、他方で周辺領域の人びとを統合しようと拡大していった。一行が帰国したのは、同様の取り組み、つまり朝鮮への出兵という軍事作戦を思いとどまらせるぎりぎりのタイミングだった。この作戦に反対したのは朝鮮に同情したからではなく、朝鮮との軍事対立には準備不足だという判断があったからだ。大久保利通

17　Richard Sims, "France," in *The Iwakura Mission in America and Europe* edited by Nish, 74.（『欧米から見た岩倉使節団』、108頁）。

18　Stefan Tanaka, *Japan's Orient: Rendering Pasts into History* (Berkeley: University of California Press, 1993), 71-75.

19　Ulrich Wattenberg, "Germany: An Encounter Between Two Emerging Counties," in *The Iwakura Mission in America and Europe*, 117-18.（『欧米から見た岩倉使節団』、164～165頁）。日本に対するドイツの影響についての解説としては、Kenneth B. Pyle, "Advantages of Followership: German Economics and Japanese Bureaucrats, 1890-1925," *Journal of Japanese Studies* 1 (Fall 1974): 127-64.

20　ビスマルクと岩倉使節団との議論は久米の記録に拠った。*The Iwakura Embassy*, vol. 3, translated by Andrew Cobbing, 323-25.（『特命全権大使　米欧回覧実記三』、329～330頁）。

はその理由として以下をあげている。国の基盤が脆弱である。国庫歳入が不十分である。国家組織が十分に整っていない。通貨準備高が不足している。対英債務が増えたために、国内状況が一層逼迫している。不平等条約がいまだに残っている。その後大久保は、日本がこの計画を中止する新たな理由として、ロシアと中国による侵略リスクを加えている。[21] 足元にはすべきことがたくさん残っていたのだった。

　日本の国家建設の道のりと植民地拡大がよく似ていたのは、現地の文化や政治制度を中央の覇権的な制度に置きかえた点だ。日本は、現地の人びととの崇拝対象や方言、服装、食事、休日、その他の慣習を中央官僚たちが「文明化している」としたものに置きかえ、時間をかけて「国家的」なものとしていった。主として義務教育と男子の兵役義務――表向きは日本人在住者全員を対象にしていた（実際は、徐々にそうなっていった）――を通して、こうした文化が伝わっていった。活字文化のおかげで識字力のある人びとに対してはこのメッセージが強く伝わり、そうした人びとはそうでない人びとに読み聞かせてやった。[22] 徳川幕府によって始められたこの政策は思いがけず、明治政府による中央集権化の取り組みにも役立った。参勤交代政策によって大名や側近の侍たちが江戸へ向かう街道沿いに経済的なネットワークや交通網ができあがった。それだけではなく、徳川将軍に対する藩主の義務も一層強化された。[23] 中央の明治政府の任務は、それまで地元の大名に向けられていた庶民の忠誠を自分たちに向けさせることだった。

　この任務は一晩にして完成するものではなかったが、反撃を免れないものでもなかった。徳川幕府は歯向かう恐れのある連携ができないよう目を光らせつつ、政治的、社会的、文化的に武士と農民階級を分断し、日本社会を階層化する政策を行なった。[24] 福澤諭吉はこ

うした社会を「日本国中幾千万の人類は各幾千万個の箱の中に閉され、又幾千万個の墻壁に隔てらるゝが如く」と表現した[25]。拡大論者もこれと同じ論理を用い、併合の対象として日本が狙っていた領土を統治していた「悪政」を批判した。明治政府はこうした外箱を政治的、社会的、文化的な中心人物たちを頂点とした大きなピラミッドのような構造に作り変えようとしたのだった。

　明治時代の指導者たちが自ら打倒した前体制に対して抱いていた嫌悪感や、国家を一から作り直したいという情熱は、かつての徳川国家を野蛮なものとして捉えていた。日本は孤立していたこともあり、近代文明の進展から取り残されていた。ドイツ人医師エルヴィン・フォン・ベルツ（Erwin von Baelz）は、日本人は「過去について何一つ知りたがらなかった。実際、文明化した人が過去について知れば、戸惑うだけだと断言していた」と述べている。彼は、知り合いの日本人の言葉を引用している。「過去は野蛮一色だ……我々には歴史などない。我々の歴史は今始まったばかりだからだ[26]」。社会的な慣習のすべてが改革の対象となった。食事や入浴の手順、言葉の表記、伴侶の選び方もである。こうした変更にはいくつもの選定

21　大久保利通の「朝鮮出兵に反対する理由」は *Sources of Japanese Tradition* vol. 2," edited by Ryusaku Tsunoda, Wm. Theodore De Vary, and Donald Keene, 151-55 (New York: Columbia University Press, 1958)（角田竜作編『日本の伝統の源泉』、上智大学、1959 年）。

22　James L. Huffman, *Creating a Public: People and Press in Meiji Japan* (Honolulu: University of Hawai'i Press, 1997), 57-58.

23　明治時代の経済的発展に徳川時代が果たした役割については、John H. Sagers, *Origins of Japanese Wealth and Power: Reconciling Confucianism and Capitalism, 1830-1885* (New York: Palgrave Macmillan, 2006) を参照のこと。

24　Maruyama Masao, *Studies in the Intellectual History of Tokugawa Japan*, translated by Mikiso Hane (Tokyo: University of Tokyo Press, 1974), 323-28.

25　福澤諭吉の『文明論之概略』は、丸山の *Studies in the Intellectual History*, 331 で引用されている。（『文明論之概略』、岩波書店、1931 年、213 頁を参照）。

26　Kuwabara Takeo, *Japan and Western Civilization: Essays on Comparative Culture*, edited by Kato Hidetoshi, translated by Patricia Murray (Tokyo: Tokyo University Press, 1983), 135 に引用されている。

基準があり、近代的な明治時代の日本を伝統的な江戸時代の日本から切り離す力があるかどうか、日本を「文明化した社会」として再定義するかどうか、政府が国民の愛国心を呼び覚ますことができるかどうかという点で、改革の検証が行なわれた。この議論において、開国は鎖国の対義語になったのである。この動きの鍵は、この改革を遂行するために日本人が頼りにしたもう一つの合法的な勢力——皇室——であった。明治政府は、この革命的な体制変革が実現しなければ、必要な改革に着手することはむしろ難しいと承知していたはずだ——このときの朝鮮がそうであったように——。

　日本列島は全国的に多様であったことから、新生国家の構成員に日本人としてのアイデンティティをもたせるには社会的、政治的、文化的な力が必要だった。藩による違いは明治維新前からはっきりしていたが、移動制限が緩和されて日本列島の他の地域を訪れやすくなったり、お互いに訪問しあうことが可能になったりすると、そうした違いに対する対策は喫緊の課題になった。日本の「方言」や風貌は大きく異なっていたようだ。地方から上京したある少女が、東京に到着したときに耳にした日本語をフランス語だと勘違いしたことがあったほどだ。[27]現在の富山県に住んでいたある人物は、薩摩藩士をこのように表現している。

　　鹿児島の武士の髪は太くて、量が多い。ひげを生やしている……それに、（西洋人風に）散髪した人もいる。あんな散髪を見たのは初めてだ。何を言っているのかわからないし、一言も理解できない。西洋人に会ったようだ。[28]

　こうした違いはあったが、中央政府は列島のすべての住民をまずは臣民として、その後は国民として囲いこもうとした。そうして醸

成されたアイデンティティによって、日本人は中央政府のニーズにより密接に結びつけられた。その目的は徴税や兵役であり、なおかつ国民が制度に反対することなく、支持を獲得するためのものであった。人びとが結びついたことで、徳川幕府時代の譜代大名が欧州諸国と手を結び、誕生したばかりの明治政府にたち向かうというような、一地方が外国と手を組んでいたら損なわれていたはずの国家の安全保障を強化することができた。最後に、明治政府には正当性があり、日本が文明化したことを国際社会に見せつけることもできた。どちらも、中央政府が内国の住民を統治する力を確立できるかどうかにかかっていた。彼の名を冠した使節団を率いた岩倉具視は、政治の違いが国政にもたらしうる悪影響を強調して次のように述べている。

　　抑モ自主独裁ノ体タルヤ、国ノ大小強弱ヲ以ッテ論スルニ非ス。其国帝ノ命令全国無所不至、是自主独裁ノ本也。其国大ナリト雖、国王ノ命偏ク国ニ及ハス各処政令ヲ異ニシテ王命ニ違フ事アル、是半主国ノ体也。故ニ支那ノ如キ攘地大ナリト雖猶半主ノ権ヲ保ツ事不能。荷蘭ノ如キ狭小ナル国モ猶能ク自主ノ体ヲ失ハス。[29]

　岩倉は各国歴訪の目的の一つは、「分断を残すことなく国の方針を統合させる」術を探ることだったと述べている。[30]

27 E. Patricia Tsurumi, *Factory Girls: Women in the Thread Mills of Meiji Japan* (Princeton, N. J.: Princeton University Press, 1990), 27. 新渡戸稲造は現在の盛岡から上京したとき、東京の言葉を理解できずにフラストレーションを感じたと書いている。新渡戸稲造『新渡戸稲造全集　第19巻』（矢内原忠雄編、教文館、1983〜87年）。

28 Lewis, "*Becoming Apart*, 1 に引用された。

29 岩倉具視については五十嵐暁郎『明治維新の思想』（世織書房、1996年）、145頁で引用されている。

第Ⅱ章　日本による内国的同化および周辺的同化の発展　111

2つ目の責務は、誰を臣民とするのかということだった。福澤は、1875年に執筆した『文明論之概略』のなかでこの点を強調している。彼は西洋の文明化を日本に紹介した要となった人物であり、国家政体の形成とは次のようなプロセスだとしている。

　　一種族の人民相集て憂楽を共にし、他国人に対して自他の別を作り、自ら互に視ること他国人を視るよりも厚くし、自ら互に力を尽すこと他国人の為にするよりも勉め、一政府の下に居て自から支配し他の政府の制御を受るを好まず、禍福共に自から担当して独立する者を云ふなり。[31]

　新たな明治国家のすべての住民が、臣民としての便益を享受すると同時に責任を負うわけではなかった。明治時代におけるこの選別過程はまったく差別と無縁というわけではなかった。だが、改めて作りあげられた日本人の国家においては建前上、すべての人が無条件で日本人として認められた。日本人になるとは、日本人になる過程としてではなく、日本人であることの意味を学ぶ過程として示されていた。この国家が新たに設けた諸制度によって臣民の義務や方言、定型的なパターンが平準化されるはずだった。

　シェルドン・ガロン（Sheldon Garon）が指摘したように、教育とメディアは「日本人の精神を作りあげる」ためのより重要な2つの仕組みとなった。[32] どちらもまずは家庭から始まり、学校で継続され、社会で強化されるという、文化に慣れるための3段階においてお互いがお互いをうまく利用した。1872年に公布された学制は全臣民を対象とした義務教育が目的だった。社会教育は、メディアと授業を通してこれらの内容を補完した。女性の教育は、子どもが就学する前の教育として、将来母となる女生徒たちにその役割を心得さ

せ、この流れを途絶えさせないことに役立った。

　明治時代の教育専門家たちは、彼らが示した制度がとって代わったかつての教育について理解ある言葉をほとんど残していない。新設された文部省は、江戸時代の寺子屋の「教師たちは、ほぼろくでもない連中ばかりだった。もはや武士でなくなったために、家族を養えなくなっていた」と発言した。さらに「彼らは教育とはなんたるやを理解していないにもかかわらず、読み書き算盤を教えていると吹聴している。その教えは小手先に過ぎず、あまりに浅いがために、生徒たちは入学した時に物理について何も知らなかったのと同じように、何も知らないまま卒業していく[33]」ともつけ加えた。この発言では言及されていないが、この教育制度の最大の欠点は授業を統括する中央の調整機関がなく、同時に、学齢期の児童全員を通わせるような義務的な仕組みがなかったことだった。

　岩倉使節団は、教育制度の視察を重要な目的としていた。岩倉具視はその目的をこう表現している。

各國教育ノ諸規則乃チ國民教育ノ方法、官民ノ學校ノ取建方、費用、集合ノ法、諸學科ノ順序、規則及等級ヲ與フル免狀ノ式

30　岩倉具視『岩倉公実記　第2巻』(多田好問編、原書房、1968年)、929頁。

31　Fukuzawa Yukichi, *An Outline on a Theory of Civilization*, translated by David A. Dilworth (Tokyo: Sophia University, 1973), 23. (『文明論之概略』、岩波書店、1931年、37頁を参照)。

32　Garon, *Molding Japanese Minds*. 3つ目の重要な制度とは皆兵制度だった。

33　Mark E. Lincicome, *Principle, Praxis, and the Politics of Educational Reform in Meiji Japan* (Honolulu: University of Hawai'i, 1995), 2. そうした「ろくでもない連中」は、どういうわけかその当時の社会としては高い識字率を達成したようである。ハーバート・パッシンは、武士階級のすべての男児、女児の半分は文字が読めたと推測している。Herbert Passin, *Society and Education in Japan* (Tokyo: Kodansha International, 1982), 57 (『日本近代化と教育：その特質の史的解明』、サイマル出版会、1980年、68頁) ロバート・P・ドーレは、当時の日本の識字率とヨーロッパ諸国の識字率を比較し、日本のほうが高かったとしている。Robert P. Dore, *Education in Tokugawa Japan*, Michigan Classics in Japanese Studies, no. 8 (Ann Arbor: Center for Japanese Studies, University of Michigan Press, 1984), 291.

等ヲ研究シ……我國ニ採用シテ施設スヘキ方法ヲ目的トスヘシ

　政府が「教諭ノ道」を開いたおかげで、日本は「開化ノ歸旨ヲ一致セシムル方法」を手に入れた。これは、他国が「我國ヲシテ開化ノ域ニ登進セシムル事ニ協力シ厚ク商議ヲナシ其處置ヲ十分施行シ得ヘカラシムヘシ」と考える確かな水準を獲得したということでもある[34]。

　日本の教育制度の基礎となった1872年の学制は、国政による教育の重要性を強調し、主旨としていた。つまり、豊かで強く、安定した国を建設するために貢献する見識ある人びとの才能を伸ばすことであった。この目的を実現するには、学校を建設し、教育方法を確立することが最も効果的だった[35]。この長期的な目的を明確に示し、たびたび引用された標語では、すべての人が読み書きできるようにすることが謳われていた。すなわち、「邑ニ不學ノ戸ナク家ニ不學ノ人ナカラシメン事ヲ期ス」だ。明治時代の当初の教育制度は、フランスの教育と同じく個人を伸ばすことに力を入れていたが、1880年代以降は、より大きな国体に臣民を貢献させることを強調するようになっていった。この方向性の転換に言及しているのは、1881年7月に発布された「小学校教員心得」だ。心得は、「教員タル者ハ殊ニ道徳ノ教育ニ力ヲ用ヒ生徒ヲシテ皇室ニ忠ニシテ国家ヲ愛シ父母ニ孝ニシテ……等凡テ人倫ノ大道ニ通暁セシメ」ることとしていた[36]。

　当初から、日本の臣民が「フランス語」や「でたらめな言語」を母語だと誤解することのないように、国が意思疎通のために統一された手段をもつという考え方がこの教育制度の中心にあった。国家を形成する人びととは国語を話す人びとだったからだ（また、国史を学んだ人びとでもあった）。イ・ヨンスクの『「国語」という思想』は

近年反響をよんだ1冊であるが、ここでは、「国語」は「『日本の精神』と『日本語』との結びつきを表現する究極の概念であった[37]」としている。つまり、外国語を学ぶとは単に言葉や文法、言いまわしを会得するだけのことだが、「国語」には、日本語を第2言語とする話者から日本国民を区別するような国民精神も含意されているのだ。というのも、国語には、その話者を単に寄り集まった人びとではなく、統一された国民とするような文化的要素もあるからだ。ドイツとフランスでも学んだ上田萬年は1894年、国語とは「帝室の藩屏、国語は国民の慈母」であると述べている。この考え方は、日本が日本語を「東亜共通語」としようとしたときにその植民地にも伝えられた。[38] 日本語教育を受けて、朝鮮人の同化は次第に「現在的・現実的同化」から「将来的・理想的同化」へと変わり、「忠君愛国」を体得していった。[39] 新政府が少年少女たちを学校に通わせ、男子には兵役義務を負わせることになった明治維新直後は、現実的な理由から共通の言葉を使うことが重要な問題になった。この頃から国語の概念ができあがっていったが、イ・ヨンスクによれば、「国語が創成した」という概念ができあがるのは、新たな国民教育制度が施行される1880年代半ば以降だ。[40]

　国語に関する概念は、1882年に憲法調査のためヨーロッパに滞在していた伊藤博文が学んだ考え方とうまく調和した。伊藤も、ド

34　『岩倉公実記　第二巻』、931〜32、937〜98頁。
35　明治文化資料叢書刊行会 (編)、『明治文化資料叢書　第8巻　教育編』、23頁 (風間書房)。
36　以下に引用されている。Shiro Amioka,"Changes in Education Ideals and Objectives (from Selected Documents, Tokugawa Era to the Meiji Period),"in *The Modernizers: Overseas Students, Foreign Employers, and Meiji Japan*, edited by Adrath W. Burks (Boulder: Westview Press, 1985), 344. または Marshall, *Learning to be Modern*, chap. 3.
37　イ・ヨンスク『「国語」という思想』(岩波書店、1996年) vi 頁。
38　安田敏朗『帝国日本の言語編制』6頁に引用された。または安田、同12頁。
39　久保田優子『植民地朝鮮の日本語教育』、22〜23頁。
40　イ・ヨンスク、『「国語」という思想』、86頁。

第Ⅱ章　日本による内国的同化および周辺的同化の発展　**115**

イツのルドルフ・フォン・グナイスト（Rudolf von Gneist）とオーストリアのローレンツ・フォン・シュタイン（Lorenz von Stein）が取り入れたような、国の富と力を伸張するために国民教育が果たす役割についての考え方を得て帰国した。伊藤は日本の教育政策の方向性はまちがっていると考え、イギリス大使であった森有禮と改革について議論した。この議論の結果は、森が文部大臣として入閣した第1次伊藤内閣の発足直後に発布された1885年の教育令に明確に反映されている。日本の教育改革について、森が和歌山県の教員に対して出した指示は、フランスでジュール・フェリーによる改革が行なわれたときに教育担当の官僚が出した指示によく似ていた。

讀書纂ノ如キハ固ヨリ教育即チ薫陶ノ主眼ニ非ラス、……　教育ノ主義ハ專ラ人物ヲ養成スルニアリト云フ、其人物トハ何ソヤ、我帝国ニ必要ナル善良ノ臣民ヲ云フ、其善良ノ臣民トハ何ソヤ、帝国臣民タルノ義務ヲ充分ニ盡ストハ氣質確實ニシテ善ク國約ヲ務メ又善ク分ニ應ジテ働ク事ヲ云フナリ、然レハ教育ノ目的ハ善ク實用ニ立チ得ル人物ヲ養成スルニアリ[41]。

　日本の教育制度を道徳教育的なものにしようとする傾向は、教育勅語が発布された1890年に最も強く表れた。すべての学校で謳われたこの勅語は、学業そのものにはほとんど重きを置かず、教科書と日々の授業で取りあげることによって、生徒に親孝行や国家的責任を強いた。
　活字メディアは公教育から除外された人びとに情報を伝える媒体となった[42]。全国紙は、日本語の報道を通じて同様の内容を紹介し、補足もした。政府が報道を規制する手段を講じたことは、報道の影響力が強いと政府が考えたということである。鈴木健二は、政府が

新聞社を発展させるために資金提供したことを指摘している。す
なわち、政府の意に沿わない道を歩んだ場合、政府はそうした望
ましくない新聞社を軌道修正し、処罰したのだった。新聞は「戦
争に同調し、文化的、政治的同化によって人びとを統合する手段
となった」と鈴木は指摘する[43]。ジェームズ・L・ホフマン（James L.
Huffman）は、「明治時代の新聞社ほど近代平民の育成に役立った組
織はない」と述べている[44]。新聞の最大の価値は、都会に住んでいよ
うが地方に住んでいようが、すべての人びとに、臣民としてのつな
がりを強めるために必要な情報を同時に伝えることができる点にあ
る。紙面を通じて、人びとは都会や町、村を離れなくても、戦争や
領土の獲得、皇室行事に参加することができた。また、国の形状を
地図上で示し、国境を画定した。これによって人びとは、国の大き
さと形状、他国との地政学的な関係を知り、再認識したのである[45]。

　日本の初期の報道機関には、人びとを社会化させるという任務も
あった。1872 年に発行された『東京日日』は、外国人の嘲笑の対
象とならないよう、人力車の車夫と日雇い労働者は適切な服を着る
べしという東京府庁の命令を掲載している[46]。1874 年 11 月、『読売
新聞』の創刊号は、「天皇が東京府内を行幸されておられる間は作

---

41 森有禮「和歌山尋常師範学校」1887 年 11 月 15 日（大久保利謙編、『新修　森有禮全集』
　　第 2 巻、文泉堂書店、1998 年、449 頁；または Ivan P. Hall, *Mori Arinori*. Cambridge,
　　Mass.: Harvard University Press, 1973, 398.

42 日本の初期の報道機関史については以下を参照のこと。Albert A. Altman, "The Press," in
　　Japan in Transition: From Tokugawa to Meiji, edited by Marius B. Jansen and Gilbert
　　Rozman, 231-47 (Princeton, N. J.: Princeton University Pres, 1986);西田長寿『明治時代
　　の新聞と雑誌』（至文堂、1961 年）、Huffman, *Creating a Public*, 19-21.

43 鈴木健二『ナショナリズムとメディア：日本近代化過程における新聞の功罪』（岩波書店、
　　1997 年）、228、236 頁。

44 Huffman, *Creating a Public*, 2.

45 Thongchai Winichakul, *Siam Mapped: A History of the Geo Body of a Nation* (Honolulu:
　　University of Hawai'i Press, 1994)（トンチャイ・ウィニッチャクン、『地図がつくったタイ：
　　国民国家誕生の歴史』、明石書店、2003 年）。

法を守り、天皇に尊敬の意を表すること」という内務省の布告を載せた[47]。こうした新聞記事は、「文明化した」人びとのふるまいについて読者に教えるような話題を選ぶことが多かったとホフマンは指摘する。すなわち、日本人が何を食べて何を飲み、何を読むべきかについて指示したのだった[48]。

　これらの内容から、報道の目的についての政府の見解がよくわかるように、報道機関が新聞の購読者をどう想定していたかがわかる。日本の活字メディアが文字を修得しつつあった人びとをうまく利用したのは明らかだ[49]。どれだけの人がそれぞれの新聞を読んでいるのかを確認することはそもそも困難だが（新聞を購入するからといって読むわけではなく、新聞を読むために買う必要もなかった）、新聞を買う人よりも読んでいる人の方が多いようではあった。日本社会はそのための機会を設けようとした。「読書室」では無料で新聞を読むことができた。読み書きできない人でも、僧侶や読み書きできる人びとが彼らにニュースを読み聞かせ、説明することで、その内容を理解することができた[50]。

　報道機関が一般市民に影響をおよぼしうるがゆえに、明治政府はそこに潜む危険性を警戒した。まもなく政府は、法律によってその影響力を抑制しようとし、1868 年、政府は権力を行使して「著しい書き誤り」の責任を記者に負わせることにした。また、海外からの批判を抑制するために、外国人が新聞社を所有したり、編集者になったりすることを禁止した[51]。日本政府は 1883 年 4 月にまた別の出版規制を設け、新聞社が軍や外国政府を批判することを禁じた。この法律では、記者が処分を受けているあいだは、別の新聞社に転職することも禁止された[52]。

　軍事作戦と植民地拡大に従事していたあいだ、政府は新聞社から批判されるのではなく、逆に支持されていた。好戦的な報道機関

が、政府のこうした活動を激励することは少なくなかった。1894
年、報道機関は来る中国本土決戦に備え、一勝ごとに高まっていく
歓呼の声を先導していった。[53]この追随ぶりはその後半世紀ほど続い
ている。すなわち、大日本帝国がアジア大陸に進出していった際に
は、日本による新たな領土獲得を支えるように帝国臣民が結集され
たのである。領土獲得が一人ひとりの幸福になり、世界における日
本の地位が向上するといい広めたのだった。[54]

　中央政府は、教育と報道が臣民に国家建設という野望に関心を向
けさせる手段になりうると考えていた。これらは、臣民が自分たち
の利益を訴える手段にもなった。発展途上にあった活字文化にとっ
て、字を学んだ人びとは拡大する一方のマーケットであった。活字
文化は、より大きな国家利益に不可欠だと政府がみなしたニーズや
利益よりも、個人のニーズや利益が注目されることを求める市民社

46　George B. Sansom, *The Western World and Japan: A Study in the Interaction of European and Asiatic Cultures*, (Tokyo: Charles E. Tuttle, 1977), 385-86.（ジョージ・サンソム、『西洋世界と日本』、筑摩書房、1995 年）。

47　Altman, "The Press," 245-46.

48　Huffman, *Creating a Public*, 66.

49　Gluck, *Japan's Modern Myths*, 232-33 では、大阪朝日新聞が 1890 年に発行部数 5 万部だったのが 1913 年になる頃には 25 万部になり、1923 年には 80 万部になったことを指摘している。さらに 1905 年から 1913 年までで、日本よりも部数が多かったのはドイツだけだった。アンドリュー・ゴードンは東京の月島で調査を行ない、1919 年までは全世帯の 80% が 1 紙を購読紙、19% が複数紙を購読していたことを突きとめた。Andrew Gordon, *Labor and Imperial Democracy in Prewar Japan* (Berkeley: University of California Press, 1991), 19.

50　Huffman, *Creating a Public*, 57-58.

51　西田長寿『明治時代の新聞と雑誌』、92 頁。

52　前掲書、145 頁。

53　Huffman, *Creating a Public*, 204-14.

54　マイケル・ルイスは、*Becoming Apart* 第 5 章において、富山県で報道機関が果たした役割について記述している。満州については、Louise Young, *Japan's Total Empire : Manchuria and the Culture of Wartime Imperialism* (Berkeley: University of California Press, 1998)（ルイーズ・ヤング『総動員帝国：満州と戦時帝国主義の文化』、岩波書店、2001 年）を参照のこと。

会の力にもなった。[55] 国民は、地方自治体や中央政府が人びとの要請に応えなければ、抗議デモを何度でも行なう意思があることを、ことあるごとに示していた。キャロル・グラック（Carol Gluck）が指摘したように、これは公的領域が「最強の見解——強硬派」を生みだす原動力となり、「当時の『世論』が格段に高まる」ことになった。[56] 教育と報道を制限する法律だけで、対立する可能性を秘めたこの要因を抑えることはできなかった。政府が国内外で行なう政策を決定する前に検討することが必要になったのである。[57]

明治時代初期における周辺植民地の拡大

　明治維新政府にとって第2の課題、すなわち旧体制である徳川幕藩体制と同様に国内を結束するためには、本土の北と南に接する蝦夷と琉球王国という辺境の地の人びとを統合することが必要であった。前述のように、対外膨張の思想はすでに18世紀後半から論じられていた。日本の近代主義者にとって対外膨張は自国の主権を維持するために必須であった。南北の領土に支配の手を伸ばすためには、日本にとって隣接する2つの脅威であるロシアと中国と交渉しなければならなかった。これらの地域の人びとを同化することに成功するということは、植民地化の第一歩になることを覆い隠していたのである。

　徳川幕府がロシアと領土問題の交渉で合意に達していたように、蝦夷の獲得は比較的見通しが立てやすかった。のちに見るように、明治初期において琉球に対して要求することは、日本が中国と領土をめぐって争っていたがために容易ではなかった。この違いのゆえに、明治政府が同化政策を進めるにあたって、蝦夷の場合よりも前者の琉球王国についてより大きな決断を必要とした。この2つは、

日本政府が戦略的な目的のために領土を拡大し、長いあいだ「日本人」には属さない、つまり日本の辺境であると考えられてきた人びとを統合することを可能にした初期のすぐれた成功例である。このようにして、領土併合された人びとは、それ以前の江戸時代の藩の領民とは異なる扱いを受けた。アイヌと沖縄の人びとは、辺境における同化の困難さの程度によって伝統文化を保持した。

蝦夷のアイヌ同化政策

　ロシアの探検家たちがこの北の島に漂着しはじめた 18 世紀末、江戸時代の日本が着手してはいたが、日本の同化政策にとって蝦夷の人びとは最初の例であった。蝦夷に関しては、琉球について受けたような異議を明治政府が受けることはなかった。主として、前政府が国境画定についてロシア政府との交渉を終えていたからだ。半世紀前に初めてロシアから脅威を受けた徳川幕府は、蝦夷に自治を認めるという方針を考えなおす必要に迫られた。明治政府も徳川幕府も、ロシアの進出に対抗するために同化政策に着手した。ブレット・L・ウォーカー（Brett L. Walker）は、早くも 1802 年に徳川幕府、すなわち「中央政府が経済政策の策定に関わり、アイヌの文化を破壊し、同化を監視するなどして、より『近代的な』（統治を蝦夷で）行なうことにした」と指摘している。20 年後、戦略的に重要なこの地域の支配を強化すべきだと助言されたにもかかわらず、徳川幕府はこの島への締めつけを緩和した。ペリーが来航すると、徳川幕府はすぐに再び蝦夷に出兵し、かつての取り組みを再開した。[58] 1855 年、日本とロシアは択捉とウルップとのあいだに境界線を引き、サ

55　この点についての証拠として、Lewis, *Becoming Apart*, chap. 4 を参照のこと。

56　Gluck, *Japan's Modern Myths*, 9-10.

57　尹健次『日本国民論—近代日本のアイデンティティ』（筑摩書房、1997 年）102 頁。

第Ⅱ章　日本による内国的同化および周辺的同化の発展　**121**

ハリンを共同管轄として、その帰属は将来の交渉に委ねることにした。この交渉は1875年に行なわれることになる[59]。

明治政権は、蝦夷支配を強固なものとするために改めて同化政策を取り入れた。かつてと同じように、日本政府は「野蛮」だと思われたあらゆる兆候を即座に禁じ、「日本人らしさ」の根幹的な要素を先住民族に押しつけた。この政策は、日本の内地で必要とされたものよりもはるかに大がかりで、方言や土地の風習を作りだす必要があったほどだ。デイビッド・ホーウェル（David Howell）はこのプロセスを次のように記している。

> 政権に就いた最初の10年間で、新政府（明治政権）は、耳環や刺青といったアイヌ民族の外見上の特徴を禁じただけでなく、宗教や先祖伝来の狩猟地での狩りをも禁止した。1878年11月、政府はアイヌを「旧土人」とし、民族性を法律上で剥奪した。その後の数年間、アイヌは徴税され、民法および刑法の適用を受け、他の日本人と同じ条件で徴兵されることにもなった[60]。

沖縄においても北海道においても、教育は彼ら民族を「文明化した」環境に移すことだったとしても、彼らの特徴は受け入れがたいものとして剥奪し、日本国臣民として同化させるための媒体となった。1872年、日本政府はアイヌ民族の子ども36人を本土に移し、東京開拓使仮学校に入学させた。アイヌと朝鮮に関する政策を策定した黒田清隆は、この移住について、アイヌ語と日本語、慣習、習癖の違いを子どもたちに克服させるために、文明化した環境に置くことが必要だと説明した。学校側は生徒たちを官吏9人に委ねたが、そのうちの3人は「土人取締」の担当だった[61]。学校の2つ目の目的は、アイヌ民族の学生たちに「皇恩ヲ親戴」させると同時に、

アイヌ民族を征服したことを日本人に示すことだった[62]。

1873年、学校はアイヌ民族学生を観察しにやってきた皇族を歓待している。学校は、学生たちが伝統衣装と洋服を着た姿を披露して皇族をもてなした。これは、アイヌ民族が文明人として進歩することが可能だということを暗に示す一方で、明治維新以降このかた日本がどれほど文明化を達成してきたかを強調し、彼らがいまだに発展していないことを見せつけるものだった。連行までして行なった実験は結局、失敗に終わった。最初に連れてこられた36人のうちの4人は、学期が終わる前に死亡した。政府は1875年に学校を北海道に移し、名称を札幌農学校に変更した。日本政府は学生らが慣れ親しんだ土地で学校を開いたわけだが、必要な施設を建設すると、入学してきた日本人植民者の子どもたちとアイヌ民族の子どもたちを引き離した。また、アイヌ民族学生の文化的な必要性に合わせた教育課程を作成する必要があるとして、カリキュラムの調整まで行なった。これらの学校を訪問した人びとは、学生たちの実習が「彼らの人格を改善するために、熱心かつ整然と、清潔な環境で行なわれている」と記している[63]。

58 Walker, *The Conquest of Ainu Lands*, 227. 本多利明は、1798年に発表した「経世秘策」のなかで蝦夷支配についての一考を展開している。ドナルド・キーン『日本人の西洋発見』、175〜204頁。会沢正志斎は、1825年の『新論』で蝦夷支配を確立するよう徳川幕府に説いている。これの英訳とコメントは Wakabayashi, *Anti-Foreignism and Western Learning* を参照のこと。

59 1855年2月7日、ロシアと日本とのあいだで下田条約が成立した。George A. Lensen, *The Russian Push Toward Japan: Russo-Japanese Relations, 1697-1875* (Princeton, N. J.: Princeton University Press, 1959), 327.

60 Howell, "Ainu Ethnicity and the Boundaries," 91.

61 東京開拓使仮学校については、狩野雄一「開拓使仮学校におけるアイヌ教育」(『明治維新の地域と民衆』所収、明治維新史学会編、吉川弘文館、1996年)、157〜76頁を参照。黒田清隆は、1876年の江華条約交渉団を率い、日本との交易のために朝鮮を「開国」させた。

62 前掲書、166頁。

63 Richard Siddle, *Race, Resistance, and the Ainu of Japan* (New York: Routledge, 1996), 94.

1901 年以降、日本政府は北海道で 2 つの小学校課程を設けた。日本人植民者を対象にしたものとアイヌ先住民族を対象にしたものである[64]。アイヌとは別に、日本人植民者は文部省作成のカリキュラムに沿った教育を受けた。政府は当初、アイヌを対象とした教育を 3 年間に限っていたが、その後 4 年に延長した。どちらにしても、日本人の児童が卒業するのに必要な 6 年間よりは短かった。カリキュラムは道徳、算術、日本語、裁縫（女児のみ）、農業（男児のみ）が中心で、歴史や地理、科学についての教育は無視された。教育関係者は、採用されなかった分野の授業を行なえば、アイヌ民族の子どもたちを危険な方法で刺激してしまうかもしれないと説明した。歴史や地理について教えれば、日本人と比べて彼らの立場が劣っていることが明らかになり、彼らの民族的アイデンティティを目覚めさせてしまうかもしれなかった。日本政府が教育制度を統一し、アイヌと日本人の子どもたちがともに学べるようにしたのは 1920 年代半ば以降のことである[65]。

　日本政府は皇室を通して、先住民族とのつながりを築こうともした。皇室は 1876 年、1881 年、1911 年、1916 年の 4 度にわたって北海道を訪問している。天皇だけのことも皇族だけのこともあったが、彼らはその際アイヌの学校に立ち寄っている。こうした訪問の話を聞いて、アイヌ民族に対して日本人が抱いていたイメージは変化していった。当初の訪問では、アイヌは植民地化された「よそ者」であることが強調されていたが、後年では、同化のプロセスにおいて日本人がどの程度発展したかが打ちだされるようになった。最初の何回かは、訪問者たちは、イヨマンテなどのアイヌ民族の伝統儀式を行なわせる代わりに、酒などを日本からの贈り物として持参した。その後、訪問者たちがそうした儀式を求めることはなくなったが、同時に贈り物をもっていくこともなくなった[66]。初期

の訪問ではアイヌは原始的な人びとであるというイメージを打ちだして、日本人が文明化に成功したことを高く評価した。台湾と朝鮮に進出したことで日本人はアイヌに関する物語を修正する必要に迫られ、日本には外国人を同化する力があることを示すことにしたのだった。

　アイヌと琉球の人びとに対する日本人の姿勢は、統合をめざすという建前とは矛盾するものだった。日本人は、アイヌの人びとをいずれ「絶滅する」人種だと考えていた。それゆえ、国会議員だった加藤政之助は 1893 年、「彼らを保護する必要はなかった[67]」と発言したのである。1909 年に北海道をまわった岩野泡鳴も同じ意見だった。「何人かが大成したとしても、和人と一緒にして混血の子を産ませるのは好ましくない。彼らを家畜と同じように生かせておくので十分だというのが私の意見だ[68]」。アイヌの子どもたちが使っていた教科書では、平然と、アイヌは日本人とは異なり、大日本帝国に居住する独特な人種としていた[69]。近隣の日本人もこうした差別的な態度を取るようになっていった。1900 年、彼らはさらに分離を進めるよう求める請願書を提出した。そこには、とりわけ「無知で汚らしいアイヌ」は「もっとふさわしい土地にいる方が幸せ[70]」なので

64　ノア・マコーマックは、被差別部落民の入植を中心に、北海道への日本人の入植を検討している。"Buraku Emigration in the Meiji Era-Other Ways to Become 'Japanese'," *East Asian Studies* 23" (2002): 87-108.

65　Fred C. C. Peng, "Education: An Agent of Social Change in Ainu Community Life," in *The Ainu—The Past in the Present*, edited by Fred C. C. Peng and Peter Geiser, 185-87 (Hiroshima: Bunka Publishing Company, 1977)（『アイヌ民族の過去と現在』、文化評論社、1979 年）。アイヌ民族の子どもたちも和人の子どもたちより 1 年遅れで入学させられた。それは、二つの民族には感情や理性に関して差があると日本人が主張したためだった。Siddle, *Race, Resistance, and the Ainu of Japan*, 72 を参照。

66　小川正人は『コタンへの「行幸」「行啓」とアイヌ教育』（教育史学会紀要 34、1991 年 10 月、50 〜 65 頁）で、皇族がアイヌ学校を訪問したことを記している。

67　Siddle, *Race, Resistance, and the Ainu of Japan*, 88 に引用されている。

68　Peng, "Education," 201 に引用されている。

69　Siddle, *Race, Resistance, and the Ainu of Japan*, 103 に引用されている。

はあるまいかと記されていた。竹ヶ原幸朗はアイヌ教育に関して岩谷英太郎からの影響を下記のように述べた。

アイヌ教育の方法についても、それは「猶ホ盲唖教育ノ如ク特別ナル事情ヲシテ画一ヲ避ケザルベカラザレバナリ」と指摘し、障害児・者教育の方法が健常児・者のそれとは異なるように、アイヌ教育の方法も〈日本人〉児童を対象とする教育規程に準拠せず、独自な教育方法を提起した。このような岩谷の「盲唖教育」の視点からのアイヌ教育方法は明治・大正期をとおしてアイヌ教育論の基調となった。[71]

岩谷が宣言した「分離教育」は「北海道旧土人保護法」によって固定化され、1937年の「旧土人保護法」改正によって廃止されるまで存続した。[72]

アイヌと琉球の人びとが好意的に対応したとしても、日本人の差別的な姿勢が変わることはなかった。日本政府が「日本人」と「アイヌ」や「琉球」を分類していたことは顕著な例だ。アイヌの場合、アイヌ民族の子どもだけでなく、アイヌ民族と日本人との夫婦に育てられた子どもも「非日本人」として登録された。これには、血統的に日本人である子ども——日本人の両親をもつ子ども——でアイヌ民族の夫婦の養子として育てられた子どもも含まれた。リチャード・シドル（Richard Siddle）は、昭和になる頃には、「アイヌ民族」は「絶滅人種」と同義語になっていたと記している。同化推進派であった喜多章明は1937年、失望してこう言っている。

アイヌ！　この言葉が文字になる時、「絶滅人種」という言葉を伴わないことはない。アイヌ！　ごく普通の人びとがこの言葉

を耳にする時、「原始的、毛深い、愚か者」という先入観が閃光のごとく心に思い浮かび、繰り返し反復されるのだ。[73]

琉球王国から沖縄へ

　琉球王国が19世紀までとってきた複雑な外交関係が、明治政府が琉球諸島に対して強固な要求を打ちだすことを難しくした。幕府と清国や現在の東南アジアにあった諸王国との交易が加速したのは、琉球王国のおかげだった。石田雄は、これによって人びとはアイヌ民族や台湾人、朝鮮人以上の多様性を得ることができたと指摘している。[74]徳川幕府は薩摩藩を通じて、沖縄諸島の最北端を保護領とした。[75]琉球の尚寧王は権力を統一して新将軍となった徳川家康に忠誠を誓うことを命じられたが、これを拒否したため、幕府は不服従の罪で琉球王国を征伐するよう薩摩藩に命じた。薩摩藩は尚寧王を連行して人質とし、尚寧王が薩摩藩に忠誠を誓うまで3年に渡って拘束した。尚寧王は、琉球王国の交易、徴税、奴隷に関する方針などを条文化した掟15条を受け入れ、経済的な自治権を薩摩藩に譲渡した。[76]江戸時代末期から明治時代初期にかけての混乱期は、琉球王国が薩摩藩から独立するチャンスとなった。西洋からの来訪者を歓待し、やってきた国々と条約を結ぶことまでしたのである。[77]1600年代初めの薩摩藩による要請と同じように、琉球王が新明治

70　竹ヶ原幸朗、『教育の中のアイヌ民族』（社会評論社、2010年）33頁。
71　前掲書35、53頁。小川操は『アイヌとして生きていた私の50年』のなかで、「共学」に変更されてもアイヌに対しての差別が終焉したわけではないと指摘している。（竹ヶ原幸朗、『教育の中のアイヌ民族』、54～55頁に引用されている。）
72　この請願には、アイヌが日本人と同じ権利を与えられた場合に直面するであろう「生存をかけた戦い」についても言及がある。前掲書、117～18頁。
73　前掲書、111～12頁。
74　石田雄『「同化」政策と創られた観念としての「日本」（上）』（『思想』892、1998年10月、68頁）。
75　Hellyer, *Defining Engagement.*
76　Kerr, *Okinawa,* 156-60.

政府を訪問して忠誠を示すことによって、ごくわずかな期間ではあったが、琉球王国は明治政府からの「要請」を回避することもできた。尚泰王は当初こそ抵抗していたが、結局は新政府の圧力に屈したのだった。

　清国政府は、琉球諸島に対する日本の覇権を批判した。この批判を聞いた琉球政府は、清国が日本の侵略から守ってくれるのではないかという期待を抱いた。清国は琉球との朝貢関係の歴史をもち出し、琉球は清国の領土であると主張した。日本政府は覇権の正当性を主張すべく、日本からみた歴史を語った。外務省や大蔵省で大臣を務めた長州出身の井上馨は声明を作成し、その中で慶長（1596〜1615）時代から日本が支配していたという歴史の始点をまず主張した。次に、琉球王国が諸外国との国際条約に署名した際に反対しなかったということは、清国が支配権を放棄したことであると言い張った。他方で日本は、遭難した琉球の乗組員が台湾の先住民族に虐殺された際、1874年5月に台湾に出兵したのは琉球の人びとに配慮したからだとも主張した。[78]

　清国は、当時世界をまわっていた元米国大統領ユリシーズ・S・グラント（Ulysses S. Grant）に、琉球諸島を巡る論争を調停するよう要請した。彼は1879年半ばに来日し、日本と清国の両方のいい分を聞き、3分割案を提示した。すなわち、沖縄本島は自治を維持し、日本と清国は諸島を南北で分割するという提案である。日清両国はいずれもグラントのこの当初の提案を拒否し、清国は対案として出された2分割案も拒否した。こうして対応が遅れていたあいだに、日本は琉球領土に対する覇権を強化し、すぐに列島のすべての島を併合してしまった。琉球諸島の人びとは、清国が1895年に日本に敗戦するまで、彼らがやってきて救済してくれるものという期待を抱きつづけていた。[79]

日本政府が 1880 年代初めに沖縄県に構築した教育制度は、北海道のアイヌを対象にした制度と比べればずっと進んでいるように見える。政府は 1880 年に日本語学校を開校し、５年間でそうした学校は全部で 57 校も運営されるようになっていた。琉球の子どもたちは、初等教育を５年から６年間受け、中学校に進学した子どもたちは地理、歴史、美術、基礎物理などを勉強した。[80] 学校では、琉球の伝統を根絶するために、さまざまな分野の日本文化が教えこまれた。また、伝統的な衣装や髪型など、いかなるものであっても琉球文化を見せることを禁じ、学校では日本の風俗と比べて劣っていると教育した。金城重明がまとめているように、このような皇民化教育は、土地の伝統や歴史を置きかえ、人びとをルーツをもたない枠組みへと変えることを狙ったものだった。[81]

　日本は公教育の後に続くものとして「社会教育」を発展させた。

77　ペリー来航はそうした例の一つである。ペリー一行に雇われた画家のウィリアム・ヘインは、琉球の人びととの交流について詳細に書き残している。*With Perry to Japan: a Memoir by William Heine*, translated by Frederic Tractmann (Honolulu: University of Hawai'i, Press, 1990).

78　井上馨『世外井上公伝』、井上馨侯伝記編纂会編（内外書籍株式会社、1934 年など）。マレーネ・メイヨーは、遭難した琉球の船舶の乗組員 54 人が虐殺された事件について書いている。Marlene Mayo, "The Korean Crisis of 1873 and Early Meiji Foreign Policy," *Journal of Asian Studies* 31, no. 4 (August 1973), 819. 平恒次は、中国政府と琉球政府が外交儀礼にのっとり、この事件を友好的に解決していたことから、出兵は不要だったと指摘している。Koji Taira, "Troubled National Identity: The Ryukyuans/Okinawans," in *Japanese Minorities: The Illusion of Homogeneity*, edited by Michael Weiner (London: Routledge, 1997), 155.

79　特使としてのユリシーズ・S・グラントの役目については、"Li Hung-chang and the Liu-ch'iu (Ryukyu) Controversy, 1871-1881," in *Li Hung-chang and China's Early Modernization*, edited by Samuel C. Chu and Kwang-Ching Liu, 162-75 (New York: M. E. Sharpe, 1994); Michael H. Hunt, *The Making of a Special Relationship: The United States and China to 1914* (New York: Columbia University Press, 1983), 118-25; and Kerr, *Okinawa*, 381-92.

80　浅野誠『沖縄県の教育史』（思文閣出版、1991 年）、169 頁。

81　金城重明「皇民化教育の終着駅」『沖縄・天皇制への逆光』所収、新崎盛暉、川満信一編、社会評論社、1988 年、104 〜 15 頁。

政府はこの教育を沖縄で進めるためにさまざまな協会を設置し、若者たち、予備役、農団体、さまざまな愛国的目的を掲げたその他の団体を結集させた。また、日本語学習の取り組みも奨励した。19世紀最後の10年間で「方言論争」がくり広げられ、日本語を普及させる方法が考えだされた。その一つは、「いつもはきはき標準語」「一家揃って標準語」といった教訓を書いたポスターを張りだすことだった。[82]

　こうした日本化への歩みには報道機関も協力している。琉球新報は1893年に創刊された日本語新聞だが、国会での議論やよく知られた政治家の重要な談話を読者に紹介するなどして、本土と一体化した沖縄としてのアイデンティティを強化した。砂糖の市場価格（大阪で決められていた）は毎日のように記事になった。日本が台湾を獲得すると、沖縄の人びとと台湾人との共通点について論じる連載記事が掲載された。『琉球新報』は、沖縄の住民に関係する新しい法律を解説し、社会教育の教科書としての役割も担った。1898年10月から11月まで、同紙は新しい戸籍法について解説し、10月11日には、日本軍に徴兵された男子の家族を援護する法律を説明している。また、明治天皇の誕生日の祝賀行事など皇室関連の行事についても広く取りあげ、読者に提供した。こうして、同紙は国民化に向けた重要な手段となり、明治時代初期から本土の報道機関が担った役割とほぼ同じ役割を果たしていたのである。

　琉球諸島に対する主権の裏づけとして日本は、皇室（1993年に明仁天皇が訪問するまで、沖縄は天皇が訪問したことのない唯一の県だった）に訪問させるのではなく、琉球と日本政府とは古代からつながりがあったことを利用することにした。つまり、琉球の人びとが古くから日本の宗主権を受け入れていたと主張したのである。岩倉具視は『日本書紀』の一説を引用し、琉球と日本との関係は、屋久島

（琉球ではないのだが）の代表団約30人が京都を訪れて貢物を献上したとされる推古天皇（在位592～628）にまで遡ると主張した。さらに、琉球の人びとが16世紀の朝鮮出兵を支援するために秀吉に物資と兵士を提供したともしている[83]。どちらの主張にも問題がある。第一に、屋久島は九州の南方にあり、琉球諸島の一部とはされていない。また、引用された文言は、彼らは移住してきたのであって、貢物をもってきたわけではなかった。『日本書紀』では、「みな朴井（現在の奈良県の一部）にはべらしむ。いまたかへるにをよばす、みな死ぬ[84]」と解説されている。岩倉があげた2つ目の根拠——琉球が秀吉の出兵に協力した——では、彼らが秀吉の要請を拒んだ点や、薩摩が琉球の人びとの頑なな姿勢を逆手に取って1609年に琉球に侵攻し、尚寧王を幽閉したことに触れていない[85]。公卿出身の岩倉が世界各国を訪問した際に彼をもてなし、この論争の仲裁を依頼されたユリシーズ・グラントは、岩倉ほどの地位ある人物による歴史解釈を根拠がないとして疑った。

　日本人は琉球諸島と歴史的なつながりがあることを示すために、象徴となるものを作りあげた。新世紀になると明治政府は琉球諸島の宗教を仏教から神道に変更させた。政府は、波上宮を琉球での宗教行事の中心地とすることを正式に認定し、波上宮を琉球四大王と源為朝（1139～没年不明）に再び献納させた。源為朝は源氏の一族のなかでは日陰の人物だが、初代の琉球大王である舜天の父とされている[86]。こうした関連性によって、明治政府が改めて作りだそうとし

82　Hugh Clarke, "The Great Dialect Debate: The State and Languaage Policy in Okinawa," in *Society and State in Interwar Japan*, edited by Elise K. Tipton, 193-217 (London: Routledge, 1997).

83　岩倉具視『岩倉公実記　第2巻』、566～68頁。

84　神道大系編纂会、『神道大系　古典注釈編2　日本書紀注釈（上）』（精興社、1988年）462頁。

85　Taira, "Troubled National Identity," 151. 秀吉はフィリピンと朝鮮の支援も要請した。

た天皇家との結びつきにとって歴史的に重要な先行事例を琉球の人びとに提示したのである。このように、沖縄との近代外交は日本と琉球の歴史的な関係性を「復活」させようとする動きだった[87]。帝国各地で見られたように、日本政府は明治天皇の大喪儀と皇太子の即位式を好機と捉え、本土とのつながりを強めるために催された行事に沖縄の人びとを「遥拝」させようとした[88]。

　沖縄で生まれ、教師をしていた高良隣徳が1886年の『大日本教育会雑誌』に掲載された「琉球教育に就て」という記事で指摘しているように、本土の人びとと琉球の人びととはお互いに違う民族だと受けとめていた。高良は、琉球の人びとは大和民族ではあるが、日本人とともに一国民として形成された民族ではないとする。この記事で強調していたのは、琉球教育の最終目標はこの統一の過程を完成させるということだった[89]。山縣有朋大将は明治時代、日本風の思考と中国風の思考が入り混じっている点が彼らの弱点であり、そのために日本軍に取りいれることができないのだと断言している[90]。琉球の人びとは本土に渡っても差別を受けた。ここで彼らを迎えたのは、求人に対する応募は（朝鮮人同様）お断りというメッセージであった。同胞の日本人も彼らに宿を提供することはなく、朝鮮人なのか、それとも「リキジン」（日本人より劣っているという琉球人に対する蔑称）なのかと大声で確認する者もあった[91]。アラン・S・クリスティ（Alan S. Christy）は、皮肉を込めてこう書いている。「1920年代以降、沖縄人が『日本人』であると強く意識するようになるほど、彼らは一層拒否されるようになっていった。とくに、政府の役人や雇ってくれるかもしれない人びとによってである」[92]この現象——同化を受けいれようとするマイノリティの努力を支配的立場にいる人びとが拒否する——は、フランス系アルジェリア人の事例ですでに検討している。台湾と朝鮮の植民地の歴史においても、同様の

例を確認していく。

　勿来關人は、1917 年刊行の『婦人公論』に発表した記事で、琉球人を蔑視する日本人の姿勢を説明している。琉球の女性に焦点を当ててはいたが、勿来の主張には琉球の男性や日本人が見下していたその他の人びとも含まれていた。彼は手始めにこのような問いを投げかけた。「琉球人とはどういう人を指すのだろうか？」これに対して彼自身がこう答えている。アイヌ先住民、朝鮮人、中国人という少数派と多数派の日本人の血が混じった人びとだ。だから、彼女たちの習慣や癖が日本人の習慣などと似ているとしても劣ったままなのだ。彼女たちが粗野なのは文化的な習慣のせいだ。すなわち、頻繁に風呂に入らない。裸足で歩く。全身に刺青を入れている、などだ。琉球人の家族構成は低俗で、労働意欲も低い。琉球人の男性は女性を「子を産するための畑」として扱い、伝統的に、女性たちに教育を受けさせてこなかった。日本人男性が琉球人の女性との結婚を考えるようになるには、拭い去ることができないような違いを埋めるために、ある程度の時間を 2 人で密接に過ごすことが必要だというのが勿来の結論だった。[93]

　沖縄人の学者であった伊波普猷のようなその他の人びとが琉球人の習慣や歴史を日本人向けに説明し、2 つの民族を近づけようとした。彼はまず、琉球とアイヌとを区別した。1911 年に彼はこう書

86　Kerr, *Okinawa*, 45-50. カーは、「為朝の物語」は 1609 年に登場したと書いている。薩摩が琉球諸島に進出した直後のことだ。

87　琉球諸島の四大王とは舜天、尚円、尚寧、尚泰である。為朝は、清和天皇（在位 858 ～ 876 年）を始祖とする源氏の一族に属する。Kerr, *Okinawa*, 452 を参照。

88　前掲書、453 頁。

89　浅野誠『沖縄県の教育史』、141 頁。

90　前掲書、135 頁。

91　沢田洋太郎、『沖縄とアイヌ——日本の民族問題』（新泉社、1996 年）56 頁。

92　Christy, "The Making of Imperial Subjects in Okinawa," 143.

93　勿来關人、「琉球の女風俗」『婦人公論』1917 年 1 月号、12 ～ 33 頁。

いている。朝鮮人と同じく、琉球人も古くから「国家」を形成していた。一方アイヌは、ただ「一民族」として存在していただけだった。[94] 彼は、日本による同化政策を２つの点で批判する。日本人と沖縄人との違いを認識しなかったこと（両民族の祖先が同じであったとしても）と、共通点を認識しなかったことだ。伊波は、事例によってはマイナスな点も含まれていたが、同化は建設的な社会化のプロセスだと捉えていた。沖縄の場合、分離されていた過去があるからこそ、日本は統廃合を進めることができたのである。すなわち、建設的な社会化——日本人は、どうすれば日本人になれるのかを人びとに教えこむ——を進めるにあたって、日本人はある種の「国性」を抹消しなければならなかった。

　伊波は、琉球人には一般化できない、ある種の遺伝的要素があることを認めるよう日本政府に助言した。共有しようとすれば、人びとに「精神的自殺」を促すことになると思われた。彼は、帝国内の他の土地にもこうした「個性」的な地域があること指摘した。琉球も、日本人のアイデンティティという文脈で彼らの個性を維持することができないものだろうか？　偉大な国家の成功を評価する指標は、個人一人ひとりの特徴を消し去ることができるかどうかではなく、拡大した国家を統一することができるかどうかだと説いたのである。[95] 琉球人は、完全に同化されなくても、日本人としてのアイデンティティを身につけることができるはずだった。

　伊波は、同化を進める実践的な方法の一つとして近親婚をあげた。豚を例にとり、イギリスの豚は多様性を受け入れた、つまり、より強い豚と交配することによって一層強くなったのだと指摘した。沖縄の豚を交配させる機会は、同じ血統に属する豚とに限られていた。その結果、丈夫でない豚に育ってしまったのだ。1880年に琉球諸島を日本の行政区画制度に取りこんだ結果、日本人と琉球

人とが結婚する機会が生まれ、より大きく丈夫な豚、つまり子ども
を産み育てることができるようになった。琉球人は、栄養不足状態
にあったそれまでの琉球人を救おうとした日本の取り組みに感謝こ
そすれ、反発すべきではなかった。その使命を完遂するため、日本
人は抑圧された過去から琉球人を精神的に解放するよう導かねばな
らなかった。[96]

　伊波の懸念は、日本の侵攻に反対する琉球人が 1881 年、1885 年、
1893 年に行なった示威行動を反映している。清国が 1895 年に日本
軍に負けると、中国の支援を得るというかすかな望みが断たれ、日
本と琉球の関係の転換期となった。伊波は、この敗北が日本の支配
に反対していた人びとにも他の人びとと一緒に「帝国万歳の聲を聞
く」よう説得することになった、と書いている。[97]このときから、琉
球人の外見は日本人のようになった。男性は、日本人に見えるよう
に髪型と衣装を変えた。また、日本の苗字を名乗るようになり、女
性の名前に「子」の一文字を付け加えた。日本政府は 1898 年に沖
縄人を対象とした徴兵令を制定し、その 3 年後には 4 年間の義務教
育制度が整えられたが、実際には、衆議院に沖縄県の代表が当選す
る 1912 年まで適用されることはなかった。[98]

　日本が蝦夷と琉球を統合することに比較的成功した結果、この 2

94　伊波普猷『古琉球』（沖縄公論社、1911 年など。岩波書店、2000 年発行の同書を参照）。
　　前掲書の初版は 1911 年刊。前掲書の前文で伊波は、民族の歴史と文化を研究するきっか
　　けは、5 年生時の教師の一言だったと書いている。その教師は、「リキジン」（琉球の人び
　　とを見下した呼び方）に高等教育を受けさせるのは国家のためにならない（前掲書 14 頁）と
　　いった。Tomiyama Ichiro, "The Critical Limits of the National Community: The Ryukyuan
　　Subject," *Social Science Japan Journal* 1, no. 2" (1998), 171.

95　伊波『古琉球』、103 ～ 14 頁。この章は、1942 年版では削除されている。

96　前掲書 120 ～ 29、138 頁。

97　前掲書 106 頁。

98　前国王の長子であった尚典が貴族院の世襲議員となった。Kerr, *Okinawa*, 428. これとは対
　　照的に、アイヌ民族が初めて国会議員となったのは、それから 1 世紀近く経った、1994 年
　　のことだった。

第Ⅱ章　日本による内国的同化および周辺的同化の発展　135

つの領域の植民地としての過去は事実上、覆い隠されてしまった。「本土」と統合された領域との初期の関係について本書では、マーク・ピーティが述べたように、その併合は単に「伝統的に日本の文化圏にあった領域に対する国家権力の再確認[99]」を超えたものとして扱っている。戦略的に、蝦夷と琉球はずっと日本の外にある領土だとみなされてきた。清国とロシアに脅かされたために、明治政府はこれらの領域を併合し、その地の人びとを日本人化するべく同化政策を導入したのである。だが、その取り組みは表面的なものにすぎなかった。同化されたとしても、アイヌも琉球人も「純」日本人と同じ地位を得ることはなかったからだ。彼らは、彼らを外国人だと考える日本人から差別を受けた。現地の人びとを単一国家に合わせるような教育制度においても、彼らと日本人の移民は区別された。この2つの民族が日本の一部とされてから1世紀以上が経つ今日においてさえも、彼らが日本人として完全に一体化したかどうかは依然として慎重に検討するべき問題である。

台湾併合：レトリックと実践

1895年、清国に勝利すると、日本は再び、1890年に首相であった山縣有朋が国会で定義した国の「主権線」を拡大するチャンスに恵まれた。中国は戦争賠償として1895年、台湾、澎湖諸島、遼東半島を日本に割譲し、これによって日本の「利益線」は中国本土にまで広がった。日本政府は、台湾と向きあう清の領土に関心を見せ、福建省を外国勢力に割譲しないよう清国に求め、この地に進出する計画を立てた[100]。日本が日清戦争に勝利することが明らかになると、日本海軍は日清講和条約に台湾も含めるよう要求するようになった。清仏戦争の際、中国南部を封鎖するためにフランスが台湾

割譲を利用したことを思い出し、海軍は台湾が敵国の手に落ちた場合、沖縄と日本南西部が危険にさらされることになると警告した。[101]ジャーナリストであった徳富蘇峰はそれよりも早い戦争勃発直後、自らが設立した『國民新聞』で、日本は台湾を要求すべきだと呼びかけていた。彼は、台湾の価値は「大日本膨張の天然の足場」となり、その300年前に日本がたどった遠征行路を再び開かせる点にあるとした。[102]

　心理的には、日本が戦争に勝利したことと植民地を獲得したことは、日本という国を作りなおすにあたって役に立った。日本のニーズは「近代的と同時に日本的たらん」[103]とする必要があったとケネス・B・パイル（Kenneth B. Pyle）が指摘したように、この2つは、日本の「相矛盾する要請」を解消する重要な要素となった。戦勝と植民地獲得が相まって、近代化と同時に文明化するには、代替の（日本的な）道もあることを世界に示したのである。ジャーナリストだった竹越與三郎は自信ありげにこう記している。西洋諸国は「未開の國土を拓化して、文明の德澤を及ぼすは、白人が従来久しく其負擔なりと信じたる所なりき。今や日本國民は絶東の海表に起ちて、白人の大任を分たんと欲す」[104]。

99　Mark R. Peattie, *The Japanese Colonial Empire*, in *The Cambrige History of Japan*, vol.6, 224.

100　Frederick R. Dickinson, *War and National Reinvention: Japan in the Great War, 1914-1919* (Cambridge, Mass: Harvard University Asia Center, 1999), 87. 日本も、第1次世界大戦勃発時には福建省に進出することを検討した。前掲書、76頁。日本の拡大の際に日本軍が果たした役割については、以下の調査を参照のこと。Stewart Lone, *Army, Empire and Politics in Meiji Japan: The Three Careers of General Katsura Tarō* (New York: St. Martin's Press, 2000).

101　Edward I-te Chen, "Japan's Decision to Annex Taiwan: A Study of Ito-Mutsu Diplomacy, 1894-95," *Journal of Asian Studies* 37, no 1 (November 1977): 61-72.

102　Kenneth Pyle *The New Generation in Meiji Japan: Problems of Cultural Identity, 1885-1895* (Stanford, Calif: Stanford University Press, 1969), 179.（『新世代の国家像：明治における欧化と国粋』、社会思想社、1986年、246頁）。

103　前掲書、4頁（訳書では15～16頁）。

この「大任」を果たすには、日本が植民地宗主国として適切だと認められるような統治方針を採用する必要があった。日本が新たに獲得した植民地については、かつて中国が所有していたこれらの領土とはどのような宗主・従属関係をももったことがないという点で、琉球や蝦夷とは異なっていた。日本人は、日本が宗主国としての責任を果たさないようだとヨーロッパ諸国が感じて、日本から植民地を奪ってしまうことのないようにするために、失敗することは許されないと考えた。戦争突入前、列強諸国は19世紀半ばに結ばれた「不平等条約」のいくつかの条項を緩和することに合意していた。だが、三国干渉でドイツ、フランス、ロシアが遼東半島の中国返還を日本に求めたことから、日本は世界情勢で微妙な立場にあることを思い知らされることになった。

　用心深かった伊藤博文首相は外国の反応を懸念し、台湾における日本の統治方法について、名だたる外国人に助言を求めた。伊藤にとって、海外に知識を求めることは特段に目新しいことではなかった。彼は、長州藩が最初に留学させた若者たちの一人だったからだ。また、1870年代初めには副使として岩倉使節団に加わり、1880年代には憲法を研究するためにヨーロッパをまわっていた。植民地統治に関して、伊藤はイギリス、フランス、米国を代表する人びとや、日本の名高い政治家から意見書を受けとった。これらの文書はその後、台湾に関する『秘書類纂』として3冊にまとめられている。

　モンテーグ・カークウッド（Montague Kirkwood）は、イギリスの見解を伝える役割だった。イギリス人弁護士であったカークウッドは司法省顧問となったお雇い外国人で、母国が国外植民地で取り入れた間接的な同化政策を提案した。彼は、天皇と総督の関係をとくに重視すべきだと日本に提案した。天皇が植民地長官を指名し、こ

の長官は天皇に直接報告する。天皇は、植民地において適切だと思われる法律を制定し、廃止し、復活させる権限を適宜、総督に与える。統治がうまくいくかどうかは、中国人議員も含めた立法院を総督が活用できるか否かにかかっていた。最後にカークウッドは、現地の行政は中国人人民に任せる一方で、民事の申し立ては日本の裁判所に扱わせることを勧めた。また、可能な限り現地の法律、行政機関、慣習をそのまま残すことを助言した。[105]

　伊藤はフランス人顧問ミッシェル・ルボン（Michael Lubon）にも意見を求めている。彼は、日本の「合理的ノ限界」にもとづいて２つの政策を提案した。ルボンは、大陸にある領土を国内領土として直接併合することによって、島国としての境界を超えてしまうという島国国家にともなう危険を警告した。日本は、遼東半島を植民地帝国の一部として維持することは可能ではあるが、現地の住民の自由や慣習、伝統を守るような管理を行ない、この地を国外植民地として間接的に統治するべきだとも助言した。しかし、台湾の管理は直接的であるべきだった。日本も台湾も島国という共通点があるため、台湾は日本の「帝国ノ眞ノ一県」として吸収することが可能だったからだ。ルボンはとくに、「新臣民」に本土の刑法と法典を適用すべきだとした。ただ、現地の人びととのあいだには従来から違いがあることを考えれば、時間をかけて行なうべきだった。彼は、日本は国土の広さにもとづいて国策を決定するべきだとも発言

104　Takekoshi Yosaburo, *Japanese Rule in Formosa*, translated by George Braithwaite (London: Longmans,Green, 1907), vii.（竹越與三郎『臺灣統治志』、龍溪書舍、1905 年、1 頁）。

105　モンテーグ・カークウッドの考えは、伊藤博文の『秘書類纂　台湾資料』（伊藤博文、平塚篤校訂、明治百年史叢書、第 127 巻、原書房、1970 年）「植民地制度」および「台湾制度天皇の代権および議会に関する意見書」（前掲書、108 ～ 48 頁）にある。Edward Ite Chen も "The Attempt to Integrate the Empire: Legal Perspectives" (*The Japanese Colonial Empire*, 249-50) のなかで伊藤の秘書について検討している。

しており、その助言には学問的植民地主義の影響が見てとれる。ルボンの報告書は 1895 年 4 月 22 日付で出されており、フランス、ロシア、ドイツが日本は遼東半島を中国に返還するべきだと要請する前日である点が興味深い。[106]

　3 人目として進言したのはヘンリー・ウィラード・デニソン（Henry Willard Denison）だ。彼は、1880 年から 1914 年まで外務省の法律顧問を務めた米国のニューイングランド地方出身の弁護士であった。彼の助言は後に、日本が日英同盟（1902 年）とポーツマス条約（1905 年、日露戦争講和条約）の交渉をする際に役立ったほど重要なものだった。[107] 彼はまず、米国がメキシコから獲得した西方の領土に注目すべきであると指摘した。日本は、征服した地の人びとを国民として受け入れることは控えるべきだった。その土地を手に入れたからといって、征服した国家の市民権がその地の住民に当然に与えられるわけではない。カリフォルニア州とニューメキシコ州に住んでいたメキシコ人に米国の市民権が与えられることは決してなく、彼らは常に外国人だとみなされていた。デニソンは、1866 年のオーストリア・イタリア条約と 1871 年のフランクフルト講和条約の条項を引き合いに出し、征服された側の国民に国籍を選ばせるというヨーロッパの政策を批判した。日本がその政策を採用すれば、混乱をきたすだろう、と彼は述べた。台湾に残りたいと考える中国人を、本当に日本人として受け入れるのか、彼らが中国に戻ることにした場合、あるいは日本に移住することにした場合はどうなるのか、同様に、日本政府は、台湾に移住した日本人住民にどのような地位を与えるのかといった問題が起きたからである。デニソンは「欧州の政策」の代わりに「米国の政策」を勧めた。つまり、市民権の決定については個人の選択ではなく、両親の国籍によって決めるべきだとしたのである。[108]

日本政府は、これら3つの考えを部分的に台湾の植民地政策（後には朝鮮の政策にも）に取り入れた。日本はどちらの場合もこれを同化政策だと宣言したが、台湾人や朝鮮人を日本の国民として認めることは決してなかった[109]。また、これらの領土に日本の行政区画制度を導入することもしなかった。日本政府は当初、総督は天皇に直接報告するべきだというカークウッドの助言を尊重し、現地の台湾人や朝鮮人で議会を構成した。だが、イギリス人顧問カークウッドが考えたほどの影響力をこれらの議会がもつことはなかった。台湾において、日本の行政府は「ヨーロッパ型」の条項を取りいれ、日本統治の下で生活するか、中国に移住するかを現地住民が選べるようにした。だが結局日本政府は、植民地の人びとの国籍を個人の選択ではなく血統によって決めることにした。日本人は、沖縄や（その後の）朝鮮人の場合のように「日本人も台湾人も共に漢字（又は儒教）文化圏に属し、共に白色人種と区別された黄色人種に属する」という「同文同種」にもとづいて、台湾人は同化の対象にできると主張した[110]。

伊藤がこれらの文書を集めるとすぐに、日本は新たな植民地の統治に着手した。琉球の場合と同じく、日本の学者らは新たに獲得した領土について歴史的な正当性があることを示そうとした。藤崎済之助は『台湾の蕃族』（1930）で、日本と台湾には戦国時代にさかのぼる300年におよぶ関係があると説明している。歴史を修正しよう

106 ミシェル・ルボン「遼東及台湾統治に関する答議」（『秘書類纂 18 巻』399 ～ 407 頁）。

107 William L. Neumann, *America Encounters Japan: From Perry to MacArthur* (Baltimore, Md. Johns Hopkins Press, 1963, 85.).

108 H. W. デニソン「台湾及其ノ附属島住民ノ現時ノ国民分限並ニ日本国トノ将来ノ関係」（『秘書類纂』、226 ～ 33 頁）。彼の見解は、当時の米国の移民政策とは対立していたようだ。米国は外国からの移民を奨励し、ヨーロッパ人に市民権を与えていた。

109 帝国臣民から日本国民へと変わる過程についての興味深い説明としては、尹健次『日本国民論――近代日本のアイデンティティ』（筑摩書房、1997 年）第 3 章参照。

110 石田雄『「同化」（下）』、144 頁。

とする人びとは、1593 年の秀吉の主張にも注目した。秀吉は台湾の住民に国書を送り、その代わり、日本に貢物を送るよう求めていた[111]。この時期、秀吉が日本人の台湾への渡航を交易目的に限って許可していたように、藤崎は、日本は台湾の先住民族と強い関係を築いていたと主張する。こうした多くの交易使節団が台湾に拠点を築いた。その後、徳川幕府は台湾と現地住民を調査するための使節団も派遣した。日本は内陸に入りこみ、日台間の「植民地」関係の接点となる現地住民を支配することまでした。最終的には、西岸に住む現地住民の攻撃を受けて台湾から追い出された。それでも、明治政府は、琉球の乗組員 54 人を台湾人が殺害した事件の報復を行なった 1874 年に台湾の先住民族との交流を再開している[112]。

　岩倉具視が日本と琉球との古くからの関係について執筆したものと同様に、藤崎の手になる歴史は台湾と日本のそれまでの関係を扱った解釈を拡大させたものだ。彼は、台湾の先住民族を日本がどの程度「支配した」かについて詳述しておらず、占領者は対立勢力によってすぐに島から追い出されたことだけを取りあげている。日本は 1874 年に島民に報復したため、かつての関係性を取りもどすほどにはいたらなかった。任務を終えた日本兵が帰還すると、下関条約によって台湾が日本帝国の領土となる 1895 年まで、日本は台湾と限定的な関係を維持した。新渡戸稲造は、日本はこの「白象」を手に入れるやいなや、売却すらしようとしたことを指摘している[113]。台湾を植民地としてから行政上の試行錯誤をくり返したことは、日本が朝鮮併合を慎重に計画したことの説明になりうる。

　植民地統治はとりわけ最初の 10 年間が困難だった。1895 年 5 月、海軍大将だった樺山資紀は日本を発って、初代台湾総督に就任した。その途中沖縄に立ち寄り、今後の責務について関係官僚と協議した。樺山はとくに、台湾内陸部に住む「野蛮な」島民をどう支

配すればよいのかについての助言を求めた。沖縄の官僚はこの点に関して何らかの有益な情報を学んでいたのだろうか？[114] たびたび指摘された問題の一つは、台湾の民族的多様性だ。中国系住民の民族的多様性に加え、台湾には非常に多くの先住民族も住んでいた。この多様性に関して、後藤新平は 1909 年にこう述べている。「臺灣の言語は支那人中にも少くとも三種類あり、生蕃語は二十種類あり」。そうした人びとは「秩序的治下に栖息したる遺傳性を缺き、……亂臣賊子の子孫とも言ふべきもの」だった[115]。

　島民は少しの時間も無駄にせず、日本の統治に立ち向かった。5 月 25 日──講和条約が締結されてから 1 カ月ほどが経っていた──。ある集団が台湾民主国の樹立を宣言する文書を作成した[116]。樺山総督はアルザス・ロレーヌのドイツ統治から 1 ページを引用し、反日感情に応じた。中国系住民には植民地に残るか、中国に移るかの選択権を与えたが、日本軍駐留に対する先住民族の猛烈な反対にも対応する必要があった[117]。さらに、樺山には致命的な健康上の問題があった。1874 年に大勢の日本軍兵士の命を奪ったマラリアは、併合後に台湾にやってきた日本人を依然として苦しめていたの

111 メアリー・エリザベス・ベリーは、秀吉が台湾住民に書簡を送り、見返りを要求したことを検証している。だが、「これに関して、彼は脅迫する書簡を送る以上のことをするつもりはなかった」と結論づけている。*Hideyoshi* (Cambridge, Mass.: Harvard East Asian Monographs, 1982), 212-13.

112 藤崎済之助『台湾の蕃族』（国史刊行会、1930 年）、521 〜 23 頁。

113 『新渡戸稲造全集　第 23 巻』（新渡戸稲造全集編集委員会編、教文館）113 〜 14 頁。初出は "Japanese Colonization", *Asian Review*, January 1920.

114 藤崎『台湾の蕃族』、531 頁。

115 Gotō Shinpei "The Administration of Formosa (Taiwan),"in *Fifty Years of New Japan*, edited by Okuma Shigenobu and Marcus B. Huish, 530-53 (London: Smith, Elder, 1909), 533.（後藤新平「台湾誌」（『開国 50 年史』所収、大隈重信撰、811 頁））。

116 東京朝日新聞は 1895 年 6 月 1 日にこの文書の翻訳を掲載し、その後 2 週間にわたって、この動きを報道し続けた。

117 竹越與三郎は、1907 年までに「約 15 万人の首狩り先住民」が日本人 1900 人を殺害したと見積もっている。（竹越與三郎『臺灣統治志』、龍溪書舎、230 頁）。

第 II 章　日本による内国的同化および周辺的同化の発展　143

である。

　台湾の中華系以外の住民については、問題は容易に解決しなかった。福澤諭吉は、こうした人びとをどう扱うかについてとくに精力的に発言している。1896年1月、彼は2つの「臺灣永遠の方針」を提示した。現地の文化と慣習を維持させるイギリス型アプローチと、「土人を排斥」する米国型の代替案の2つだ。[118] 5カ月後、状況が進展しないことに苛立った福澤は、米国型アプローチを支持するようになった。

　　　若しも内地同様の法律に堪へずとなれば、彼等の自退を待たずして我より退去を命ず可し。本来の目的は土地の繁昌にして、其繁昌は日本人自から企つ可し。毫も島民の力を要せざることなれば、苟も我法律に堪へざるの輩は一人も存在を許さず、續々内地の人民を移して内地同様の繁昌幸福を期せんこと、臺灣施政の大眼目にして当局者の最も注目す可き所のものなり。[119]

　最終的に、総督は台湾を2つの区域に分割した。一つは「文明人」の居住区域で、もう一つは「蕃人」も含めた人びとの居住区域である。日本人は、武装した警備員にこの境界線を警備させ、境界を越えようとした「蕃人」は誰であっても銃撃するように指示した。[120]

　後藤新平が台湾総督府民政長官として台湾に渡った1898年は、台湾統治が大きく方向転換した年である。後藤は、衛生学を学ぶためにベルリンとミュンヘンに滞在していた1890年から1892年に植民地思想の洗礼を受けた。当時、彼はオットー・フォン・ビスマルク宰相に拝謁する機会があり、医学だけでなく政治にも関心を広げるようにという助言を受けていた。ビスマルクは後藤に強烈な印象

を残している。「日本の日本、世界の日本、さうして、日本の世界」といったように、後藤は何かを形成することに生涯をかけた人物だった。つまり、日本の目標は、まず台湾の住民に受け入れられることであり、その後拡大することによって、日本が洗練された国であるというイメージを世界に広めることだった。日本が台湾で成功すれば、この国は追随するべきモデルだと世界中が認めるはずだった[121]。

　同化政策の根本理念と後藤の学問的植民地主義に対する関心とが矛盾していたとしても、世界に占める日本の地位についての考えから、後藤が同化を支持していたことがわかる[122]。彼は、頭の両側に片目ずつあるタイと、両目とも片側にあるヒラメの生物学的な違いを用いて人間の発展についての持論を説明した[123]。社会の慣習にも制度にも、すべてそれなりの理屈がある。文明国家が考え出した制度を十分に発展していない人びとに適用するには、そうした違いを埋めるための「破壊力の大きな警察」が必要だった。エドワード・イテ・チェン（Edward I-te Chen）は、後藤の思想は「現地の慣習や伝統を実際に調査し、それに基づいて政策を形成する科学者のように見せる」取り組みだと表現した。後藤は「東京にいる国会議員たち（後藤は彼らと何度となく政策論争を繰り広げた）を、統合の体裁にしか関心がない頭の固い官僚のように見せ」ようともしていた。後藤の台湾戦略は、自我を満たすための取り組みでしかなかった。という

118　福澤諭吉「臺灣永遠の方針」は『福澤全集　第4巻』、時事新報社編纂、424頁に再掲されている。初出は『政治外交』（1896年1月8日）。

119　福澤諭吉「臺灣善後の方針」は『福澤全集　第4巻』、時事新報社編纂、602頁。

120　竹越與三郎は『臺灣統治志』214頁でこの方針について記述している。

121　鶴見祐輔『後藤新平　第1巻』（後藤新平伯伝記編纂会出版、1937年）、403、432頁。

122　この問題に関する後藤の考え方は、フリードリヒ・ラッツェルが示した考え方によく似ている。Smith, *The Ideological Origins of Nazi Imperialism*, 144-52 を参照のこと。

123　北岡伸一『後藤新平：外交とヴィジョン』（中央公論社、1988年）、40頁。

第Ⅱ章　日本による内国的同化および周辺的同化の発展　**145**

のもこれは、後藤が東京で官僚をしていた頃に彼に反対した人びとに自分の考えがいかに現実的であるかを見せつけようとするためのものだったからだ。[124]

　先住民族の蜂起を押さえつける懐柔策も後藤の実績の一つだ。これには、総督府が抵抗勢力の指導者らに賄賂を渡すことも含まれており、日本人への攻撃は3分の1に減った。[125]総督が方針として「文明化」した人びとと「野蛮」な人びとを分ける人為的な境界線を引いたということは、日本当局が周辺植民地に対する政策と国外植民地に対する政策の両方を台湾に適用したということだ。境界線の向こう側に住む人びとは、「野蛮」な区域にとどまっている限り、好きなように暮らすことができた。「文明化」した区域に住む人びとには同化政策が直接適用され、統治された。藤崎済之助によると、初期の日本統治は中国人と先住民族とを区別するものではなく、日本の統治に従う人びとと従わない人びとを区別するものだった。また1916年頃から、日本の政策は誰を撫育し、教育や就職、医療、貿易や通商を強調することによって、従順を求めるものだったとも指摘している。[126]

　琉球や蝦夷と同じように、日本は台湾人を同化するための教育網を拡大したが、日本人に行なっていた教育よりもレベルが低いものだった。しかし教育に物質的な投資を行なうことによって、統治者がそうした遅れた地域の住民を文明化させることを重視していることが周囲に伝わった。さらに、こうした建物で教育を受けた参加者たちは、帝国における役割を引き受けるために必要な基礎を身につけ、自分たちが同化されることになる進んだ日本人コミュニティで自分たちが占める地位を思い描くために必要な心理的なつながりを得ることもできた。

　この制度は日本人を台湾人から分離するものでもあった。当初、

総督は日本人と台湾人の子どもたちを同じ制度の下で教育していたのだが、北海道の場合と同じように、それが続いたのは派遣された日本人の反対を受けるまでだった。彼らの子どもたちには、台湾人が緊急に必要とした教育、すなわち、基本的な日本語の授業は不要だったからだ。台湾人学校のカリキュラムの大半を占めていたのは日本語だった。1921年まで、台湾人の1年生児童は毎週12時間も日本語の授業を受けていた。高学年になると日本語の授業こそ少なくなったものの、間接的にはそれまで以上に重視された。理論上すべての科目が現地の言葉ではなく、日本語によって教えられた。沖縄と同じように、日本語と日本文化に完全に浸らせるような教育を行なった学校もあった。この場合、学生は寄宿舎で生活し、和食だけを食べ、日本の服を着て、台湾人の友人とでさえも日本語だけで会話することが求められた[127]。この植民地教育で重視されたのは「道徳」だった。道徳とは、「偉大な国家に対する個人及び社会道徳」という思想の下にテーマ的に組み立てられた科目である。毎週2時間がこの科目に充てられ、学校側は「国民の義務」「わが祖国」「靖国神社」「明治天皇」といった題目を与えた。1933年以降に発行

124 Edward I-te Chen, "Goto Shinpei, Japan's Colonial Administrator in Taiwan: A Critical Reexamination," *American Asian Review* 13 (Spring 1995): 55.

125 前掲書、40～44頁。降伏した人びとに対して、日本の警察が発砲することもあった、とチェンは書いている。後藤は、台湾のアヘン中毒を抑制し、衛生状態を向上させたという功績も認められている。

126 藤崎『台湾の蕃族』、857頁。「撫育」は徳川時代のアイヌ政策を説明する際にも使われていたことを指摘しておく。台湾における日本の同化政策に関する最近の議論については、Ching, *Becoming Japanese* を参照のこと。

127 鍾清漢『日本植民地下における台湾教育史』(多賀出版、1993年)、69～70頁。E. Patricia Tsurumi, *Japanese Colonial Education in Taiwan, 1895-1945*, (Cambridge: Harvard University Press, 1977) は、台湾における日本の植民地教育政策に関する英語で書かれた最も包括的な研究である。彼女の "Colonial Education in Korea and Taiwan" (*The Japanese Colonial Empire, 1845-1945*), 275-311 も参照のこと。語学習得とアイデンティティについては、Ann Heylen, *Japanese Models, Chinese Culture and the Dilemma of Taiwanese Language Reform* (Wiesbaden: Harrassowitz Verlag, 2010) を参照。

された教科書は「臣民のあり方」を強調し、「理想的な日本人」を「天皇と国家に従順で忠誠を尽くし、『国体』に忠実である」者として描こうとしていた。[128]

　計画上は、日本は台湾人の子どもたちのためにかなり包括的な教育制度を用意した。1944年までには、日本の政策によって台湾人の学齢期の子どもたちの71％が初等教育を受けた。[129] 入学者が増えれば、流暢に「国語」を話す台湾人住民も増えた。ある調査によると、日本の統治が終わる頃までには85％もの人びとが日本語を話せるようになっていたという。[130] しかし、その調査には、習熟度を測るために用いられた基準が記載されていない。もしこれが朝鮮で用いられた基準——朝鮮人の生徒数——と同様だとしたら、その数字は疑わしくなる。学校に通うことだけが語学修得を約束する唯一の方法ではなかった。

　この制度の最大の欠陥は、台湾人の子どもたちが日本人の子どもたちと対等に競争できるような環境を提供しなかったことだ。日本語教育に重きを置きすぎたために、生徒たちが他の分野で必要となる教育を受ける貴重な時間が奪われた。また、学習意欲のある生徒たちの妨げにもなった。進学するには別の補習学校に通わなければならなかったほどだ。[131] E・パトリシア・ツルミ（E. Patricia Tsurumi）は、こうした教育が本来の狙いをどの程度生徒に伝えたのかを疑問視する。台湾における日本の植民地教育を取り上げた彼女の有益な研究はこう締めくくられている。学校側は「おそらく、日本の天皇陛下についてよりも、お湯を沸かしておき、トイレに入った後は手を洗うことが大事だということを、より多くの台湾人に納得させただろう」。[132]

　総督は「社会教育」網を構築して、初等教育を補完させることにした。沖縄と同様に、教育を補完することによって国語を話すよう

求める圧力がかかるようになった。1941年にウィリアム・カーク（William Kirk）が書いたものを見ると、植民地政府は「日本語を修得しようと努力している」台湾人の名前を記録していたという。日本語を話そうと努力した家には「この家庭は日本語を話します」と書かれた横断幕をかけたり、また「日本語だけを話すように」と奨励するような看板を公共の場所に設置したりした。植民地にある青年団などの多くの団体が成人向けの語学教室を開催した。日本語を流暢に話す台湾人は、そうでない台湾人の学習を手伝った。1939年までには、台湾人が同胞に日本語を無料で教える講習所が7000以上もできていた[133]。

　日本観光も台湾人を順応させる仕組みだった。台湾人を日本に連れていき、日本が成しとげた成果を見せることで、支配者が優れていることを限られた人数の人びとに直接目撃させる機会にしたのである。この旅行については新聞で報じられ、帰国した参加者たちも友人知人に自分の経験を話して聞かせたため、この経験の印象は台湾に残った人びとにも伝わった[134]。参加者たちの集合場所は台北だっ

128　See Tsurumi, *Japanese Colonial Education in Taiwan*, 134-35.

129　鍾、『日本植民地下における台湾教育史』328〜31頁。　朝鮮では、1942年までに日本が教育できたのは、学齢期の子どもの39.4％だけだった。Dong, "Assimilation and Social Mobilization in Korea," 169を参照。どちらも、日本が1906年までの同じく40年間で、国内で達成した96％という数字と比べれば、非常に少ない。Gluck, Japan's *Modern Myths*, 163.

130　キム・ミンスは、「日帝の対韓侵略と言語政策」（『韓』2号5（1973）96〜97頁）でこの数字を挙げ、朝鮮において、日本の成功が限定的（27％）だったことを示している。

131　教育レベルが低かったことは、どれだけの日本人がこうした学校を避けようとしたかということからもわかる。台湾の学校に入学した日本人は、1940年に最多となり、396人だった。Tsurumi, *Japanese Colonial Education in Taiwan*, 110を参照のこと。1928年に台北国立大学が設置されたが、台湾人学生よりも日本人学生を多く入学させたため、台湾人学生にはほとんど恩恵がなかった。（1944年は、台湾人学生85人に対し、日本人学生は270人だった）（254頁）。

132　前掲書、215頁。

133　William Kirk, "Social Change in Formosa," *Sociology and Social Research* 26 (1941-42), 19-20.

た。彼らの多くにとっては、それが初めて都会に触れる経験だった。協力したことの見返りを受け取ると、彼らは日本に向けて出発した。これは長崎、大阪、東京、横須賀（海軍基地を見学するためだ）を周遊する旅行だった。旅行期間は通常1カ月ほどで、100人ほどが参加した。一度はそれ以上の人数が集まったこともあった。『台湾日日』は1897年のツアーを取材し、参加者の日々の経験を「蕃人観光日誌」というコラムに掲載した。記者は参加者に同行して靖国神社などに行き、参加者が見たものや訪れた際の反応などを書き残した。

　『ジャパン・タイムズ』はこの旅行を別の視点で報道している。解説からは、当時の日本人が、台湾人に遅れた民族というイメージを抱いていたことが確認できる。参加者一行の変わった服装や、複数の言語を話す人びとが入り交じっていたことに触れ、彼らが武器を持たずに到着したこと、列車に乗り込んだ折には「子どものように、情けない」反応を見せたことも指摘している。[135]『ジャパン・タイムズ』は、日本人と台湾人が一体化する可能性よりも2つの民族の違いを強調していたのである。日本人によってこのようなイメージが作られたということは、このツアーに二重の目的があったことを示唆している。つまり、台湾人に文明化について教えることと、台湾人の訪問を受け入れることによって、自分たちは植民地化された人びとよりも優れていると日本人に信じさせたことだ。こうして台湾の支配を正当化したのである。国内の人びとに最大限の影響をもたらすため、台湾の先住民族にもツアーに参加させ、中華民族は参加させなかった。日本は、1910年にロンドンで開かれた博覧会にこれらの人びとを「展示」している。アイヌとともに台湾人も、彼らの文化を紹介するためとして自然な村の風景という舞台装置を与えられたのだ。だが、彼らのスペースは「日本の村」とは物理的

に分けられていた。[136] 1922年に上野公園で開催された平和記念東京博覧会ではさらに一歩進んで、日本内地と植民地は別の展示スペースにおかれ、料金も別に設定された——来場者は追加の20銭を支払い、エスカレーターに乗って、その境界線を超えたのである。[137]

　同化が成功するには、日本人の住民が手本となる必要があった。一般的に日本人は現地住民からは分けへだてられていたが、両者の間で親交を深める機会がなかったわけではない。後藤新平の妻、和子が1904年に設立した愛国婦人会の会員一覧を見ると日本人の名前はほとんどなく、会員の大半は台湾人だった。総督府は、植民地に移住した日本人のふるまいに不満をもつことが多く、両民族を接触させようと思わなかったのだろう。竹中信子の研究は、官僚以外の日本人移民は必ずしも最もすぐれ、賢い日本人の類ではなかったことを明らかにしている。1902年、日本当局は15歳から35歳までの日本人女性の住民のうち、半数近くが「不潔な婦人」である

134　ツアーに参加した人びとは、帰国後、必ずしも協力したわけではなかった。1911年のツアーに参加したモーナ・ルダオは1930年に日本の支配に反対して大規模な暴動を起こし、137人の日本人が死亡した。竹中信子『植民地台湾の日本女性生活史　明治篇』（1995年、田畑書店）、143頁。

135　"Formosa Aborigines in Tokyo,"*Japan Times*, August 16, 1897. 藤崎は『台湾の蕃族』874〜75頁でこうしたツアーのうちの5つについて簡単に説明している。汽車に乗った台湾人が子どものようにはしゃいだというコメントは、「威厳のある侍が（おもちゃの汽車を見て）ぱっと振り返った」「滑稽な」光景を目撃した際のマシュー・ペリー提督の部下の反応を思い起こさせる。それは、「6歳の子ども1人を乗せることすらできない」ようなおもちゃで、1854年に日本人に見せたものだった。See Commodore M. C. Perry, *Narrative of the Expedition to the China Seas and Japan, 1852-1854*, (1856; Mineola, N. Y.: Dover, 2000), 357-58.

136　Ayako Hotta-Lister, *The Japan-British Exhibition of 1910: Gateway to the Island Empire of the East* (Surry, U. K.: Japan Library, 1999) 224.

137　"Tokyo Peace Exhibit," *"Tourist* 10, no. 2 (March 1922): 22-36.「表現（representation）」に関するティモシー・ミッチェルの主張——「あらゆるものが収集され、何かを象徴し、発展と歴史、産業と帝国を説明するために並べられた。用意されたすべてのもの、そして全体の配置が何らかの大きな真実を想起させる」——は、ここでも通用する。Timothy Mitchell, *Colonizing Egypt* (Berkeley: University of California Press, 1991), 6.

か、夜の商売で収入を得る女性だと推測している。[138]日本人男性も批判を受けた。総統府はあるとき、裸でいる日本人住民の身体に何かをまとわせる法律を制定したことがある。後藤は、日本人住人に関する問題は「総統府が抱える最大の癌」だと述べている。さらに、「渡台日本人は（本島人に比べて）決して優れてはいない[139]」ともいった。この点から、日本側の同化に対する意気ごみには深刻な問題があったことがわかる──日本人の移住が進められたのは、問題を起こしそうな人びとを日本列島から追い出すためでもあって、台湾人が見習う手本となるような有能な日本人を派遣することでは必ずしもなかった。

　日本人コミュニティは新たに地位が向上したために守りの姿勢になっており、台湾人の上に立つ地位を守るために先住民族のみを同化した同胞として取りこもうとする取り組みに抵抗した。この点は、同化会を例に取ればよくわかる。この会は日本人住民2人が1910年に結成したもので、総統府の表面的な同化政策を2つの民族の融合を心から求める政策に改めさせることを目的としたものだった。この取り組みは急速に展開した。会員はあっというまに3000人を超え、多数の著名な台湾人の賛同を得た。だが日本人コミュニティからは支持されず、会員になったのはわずか44人にすぎなかった。それ以上の日本人──『台湾日日』によれば、その数は10万人以上──がこの会の目的に反対したわけである。総督であった佐久間左馬太はとうとう会の解散を命じ、日本人の賛同者は同化とは関係のないことで嫌疑をかけられて逮捕された。この失態に幻滅した熱心な台湾人は、その多くが自治政府の樹立に向けて再び力を注ぐようになった。[140]その他の総督もこれと同様の矛盾したパターンを踏襲し、一方では同化を説きながらも、他方では日本人と台湾人とを恒久的に分離し、強化するような政策を行なうばかり

だった。日本の統治下にあった50年間で、台湾生まれの住民（台湾人）のうち県知事以上の政治的地位にまで上り詰めた人は誰一人としていない。人民をどの程度監視していたかを見れば、総督が台湾の人びとをまったく信頼していなかったことがわかる。すなわち、路上警備に当たった警官は、住民100人に対して、朝鮮（8人）よりも台湾（14人）のほうが多かったのだ[141]。

結論

権力を築いてからの40年間、明治政府は2つの方針に従って帝国の領土を統治していた——日本人に対しては内国植民地方針を、同化させたい人びと（琉球・アイヌ）に対しては周辺植民地方針を適用したのである。明治政府は、日本列島においても地域による違いがあることを理解していたものの、どの地域の住民にも日本の臣民というアイデンティティをもつことを要求した。臣民としての忠誠心は新たな義務教育制度によって強化され、戦争などの国の一大事の際に試された。日本に併合された周辺植民地の住民は広範囲にわたる訓練を受けて初めて、日本人臣民としての地位が認められた。明治政府は、外交に精通し、列強諸国との硬いつながりを維持して国境を防衛する日本という選択肢も、北東アジア諸国と大アジア社会を形成する日本という選択肢も受け入れなかった。19世紀末には、日本は3つ目の選択肢、すなわち、領土拡大への関心を強め、

138 竹中『植民地台湾の日本女性生活史　明治篇』、146頁。
139 引用文は「台湾協会報」の1898年11月版から、同49頁。
140 Harry Lamley,"Assimilation Efforts in Colonial Taiwan: The fate of the 1914 Movement," *Monumenta Serica* 29 (1970-71): 496-520.
141 Edward I-te Chen,"Japanese Colonialism in Korea and Formosa: A Comparison of the Systems of Political Control,"*Harvard Journal of Asiatic Studies* 30 (1970): 134, 147. ただし、朝鮮の警察は2万3000人で、8600人の台湾の警察よりも多かった。

利益線の内側にあるものの、主権線のすぐ外側にあった近隣する最後の周辺領土――朝鮮半島に照準を合わせていた。[142]

142　これは中江兆民が『三酔人経綸問答』でとりあげている３つの説話になっている。エドワード・イテ・チェンは、"Japan's Decision to Annex Taiwan" で日清戦争後、朝鮮併合を望むようになった軍部の野望について記述している。

第Ⅲ章
朝鮮同化政策の構築

東京朝日新聞は1910年8月30日版の第1面で、大日本帝国の境界が広がったことを読者に紹介した。同紙はこの日、日本の主権が大陸にある領土にまで拡大したと報じ、朝鮮に日本列島と同じ濃いめの色をつけ、今や日本の一部とみなされるようになったことを地図で示した。この地図には、西は中国の奥深くと満州、東は太平洋へと伸びる境界線が加えられ、朝鮮半島を獲得したからには日本の利益線がどこまで拡大できるかが明確に示されたのである。内国植民地として日本に加えられることになった朝鮮半島を図で見せると同時に、同紙は、周辺地域における人びとの地位を強調するようなコメントを追加した。すなわち、朝鮮人はそのうち日本人となる可能性があると述べたのである。

　朝鮮の総督府の責務は、大日本帝国臣民と対等な役割を担えるように朝鮮人の能力を伸ばすこととされた。このころ、この責務にあからさまに疑問を呈したり、日本が責務をまっとうできるかどうかを問題視したりする記事はほとんどなかった。朝鮮政府の「悪政」により、朝鮮人の能力はつぶされてきた。市民を良心的な政府の下に置けば、彼らの能力は花開くはずだった。朝鮮同化の是非を問うことなく、日本人は施行すべき政策のペースや方法について議論した。同化は徐々に行なうべきか、それとも一気に行なうべきかということである。朝鮮人を適切に同化するために強力な教育制度にすることの重要性については多くの人びとが同意していたが、朝鮮人と日本人を一緒に教えるかどうか、授業でどちらの言語を使うのか、教育カリキュラムの焦点といったことについては疑問が出された。統治が始まってからの最初の10年間、正式に法令を発布することができたのは総督のみで、朝鮮人と日本人の統合に関する法令は学校や路上で販売されていた新聞を通じて広く伝えられた。日本人としてのアイデンティティを強くもたせるために、法令によって

朝鮮人は公的な慶弔行事に参加させられた。だがこの10年は、朝鮮人が独立を求めてソウルの街をデモ行進し、日本人がなぜその政策に失敗したのかの説明を模索することで終わりを迎えた。

朝鮮同化の正当化

1910年8月22日、日本は「韓国併合に関する条約」に調印した後でさえも慎重だった。その後1週間、日本はこの突破口を公表せず、このニュースを早々に暴露した報道機関を叱責している[1]。それでも新聞紙上は、行政政策に関する論説で埋めつくされ続けた。日本の識者たちは朝鮮人を周辺地域の臣民と位置づけ、内国の日本臣民としての役割を担わせるには時期尚早だと論じた。少数ではあるが、朝鮮人を国外植民地の臣民として扱うのがしかるべき政策だと主張する人びともいた。すなわち、彼らに文明人の利器を与えれば、いつの日かその利器を使って日本支配を妨害するかもしれず、危険だと考えたのだ。『東京朝日新聞』は8月25日、「朝鮮人は日本に同化しうるか」という見出しで、海老名弾正の主張を掲載した。海老名は日本のキリスト教界の第一人者で、後に同志社大学総長を務めた人物である。彼はこの政策を批判するのではなく、朝鮮においてこの政策がもたらす利点を読者に説明した。つまり、人種的、言語的、宗教的に2つの民族が類似していることから、同化という責務は、ヨーロッパが同じ政策に取り組んだ場合と比べてはる

1　8月25日付の『サンフランシスコ・クロニクル』紙は、当局が許可していない併合についての報道を控えるよう、日本の内務大臣が大手新聞各社に警告したことを報じている。日本の朝鮮併合史は以下を参照。Hilary Conroy, *The Japanese Seizure of Korea, 1868-1910: A Study of Realism and Idealism in International Relations* (Philadelphia: University of Pennsylvania Press, 1960); Duus, *The Abacas and the Sword, The Japanese Penetration of Korea, 1895-1910* (Berkeley: University of California Press, 1995.

第Ⅲ章　朝鮮同化政策の構築　157

かに容易なはずだ、任務をやりとげるという覚悟が日本人にあるならば必ずうまくいく、と述べたのだった。[2]

　朝鮮人の同化は容易だという考え方は、当時多くの賛同を得た。雑誌『太陽』の編集長だった浮田和民は、日本の帝国主義について率先して発言し、アイルランド人をイギリスに同化することができなかったのは宗教や人種、慣習、習慣が異なっていたためだとする記事を執筆した。ポズナン（現在のポーランド）の人びとやアルザス、ロレーヌの人びとをドイツに同化できなかったのも、ポーランド人とフィンランド人をロシアに同化できなかったのも同じ理由だった。だが、日本人と朝鮮人の場合は違うと彼は考えた。この２つの民族は同じ人種であり、何世紀ものあいだ同じ文化を共有してきた。朝鮮人の同化において日本人が問題を抱えることにはならず、イギリス人とアイルランド人とのように距離を置いた関係になるのではなく、イギリス人とスコットランド人とのように穏やかに関係性を築いていけるはずだと彼は予測した。[3]

　この問題を注視していた人びとのなかには、朝鮮における日本の責務と徳川幕府にとって代わった後の明治政府が直面した責務とが類似していると指摘した人もいる。明治政府の外交官を務めた林董伯爵はそうした主張をした一人だ。林は、当初から目撃してきた江戸時代から明治時代への移行を思い返した。彼はまず、どちらの状況においても人びとは衣装や生活様式、食習慣の改善を迫られたことを指摘した。日本人より劣る朝鮮人も「日本的」なるものを受け入れるという課題にさらされるだろうと指摘した──「日本精神思想」を身につけなければならないということだった。朝鮮人と日本人には歴史的な共通点があったことからも、日本の同化が成功する確率は高くなった。林はこう結論づけている。「故に日本が朝鮮を同化することが出来なければ日本人の政治的技能が特別に劣等な

るの致す處である[4]」

　その他の人びととは、この２つの民族が共有しているとされた歴史上のルーツを用いて同化のメリットを主張した。文部編集官を務めた喜田貞吉は、日本によるアイヌの同化は成功したとし、朝鮮人の同化を正当化した。朝鮮人について彼は「日鮮両民族は比較的最も近いところ」と主張し、これは朝鮮人を同化する際に貴重な経験になるとした。だが、彼の最も重要な業務は日本人と朝鮮人に共通する祖先を辿ることだった。同化は、２つの民族がかつて共有していた歴史的に当然の関係に立ち戻ることであり、適切だと喜田は説明した。雑誌『民族と歴史』で彼は、大和民族の祖先はいくつかの劣性の民族が「融合」した結果だと書いている[5]。これらの民族は天照大神の子孫とされる天孫族に同化され、喜田は、日本人と朝鮮人はこれらのルーツから発展したものだとした。その違いは、「大枝」よりも「小枝」だった。すなわち、人種というより民族の違いだった。朝鮮人と日本人ほど緊密な関係を共有した民族は他にいなかったと喜田は推測している。実際、彼は、この２つの民族を同じ一つの民族だとみなすことがまちがっているわけではないとも考えた。朝鮮人と日本人との結びつきは、頂点も含めた日本の社会基盤の随所に見出せると主張した。1910年11月の『太陽』誌の論説では、

2　海老名弾正「朝鮮人は日本に同化しうるか？」、東京朝日新聞（1910年8月25日）。

3　浮田和民「韓国併合の効果いかん」（『太陽』、1910年10月1日）。マリウス・B・ジャンセンは、"Japanese Imperialism: Late Meiji Perspectives," (The Japanese Colonial Empire, 73) で、浮田の伝記を伝えている。新渡戸稲造も、「植民地について研究するイギリス人学生にとって、朝鮮の展開をウェールズやアイルランドの展開と比較してみることは非常に興味深いものとなるだろう」と書き、同様の比較をしている（新渡戸稲造『新渡戸稲造全集第二三巻』、120頁（新渡戸稲造全集編集委員会編））。

4　林のコメントは、「併合後の朝鮮統治問題」（『太陽』、1910年10月1日、77～78頁）という長めの記事で紹介された。

5　喜田貞吉『韓国の併合と国史』（三省堂書店、1910年）、「朝鮮民族とは何ぞや」（『民族と歴史』、1919年6月、1～13頁）、「日鮮両民族同源論」（『民族と歴史』、1921年1月、7頁）を参照のこと。また、Duus, The Abacas and the Sword, 415-17 も参照のこと。

古代朝鮮と日本の皇室との生物学的なつながりについて「朝鮮人の血は、皇室も含めて華族の多くにも流れている」と述べている[6]。

　だが、すべての人が日本の同化政策に賛同したわけではない。「東洋史の父」、白鳥庫吉は、朝鮮人に対する日本人の姿勢はこの方針が求める建設的な師弟関係を生むことに役立つのかと問いかけた。もし日本人が朝鮮人の共感を得たければ、彼らに日本の道徳観や文化を受け入れさせるために愛情を感じる、すなわち「愛撫」したいと思わせる必要があった。さらに、日本人が適切な姿勢を取ったとしても、その努力を相殺するような別の要因もあることを指摘した。日本人には外国の民族を同化する能力が欠けていることも考えられる、と彼は結論づけている。すなわち、日本はまねをする民族の国である。国民に創造力がないため、他者を同化することはできないということだった。沖縄とは違い、併合される前の朝鮮は独自の慣習や習慣をもつ「国家」だった。だからこそ、朝鮮人は同化を受け入れないといえるかもしれなかった[7]。新聞記者だった竹越與三郎は日本史の本を著し、朝鮮人は帝国における労働分野での役割を果たせるようにのみ指導を受けるべきだと書いている。彼は、朝鮮人に日本語を教えることは万難を排して避けるべきだ、と主張した。というのは、日本語の読み書きができれば、フランス革命についての書籍を読み、アイルランドの独立運動にかかわった人びとが生みだしたアイデアを知る機会になってしまうからだ。朝鮮人は農民になるべく教育されるべきだというのが彼の結論だった[8]。

　植民者として朝鮮に在住した日本人は日本の行政政策をなかなか支持しようとしなかった。おそらく、同化が成功すれば自分たちの優位な立場が脅かされることになると心配したためだろう。『朝鮮及満洲』という一般向けの雑誌に論評を掲載した旭邦生は、同化は、単に日本国民としての義務ではなく、日本人の「人種としての

高尚なる義務」であると考えていた。彼は、日本人は立ち遅れている朝鮮人を「帝国の国民」としてではなく「帝国の臣民」として同化しなければならないと主張し、朝鮮人の地位を区別した[9]。この区別——「国民」ではなく「臣民」——は、その1年前の『京城日報』の社説にも掲載されている。同紙は朝鮮最大の日本語新聞で、朝鮮人は日本人としてではなく、臣民として一体化されるべきだと主張していた。同紙は、朝鮮人が日本帝国に平等に受け入れられるとしても、原則的に、台湾および樺太で日本の支配を受けた人びとの場合と同じように、この区別が維持されるよう働きかけた。朝鮮人を完全に同化するのは、一部の人びとが考えるほど容易なことではないはずだった。この社説は、一例としてイギリス連邦の事例を思い出すよう日本人に呼びかけた。イギリス人はウェールズ人、スコットランド人、アイルランド人をイギリス人として同化したのではなく、ブリテンの臣民として同化していた[10]。要は、支配者と被支配者とを明確に区別する場合に限って、同化を受け入れることができるということだった。この主張が朝鮮に居住していた日本人によるものだという点が重要である。彼らは第1に、東京の理想主義者たち以上に、朝鮮人と日本人との現実的な関係に敏感だった。第2に、他の周辺植民地に派遣された支配国出身者たちと同じように、朝鮮人がどの程度同化されるのかを懸念し、植民地における自らの個人的な地位を死守する意思を固めたことをはっきりと示した。

6 "Annexation of Korea and Its Practical Effects,"『太陽』（1910 年 11 月 1 日）2～3 頁。

7 白鳥庫吉「日本は果たして朝鮮を感化しうべきか」（『教育時論』、1910 年 9 月 15 日）6 ～11 頁、白鳥は、朝鮮と満州の歴史および地理についての本を著しており、1904 年から 1925 年まで、東京帝国大学文学部史学科で教授を務めた。Stefan Tanaka, *Japan's Orient* 24-25 を参照。

8 「併合後の朝鮮統治問題」82 頁参照。ここで竹越は、当初、併合をまったく支持していなかったことを認め、いまや、植民地の首都を京城から平壌に移し、日本の次なる植民地、満州への拡大に備えるべきだと助言している。

9 旭邦生、「朝鮮の同化力」（『朝鮮および満州』、1911 年 11 月）13 頁。

併合の翌年、『朝鮮及満州』は、同化についての総督府の見解を
紹介する論考を掲載した。予想通り、その意見はどちらかといえば
同化に賛成するものだった。だが、同化をめぐる議論には珍しく、
2つの民族の違いを強調する意見もあった。政務総監であった山縣
伊三郎は、朝鮮人は「怠惰」で「無情」だと記した。内務部長官で
あった宇佐美勝夫は、朝鮮人の「気が長い」性質に言及し、同化は
容易ではないだろうが、日本人は手を携えて朝鮮人を「気が長く指
導」するべきだと論じていた。警務総監であった明石元二郎は、同
化は困難だろうが、不可能ではないと主張した。日本人は朝鮮人に
過剰でない程度の「愛」を示すべきだった。日本人が朝鮮人を「悪
政」の影響から解放し、彼らをよき帝国臣民にするつもりであれ
ば、朝鮮人の「増長する性情」に向き合うにはある程度の手加減も
必要だった。[11]

　こうした忠告は、多くの人びとが総督府に取り入れるよう助言し
た内容を反映したものだ。すなわち、同化を急ぐ必要はないとい
うことである。朝鮮新聞に執筆した山下南海は、「漸進的な」同化
と「急進的な」同化を主張する人びとを区別した。前者は朝鮮人と
日本人の違いを強調していたのに対し、後者は類似性を強調してい
た。急進的な同化政策を支持する人びとは、朝鮮人と日本人を混血
させるために異民族同士の結婚を後押しした、と彼は説明した。同
化は長期的なプロセスだとする漸進的な同化を推進する人びとは、
辛抱強くあるべきだという意見だった。[12]少なくともこの段階におい
ては、日本人と朝鮮人の同化を促すためにより現実的な手段、すな
わち学校の統合や近隣住民の融和、加えて家族の一体化といったこ
とを進めようとする人びとはほとんどいなかった。日本人は民族の
同化はいかにも容易だろうと想像したが、朝鮮人が日本人の内輪に
受け入れられるには、まず日本の水準に達する力があることを示さ

ねばならなかった。

朝鮮のイメージを形成する

　朝鮮人と日本人を分離していた状況には、日本人がもち続けた優越感が垣間見える。朝鮮人と日本人の祖先は近いものだったのかもしれないが、過去何世紀ものあいだ続いた悪政のせいで、日本帝国の正当な一員として朝鮮人を受け入れるには、埋めねばならない隔たりが生じていると考えた。[13]日本文化を急進的に導入すれば、朝鮮人を圧倒し、混乱させることになりかねなかった。植民地支配を正当化するためにネガティブなイメージを利用（乱用も多かった）することは、日本に限ったことではない。事実、日本人も、近代化しはじめたばかりの日本人と接した西洋人によってそうしたイメージを作り上げられている。[14]

　当時の朝鮮人について、とくに２つの民族が民族的に類似しているとした記述で興味深いのは、明治時代以前の記述とは異なって

10　「日本人と日本臣民との区別」（『京城日報』、1910年9月13日）。朝鮮総督は現地紙『毎日新報』と英字紙『ソウル・プレス』を『京城日報』の関連紙とした。3紙の内容は重複していたが、それぞれの中心的な読者層に合わせた独自のテーマももっていた。この新聞は同年10月23日に「朝鮮同化と神道」に朝鮮人は日本語より日本の神道精神を収得まで同化させるのはむずかしいと注意した。筆者は在朝新聞で併合直後の同化政策の社説を "Marketing Assimilation: The Press and the Formation of the Japanese-Korean Colonial Relationship, *Journal of Korean Studies* 16, no. 1 (Spring 2011): 1-25 で考察した。

11　「朝鮮人同化論と名士」（『朝鮮および満州』、1911年11月）2〜8頁。

12　「自治の将来　漸進同化政策」（『朝鮮新聞』、1910年9月22日）。

13　金雲泰は併合を正当化するために日本人が作り上げた複数のイメージを検証している。たとえば、福田徳三（封建制度欠如論）、平野国臣等（征韓論）、樽井藤吉（大東合邦論）など。金雲泰 (1985)、日本의 對韓植民 支配의 基調로서의 同化政策 이데올로기」『서울대학교행정대학원』23 호 1.

14　西洋における植民地の記述に関する体系的な研究については、David Spurr, *The Rhetoric of Empire: Colonial Discourse in Journalism, Travel Writing and Imperial Administration* (Durham, N. C.: Duke University Press, 1993) を参照のこと。

いた点だ。つまり、2つの民族が比較的平等な条件で外交活動を行なっていた時代に語られていた話とはまったく違っていたのである。朝鮮人に対して日本人が抱いたイメージが外国人から同類へと変化したということは、状況と目的にあわせて、柔軟かつ自在にイメージを変えることができたことを示している。江戸時代に日本にやってきた朝鮮人を目にした日本人は、彼らを自分たちとはまったく異なる外国人だと受け止めた。幕府は、「朝鮮人が通るルート沿いで、（彼らを見た日本人が）彼らに指さして笑う」ことのないよう、お触れを出す必要があると感じたほどだった。渡来人たちは大きな評判になった。通信使一行が江戸に向かう際に経由した東海道沿いの住民にとっては、ごく平凡な日常生活におけるちょっとした気分転換だった。こうした一行の一つで通訳を務めた洪禹載は、「非常に多くの人びとが、川土手で蟻のように群がってわれわれを見ていた。川には舟橋が掛かり、数え切れないほど多くの人がわれわれを見るために集まっていた」と書いている。平戸藩大名だった松浦静山は、朝鮮人の一行が町を通過する時は、無人になる商店がたくさんあったと記している。彼は、見物人は「春先の山に生える草の葉」のように無数にいたと書き残した。[15]

　この間、どちらも、自らの文化は相手の文化よりも優れていると考えていた。日本人は、日本人のほうが優れていることを強調するために朝鮮人の一行がやってくるのは朝貢だと説明した。朝鮮人は、日本人に朝鮮の首都を訪問させないのは、朝鮮のほうが優れている証拠だと記していた。ケイト・ウィルドマン・ナカイ（Kate Wildman Nakai）は、18世紀初めに影響力のあった徳川幕府の役人新井白石が、朝鮮の通信使一行がやってきている間の外交儀礼を見直し、「使節が日本への朝貢者の役割を演ずるように操作することを一貫して企てた」と指摘している。[16]ロナルド・P・トビ（Ronald P.

Toby）は、この関係を次のように記している。

　　朝鮮が対馬の上位にあったことは言うまでもない。しかし、日
　　本と朝鮮の相対的な地位については論争の余地が十分にあり、
　　明確とは言えない。江戸時代の日本人の著述家の多くは、朝鮮
　　使節を「来貢」あるいは「来朝」とよび、朝鮮が幕府に「服従」
　　していると見たが、日本が朝鮮訪問の権利を持たないことを、
　　明快に、日本の地位が低いからだと考えた者もいた。日本人が
　　朝鮮あるいは朝鮮の特定の文化的達成を崇拝する事例に比べる
　　と、朝鮮人が日本を崇拝するような事例を捜しだすのは容易で
　　はないが、たがいに相手を誹謗する論評を見いだすのはいとも
　　簡単である。近世を通じて、互いに相手より自国のほうが優越
　　していると言い張りあったのである。しかし、徳川幕府と朝鮮
　　政府との外交関係は、基本的には対等であった。[17]

　同時に、日本の学者たちは朝鮮人の知識を高く評価していた。戦
後の日本で、歴史的に日本人が抱いてきた朝鮮人のイメージについ
て考察した旗田巍は、江戸時代の学者たち、とくに朱子学の学者た

15　Toby, "Carnival of the Aliens," 424 に引用されている。また、仲尾宏「朝鮮使節の見た江戸
　　と人々に映った通信使」（李元植他著『朝鮮通信使と日本人』、学生社、1996 年）、102 ～
　　31、とくに 12 ～ 22 頁。ジェームズ・ルイスは申維翰が 1719 年朝鮮使節に参加した時の
　　日記を "Beyond *Sakoku*: The Korean Envoy to Edo and the 1719 Diary of Shin Yu-han,"
　　Korea Journal (November 1985) で分析している。

16　Kate Wildman Nakai, *Shogunate Politics: Arai Hakuseki and the Premises of Tokugawa
　　Rule* (Cambridge, Maa.: Harvard University Press, 1988), 334-35（ケイト・W・ナカイ、『新
　　井白石の政治戦略：儒学と史論』、東京大学出版会、2001 年、241 頁）。

17　Ronald P. Toby, *State and Diplomacy in Early Modern Japan*," 41-42（『近世日本の国家形成
　　と外交』、創文社、1990 年）43 ～ 44 頁。朝鮮政府は 1629 年、日本人使節のソウルへの派
　　遣を一度だけ認めたことがある（38 頁（訳書では 41 頁））ジェームズ・B・ルイスも明治時
　　代以前の日朝関係について、著書 *Frontier Contact Between Chosŏn Korea and Tokugawa
　　Japan* (London: Routledge, 2003) でとりあげている。

ちが朝鮮文化を強く尊敬していた点について述べている。徳川幕府の最後の10年間で、朝鮮や琉球、蝦夷は緩衝地帯として受けとめられるようになり、旗田は、この間朝鮮と日本の関係が大きく変化したことを指摘する。すなわち、日本人は外国の干渉から国境を守るためにこの緩衝地帯を支配するしかないと感じるようになったのだった。[18]

　脅威としての朝鮮というイメージが登場するようになったのは、19世紀後半に描かれた日本の絵画においてだ。「歴史修正主義者」による日本画は、16世紀の秀吉による朝鮮出兵は、脅威になるかもしれなかった朝鮮に対する先制攻撃だったことを示している。1860年に制作された浮世絵「加藤清正虎狩之図」は、朝鮮半島の形に似せて描かれた虎が左足で日本領土を踏みつけ、日本の武将が虎ののど元に長い槍を突きつけて食いとめているように描かれている。日本の画家たちは、明治時代に入ってからも朝鮮人を虎に見立てていた。片田長次郎が1902年に描いた「加藤清正朝鮮国ニテ猛獣ヲ退治スルノ図」は、雪の吹き溜まりに半分身を隠した虎に清正が慎重に迫っていく場面を捉えている。この図は、日本が朝鮮王国の状況に直接（かつ慎重に）介入する必要性を訴えていた。朝鮮は普通の人間以下のレベルだと示唆する一方で、朝鮮人を虎の姿で描くことで、朝鮮半島を荒れた未踏の地のままにしておく危険性を暗に示したのだ。[19]

　当時の脅威は朝鮮による直接介入ではなく、近隣国が朝鮮の領土を占領することによって日本の安全を脅かすかもしれないという恐れだった。朝鮮の「悪政」のせいでこの危険性が現実味を帯び、日本はこれをうまく利用して介入する口実とした。国際法において介入は、そうした政府を退場させる正当な行為として認められていた。すでに確認したように、20世紀初頭には諸外国も日本が責務

を引き受けるよう促すようになっていた。[20]

　日本人がたびたび書き留めた「悪政」が招いた結果の一つは、停滞である。「有能な政府」は成長と発展を促したが、これは、古代を引きずっていた当時の朝鮮に欠けていたものだった。1906年に朝鮮を訪れた新渡戸稲造は、朝鮮は当代の「理想郷」だと表現している。朝鮮のロマン主義は、古代をそのまま維持していることにあった。

　　其生活やアルカヂア風に簡樸なり。予は千年の古へ、神代の昔
　　に還りて生活するが如きの感をなす。打見る、多くの顔は神の
　　姿かと誤たゝばかりに、恬淡、荘厳、端正なり。されど毫も
　　表相無し。此国民の相貌と云ひ、生活の状態と云ひ、頗る温和、
　　樸野且つ原始的にして、彼等は第二十世紀、はた第十世紀の民
　　に非らず、否な第一世紀の民にだもあらずして、彼等は有史前
　　紀に属するものなり。

　彼は、「死は乃ち此半島を支配す」という言葉で締めくくっている。[21]これらの印象は、朝鮮について執筆したウィリアム・グリフィス（William Griffis）といった西洋人にも受け入れられるようになっ

18　旗田巍『日本人の朝鮮観』（勁草書房、1969年）12～17頁。旗田自身は、植民地時代に執筆した著作のなかで、朝鮮人を古臭い、立ち遅れた民族だというイメージを流布した。一例として、『歴史と地理　第9巻』（1935年）、45～50頁の「朝鮮の封建制度に関する覚書」を参照のこと。

19　ここでとりあげた図は東京経済大学図書館のウェブサイト（http://www.tku.ac.jp/~library/korea/）で見ることができる。このサイトについては、ケネス・ロビンソン氏にご教示いただいた。加藤清正は1592年の朝鮮出兵を率いた人物である。Palais, *Confucian Statecraft and Korean Institutions*, 79.

20　アレクシス・ダッデンは、著書*Japan's Colonization of Korea: Discourse and Power* (Honolulu: University of Hawai'i Press. 2005), chap. 1 のなかで、1907年のハーグ平和会議当時の朝鮮に対する海外の見解を概説している。

第III章　朝鮮同化政策の構築　167

た。グリフィスは、日本がそうしたように、朝鮮は「閉じられた」過去をなぜ排除することができないのかと問いかけた[22]。

「悪政」は、統治下にある人びとの文化的発展を押さえつけもした。文化が停滞すれば、人びとは荒み、怠惰になった。朝鮮半島の旅行から戻った人びとは、そうしたイメージばかりで朝鮮について説明している。ピーター・ドゥース（Peter Duus）も、日本による朝鮮併合についての研究で同様の見解を示している[23]。怠けがちな朝鮮人は、朝鮮の「悪政」が生んだもう一つの産物だった。最も広く伝えられたイメージの一つは、道路脇で朝鮮人が居眠りをし、材木を詰まれたラバがその横でじっと待っている姿だ。山路愛山は、朝鮮人労働者は日本人労働者よりも恵まれた肉体をしていると記述したが、そうした生まれつきの才能を活用する段階になると、はるかに用なしであるとした。

> 朝鮮人労働者は、わが日本人よりも背が高く、体力もある。だが、彼らはあまりにも怠惰だ。彼らが立ち上がって、働きに出かけるのは、空腹な場合だけだ。しかし、そうした場合であっても、1日の空腹が満たされるやいなや、家に戻って昼寝をすることを考え始めるのである。彼らは節約の仕方を知らないのみならず、そうした気質を改めようとする意思もない。

山路は釜山に到着すると、こうした人びとの統治は決して容易ではないという結論に至った[24]。朝鮮人の能力と、彼らのそうした才能を活用できなかった朝鮮政府の責任を示す新たな証拠として、日本人は、海外に在住する朝鮮人は勤勉に働いているという話をすることが多かった。

同化政策を巡る議論に加わった人びとは朝鮮人と日本人には共通

点があるといってはみたものの、描きだされた朝鮮人のイメージ
は、併合以前のイメージよりもほんのわずかしかなくなっていない
という点で、人びとをがっかりさせた。朝鮮人ははるか昔からずっ
と変わらず、現実に目覚めさせてくれるような見識のある政府を心
から必要としてはいない、気力のない人びとのままだった。朝鮮人
の秘めたる能力を認める人びとも一部にはいたが、その他の人びと
はそうは考えず、併合、すなわち日本人と朝鮮人とが隣近所に住む
ことになった結果を目撃するにつれて、自分たちとは違う人びとと
いう考えは一層強くなっていった。難波可水は、お歳暮商戦のため
に紅白の幕を張り、赤提灯が風に揺れるようなにぎやかな日本人街
を観察した後で目にするコリアンタウンは、思っていた以上に「不
潔、悪臭」がするに違いないと信じて疑わなかった。[25]

　併合後に現地を訪れた難波のような人びとは、朝鮮のイメージを
提供する貴重な情報源となった。半島に短期間滞在して帰国した日
本人は、成長途上にあった日本の出版文化が、彼らの経験を出版し
たがっていることに気がついた。日本列島を代表する月刊誌であっ
た『中央公論』や『日本及日本人』、朝鮮を拠点にしていた『朝鮮
及満州』は、ごくありふれた旅行記であっても出版したいと考えて
いた。そうしたもののなかには、書き手たちが行なったスピーチ原

21　「枯死国朝鮮」『新渡戸稲造全集　第5巻』、矢内原他編、81頁。

22　グリフィスは、1882年版の Corea: The Hermit Kingdom に寄せた前文で、「日本もかつて
　　は隠遁の国だったが、開国して、世界史上の場に登場したのに、朝鮮はなぜ閉鎖的で謎に満
　　ちているのだろうか。朝鮮がこれに気づくのはいつになるのだろうか？」と指摘している。
　　Corea: The Hermit Kingdom, p. VI.

23　Duus, The Abacus and the Sword, chap. 11.

24　山路愛山については、Seung-Mi Han,"Korea through Japanese Eyes: An Analysis of Late
　　Meiji Travelogues on Korea,"Asia Cultural Studies 24 (March 1998), 61 に引用されている。
　　サイエド・フセイン・アラタスが著書 The Myth of the Lazy Native の各所で指摘している
　　ように、支配者から見れば、怠惰さはどの被支配者にも共通する特徴だった。

25　難波可水、「朝鮮印象記」(『朝鮮及満州』、1912年2月)66頁。

稿や、明らかに出版向けに書かれたような複数のテーマを扱った長文もあった。旅行者向けの観光に加え、そうしたレポートには、朝鮮と朝鮮人についての小話も盛りこまれていた。そうした小話は書き手の旅行体験と同じく、渡航以前に彼らが抱いていた偏見をさらけ出すものだった。何日もかかる長旅だった、「満鮮」ツアーとして組まれていれば、一層長くなった。日本交通公社の支店は半島全域に11カ所もあり（小さな会社も無数にあった）、英語と日本語の2カ国語の雑誌『ツーリスト』もあったことから、旅行者が旅行を計画する際は十分な情報を得ることができた。『ツーリスト』の1919年7月号には、朝鮮旅行に興味がある読者向けに3ページにわたって記事が掲載され、気候から宿泊場所まで、旅行前に通常考えるべき情報がまとめられていた。また、元禄時代（1688～1704）の『日本行脚文集』にあった注意事項も引用されていた。この文集は、淫欲や名声を求めたりせず、傲慢にならないよう注意するものだった。かなり以前に書かれたものではあったが、旅行中に落胆することにならないように注意事項がまとめられていたため、朝鮮のような「新開地」を旅する人びとにも参考になった[26]。日本人旅行者は、そうした期待はずれの印象と朝鮮に対する印象を織りまぜて記事を書いたのであった。

　併合後でさえも、旅行者たちは朝鮮半島をタイムワープに閉じこめられたままの場所のように描き続けていた。1912年に旅行した清家彩果は、『朝鮮及満州』で自分の経験を「懐かしい」ものだったと表現している。彼は、朝鮮の人びとを、鎌倉時代につながる源平合戦における「西海の波と消果てた」平家の生き残りのように受けとめたのである。清家はこう続ける。「此の朝鮮といふ土地は……彼の世か此の世か、兎に角一つの別な世界に其の糜爛した榮華と、管絃とを似て立てた國のやうな氣持がいたします。それらの関

係から、私は此の朝鮮といふ國をなつかしい、いいところだと考へて居ます」。彼自身も認めたとおり、この感覚は、朝鮮を「原始的」「荒っぽい」、逆に「やわらかい」と捉えたりした他の日本人が表現した感情とは異なっていた[27]。

　植民者として在朝日本人は、朝鮮人は原始的だとする同様のイメージを抱いていた[28]。久保武はソウルにあった医学学校の教師で、『京城医学会雑誌』に朝鮮人に関する医学研究について300ページを超える論文を寄せている。同誌は1911年に設立された朝鮮医学会の機関紙だ。久保は朝鮮人の生体構造について研究し、文明化した人びとは生理的に脆弱で、そうでない人びとは頑強だとした。彼らの「表情運動」筋は日本人ほど発達していないが、生存に必要な基本的な筋肉——耳や鼻の筋肉——は日本人以上に発達していた[29]。彼の研究は、地方の刑務所から提供された何体かの死体を解剖し、無謀にも朝鮮人の身体構造を一般化したものだった。その後、彼は朝鮮人の学生にレッテルを貼ろうとし——頭の形からして、朝鮮人は犯罪行為をする傾向があるという持論から、久保は学生たちが頭蓋骨を盗んだと責めた——学生たちは彼の授業をボイコットするようになった[30]。

26　「朝鮮旅行に対する一般注意」(『ツーリスト』、1919 年 7 月) 21 ～ 23 頁。

27　清家彩果「朝鮮より」(『朝鮮及び満州』、1912 年 8 月) 71 頁。また、その他のイメージについては以下も参照のこと。Sonia Ryang, "Japanese Travelers'Accounts of Korea," *East Asian History* 13/14 (1997): 138-41.

28　Jun Uchida, *Brokers of Empire: Japanese Settler Colonialism in Korea, 1876-1945* (Cambridge, Mass: Harvard University Press, 2011), Chapter 4.

29　どちらの研究も以下で発表されている。「朝鮮人ノ人種解剖學的研究」(『朝鮮医学界雑誌 22』、1918 年 7 月) 52 ～ 86、146 ～ 53 頁。彼の研究は、『朝鮮及び満州』にも掲載され、多くの人に読まれた。執筆者は "Abuse of Modernity: Japanese Biological Determinism and Identity Management in Colonial Korea,"*Cross Currents* 10 (May 2014): 97-125 と Kim, Hoi-En, "Anatomically Speaking: The Kubo Incident and the Paradox of Race in Colonial Korea." In *Race and Racism in Modern East Asia: Western and Eastern Constructions*, edited by Billy K. E. Soh and Madeleine Zelin, 411–430, (Leiden: Brill, 2013) で日本の植民地場の医学研究について述べた。

第Ⅲ章　朝鮮同化政策の構築　171

朝鮮人の未発達さは日常生活にも表れていた。中島基次郎も『京城医学会雑誌』で論文を発表しているが、同じ体格の日本人の女性たちと比べて朝鮮人の女性たちの骨盤が小さいのは、頭に重い荷物を乗せて運ぶ習慣のせいだとした[31]。また、朝鮮人には文明化した人びとが容認できる程度の衛生状態と清潔さの基準がなかった。1914年に朝鮮への移住を考えていた人向けのガイドブック『朝鮮へ行く人に』を著した鳥賀羅門は、朝鮮の宿は民家のように「汚らしい」ことを覚悟しておくようにと、読者に注意している[32]。原象一郎は、朝鮮人の家は「狭苦しい」とこぼした。さらにつけくわえてこういった。「日本の家屋と雖欧米の家屋に比較すれば随分小さいものであつて……朝鮮の家屋を見ると之れは亦別段に貧弱倭小なるものである[33]」

　鳥賀も原も朝鮮人には「魂」がないと指摘した。鳥賀は、これは十分発達していない人びとに共通する特徴だと考えた。つまり、日本には日本人魂があり、ロシアにはロシア人魂、米国には米国人魂があった。エジプト人魂やインド人魂、中国人魂を想像すると、「響きが悪い」ように聞こえただろう。そして、朝鮮人魂はあるのだろうかと問いかけた。

　　朝鮮人魂！　これをイクラ力んで叫んでも可笑しい。可笑しいけれども、国滅びて山河ありとも云ふ、豈に、朝鮮に朝鮮魂なかるべけんや

　　一體、朝鮮人は、陰険で、猜疑心に富めりと謂ふが、果たして然らば、これに善意の解釈を与えて、立派な名称にして仕舞って、朝鮮人魂としやうか。併かし事実如何なものにや。ソンナ傾向が見江ぬでもないが、短視、浅慮婦女子のそれに似たる、彼れ等に、一国の代名詞たり得るほどの、陰険も猜疑も有り得

ないであらう。

「こんな消極的のものでは魂とならぬ」と結論づけたわけである[34]。
　鳥賀のイメージは、荒川五郎が1906年に朝鮮人の身体——「日本人によく似て居る」——と精神——「何処と無くボンヤリした所があって、口をあけ眼がどんよりとして何か足らぬかのやうに見える」——は日本人とは違うものとしたイメージを反映している[35]。朝鮮半島は地理的に日本列島と近く、朝鮮人の体格は日本人とよく似ていたが、土地も人びともよどんでいた。そうした状況から判断して、日本人は改善策として、有能な政府をもつことを提案した。明治政府は、江戸時代の「無能な政府」を退陣させていたこともあり、朝鮮を併合することによって同じような課題を引き受けたのだ。

　これらの日本人のうち、同化に直接反対した者はいなかった。だが、多くの人びとが困難であることをほのめかしてはいた。もし同化が全面的なもの——朝鮮人と日本人の見分けがつかなくなるようなものだとすれば、不可能だという彼らの思いや忠告をくみ取ることはできるだろう。朝鮮人は打ち壊すべきタイムワープにとらわれたままで、その生活様式は時代遅れだった。彼らは、日本人が何世紀も前に捨てさった習慣をいまだにもち続けていた。日本人と朝鮮人との違いを克服するには時間が必要だとした人びとは、朝鮮人が日本人に追いつくには何世代——50年から100年——もかかる

30　서울大學校醫科大學、（『서울大學校醫科大學史』、1978年）46～49頁。
31　中島基次郎「朝鮮婦人の骨盤外形計測すにおいて」（『京城医学界雑誌』、1913年1月）、125～26頁。
32　鳥賀羅門「朝鮮へ行く人に」（朝鮮へ行く人に編纂所、1914年）。
33　原象一郎「朝鮮の旅」（巌松堂書店、1917年）69～70頁。
34　鳥賀羅門「朝鮮へ行く人に」、19～21頁。
35　Duus, *The Abacus and the Sword* 398に引用されている。

第Ⅲ章　朝鮮同化政策の構築　173

だろうと予測した。その間朝鮮人は、日本の習慣や日本語に接しなければならないだろう。日本的な模範を採用することは、日本人の本質を見せるための一つの方法だった。さらに、総督府は、朝鮮人を「日本的な」内容で教育することが重要だと認識していた。これは、明治政府が内国植民地と周辺植民地政策において重視したことである。

軍事統治下における日本の教育政策

　総督府に入り、朝鮮人の同化に取り組むことを引きうけた日本人官僚たちは、みじめな状況から人びとを救いだす任務も引きうけた。日本人の指導は、朝鮮人に一日の仕事を終えることを教え、倹約を教え、自分を伸ばそうという気にさせるものだった。さらに、そうした重要な性質を家庭でしつける子どもたちに引き継がせるために必要な道具を女性に与えるものでもあった。教室はこうしたことをやりとげる最も重要な場所の一つだった。他のよく似た事例と同じく、朝鮮人がこうした教育を受けるかどうかは任意だった。とはいえ、総督府は一部の朝鮮人家庭に子どもたちを学校に通わせるよう圧力をかけていたようではある[36]。実際、総督府は、朝鮮人を日本軍の志願兵として選抜するようになった1930年代後半になるまで、義務教育化を発表しなかった——制度化はそれからさらに10年後のことである。

　日本の植民地にいた人びとをうまく統合するには、そのための制度を総督府が設ける必要があった。日本と朝鮮の教育制度を統合すれば、新たに併合された人びとに日本文化と日本語の基礎を身につけさせ、卒業するときには社会的、経済的に上昇するために必要なネットワークが得られるはずだった。だが総督府が設けた制度が

実践したのは、支配者側と被支配者側をきり離すような分離・不平等教育だった。朝鮮人の子どもたちには4年間の「普通学校」カリキュラムと「高等普通学校」（男子学生には4年間、女子学生には3年間）カリキュラムが用意された。さらに、朝鮮人学生は半島にある実業学校と専門学校に進学することもできた。中等学校に入学するために日本列島に渡った学生たちは、入学する前に2年間、予備学校に通い、年数の少ない朝鮮人向けのカリキュラムを埋め合わせることが求められた。朝鮮に派遣されてきた日本人の子どもたちがこの予備教育を受ける必要はなかった。総督府はそうした子どもたちのために、6年間の公立小学校教育を設けていたからである。通常、この学習内容と修学期間は本土のカリキュラムに沿ったものになっていた。また、朝鮮人の子どもたちは、西洋の伝道者らが中心となって運営していた私立学校や、統合を免れた朝鮮の伝統的な学校に入学してもよかった。

　たしかな教育を受けることによって、社会的な流動性が確立されるという点はいくら誇張してもしすぎることはない。金性洙と金季洙の兄弟が日本で教育を受けたことを想起しなければ、彼らが企業家として成功したことは理解しがたい。日本に滞在していたあいだ——性洙は日本に6年間住んで早稲田大学に通い、季洙は10年間日本に住んで京都帝国大学に通った——2人がたしかな教育を受けたことはまちがいない。だがそれ以上に重要なことは、彼らが得た人脈と、日本語と日本の習慣について得た知識である。これのおかげで、朝鮮に帰国した後、彼らは影響力のある日本人とスムーズ

36　Hildi Kang, *Under the Black Umbrella: Voices from Colonial Korea, 1910-1945* (Ithaca NY: Cornell University Press, 2001) , 51-52（『黒い傘の下で：日本植民地に生きた韓国人の声』、ヒルディ・カン、ブルース・インターアクションズ、2006年）98頁、おそらくこれは、京城にあった学校だけに限らない。学校の定員数は、入学希望者全員を受け入れるにはほど遠かったと、1920年代以降、東亜日報がくり返し報じている。

第Ⅲ章　朝鮮同化政策の構築　175

に親交を深めることができたのだった。こうした経験がなければ、彼らが京城紡績会社を興して成功することはなかった。もちろんこれは金兄弟に限った話ではない。1920年、日本で学んでいた朝鮮人はわずか1230人にすぎなかった。1942年になると、この数字は2万9427に上った。[37] 200万人近い朝鮮人が日本に住んでいたことからすれば、日本で勉強していた朝鮮人は非常に少なかった。すなわち、日本で教育を受けるということは、1940年代までに日本に住むようになっていた朝鮮人のほとんどには手が届かない、非常に恵まれたことだったのだ。

　朝鮮人を文明化するために教育が果たす役割は、日本政府が朝鮮併合を発表した直後の教育雑誌や教育新聞各紙で交わされる活発な議論のねたとなった。議論に加わった人びとは、総督府の目標は統合だと仮定して多岐にわたる意見を交わした。一部の参加者が朝鮮併合の決定を疑問視することさえあった。議論ではまず、教育の目的、カリキュラムの性質、用いられる言語など、実際的な問題が検討された。日本人と朝鮮人を一緒に教育することを支持する意見もあった。これについては、日本による支配が20年経つ頃から真剣に議論されてきた。朝鮮人を過小評価するような日本人の態度に対する批判は、日本には朝鮮人を同化する能力がないという疑念と共振した。仲林裕員によれば、総督府の朝鮮教育（研究）会と地域の教員の間には朝鮮人を「忠良な国民」に養成するにあたっての軋轢があった。[38]

　当時、議論された主たる懸念の一つは、朝鮮人と日本人との違いについてだった。話す言語が違う、習慣が異なる、朝鮮人は日本人ほど進んでいない、ということだ。こうした違いがあるのだから、学業では日本人の子どもたちとは別にすることが必要ではないかということが重要な論点になった。最後の韓国統監となった寺内正毅

は、併合前にこの問題が起きることを予期していた。

　　内國人ト同一程度ニ達セサルヘキカ故ニ、帝國内地ニ於ケル一
　　切ノ法律規則ヲ合併ト同時ニ之ニ適用シ得ヘカラサルハ勿論、
　　同半島ニ對シテハ其民情風俗及慣習等ニ鑑ミ、文化ノ程度ニ應
　　シテ住民ノ幸福ヲ増進シ其智識ヲ開發シ、漸ヲ以テ内地人民ニ
　　同化セシムル[39]

　併合後、この一方的な見解に異議を唱えた者はほとんどおらず、格差を縮める最善策に議論が集中した。ある『教育意見書』で指摘されたように、日本人は同化という言葉そのものが曖昧であると考えていたため、朝鮮人を完全同化するのは不可能で、朝鮮人が「日本民族の忠君愛国の精神（忠義心）」を会得することはありえなかった。だがこの意見書は、朝鮮人が日本語の教育制度に受け入れられれば、「大ニ日本語ヲ普及セシムルト共ニ彼等ノ徳性ノ涵養ニ力メ生業ニ関スル知識ト技能トヲ啓発習得セシメ以テ日本民族直接ノ指導感化ト相得」れば、「終ニ化シテ帝国ノ訓良ナル臣民トナルニ到ル[40]」とも述べている。

　雑誌『教育界』はその論説で、朝鮮人が日本の教育制度に受け入

37　朴宣美、『朝鮮女性の知の回遊：植民地文化支配と日本留学』（山川出版社、2005 年）28 頁。金兄弟については、『日本帝国の申し子：高敞の金一族と韓国資本主義の植民地起源 1876-1945』（カーター・J・エッカート、草思社、2004 年）を参照のこと。

38　나카바야시 히로시, 「1910 년대 조선총독부의 교육정책과 재조일본인 교원 통제 : 조선교육（연구）회를 중심으로」『東方學志』제 157 집 (2012 년 3 월) 376 쪽。

39　『寺内正毅文書第 32 巻』（国会図書館）、74 ～ 85 頁。寺内は朝鮮総督となってからも同じような発言をしている。「今日の朝鮮人はいまだ高尚な教育を受ける段階に至っていない。したがって、割り振られた業務をきちんと行なえる力を彼らにつけさせるために、彼らがよく知っている問題についての共通教育を行なうことに力を入れるべきだ」阿部洋「日本統治下朝鮮の高等教育─京城帝国大学と民立大学設立運動をめぐって」（『思想』第 565 号、1971 年）175 頁。

れられるには「準備教育」を終了しなければならないと主張した。この準備教育が必要とされたのは、朝鮮の歴史が日本とは異なり、朝鮮人が日本人とは異なる感情を抱いているため、日本人と一緒に教育を受けることが不可能だったからだ。「誤った教育」を受けさせれば、「悪い感情」をもたせることになり、反抗的な態度を取るようになるだろう。平等な教育を行なうには、あと10年、20年、あるいは100年ほど待たねばならないだろうというのが結論だった。次にこの論説では、この準備教育の中身をとりあげ、道徳教育よりも実践教育を重視するべきだとした。この執筆者は、朝鮮人は儒教の原則をすでに学んでいるのだから、彼らが受ける教育は、農業、工業、製造業などの実践分野にもっと力を入れるべきだと考えたのである。こうした教育であれば、彼らは帝国のために一層有益に貢献できるようになるだろう。朝鮮人はそれまで以上に自立し、自らを律して幸せを手に入れるだろう、と論じていたのである。

　言語能力も要素の一つだった。言語が異なるために2つの民族がひき離されており、日本人は、琉球やアイヌの人びとに行なったように、語学に力を入れたカリキュラムを提供する必要があった。論説は、日本人は当面のあいだ、つまり支配者側の言語が国語として取りいれられるまで、朝鮮人は2カ国語——学校では日本語、家庭では朝鮮語——を使うことを受け入れるしかないことを懸念としてあげた。植民地政府は、朝鮮人が徐々に上達するように励ますべきだった。だが、朝鮮人を忠実な帝国臣民にすることがこの教育の目的であり、急進的におし進めることはまちがっているはずだった。[41]

　総督府の御用新聞であった朝鮮語新聞『毎日申報』はこれらの考え方をくり返し報じている。カリキュラムについては、同紙も朝鮮人向けの教育制度を実践的な産業技術を基に組み立てることを提案

した。生徒に歴史や地理を教える「学業的なカリキュラム」は「統一精神」を養うために重要だったが、実践的な教育こそがこの精神の基盤を確立するのであり、朝鮮人の直近のニーズに応えるものでもあるからだった。[42]

　衆議院議員だった三土忠造は大韓帝国政府の教育調査委員会の委員を務め、同様の課題にかかわっていたが、最終的な結論は異なっていた。彼は、２つの民族を隔てていた学力格差を認識し、格差があることをさらに明確に説明した。朝鮮人には、彼がいうところの40年間のハンディキャップを克服するための「特別教育」が必要だった。ハンディキャップを理由にして、朝鮮人の教育制度を書堂に限定したのは三土の誤認だった。彼は、江戸時代に地方にあった寺子屋制度が明治時代に置きかえられたように、これらの学校も改革することが必要だと述べた。この格差は歴史的にもたらされたものだった。日本人は単に「啓蒙教育」を受けるだけの資財を朝鮮人よりも40年早く得ていただけだった。日本人と同じペースで改革を実践していた朝鮮人であれば、２つの民族を分けている格差をなくしているはずだった。この格差を埋めるために彼が提案した方法は、２つの点で上記とは異なっている。第１に、三土は、朝鮮人の子どもたちには実践ではなく道徳に基づいたカリキュラムを行なうべきだとした。また、教育目的も同じであるべきではないと考えていた。これは、同化に反対するということだった。朝鮮人は日本人臣民としてではなく、世界市民となるべく教育されるべきだった。

40　久保田優子、『植民地朝鮮の日本語教育——日本語による「同化」教育の成立過程』（九州大学出版会、2005 年、217 ～ 18 頁）。

41　「合邦後の朝鮮人教育」（『教育界』1910 年 11 月）1 ～ 3 頁。

42　「実業에就하야」（『毎日申報』1910 年 9 月 29 日）。朝鮮語で発行される同紙の姉妹紙は、次のような意見を掲載して補足した。日本人は経済的発達、公共財政、軍務に案して朝鮮人を教育しなければならない。そうすれば、世界的な取り組みにおいて、朝鮮人が日本人と並んで歩くことができるようになる。「朝鮮人教育の根本義」（『京城日報』、1910 年 9 月 8 日）。

道徳に基づいたカリキュラムにすれば、朝鮮人学生が身につけるのは、日本国に対する忠誠心と天皇に対する服従ではなく、「義務の観念、廉潔方正、公共心」のはずだった[43]。

　三土は、朝鮮における教育を単に日本人臣民を複製するにとどまらずに広げていくべきだと主張し、朝鮮人に対する日本人の傲慢さを間接的に批判した。この議論に加わった人びとは、より忌憚のない言葉でこの批判をくり返した。堀尾石峰は、「国民教育的動機」と名づけたものを朝鮮人にもたせるカリキュラムを行なうよう日本政府に助言した。朝鮮人には「等しい価値」があり、日本人と「同じ感情」をもつ民族として、関心を同じくし、同等な繁栄に基づいて、自らの国家を形成するように導かれるべきだった。何よりも、朝鮮人は、男性も女性も同胞としての立場を理解すべきだった。日本人はそうやって世界の列強諸国と肩を並べるようになったのだ。朝鮮人にとって国民教育が不可欠であるのは、かくあればこそだった。国体の意味を会得しなければ、同化への道が失われるだろうと堀尾は戒めた。こうして、朝鮮人に対する教育は植民地支配者に服従するのではなく、同等の地位を求めるように人びとに教えようという熱意をもって組み立てられるべきだった。

　堀尾にとって、日本人が統治を行なう責務を表面的にしか理解していないことは、その目的を達成する際の中心的な障害だった。彼は、中身を十分に検討することなく同化政策を進めることを批判し、包括的同化という建前と、日本人が朝鮮人よりも優れているという差別的な見方とが大きく矛盾していることを指摘した。朝鮮の人びとの「将成的人格」を認め、尊重する意思がないというのが、日本人がもち続けてきた姿勢であり、この点にもっと注意を払う必要があった。日本人が、上位＝征服者と下位＝被征服者というギャップを乗りこえなければ、イギリス統治下におかれたインド人

や、米国に支配された黒人やネイティブ・アメリカンと同じように朝鮮人が一民族として発展するチャンスはほとんどなくなっていたはずだった。[44]

　議論に加わった人びとも、教室は一緒にすべきか、分けるべきか、教育が行なわれる言語についてなど、教育にかかわる問題を議論した。総督府御用の英字新聞『ソウル・プレス』は、朝鮮人は、派遣された日本人の子どもたちを対象にした学校に入学を認められる前に、まず適切な日本語を使えることを示してはどうかとし、この２つの問題を結びつけた。同紙は、日本語と朝鮮語が似ていることを指摘し、朝鮮人が外国語の修得に優れていることから、授業で用いるのは朝鮮語ではなく日本語のほうが望ましいとした。ついで、同紙は教室を一緒にすべきだとした。それならば、朝鮮人は日本人に提供されるのと同じカリキュラムで学ぶことができ、日本人にとっては朝鮮語を学ぶ動機になると提議したのである。[45]カリキュラムの中身については日本中心のもののままでよいとした。すなわち、歴史と地理の授業では日本にかかわる事項に集中し、朝鮮史は列島と半島との関係を示す事件のみとりあげられるということだった。[46]

　朝鮮人には日本人よりも語学能力があるという意見は頻繁に登場する。被植民地の人びと（と女性）には創造性がなく、従順である

43　三土忠造「朝鮮人の教育」（『教育界』、1910 年 12 月）24 頁。

44　堀尾石峰「新国民の教育」（『教育時論』1910 年九 9 月 5 日）13 頁。

45　朝鮮語を学ぶ日本人は、朝鮮半島での日本人の存在が増すにつれて増えていった。日本人による朝鮮語学習の歴史的な概観については、以下を参照のこと。山田寛人『植民地朝鮮における朝鮮語奨励政策：朝鮮語を学んだ日本人』(不二出版、2004 年) 第 1 章。

46　1910 年 9 月 8 日、『ソウル・プレス』に、"Needs of Greater Japan" と "School Textbooks for Chosen" という 2 つの記事が掲載された。『ソウル・プレス』が創設されたのは 1906 年で、アーネスト・ベセルの『コリアン・デイリー・ニューズ』が全般的に反日的論調であったのに対抗して、親日的な意見を報じるためだった。総監であった伊藤博文の書記官であり、『ジャパン・タイムズ』の編集長でもあった頭本元貞が初代編集長に就任した。1937 年 5 月の発行を最後に廃刊した。

と考えられたことから、語学の勉強はこうした人びとに共通して備わっているとされた能力だった。当然、被植民地の人びとが支配者側の言語を学ぶ動機は、貧しくて力のない植民地の言語を支配者側が学ぶ動機よりもはるかに強かった。『ソウル・プレス』は11月、漢城高等女子学校についての特集記事のなかで、この意見をさらに一歩進めている。この記事では、生徒たちの日本語が著しく上達したのに比べ、音楽と数学では比較的上達が遅かったことを比較して示している[47]。2つの言語が似ていることも注目された。朝鮮語は日本の「国語」の一つの「表現」にすぎず、日本の方言のようなものだと主張する人びともいた[48]。一方、山田寛人は、日本人による朝鮮語学習をふり返り、朝鮮人の日本語が上達しないことに不満を感じた日本人官僚が、植民者として在朝日本人が朝鮮語を学ぶような動機をもたせなければならないと感じるようになったとする。雇用主は、社員らが上級テストに合格したら賞与を支給するなどして、努力をねぎらうことにした。尋問などで朝鮮人と頻繁に接していたことを考えれば、一般的に警官がこれらの試験で好成績を収めたことは驚くにあたらない[49]。

　この議論には、女性がどの程度教育を受けるかは別の話題だった。女性を教室から締め出すことは昔からの妄信を永らえさせ、女性の成長を妨げた。教育を受けることで、女性は授業についていけるように子どもに「家庭教育」を行ない、早いうちから子どもの養育に積極的に取り組むことができた。1910年9月の『毎日申報』はこの点を力説し、こうした教育こそが子どもたちの将来にとって重要であることを次のように説明している。「人が善の道から悪の道へ、あるいは悪の道から善の道へ、人生の転機があるかどうかは、きちんとした教育を受けてきたかどうかに左右される。正しいことを教えられていれば、正しい人になる」。社説ではさらに、こ

の教育は家庭から始まると続けた。母親が教育を受けていれば、正しい知識を子どもに伝えることができる。教育を受けていなければ、過去の妄信を子どもに引きつがせることになる。また、家庭教育の利点と健全な国家も結びつけられた。「女性の教育が国家の盛衰につながっていると言っても過言ではない。女性に道徳心がなければ、男児を厳しくしつけることはできない。この基礎がなければ、後に、その男児を学業面で伸ばしてやろうとしても手遅れだ」。この論説委員は、女性の教育は道徳的な事柄に限るべきだと主張した。女性に知識に基づいた教育を行なうことも、体力をつけさせることも、社会で女性が果たす役割からすればとくに重要ではないと考えたのだろう[50]。

　朝鮮の教育制度に関する議論は、日本が統治方針として同化を選択するのかどうかという議論をはるかに超える論点をもたらした。議論に加わった人びとは、朝鮮人は同化にやぶさかでないだろうという軽薄な考えに追随するのではなく、日本には外国の民族を同化するだけの力があるのかどうかを問題にした。日本人はそのリスクを引き受ける覚悟があるのか、ということだった。彼らは、朝鮮の教育方針を策定する責任者に対して、帝国臣民の形成という限られた目標を越えて学生たちを導くようにと助言した。朝鮮総督府の教育担当官僚たちは明らかに、こうした議論に納得しなかった。1911年11月1日に第1次教育令として登場した教育制度とカリキュラ

47　*Seoul Press*, November 26, 1910。日本統治25周年を記念した朝鮮総督府の報告書にも同様の記述がある。このなかで、朝鮮人学生は教室に関する日本語を覚えるのに1カ月半しかかからないと述べている。*Thriving Chosen: A Survey of Twenty-five Years' Administration*（京城：朝鮮総督府, 1935年）、16頁。

48　山田寛人『植民地朝鮮における朝鮮語奨励政策』、48～49頁。

49　前掲書、86、174頁。

50　「女性教育의緊急」、『毎日申報』、1910年9月22日。金富子の『植民地期の教育とジェンダー』はこの間の女性教育に関する興味深い議論をとりあげている。

ムは、その内容も年数も、その他の周辺地の人民に行なっていた、分離、不平等さが際立っていた教育制度とほぼ同じだった。朝鮮人の子どもたちの初等教育は、日本人に行なわれていた初等教育を短縮したものだった。朝鮮人は、4年間の就学期間を日本人よりも遅く（8歳で）始め、早く（12歳で）終えた。教育を続けたいと考える朝鮮人は、この差を埋めるためにさらに別の学校にも通わねばならなかった。カリキュラムは、初級段階では道徳教育を重視していたが、基礎ができた後は実務的な教育が行なわれた。このように、優秀な生徒となる前に忠誠をつくす臣民を作りだすことに力を入れていたのである。生徒たちには天職を見つけさせることよりも、労働の価値を教えることに重点が置かれたのだった。寺内正毅総督は、「教育の目的」は、若者の知性を伸ばし、道徳心を強化することにある。そうすれば、自らを律し、家庭を統率することが可能になると強調した。朝鮮人が遅れていたために、より重視する必要があったのは2つ目の点だった。

　　これまで（朝鮮の）男性のほとんどは、間違った教育を受けたせいで労働を嫌い、無益で無意味なおしゃべりにふけるようになってしまった。今後は、こうした悪弊を取り除き、青年の精神に、怠惰を嫌い、真なる労働、倹約、勤勉に愛着を感じるように教え込むことに注意を払うべきである。[51]

　1911年の第1次朝鮮教育令でもこの意気込みがくり返されている。

　　教育勅語の基礎に基づいて朝鮮人を教育すれば、朝鮮人は善人となり、帝国に忠実となるであろう。そうした性質が醸成され、

そうした知識と能力がもたらされれば、立派な生活を送ること
ができ、社会的に上昇していくことだろう。[52]

　どちらのカリキュラムでも語学の授業が中心だったが、日本学校
では、生徒たちは、期間の短い朝鮮学校よりも幅広い科目（歴史や
地理など）を学ぶことになっていた。朝鮮人の生徒たちは３カ国語
を学ばなければならず（日本語以外に朝鮮語と漢文をあわせた授業が毎週
６時間あった）、それらの科目を学ぶ時間が奪われていたわけである。
理科は３年生以降でようやく始まり、週２時間だけだった。このた
め、週に１時間が追加され、朝鮮語／漢文の授業が１時間減らされ
た。[53] このカリキュラムでは、生徒たちは毎週10時間、日本語の授
業を受けることになっていた。その他の授業で、追加の言語指導を
間接的に受けていたことになる。１年生以上では、日本語で書かれ
ていない教科書は、朝鮮語／漢文の授業で使う教科書だけだった。
教員たちは原則的に、日本語で教えることとされていた。これが尊
重されるとなると、教育の質がさらに低下した。すなわち、子ども
たちは外国語で勉強することを、教師（朝鮮人であれば）たちは外国
語で教えることを強いられたからである。総督府は、この指導があ
るからこそ日本語を話す朝鮮人を作りだすという目標を達成できる
のだと確信していた。朝鮮人の日本語能力は、習熟度試験などのよ
り客観的な指標ではなく、単に学校の入学者数を基にして推定され
た。総督府は低学年担当の教師たちに２カ国語（日本語と朝鮮語）の
指導手引きを配布し、朝鮮人の教師に任せきりという面が大きかっ

51　*Thriving Chosen*, 9-10 で引用されている。
52　教育令は、朝鮮総督 *Results of Three Years' Administration of Chosen*（京城：朝鮮総督府，
　　1914年）、52 頁に引用されている。
53　Moon-Jong Hong, "Japanese Colonial Education Policy in Korea" (Ph.D. diss., Harvard
　　University, 1992), appendix, 13 を参照のこと。

第Ⅲ章　朝鮮同化政策の構築　**185**

た（1914年時点で、日本人教師が498人であるのに対し、朝鮮人教師は1206人だった）ことを考えると、どの程度日本語で指導がなされていたのかは疑問である。

　初等学校では、週に1時間だけだが修身の授業があった。その他の授業の内容を概観すると、倫理にかかわる教訓がカリキュラム全般に登場している。語学の教科書では倹約を強調し、贅沢をしなかった人物として、また、日本の国富を増進する方法を庶民に示すために自ら蚕を育てた人物として皇后が描かれていた。同じ教科書には、同化の精神や日本人と朝鮮人との意思疎通を促すような、日本人と朝鮮人の調和を伝える物語が掲載された。そこでは、朝鮮人のキナンが律儀にも日本人の太郎の母語を学んでいた。息子の積極性を見て、彼の両親も同じように前向きになった。生徒たちは朝鮮語と日本語の語学の教科書を通じて、日本の神話や昔話、神道をとりあげた随筆、日の丸、その他の重要な日本文化の事物に触れた。E・パトリシア・ツルミは、朝鮮の教師たちは台湾の教師たちと同じように、教えることすべてに「日本人魂」を盛りこむよう強いられたと指摘している。

　日本人官僚は、就学期間が短いことや教室の大きさに比して生徒が多すぎる点、朝鮮人の教育指導に十分な資金を割かない理由などを事業計画の側面から説明することができた。すなわち、新校舎の建設や資格のある教師の育成は一晩でできるものではない、としたのである。だが、日本政府が初めて教育を導入した1872年も同じ状況だった。日本人に対する教育と朝鮮人に対する教育を分けていたのは、もっと根本的な問題——意図だった。1872年の学制とは異なり、朝鮮総督府による1911年の教育令には、「『邑ニ不學ノ戸ナク家ニ不學ノ人ナカラシメン事ヲ期ス』社会から教育を受けていない世帯がなくなり、教育を受けていない人間が家庭からいなくな

るように」という熱意を伝える宣言は盛りこまれていない。[58]日本の統治政府がこうした熱意を表明したのは、ようやく1930年代後半、つまり、朝鮮人男性を日本軍に志願することが必要とされてからのことだった。

社会教育と『毎日申報』

　総督府は、学校教育を補完するものとして「社会教育」を利用し、識字力のある朝鮮人に同様のメッセージを伝えた。この教育を担う中心的な組織は『毎日申報』だった。これは総督府の御用新聞で、併合が発表された翌日の1910年8月30日に創刊されたものだ。この朝鮮語新聞では、「学校教育」、ひいては「家庭教育」で強調されたメッセージが補強された。総督府は、活字メディアに加え記念行事や旅行、講習会などもその主張を広める場として利用するようになっていった。この取り組みは、総督府が出版法と新聞紙法を改定、施行後の1920年代に活発になっていく。活字文化はその法改定によって大きく多様化した。戦争中（1937〜45）、総督府は朝鮮語の出版物を再び制限したが、それは総督府がそのような大変な時期

54　朝鮮総督『朝鮮総督府施政年報』（京城：朝鮮総督府、1914年）292頁。

55　日本統治時代の初期に朝鮮人が使っていた教科書の中身については、以下を参照のこと。『教科書に描かれた朝鮮と日本：朝鮮における初等教科書の推移1895‐1979』（李淑子、ほるぷ出版、1985年）、とくに275〜99頁。

56　E. Patricia Tsurumi, "Colonial Education in Korea and Taiwan," *The Japanese Colonial Empire*, 300.

57　ドン・ウンモが計算したところ、植民地支配の期間を通して、総統府が支出した1人当たりの教育費は、日本人学生への支出よりも朝鮮人学生への支出のほうが少なかった。1942年になると、日本統治政府が日本人学生へ支出した教育費は4倍近くも増えた（22.86円から82.57円）。一クラスあたりの人数でも同じ傾向があった。1912年ではほぼ同じだった（朝鮮人の27.9人に対して、日本人では31.7人）が、1942年になると朝鮮人学生（73.1人）は日本人学生（35.9人）の倍近くになった。Dong "Japanese Colonial Policy and Practice in Korea," 385.

58　以下に引用されている。Marshall, *Learning to be Modern*, 40.

に、朝鮮人の協力を得るべく作りあげた「正しい」主張を吹きこもうと、よりいっそう努力するようになったからである。

　総督府にとって、メディアは朝鮮人に意図を伝える手段となり、日本の社会教育に関するその他の情報と関連させた。読者にその日のニュースを提供することに加え、メディアは、日本帝国における彼らの新たな立場についての解説と、日本人並みに発展するために文化的、社会的に溶けこむことが期待されていること、およびそれについての指示も説明した。内的拡大の場合と同じく、報道機関は、周辺植民地において想像の共同体（imagined community）を形成する際の指南役として欠かせない役割を果たした。最初の10年間、『毎日申報』は事実上報道を独占していた。併合時、日本は主だった朝鮮語新聞に閉鎖を命じていたからだ。存続を許されたいくつかの中小出版社はすぐに立ちいかなくなった。[59]齋藤實の改革によって、1920年から現地の報道機関が成長するようになるまで、『毎日申報』は、植民地における合法的な朝鮮語の主要報道機関だった。同紙は、日本の敗戦を受けて廃刊するしかなくなる1945年まで存続した。

　『毎日申報』は、日本語新聞『京城日報』と、1906年9月から発行を続けてきた英字新聞『ソウル・プレス』に加わり、半島における総督府の主要な報道機関となった。[60]創刊号では、日韓併合条約の朝鮮語訳、併合を記念する詔勅、朝鮮人の忠誠を規定する勅令、新たな日朝関係の重要性についての社説が掲載された。同紙で当初、漢字──社説は日本語の原文から直接翻訳されていたようだ──が使われていた。これは、総督府が想定した購読者が教育を受けた上流階級、すなわち両班であったことを示している。1912年3月から、『毎日申報』はハングル表記の号も発行し、購読者層を広げようとした。[61]総督府が植民地での現地新聞の数を増やした後、同紙

は通常の号でも朝鮮語を多用するようになり、漢字に朝鮮語のルビをふることもあった。[62]

　総督府の同化政策にとって好都合であったのは、『毎日申報』が啓蒙的な主義主張を推進したことだった。多くの場合、この主張は第1面を飾る社説でとりあげられた。そこでとりあげた教訓は、学校の教科書に掲載されているもの、すなわち倹約、勤労、健康と栄養摂取、「封建的な慣習」の廃止のくり返しだった。同紙は、自らを文明化した組織だと喧伝し、新聞を読まなければ、その一日は「暗い」ものになると忠告した。[63] 同紙の記者は、寺内総督が日本の首都を頻繁に訪れていることを、その出発時間と到着時間を報じることで朝鮮人に手短に伝えた。そして、寺内が明治天皇に植民地の発展について直接報告する皇居へと読者を導いた。その他の記事は、朝鮮王族と総督との友好関係をとりあげていたが、これは朝鮮と日本の一般庶民同士がそうした関係を築くことを期待してのこと

---

59 たとえば、慶南新聞は1915年まで続いたが、廃刊した。この間における朝鮮の新聞についての概説としては、以下を参照のこと。Michael E. Robinson, "Colonial Publication Policy and the Korean Nationalist Movement," in *The Japanese Colonial Empire*, 312-46. ロビンソンは、統治政府がこの間、宗教的な印刷物や青年向けの印刷物の発行をごくわずかながらも認めていたことを指摘している。

60 『コリアン・デイリー・ニューズ』および『大韓毎日申報』である。수요역사연구회編『식민지조선과 매일신보』 (신서원 , 2003) ; Kim and Kim, *Korea and the Politics of Imperialism, 1876-1910*, 181-82 ; と Andre Schmit, *Korea Between Empires, 1895-1919* (New York: Columbia University Press, 2002), 166-67. (『帝国のはざまで：朝鮮近代とナショナリズム』、名古屋大学出版界、2007年、141頁)。

61 황민호「총론 : 1910년대 조선총독부의 언론정책과 매일신보」『식민지조선과 매일신보』수요역사연구회』, (編), 11-31 (신서원 , 2003), 19).

62 同紙が漢字を多用したのは、発行部数が減ったことも一因である。とくに、1920年以降、総督府が競合相手となる朝鮮語新聞の刊行権を認めてからは顕著だった。例えば、1930年、『毎日申報』は2万3000部を売りあげていたが、『朝鮮日報』や『東亜日報』よりもはるかに少なかった。売上部数については、Robinson, "Colonial Publication Policy and the Korean Nationalist Movement," 325-26を参照。初期の新聞史については、황민호、「총론」11-31を参照。

63 「新聞과 文明」(『毎日申報』、1911年2月19日)。

だった。

　新聞の第 1 の役割は、朝鮮人の読者に、帝国における半島の地位について伝えることだった。同紙は朝鮮人に、新たな考え方と日本の半島政策との関連性について伝え、なぜ日本の統治ルールに従わなければならないのかを説明した。ある社説では、この新しい状況を自然現象の循環を用いて「雨期が終わると、また次の雨期に入る。天に昇った月が消え、また新しい月が昇る。新しい雨期と新しい月が新民世界を作る」と説明した。朝鮮人全体が過去を捨てさる必要はない、あるいは、期待されてすらいないというのが同紙の意見だった。古いものが完全に消滅することはなかった。朝鮮人に求められた任務とは「それまでの腐敗な思想を革祛し、今日の新鮮な思想を注入こと」だった。[64] これは、日本の植民地をめぐる議論でしばしば聞かれる考え方だ。すなわち、日本の異なる地方（たとえば九州と東北）のように、朝鮮もその土地の特徴を維持することが認められるべきだった。同化するとしても、日本人は朝鮮人を複製し、「均一な」日本民族という架空のイメージにする必要はなかった。

　1 週間後、『毎日申報』は、朝鮮人と日本人が力をあわせ、彼らに突きつけられていた「改革の時代」を乗り切らなければならないと説いた。現在は、国民という思想によって定義された「新民の時代」だった。知識と可能性が停滞状態から人びとを目覚めさせ、新たな風を吹き込んだのである。わが朝鮮人と日本人は現在、隣人同士であると同紙は説いた。ここに住む人びとは、一杯の飲み物を分け合うことに喜びを見出す。[65] それができるかどうかは、朝鮮人の協力にかかっていた。この社説では、朝鮮人と日本人は、緊密な共生関係で結びつけられる運命だと強調していた。その理由は、「もし日本が強ければ、わが国も強い。もしわが国が弱ければ、日本も弱いのである……もし一家内で兄がよく食べることができるのであれ

ば、弟が餓死することはないはずだ[66]」。

　翌週、『毎日申報』はこの関係を説明した。2つの民族は人種的
に共通している。同系に属し、同じ黄色人種でもある。尊厳という
点でいえば、彼らのあいだに違いはなく、半島に住んでいる人びと
に優劣をつけた扱いなどありえなかった。社説は、朝鮮人が日本人
を侮蔑する呼称として倭（小柄な野蛮人）を使わなくなり、逆に、日
本人が朝鮮人をヨボと呼ばなくなる日がいつか来るだろうとしてい
た。この論説委員は、教育こそが朝鮮人を同化に向かわせ、日本人
という隣人と協調していけるのだと締めくくった[67]。

　どのように同化していくかについての『毎日申報』の当初の見解
は、その他の日本人の見方——急進的に進めるよりは徐々に——
を反映したものだった。朝鮮人と日本人との違いは、歴史的に分離
していたことに由来するとした。言語、法律、食生活、その他の違

64　「新思想의 注入」（『毎日申報』、1910年8月31日）。
65　「改革의 時代」（『毎日申報』、1910年9月七7日）。同紙は「世界史」というコラムで革命的
　　なアイデアや改革について強調することがあった。たとえば、英国国教会改革、30年戦争、
　　16世紀の大発見などについて、読者に紹介した。
66　「同化의 主義」（『毎日申報』、1910年8月30日）。この記事は明らかに支配者側の視点から
　　述べた（おそらく日本語から翻訳したものだろう）ものだが、著者らは朝鮮人読者に対して、
　　「われわれ」朝鮮人は日本人と協働していく必要があることを訴えた。
67　「待遇에 關흔事」（『毎日申報』、1910年9月9日）。朝鮮人は古くから日本人を倭あるいは倭
　　人と呼んでいた。ヨボという言葉は、朝鮮語の挨拶である「ヨボセヨ（こんにちは）」あるい
　　は夫婦間が一般的に使う親しみを込めた挨拶（あなた、きみ、など）を短縮してオウム返し
　　に使った日本語といえるかもしれない。いずれにせよ、日本人がこの言葉を使うことを朝鮮
　　人は侮蔑的だと解釈し、日本語の敬称である「さん」をつけて使う（つまり、ヨボさんとなり、
　　ちょっとあなたなどとなる）のはむしろこっけいだと捉えた。中島敦は、『巡査の居る風景』
　　で、言葉の使い方をめぐる葛藤を描いている。ある場面で、日本人の女が朝鮮人の老人に席
　　を譲ったのだが、この老人は「ヨボさん」と呼ばれて憤慨した。
　　女：だから、ヨボさんいうてるやないか、
　　朝鮮人の男：どっちでも同じことだ。ヨボなんて、
　　女：ヨボなんていやへん。ヨボさんというたんや、
　　女：ヨボさん、席があいてるから、かけなさいて、親切にいうてやったのに何をおこってん
　　のや。
　　（『〈外地〉の日本語文学選：3　朝鮮』、黒川創編、新宿書房、1996年、76～77頁）。

いが当時の２つの民族の本質や思考における違いの原因だった。こうした違いが持続されるかぎり、朝鮮人と日本人との信頼関係を作りあげることはむずかしかった。同紙は、人間の本質や感情が一致していくうちに親しみがわいてくると説明した。朝鮮の歴史と日本の歴史がよく似ていたおかげで、望ましい関係が自然に構築されていく土台は十分に整っていた。このために方針を作成する必要はなかった。同様に、朝鮮の人びとは朝昼晩をかけて日本語を勉強する必要もなかっただろう。むしろ、徐々に同化を進めていくことが朝鮮人に日本語を修得するように促す最善の方法だった。[68]

　教育方針をめぐる議論と同じように、言語の修得と文化的な同化を関連づけたり、言語能力と精神力を結びつけたりする解釈はよくあった。優越した思考能力を得るには、優越した言語を修得することが求められた。アイルランドの事例を無視し、同紙は朝鮮人が日本語を修得すれば、２つの民族は思想的に一つにまとまるだろうと主張した。1911年２月のある社説では、こうした考えを次のようにまとめている。

　　　一賢位一不肖だとしても、同化はできない。一智一愚だとしても同化は出来ない。一強一弱だとしても同化はできない。すべからく言語を先究し、内地の事物や内地の知識と統一すれば一賢一不肖が無く、一智一愚が無く、一強一弱無く、以降同化の幸福を得られるだろう。

　この締めくくりはこうだ。共通言語は、２つの民族に備わる能力を等しくする媒体である。朝鮮人にとって内地の言語を学ぶことは、日本の取り組みに同調する重要な方法の一つだった。[69]

　日本語の修得に加え、朝鮮人が日本の臣民として正式に受け入れ

られるには、自らの「野蛮」な慣習と習慣を捨てることも必要だっ
た。朝鮮在住の日本人が期待する文明化のレベルに達した生活様式
を朝鮮人が取り入れなければ、同化は失敗だった。小学校の教科書
と同じく、『毎日申報』は、日本人にとって朝鮮人が文明化していな
いと考える分野を朝鮮人読者に伝える責任を引き受けた。語学学習
と同じように、同紙はゆっくり変わっていくことを提案した。急速
に変わろうとすれば、朝鮮の社会構造に害をもたらすだろうからだ。

　大改善を要する分野として同紙があげたのは、朝鮮の健康と清潔
さの水準だった。「衛生状態と修身」と題した横柄な論調の論説で、
『毎日申報』は、朝鮮の人びとは今日まで自らの健康に十分な注意
を払ってこなかったと一般化して述べている。「居處が不潔にもか
かわらず、飲啄が不潔にも関わらず、気にしないように見える」こ
の論説は、こうした不健康な生活様式は朝鮮人の怠慢さが第1の原
因だとし、この欠点を直すために、朝鮮人は生活を律することを学
ばなくてはならないと指摘した。運動、食事、娯楽の何事にも適
切な時と場所というものがあり、こうした行動は規則的に行なわな
ければならない。生活様式が規則正しく行なわれれば、われわれは
「風雨寒暑でも」予定どおりにいくはずだ、というのがこの論説の
主張だった。

　朝鮮人が健康状態を改善するにはその他にもたくさんの方法が
あった。論説では、血流をよくし、食物を適切に消化するための運
動を勧めていた。運動すれば眠りが深くなり、病気予防にもなっ
た。同紙は、健康的な食習慣にするよう朝鮮人にアドバイスもして
いる。「食べ物を選ぶ時は注意して、各異なるものを少しずつ食べ
るべきだ」。とくに、身体や家、家具、食料は清潔にしておかねば

68　「同化의 方法」(『毎日申報』、1910 年 9 月 14 日)。
69　「國語研究의 必要」(『毎日申報』、1911 年 2 月 23 日)。

第Ⅲ章　朝鮮同化政策の構築　193

ならないと指摘した。これは、各人の衛生状態を良好に保つだけではなく、家庭の清潔さを保つためにも重要だった[70]。

『毎日申報』は若年結婚も取り上げ、一般的な朝鮮文化の特徴の一つであるとした[71]。娘が幼いうちに結婚を強いるのは、適切な教育を受けさせないことであり、妄信を永続させることになった。人間は一般的に、7歳から20歳までで聡明さと知性を急速に発達させるのであり、同紙は、この「悪風」が個人の成長を阻害していると説明した。思考の転換を促さない法令に言及することで、婚姻最低年齢を定めた1894年の甲午改革が実際には明確な変化をもたらさなかった事実を暗に示したのだろう[72]。わけても、貧しい家庭の親は依然として娘が幼いうちに結婚させていた[73]。この慣習は朝鮮文化に本質的な一部であると強調することによって、外国の介入を受けてこれを正すことが必要だと示唆したのである。だが同時に、これは、その経済的側面を無視するものでもあった。つまり、収入が限られていた家庭は、持参金が払えるうちに娘を早く結婚させなければならなかったのである。

朝鮮人の欠点を正すだけでなく、総督府は日本の皇室行事に参加するようにも促した。祝日は祝うものとされた。すなわち、皇室の誕生日や結婚の儀、即位式を祝い、皇室の人びとの死を悼んだのである。また、日本人は数字を好み、同化に向けた朝鮮人の進歩を示すような、行政にかかわる成功事例を数値化した統計を数多く残している。日本語を流暢に話す朝鮮人の数、神社を参拝した朝鮮人の数、民族間（朝鮮と日本）の通婚数などを公表していたのである。日本人は、統計の中身について推測することはせず、自らを弁護するために、誤解を招きかねない数字を許容したのだった。朝鮮人が神社を参拝した理由はどうでもよかった。参拝者数が増加したということだけで、総督府の統治方針が成功だったことが示されるから

だ[74]。日本の植民地政府も、教示する手段として参加を促した。ここにおいて、メディアは重要な役割を果たしている。朝鮮人の参加が要請されるような活動に賛同し、それを報じたからだ。それだけでなく、その行為の意義や、参拝の際の正式な（日本の）服装や作法についても伝えていた。さらに、日本人や同胞の朝鮮人が、皇室の誕生日や即位式といった特別行事をどのように祝っているかを報じることによって、遠方に住んでいる人びとにも間接的に参加させたのだった。編集者たちはこの報道を演出し、植民地の人びとに支配国の人びととの一体感を強く感じさせた。目的を同じくすることによって、2つの民族は一体化したのである。

　報道機関が、天皇と朝鮮の人びととの関係について報じることも多かった。日本と同様、植民地における祝日の多くは皇室と関係のある日ばかりだった。最も重要なのは天長節だった。この日になると、『毎日申報』は、天皇の写真と天皇が朝鮮の人びとに向けて

70　「衛生과 修身」（『毎日申報』、1910 年 10 月 7 日）。また、Todd A. Henry, "Sanitizing Empire: Japanese Articulation of Korean Otherness and the Construction of Early Colonial Seoul, 1905-1919," *Journal of Asian Studies* 64, no. 3 (August 2005): 639-76 を参照のこと。

71　朝鮮人の結婚のとり決めは、伝統社会によくあるとおり、仲介者を通して、家によって決められていた。こうしたとり決めは新郎新婦がまだ幼いうちになされることが多かった。貧しい家庭は、将来の夫となる男児の家に娘を「幼な妻」として送り、幼な妻たちは姑となる女性に育てられた。Laurel Kendall, *Getting Married in Korea: Of Gender, Morality, and Modernity* (Berkeley: University of California Press, 1996), 62.

72　「風説과 早婚」（『毎日申報』、1910 年 10 月 16 日）。同紙は、1911 年 4 月にも女性問題をとりあげている。そこでは、早婚は朝鮮社会が人権を尊重しない結果としての産物であると論じている。人身売買について 2 回にわたって掲載されたこの論説の後半で、『毎日申報』は、少女を売春婦として売るという問題についてとりあげた。「人物의 悪習」（『毎日申報』、1911 年 10 月 26 ～ 27 日）を参照のこと。

73　甲午改革については、Peter H. Lee, ed., *Sourcebook of Korean Literature,* vol. 2 (New York: Columbia University Press, 1996), 382-84. 早婚についての議論は、Kendall, *Getting Married in Korea*, 62-63 を参照のこと。

74　少なくとも 1 人の朝鮮人が、ピクニックで神社に出かけたことを回想している。ソウルで一番眺めのよい場所だったという。Kang, *Under the Black Umbrella*," 114.（『黒い傘の下で：日本植民地に生きた韓国人の声』、199 頁）。

第Ⅲ章　朝鮮同化政策の構築　195

寄せたお言葉を第1面に掲載した。総督府は特別な機会——崩御と即位——をとらえて、朝鮮人に天皇と朝鮮との関係について伝えた。1912年7月に明治天皇が死の床に伏せると、『毎日申報』は、純宗の行動——あらゆる娯楽をとりやめ、天皇の病状についての情報を求めた——を逐一報じ、そのような重苦しい場合には、どのような態度や行動を取るべきなのかを朝鮮の一般市民に教えこんだ。[75]

明治天皇の誕生日（11月3日）は、植民地政府が併合後わずか2カ月あまりで手に入れた、朝鮮人の参加を募る最初の機会となった。総督府が企画した「貴族旅行」は、この機会に朝鮮人を祝賀行事に参加させることが狙いだった。天皇誕生日の参賀に参加させるために参加者を東京に連れて行くという旅行日程は、朝鮮人が日本の統治に黙って従うことを示すために意図的に組まれたもののようである。参加者には、それまでに日本に協力したことのある朝鮮人が多数含まれていた。朴齊純（内務大臣）、李容植（学部大臣）など、解散されたばかりの朝鮮内閣の閣僚や、金榮漢、許瓚、李元植、徐相勛など、当時の中樞院の議員などだ。もう一人の参加者、閔宗植は、抗日の義兵を率いた人物だった。『ソウル・プレス』は常に、朝鮮人と日本人との博愛精神を宣伝するために満足感を与えるような物語を掲載し、閔宗植の事例に注目させた。同紙は彼を「1906年に洪州を大混乱させた反乱兵の元指導者」だと呼んだ。同紙によると、彼は、大韓帝国最後の皇帝である純宗に直接訴えて旅行に参加していた。純宗は、「かつての敵地を見たい」という閔の気持ちを知り、元義兵が参加する許可を寛大な気持ちで与えたのだった。[76]

当初、男性と女性の二手に分かれていた一行は、ソウルから東京へ向かう途中、下関、宮島、京都、名古屋に立ち寄った。彼らは各地で出迎えを受け、地元の要人らに歓待された。愛国婦人会などの愛国団体は訪問者に敬意を表して、昼食会や夕食会などを開

催した。地元の代表者らは彼らを連れて学校や郵便局、警察署など
を回った。また、軍による実演を見せることもあった。日本人たち
は、朝鮮人と日本人との交流を深めるため、日本語を学ぶよう要請
するスピーチも行なった。[77]この視察旅行は、朝鮮の報道で大きく取
り上げられた。『慶南申報』は、10月29日から11月5日まで、「観
光団日記」というコラムを掲載した。『毎日申報』は10月20日、こ
の視察の重要性を読者に解説した。同紙は、祖国に残る朝鮮人の生
活を向上させるために必要な情報をもち帰るよう参加者に求めた。
女性の参加者には、朝鮮人の主婦たちに日本人の家庭に関する最新
情報を伝えることが要請された。彼女たちはそうしたことをほとん
ど知らなかったからだ。同紙は、そうした情報は朝鮮人女性たちが
家事を改善する新しいアイデアとなり、議論を深めるチャンスにな
るだろうと続けていた。[78]

　『東京朝日新聞』は、この植民地からの旅行を支配国の立場から
観察した。11月3日に掲載された社説は、この旅行は、朝鮮の「新
貴族」が「本日の天長節を基とし、謝恩の為入京」するために企画
されたものだとした。その機会は翌日にあった。男性参加者は天皇
に、女性参加者は皇后に謁見することが認められたのである。[79]この

75 『毎日申報』（1912年7月25日、30日）で詳しく報じられたように、純宗は、父、高宗が、
　 統監であった伊藤博文に退位を命じられた1907年、大韓帝国皇帝として帝位についた。朝
　 鮮併合の際、統監府によって退位させられ、李王となった。『ソウル・プレス』は彼を「皇太
　 子」と呼んだ。
76 Seoul Press, October 16, 21, 1910. 10月23日には、参加者全員のリストが掲載された。
　 C.I. Eugene Kim と Kim Hankyo は、閔宗植を、1905年の日韓保護条約に署名がなされた
　 後、500人もの反対派を組織し、その指導者となった元政府官僚高官としている。Kim and
　 Kim, Korea and the Politics of Imperialism, 1876-1910, 197-98 を参照のこと。
77 視察旅行については、『慶南日報』（1910年10月29日、11月5日）に拠った。『毎日申報』と『ソ
　 ウル・プレス』もこの旅行について Kim and Kim, Korea and the Politics of Imperialism か
　 なりの紙面を割いている。
78 「社貴族諸公의東京観光을함」（『毎日申報』、1910年10月20日）。

ように、この旅行には特別の目的があった。すなわち、かつての朝貢訪問を現代的な形で利用することによって、朝鮮人の参加者たちは近代化と、帝国における朝鮮の新たな役割について直接指示を得ると同時に、大日本帝国において朝鮮人が新たな地位を受け入れたことを日本人に示すという象徴的な目的を果たしたのだ。

朝鮮貴族たちが帝国の首都をまわる一方で、朝鮮人たちは祝祭として植民地の首都を練り歩いた。『毎日申報』は『京城日報』とともに、10月後半の朝鮮にとって初めての天皇誕生日を朝鮮式に祝うための準備にとりかかった。両紙は天皇に敬意を表して、首都を蛇行しながら練り歩くパレードの準備を呼びかけた。その後の数日間で5000を超える反応があった。すぐに企画委員会（学校、企業、銀行、主要業界を代表する朝鮮人と日本人によって構成された）が結成され、パレードの参加者とルートを調整した。この委員会はパレードを統制する一通りの規則を作成し、国旗を掲げた仮装行列とすることにした。また、子どもや高齢者、女性の参加を禁止した。衣装については、参加者は原則的に白い衣装を着ることとされたが、好きな衣装でもかまわなかった。だが、男装や女装は堕落的となりうるとして明確に禁止された。[80]

委員会は、日本の植民地主義がとりいれた近代的拠点を通りすぎるルートを決定した。参加者は日本人街のメインストリートにある本町を出発し、永楽町、寿町、日の出町を通過する。大和町に向かい、日本の総督府に対して万歳を唱和するために総督府の敷地にはいる。その後、長谷川町周辺をまわり、解散する。このように、このパレードはソウルにある日本地区の中心地を通りぬけるものだった。日本地区は南山の北側斜面にあり、最も多くの日本人が住んでいた地域だ。[81]『毎日申報』は11月5日、2万人の日本人と朝鮮人が最初からパレードに参加し、パレードが始まってからもそれ以上の

人びとが加わったことを報じた。

　このパレードの伝統が1920年代にはいってからも続いていれば、日本人が統治を正当化するために組み立てた近代性を強く代弁するものになったことだろう。当初のコースは、朝鮮における日本のすばらしい近代建築物の数々——朝鮮銀行（1912年）、朝鮮ホテル（1914年）、ソウル駅（1925年）、ソウル市庁舎（1926年）、三越百貨店（1930年）など——へと、参加者を案内して回るものだった。だが、パレードのルートは、植民地において最も頑強な組織（構造的にも目的においても）である総督府本部の脇を通るものに変更されたに違いない。この本部は、1926年に南山地区から（首都で最も重要な神社が建立された）かつて景福宮があった場所に移り、手狭ななかに総督府の庁舎や庭、美術館などがある（1995年、韓国政府はこの建物をとり壊し、かつての宮殿を再建築した）。併合記念日（1911年8月29日）の1周年に、新聞社が正式に賛同したパレードが少なくとももう一つ行なわれたこと、皇族の即位を祝う非公式ないくつかのパレードが自然発生的に行なわれたことが複数の新聞で報じられた。だがその直後、日本人は公的な祝賀の代わりに、総督府の敷地で私的なガーデンパーティを行なうようになった。

　併合1周年は多くの新聞でとりあげられた。『毎日申報』は、日韓関係におけるこの重要な日を祝うために特別号を発行した。この特別号の論説では、100年あるいは1000年といわず、朝鮮人が大日本帝国の臣民である限りこの日に祝賀が催されるだろうとしていた。その翌日は、朝鮮人の74団体を含む5万人が、同紙と『京城日報』の共催で行なわれた提灯行列に参加したことが報じられた。

79　「朝鮮貴族の謝恩」（『東京朝日新聞』、1910年11月3日）。朝鮮人たちが謁見した件は1910年11月5日に報じられた。
80　『毎日申報』（1910年10月29日）。
81　『毎日申報』は後日（1910年11月6日）、パレードのルートを掲載した。

それまでのパレードと同じく、参加者は、日本の支配を示す重要な施設の横を通るたびに万歳を叫び、街のあちこちを練り歩いた。だが、祝祭日としての8月29日が有していた意義はすぐに消滅した。1912年7月に明治天皇が死去すると、帝国全土が喪に服したからである。このため、この年はすべての祝賀行事が取りやめになった。1913年、新聞各社は祝日を復活させようとし、『毎日申報』の第1面は、現在の天皇（大正天皇）の「慈悲深い即位」と「慈悲深いお言葉」は死去した明治天皇から受けつがれた輝きに包まれていたと報じた。1911年と同じく、同紙は提灯行列に賛同し、5万人もの参加者が集まったことを再びとりあげた。同じようなパレードは仁川や平壌でも行なわれた。その翌年、『毎日申報』は、この日を記念して天皇の簡潔で短いお言葉とその写真を掲載することで、この日が重要な日であることを伝え、総督府の人びとと朝鮮王家の人びとが参加した祝賀についてもとりあげた。だが同紙がパレードに賛同せず、参加しなかった理由について説明することはなかった。この年以降、同紙はこの日の重要性に直接触れるようなニュースを掲載しなくなった。1914年になると、併合記念日の重要性は、総督府の発足を記念する10月1日によって薄れていった。朝鮮が天皇誕生日を祝ったように、併合記念日を祝う主なイベントは、総督府公邸に招待された日本人と朝鮮人とだけで乾杯と万歳をして祝ったようだ。

　総督府は、特別な機会があると、植民地に住む日本人のみならず朝鮮人住民をも「遥拝」させた。半島のあちこちに神社を造営し、時間と労力を投じて朝鮮人に参拝を促し、強要することすらあった。すでに述べたように、総督府は、神社への参拝者数の増減によって同化の成功度を測っていた。日本人は、神社と天皇は直接つながるものだととらえていた。新たな天皇の即位は、人びとにこの

つながりを教えるまたとない機会だった。戦時中、神社は、植民地で公的な祝賀が行なわれる際の最も重要な場となっていた。また、人びとが配給を受け取る場所でもあった。日本が降伏すると、これらの組織は解放された朝鮮人によってまっ先に破壊された。

日本人にとって、即位の祝賀は、日本の政体において天皇はあがめられるべき立場にあることを周知する好機だった。そうした好機が初めて訪れたのは、明治天皇の崩御から3年後の1915年11月、日本が大正天皇の即位式をとり行なったときだった。この祝賀は新聞各紙で大きくとりあげられた。『毎日申報』は、日本の政体と、そのなかで天皇が担う必須の役割を中心に報じた。たとえば、「大禮と国体」「皇位」「神器」などである。各紙は、これらの教えに加えて東京から京都までの新天皇の行程や即位式の場所について日々報告し、天皇の出発時間や到着時間、乗車する列車、道中の宿泊先などを詳細に報じて読者に知らせた。また、祝賀のために整えられた神聖な場所のイメージ——イラストも写真もあった——も公開した。さらに、これらの式典に出席する朝鮮の代表者についても報道した。そのなかには、正装して祝賀に参加する寺内総督の写真もあった。朝鮮王族は参列こそしなかったが、彼らの行動——総督庁舎を訪れて、祝辞を伝え、記帳する——は、朝鮮人とそうした行事とを象徴的に結びつけるものだった。

結論

日本が朝鮮を植民地として支配した最初の10年間、総督府は慎重に教育を利用し、メディアを独占することによって、朝鮮人を日本人として徐々に同化するという方法を取りいれていった。同時に、総督府は地理的および社会的な障壁を強化し、2つの民族を隔

てもした。1910年8月30日の朝日新聞の第1面に掲載された地図が示していたように、10年が経っても朝鮮半島が日本の一部のようになり、朝鮮人が日本人のようになったとはいいがたい。朝鮮語のメディアは、同化が成功するか否かは朝鮮人の肩にかかっているとし、この明らかな矛盾をとり繕った。彼らが人として早く進歩すればするほど、日本人の同胞とともに暮らし、働き、くつろぎ、あるいは結婚することもできるだろうと助言したのである。だが、総督府は異なる教育制度を適用することで、彼らを分離させようとした。脇にサーベルを差し、制服を着用した日本人官僚は総督府が定めた軍事規則を重視した。それが慣習だったからでもあるが、植民地でのかつての経験から、予期しておくべき騒動を恐れたせいでもあった[82]。1919年3月に始まった独立運動は、日本の存在感と過酷な統治規則を一般の朝鮮人が不満に思っていたことが最もはっきりと表れた象徴的事件でもあった。その衝撃と強烈さにさらされた多くの日本人は、朝鮮人に対する当初のイメージと、たやすく同化できるだろうという甘い考えを改めねばならなくなった。

82　1910年12月に作成された寺内総督暗殺計画が示す通り。日本の警察は600人以上を逮捕し、105人を裁判にかけ、最終的には再審後に朝鮮人5人に長期の禁固刑判決を下した。Eckert ら *Korea Old and New*, 261. 朴慶植は、この最初の10年間で起きた事件を詳細に説明し、朝鮮人が日本の存在にどれほどの不満を抱いていたのかを示している。『日本帝国主義の朝鮮支配』168〜69頁。

第IV章
3月1日以降の
政策改革と同化政策

1919 年 3 月 1 日の早朝から、朝鮮人のイメージは、従順なスコットランドのようにおとなしく同化されるというものから、アイルランドの悪夢へと変わった。この日、数千人もの朝鮮人が日本支配からの独立を求めてソウルを行進したのである。朝鮮語の「万歳」は、それ以降の日本による植民地支配のあいだ、植民者らの自己満足に向けた警告として日本人にとって耳障りにこだましたことだろう。このデモはさまざまな形で日本人に影響をおよぼした。朝鮮における同化政策の脆弱さ（1857 年のインド大反乱がイギリスにとってそうであったように）と不適切さが明らかになったと受けとめた人びとがいれば、デモによって同化のむずかしさが具体的に示されはしたものの、正しく統治がなされれば可能性は残っていると捉えた人びともいた。大正時代初期の日本の特徴であった比較的活発な活字文化のおかげで、併合当時以上に朝鮮政策について活発な議論を交わすことは可能だった。

　朝鮮人による運動は、総督であった齋藤實の文化政治時代に導入された変革をその後 10 年間をかけて進める際に重要な一翼を担うことになった。デモも、その後に続いた改革も、時代の産物だった。朝鮮人による行動は、間接的にではあるが、第 1 次世界大戦後に日本列島のあちこちで起きたデモの影響を受けたといってよいかもしれない。1918 年に起きた米騒動では、200 万人以上の日本人が路上にくり出し、彼らを鎮圧するために 10 万人もの警官が投入されなければならなかった。フレデリック・R・ディキンソン（Fredrick R. Dickinson）は、こうした暴動は「『人民の力』の強さ」を証明するものだとし、普通選挙権運動など日本人によるそれ以外の政治活動にそれが与えた影響について記している。この普通選挙権運動は 1919 年 3 月、学生や自営業者、労働者など 5 万人を日比谷公園に結集させた示威行動だった。この社会的不穏が、初の朝鮮独立宣言

を起草するために 1919 年 2 月初めに東京に集まった学生たちの熱意も後押ししたのではないかと考える人もいる。この行動は、3 月に朝鮮で起きたデモのきっかけとなった。米騒動には 2 つの点でそれ以上の直接的な影響力があった。日本が朝鮮米の輸入を増やすことになったことと、日本の革新的政治家の一人である原敬を総理大臣の職に導いたことである。同化を熱心に支持していた原敬は日本統治に関する第 1 の矛盾、すなわち朝鮮人を内国民としてとりこむことを主張する一方で、周辺植民地あるいは国外植民地の臣民にしてしまうような差別を助長する政策の改善に取り組んだ。1920 年代初めに朝鮮に導入された改革の数々には原がかかわった形跡が残っている。

　三一運動後、朝鮮において最も顕著になった変化は、朝鮮人に対する日本人の態度だった。時間が経てば朝鮮人は自然に同化されていくだろうという考えは、同化させるためには、日本人が朝鮮人を目標に導くべく取り組まねばならないという考えに変わっていった。彼らを文化――朝鮮人自身の文化も含めて――に触れさせれば、彼らの文化を日本文化と比較して評価するために必要な素養が養われるだろう。日本人には、最終的にはより進化した日本文化が浸透していくだろうという自信があった。それ以降日本人は、2 つの民族を隔てる心理的な距離感を縮めるような改革を行なっていく。朝鮮人と日本人を隔てていた服装、教育、法律による壁が低くなり、実力のある朝鮮人は日本人の和に交わるようになった。本章の論点は、日本人が同化を促進するほどこうした壁を低くすること

1　Dickinson, *War and National Reinvention*, 200, 229. また、Lewis, *Becoming Apart* も参照のこと。

2　1918 年から 1924 年までで、朝鮮から日本への米の輸出は、220 石から 460 石へと二倍になった。Hatada Takashi, *A History of Korea*, translated by Warren W. Smith and Benjamin H. Hazzard (Santa Barbara, Calif.: Clio Press, 1969), 117.

ができたかどうかである。

同化政策に対する課題

　朝鮮独立運動に対して総督府が厳しく対応したというニュース
は、帝国内外に瞬く間に広まっていった。海外からはさまざまな批
判が寄せられた。日本の植民地政策をとりたてて批判するものや、
日本の厳しい反応と一民族としての野蛮さとを同一視したものも
あった。日本人からも、国の同化政策に焦点を当てた批判がなされ
た。取り組み──同化という建前と分離という実態──が矛盾し
ていると批判する声がある一方で、朝鮮人に非難の矛先を向ける人
びともいた。朝鮮人による「騒擾」的な示威行動は、日本人として
同化するに値しないことを証明するものだった。成功しそうにない
行動を支援した朝鮮人を日本のメディアを使って批判した朝鮮人の
あいだでさえも、意見の相違があった[3]。

　朝鮮のイギリス領事代理だったウィリアム・M・ロイズ（William
M. Royds）は、日本の取り組みよりも、同化に関する日本人のレト
リックを批判した。

　　　現在の日本の政策は朝鮮人からその言語や習慣をも奪い、日本
　　　が完全に同化することを明確に掲げており、あらゆる手段に
　　　よってこの政策を遂行しようとする周到な試みはこの全域にお
　　　いて日本人に向けられている憎悪の原因である。

　ロイズの発言は、植民地支配の最初の10年間で、日本人が朝鮮
人に対して行なってきた過酷な統治に対する侮蔑の念を反映するも
のだった。「理にかなった少しの譲歩と、より深く同情する姿勢が

あれば、力ずくで不満を踏み潰そうとする場合よりも、静寂を取り戻し、満足を感じさせる役に立ったであろう」[4]

米国連邦議会議員のなかには、日本人のふるまいは、この民族が人種的に劣っていることを示していると考える人もいた。日本人がキリスト教会にいた朝鮮人を焼き殺したというニュースを聞いた後はとくにそうだった。ネブラスカ州選出の上院議員ジョージ・W・ノリス（George W. Norris）は、日本の野蛮行為を利用して、米国の国際連盟加入に反対する姿勢を正当化した。併合に至った朝鮮における日本の策略の歴史をふり返り、彼は三一運動に日本がどう対応したかについて、日本に不利な説明を行なった。ノリスは、朝鮮——「キリスト教と文明化に向かって大いに勢いづいていた時に、日本が支配下に置いた」国——が置かれた悲惨な状況は、異教徒である日本人が朝鮮人のキリスト教信者を迫害した事例だとした。彼にいわせれば、これだけをとってみても、日本の罪はこの時代に他の植民地宗主国が行なったどの残虐行為よりも悪質だった。朝鮮の事例は、米国が加入する前に国際連盟条約が変更されなければならない理由を示していると主張した。提示されたままの条約を受け入れれば、当時の朝鮮で起きていたように「文明化の時計を1000年巻き戻す」ことになるからだった。[5]

3　尹致昊は、三一運動に参加しなかった理由に関する大阪毎日新聞のインタビューについて、自著『尹致昊日記』第7巻（1919年3月2日）で記している。

4　Ku, *Korea Under Colonialism*, 138 に引用されている。また、朝鮮人の独立運動に日本がどう対応したかについての米国の反応に関する考察は、長田彰文『日本の朝鮮統治と国際関係』第7章を参照のこと。

5　日本は国際連盟の常任理事国になった。ノリスは、1904年に米国が朝鮮を支持しなかったことを非難した。第66回議会第1セッションでの発言を参照のこと。*Congressional Record* 58 (October 13, 1919): 6616, 6626. ジョージア州選出のトーマス・E・ワトソンが上院で行なった同様の発言記録も参照のこと。"Valor Medal for Root – National Arts Club Will Honor Head of Mission to Russia," *Congressional Record* 62 (March 21, 1920): 4182-86.

米国とイギリスが朝鮮のために口先の批判以上の姿勢をうち出すことはなかった。彼らやその他の植民地宗主国が広大な植民地を所有していることに照らせば、なんらかの姿勢をうち出すことは偽善に違いなく、そうした国の多くは1919年に起きた反植民地的反乱に似たものを経験していた。これらの政府は、朝鮮における日本の問題は国内問題であり、自分たちが直接に影響をおよぼす範囲にはないとも考えていた。イギリスの外交問題担当政務次官セシル・ハームズワース（Cecil Harmsworth）は、次のような発言でその旨をほのめかした。「その問題であれば、わが国王陛下の領域において存在するものではないようです」[6]。連邦議会議員ヘンリー・Z・オズボーン（Henry Z. Osborne）は、1920年8月に北東アジアを訪問した際の報告書で、この点をよりはっきり伝えている。日本人の妨害を受けて朝鮮人に面会できなかったことに苛立ち、朝鮮は「カリフォルニア、アリゾナ、ニューメキシコが米国の一部であるように、（大日本帝国の）一部として確立している」として米国には打つ手がないことを嘆いた[7]。

　三一独立運動は日本人の目を現実に向けて開かせることになった。第1に、日本人は朝鮮人のことをよく理解していなかった。第2に、同化は思っていたほど簡単には進まなかった。こうしたことに気がつき、20年目に入った日本による朝鮮の植民地支配をめぐって多くの人が日本の同化政策について最初の10年で登場したもの以上にさまざまな解釈をするようになった。日本人の多くは、同化政策を行なうには今以上の時間と労力が必要なだけであると主張し、相変わらず同化を支持していた。朝鮮人の行動を受けて、この政策の利点に対する意見が変わったと認めた人びともいた。その他の人びとは朝鮮人の行動を見て、彼らは同化するに値しないと主張した。これは文明化に向けた人民の進歩の表れだと受けとめたのは

ごく一部の人びとだけだった。

　国家主義的な雑誌『日本及日本人』の論説は「忍耐」を呼びかけ、同化は何世紀もかかる事業である、日本が朝鮮を併合したのはわずか10年前のことにすぎないではないかと、変化を実現するためにいくつかの提言を行なった。同誌は、日本には数千年におよぶ歴史があるが、九州と東北には未だに「日本」とは異なる言語的、文化的側面が残っていると説明した。また、日本に突きつけられたハンデを2つあげた。朝鮮は日本と海で隔てられていることと、朝鮮人を同化するために海を渡った日本人は限られていることである。そしてこう締めくくった。「そのような短期間で一定の結果を期待するのは、あまりに忍耐の足りないことである」[8]

　新聞編集者であった青柳綱太郎も、日本の統治政府に「積極的」（「消極的」ではなく）に同化を実践するよう助言する一方で、忍耐を呼びかけた。そうした実践は、朝鮮人を文明化した（日本）文化へと導くように教育制度を改革し、両民族の共通言語（日本語）を確立するために取り組み、日本の農民が年間3〜5万人のペースで朝鮮半島に移住するよう促すものであるべきだった。そうした新規参入者は朝鮮人に最先端の農業技術を伝え、日本人の勤勉な習慣を身をもって伝えるべきだった。

　青柳は朝鮮人の味方ではなく——朝鮮民族についての彼のコメ

6　大英帝国下院議会, *The Parliamentary Debates, Official Reports* (July 7, 1919) (London: H. M. S. O., 1919): 1007-1008. ハームズワースは、英国政府が「（朝鮮の）人びとのために正義とよき政府を確保する何らかの手段を講じる準備があるのか」という質問に答えた。

7　オズボーンの記録は第66回第3セッションの議会記録にある。*Congressional Record* 60 (December 23, 1920): 707-28. 第一に日本人は、この一行に朝鮮を訪問させたがらなかった。中国滞在中、一行は、朝鮮でコレラが勃発したという新聞記事、また、朝鮮人が彼らの朝鮮到着後、騒動を起こそうとしているという記事を読んでいた。視察に参加した人びとは、これらの報道は、日本人が彼らを怖気づかせようとしているものだと解釈した。一行が朝鮮に到着すると、総督府は、彼らと朝鮮人を近づけないようにした。

8　「朝鮮の統治と同化」（『日本及日本人』、1919年10月1日）1頁。

ントは非常に侮蔑的だった——、日本人には朝鮮人と朝鮮社会を
文明化へと高める能力があるという自分の信念をくり返して最後に
こう発言した。

> 我民族偉力が、朝鮮文化を向上し、朝鮮開拓の実績を挙げ、教
> 育智徳自から融合平均して、遂に五十年百年の間に、内鮮人の
> 称呼は撤廃湮滅し、渾然として通婚同化大日本人として東亜の
> 天地に虎嘯するに到るであらう。

「積極的同化策」が成功するのは、日本人が「島国根性」を捨て
去り、アジア大陸にまで視野を広げた場合だけだと注意を呼びかけ
たわけである。

1928年に総督府に意見を提出した岩佐善太郎は、日本が成功す
る可能性に自信をもっていた理由を伝えた。だが警告も発してい
た。彼いわく、朝鮮人は「今や大に王化に霑い、總督政治に謳歌悦
服」していた。彼の懸念から、三一運動の影響が残っていたことが
うかがえる。

> 上流貴婦人の如きも、公會式上に於ては巧みに「君が代」を合
> 唱し……た様だが、……大正八年の「萬歳騒ぎ」勃發するに至
> る……。事勿れ主義もよいが……臭いものに蓋をしても腐敗物
> の臭氣は何時かは外間に漏れ出る時が來る

彼は、日本の利益を求めて同化するのは危険であるとも指摘し
た。同化は、朝鮮人が向上するためのものでなければならなかった
が、その提案は壮大すぎるといってもよかった。2000万人もの日
本人を朝鮮半島に移住させるよう呼びかけたものだったからだ。日

本人が朝鮮に流入すれば、経済需要が生まれるだろう。また、朝鮮人を「文明の恩澤に浴」せしめるものにもなるはずだった。これは「内鮮融和、協同一致、雑居、雑婚」に表れる利点だった。[10] 青柳と岩佐が抱いた大量移民という考えは高尚な構想ではあったが、現実的には限界があった。朝鮮移住を斡旋する日本の業者は、同じような野望がこれまで失敗してきたのはなぜだったのかという重大な疑問に答えなかった。加えて、それほど大勢の日本人に朝鮮移住を納得させるにはどう説明するのが最もいいかということも説明していなかった。

同化に内在する矛盾——優秀な人びとは、自分たちより劣っているとみなした人びとを同化しようとする——を槍玉にあげてこの政策を批判する人びとは、ヨーロッパ諸国は同化をほぼ断念しており、日本もそうするべきだと主張した。こうした批判の声は、2つの民族の分離を一層進めるべきだとする声と、朝鮮人の政治的自治をもっと認めるよう総督府に要請するべきだとする声とに分裂した。赤木亀一と細井肇は最も厳しく批判した。赤木にとっては、この政策が「平等」を目的に掲げていたことが問題だった。彼は古来、2つの民族には共通点があったが、その特徴はすでに残っていないと強く主張した。その後2つの民族は異なる方向に発展した。同化政策が（フランス領アルジェリアのように）まちがいであったことはすでにわかっていた。同様に、朝鮮においても失敗するに違いなかった。赤木は、米国大統領ウッドロー・ウィルソンが「民族的平等性」と同一視して誤解した自治についての考えをとりあげた。も

9　青柳綱太郎『新朝鮮』（京城、京城新聞社、1925 年）67 頁。1923 年に出版された『朝鮮統治論』における青柳の見解については以下を参照のこと。Peattie,"Japanese Attitudes Toward Colonialism,"*The Japanese Colonial Empire,* 109-10.

10　岩佐善太郎「朝鮮統治意見書」（『斎藤実文書：朝鮮総督時代関係資料 15』、1928 年 3 月 1 日、ソウル、高麗書林、1990 年、31 ～ 32、45 頁）。

し朝鮮民族の独立要求が実現されれば、われわれは世界中で「民族自決」の制度を考案しなければならないだろう。その制度の下では、米国の黒人たちには自ら統治する州が与えられ、ロシアやイギリス、その他の諸国家は、異なる民族の人びとがそれぞれ主権をもつ領域をもつように分割されなければならないだろう。民族自決は、少数派の人びとにこうした特権を活かす能力があることを前提にしていた。赤木の主張は、朝鮮人にはそうした能力はなく、もしその権利が与えられたら、世界中が混乱に陥るだろうというものだった。たったそれだけの理由から、彼は、日本が、朝鮮人が要求するような独立を彼らに認めることは不可能だと確信していたのである。

　赤木は、差別を止めることは彼らに完全な独立を認めることに代わるたしかな対策になると提案した。だがその点で平等だとしても、それが日本と朝鮮が対等であるというわけではないことを念押しした。朝鮮半島を本土の延長、つまり「第二の九州」として再定義することはありえなかった。そうした考えは両民族に不幸な結果を招くだけだった。

　　朝鮮は何處迄も朝鮮として治めねばならぬ。鮮民が好むにせよ好まざるにせよ一の植民地として統治するの外はない。鮮人と鮮人との間の差別は撤廢すべきであるが、母國と植民地との差別は儼然として何處迄も、之を糺してはならぬ。……數千年間別々の歴史を歩るいて來た兩民族の差別は一朝人爲を以て撤廢し得べきものではない。……鮮民は鮮民其儘にて福祉を得せしむべく、鮮民を日本化せしむるは決して鮮民の幸福ではない。

　彼は、朝鮮人を同化しようとすることは、「猪を豕」、「狼を犬」、

「女を男」に変えるようなものだと想像したのだった[11]。

新聞記者であり、総督府の顧問でもあった細井肇は、朝鮮人が独立を求めてソウルの通りを行進したのを目撃して思いいたったのである[12]。そのとき細井は、「併合後の十年間、全く閑却遺忘せる半島弟妹二千萬民衆の生活が、始めて内地の『同胞兄妹』に依りて睜目の焦點となれるを喜」んだ。細井にとって三一運動は、彼だけでなく「若き日本」にとってもよい教訓となった。日本人は「長兄」としての責務を果たさなかったのであり、自らを責めるしかなかった。「底事ぞ、奴隷に對するが如く、拳を振ひ唾沫を吐き懸け、杖もて打ち靴もて蹴り、嘗て仁愛なく侠勇なく、威迫」をもって接していた。朝鮮人に対する日本人の態度は「繼兒根性」だった[13]。

細井は、日本人が朝鮮人のことを知ろうとしないことが問題の一つだとした。朝鮮人には長所——家族関係など——もあり、日本人が学べることもあった。「素樸なる鮮人を統治する決して難事にはあらざりしなり」だった。彼の説明はこうである。

> 繼母は……五年十年二十年三十年、非常の努力を以て只待つべきのみ、盡すべきを盡して待つべきのみ、最後に其子の理解の耳目の洞開したる時、始めて自己の慙づべき邪推に想到して悔恨の情一時に到り、繼母の偉大なる胸に感謝の熱涙は雨と注がれむ。……而して是れ東洋一家の絶對觀に基づく我が日本民族の唯一必然の責務にして、他民族を併合し他民族を同化すべき世界的試鍊の前に立てる日本及び日本人の絶大なる課題たりしなり。

11 赤木亀一「対鮮私議：同化政策を廃す」(『日本及日本人』、1920年2月1日および15日)。
12 細井肇の6回に及んだ記事は、1920年10月1日から12月15日までの『日本及日本人』に「朝鮮の統治」という題名で掲載されている。
13 前掲書 (1920年10月1日) 35頁。

三一運動によってこのプロセスは複雑になった。朝鮮人は、原内閣が示した認容を誤解したのかもしれない。そのため彼らは、朝鮮が独立する可能性をなくしたことに気がつかなかった。細井は、三一運動以降に朝鮮人の行動が変わったことを記している。朝鮮人事務官のそれまでの「猫の如くなりし態度」が、独立思想をもち、日本人の同僚に食ってかかるような「虎の如くに傲岸」なものに変わった。朝鮮人はもはや、日本人事務官が開いたパーティに参加する義務を感じなかった。新規に発行される『総督政府』を事前に注文した1000人の朝鮮人は、実際に発行されるとその注文を反故にした。[14]

　細井は、「包容同化」政策を実施するとした日本の最初の決定は「若き日本」をあからさまに表しているとして非難した。総督府は十分に準備することなく、この政策に猛進していった。朝鮮人の民心が固まっていることに気がつかなかったのだ。日本が朝鮮を支配しなければ、朝鮮が日本を支配するだろうと確信していたのだが、どちらもまちがいだった。この政策はむしろ、対等な間柄で「彼等兄弟の情誼を密にすべく、対等の資格に於いて平和の裡に二国家が提携合一したる」ために形成されたものだったが、もはや施行は無理だった。2つの民族の成熟度は同じではなかった。1910年以前、朝鮮人が500年間も「悪政」に耐えしのんでいた一方で、日本は3000年に渡って着実な発展を享受していた。「一気に同化」すれば、日本の弾圧によって朝鮮人を「窒息」させてしまうか、日本の支配に徹底的に抵抗するようになるかのいずれかだと細井は警告した。[15]「内地延長主義の文化政治」を行なえば、「世界的試煉の前に『若き日本』は零敗す」るだろうと戒めたのである。

一視同仁の内地延長主義とは、云ふ迄もなく、朝鮮を植民地として待遇することなく、全然母國子國の觀念を撤廢したる不可分の領土として、内地府縣制度と同一の制度を布き、例えば北海道の如く、半島を西北道又は西海道と改稱し、……各縣より衆議院議員を選出して帝國議會に列席せしめ、縣會郡會、町會、村會を開設するは勿論、教育、兵役、納税の事、皆内地を延長したる

　寛大になれるかどうかが問題だった。「日本及び日本人が果して此の宏量と達識とに覺醒し得べきか否か」であり、細井はそれは無理だと考え、日本に同化政策を再検討するよう求めた。[16]

　赤木と細井は、この政策に内在する矛盾をもう一度考えるよう読者に呼びかけた。それは、前世紀のフランスがこの政策にひきつけられたことを社会進化論者が疑問視したのと同じだった。日本人には、地理的かつ政治的に不可欠な追加として朝鮮を受け入れる心積もりがあるのだろうか。同じ臣民として朝鮮人を受け入れる準備ができているのだろうか。それまでの 10 年に着手された施策は、そうではないことを物語っていた。したがってより現実的な選択肢は、朝鮮人に期待をもたせず、反日感情となる新たな理由を与えないように、同化を拒否し、帝国の国外にある要素としてこの領土を統治することだと彼らは主張した。

　最後に、三一運動の際、朝鮮人の大義を支持し、朝鮮人に対して友好的な態度を示すよう日本政府に要請した、日本人もわずかながらいた。朝鮮人が見せた決意に心を動かされ、その取り組みに対す

14　前掲書、37 頁。
15　前掲書（1920 年 10 月 15 日）24 頁。
16　前掲書、27 ～ 28 頁。

第Ⅳ章　3 月 1 日以降の政策改革と同化政策　215

る日本の弾圧に驚愕したことから、こうした人びとは当時の朝鮮における日本の政策に反対の声を上げたのである。彼らは赤木や細井のような人びとの意見に、ある点——同化政策は失敗した——では同意したが、1919年3月、朝鮮人は1910年以降で最も成熟したデモを行なったという点では意見を異にしていた。こうした彼らの比較的リベラルな考え方は後に、彼らのキャリアを脅かすことになる。たとえば、矢内原忠雄は平和主義的な思想をもっていたために、1930年代半ば以降に起きた知識人追放の流れのなかで、東京帝国大学の教授を辞任せざるをえなくなった。[17]

　東京帝国大学で政治史を教えていた吉野作造は、朝鮮人と日本人とをより平等に扱うよう説いたが、独立を求める動きを支持するには至らなかった。第1次世界大戦後の日本において、「民本主義の使徒」[18]と称された吉野は、当時の日本の報道機関や教育の民主化に向けた議論に積極的にかかわり、朝鮮人に対する日本人の傲慢な姿勢や、朝鮮人を描いた根拠のない否定的なイメージを批判した。これは亡国に対して向けられることの多い姿勢だったが朝鮮においては反日感情をもたらした。日本人と朝鮮人は数千年ものあいだ、緊密な交流を続けてきたと彼は記した。だが併合以降、日本人は朝鮮を「敵地」として支配した。これは、第1次世界大戦の戦勝国がドイツに対して取った姿勢と同じだった。[19]吉野は、日本の植民地政策に反対する者を「敵」とみなす日本人を厳しく非難した。彼によれば、政府が朝鮮人を悪だとするのは、独立を求めているからだった。政府は「不逞」に該当する道徳基準を考察することなく、即座にそういい切った。日本政府は、少数の朝鮮人による行動の責任を朝鮮人全体にとらせたのだった。吉野は、各民族がもつ相対的な強みを日本人が考慮するようにならないうちは、日本の統治下において朝鮮人が心の平穏を得ることはないだろうと述べた。[20]

矢内原忠雄はこの議論をさらに一歩進め、朝鮮人に「独立の精神」をもたせるよう朝鮮総督府に働きかけた。彼は新渡戸稲造の跡を継ぎ、東京帝国大学の教授として植民地研究を行なっていた。大韓帝国最後の皇帝である純宗の死の直後の民衆の行動を大げさにとりあげて朝鮮人に恐怖を植えつけたことについて、1926年に総督府を批判する記事を書いた。彼は、日本が「民衆の文化的欲望の向上」という名目で朝鮮の人びとを貧困に追いやったと発言した。日本は朝鮮の運輸、貿易、法制度を発展させはしたが、同時に人びとを疑心暗鬼にもさせたのだった。この頃に始まった改革は、朝鮮の人びとに無条件で恩恵があるものではなく、日本の得になるように行なわれたものでもあった。「文化政治」は共存共栄を促すためになされるべきものだった。[21]

　矢内原の主張には、彼が現実的ではないと捉えていた政策、すなわち同化は現実的ではないとする姿勢が反映されていた。彼の講義ノートには、同化が達成できるものだとすれば「最も鞏固なる統一的結合」だと記されていた。このアプローチの根本には、人間はそもそも環境の違いによって分断された単一民族だという信念があった。植民地における同化は、数百万年かけて積み重ねてきた変化の

17　矢内原が1937年に追放されたのは、わけても、ナショナリズムと平和主義との両立性についての講義が発端だった。Kevin M. Doak, Colonialism and Ethnic Nationalism in the Political Thought of Yanaihara Tadao (1893-1961)," *East Asian History* 10 (1995): 92.

18　Jung-Sun Han, *An Imperial Path to Modernity: Yoshino Sakuzo and a New Liberal Order in East Asia, 1905-1937* (Cambridge, Mass.: Harvard University Press, 2013), 8-9.

19　吉野作造「支那朝鮮の反日とわが国民の反省」(『婦人公論』、1919年8月) 21頁。

20　吉野作造「朝鮮人の稀代の惨劇についての反省」(『婦人公論』、1921年7月) 3〜4頁。

21　矢内原忠雄「朝鮮統治の方針」(『婦人公論41』、1926年6月) 35〜46頁。1937年に発行された『民族と国家』(岩波書店、1964年、317頁) で矢内原は、有望な関係とは、日本人と朝鮮人とが文化的な強みを共有し、一つの存在を構築することだとしている。その存在とは、「(朝鮮併合後の日本は) 単なる民族国家より更に発展して別の段階に進んだのである。即ち日本民族が中心となり、之に朝鮮民族を合せて居る国家です」Susan C. Townsend, *Yanaihara Tadao and Japanese Colonial Policy: Redeeming Empire* (Surrey, U, K.: Curzon Press, 2000), 238 に引用されている。

過程を一気にまき戻すものだった。この政策を強制すれば、強制される側の独立意識を損なうことになった。「偏見の存在」はこの政策が成功する可能性をほぼ失わせた。こうした状況で同化を行なうよりも、個を尊重する「自主主義」に基づいた政策のほうが多様性を尊重し、成功する可能性が高かった。[22] 朝鮮における日本の統治政策は、この原則を日本との将来を決定するにあたって朝鮮人により積極的な役割を担わせるものだと捉えた。矢内原は1931年、「新しき社会は朝鮮人の自ら建つべき社会である」と記している。したがって、朝鮮人に「依頼心」をもたせるような日本の政策は、朝鮮人の発展にとって大きな弊害だった。独立を求めるエネルギーから生まれる刺激が、「朝鮮人の真の愛国者」だった。[23]

　すべての論評が総督府の政策を批判していたわけではなく、政策を支持する声もあった。その多くは、日本人が使命を果たしたいと考えるのであれば、修正が必要だとはっきりと述べていた。月刊誌『朝鮮公論』もその一つで、総督府は、教育や医療、産業といった分野では向上をもたらしたと高く評価しているが、支配に対する反感を人びとにもたせたことを批判している。これらの失敗を是正するため、同誌は、日本人は朝鮮人のニーズを調査し、穏やかで安定した生活様式を提供しなければならないと指摘した。その失策を正した後で（総督府にとってはそれが喫緊の課題だった）、はじめて、朝鮮人が自ら統治する能力を得ることが期待できる。その後ようやく、日本は朝鮮にまで府県制度を延ばすことができ、使命──内鮮人一視同仁──を実現できるのだった。[24]

　朝鮮における同化政策をめぐるこの議論は、併合時の議論以上にさまざまな形で総督府に課題を突きつけるものだった。1910年代後半になると、議論に加わった多くの人びとが、政策を完全に断念するよう総督府に助言した。こうした考えは必ずしも新しいもので

はない（1910年にも反対者がいたことは想像に難くない）。大正デモクラシーの日本には、こうした考えを広めることが許される比較的自由な雰囲気があり、人びとは政治的、社会的、文化的な問題について幅広い見解を前面に出そうという気になっていた。このような見解は興味深いものではあるが、重要な点は、それが読者や政治的影響力のある人びとに及ぼす影響だった。日本人が朝鮮人に対してもつイメージも同じように変化したのだろうか。これらの見解は、半島における植民地政策にどれほどの影響を及ぼしたのだろうか。

朝鮮人に対するイメージの確定

デモを受けて、朝鮮人に対するイメージを改めた人びともいた。文化的、歴史的に類似するからというだけで朝鮮人の同化が正当化されると日本人が考えることはもはやなく、いまや、この民族とその風習を調べる必要があると確信していた。喜田貞吉は朝鮮と満州に渡り、2つの民族のルーツは同じだという自身の考えを検証しようとした。朝鮮は古き日本を示す生きた博物館だというイメージに関して、1921年1月に発行された喜田の紀行文は、それまでの旅行者が発表していた紀行文と本質的には同じだった。だがその結論には、彼のそれまでの調査の本質が反映されていた——日本人と、朝鮮人を含めたその他のアジア人に共通する原点の追求だった。喜田は、当時の朝鮮の市場は日本の昔の市場によく似ていると考え

22 矢内原忠雄『矢内原忠雄全集　第1巻』（岩波書店、1963〜65年）465〜71頁。

23 矢内原忠雄「小なる感情と大なる感情」（『矢内原忠雄全集　第23巻』、342頁。朝鮮人は日本の国会に席を与えられるのではなく、地方議会を構築することを認められるべきだという彼の信念は、この考えをよく表している。前掲書1巻、292〜93頁。またPeattie, "Japanese Attitudes toward Colonialism,"114-18も参照のこと。

24 「朝鮮の騒擾と総督政治の改善」（『朝鮮公論』、1919年4月）2〜6頁。

た。また、墓石を（立てるのではなく）横置きにする朝鮮の風習は近代以前の日本にもあった[25]。調査結果を検証するという彼の決意は、三一運動によって勢いを得た傾向を反映するものでもあった。

　最初の10年間と同じく、日本人が朝鮮の状況を理解するにあたって旅行者がその一助となることは多かった。1920年代の紀行文は、そうした日本人が一旅行者としてではなく朝鮮人と直接触れあったり、朝鮮人の視線で朝鮮を眺めたりしようとする努力を描いている。黒板勝美はこの傾向を表す好例で、彼の経験は1921年8月号の『朝鮮』誌に掲載された。彼は、朝鮮人のことを知るという明確な目的をもって植民地に渡った。彼がそうしたいと思ったきっかけは、鳥取県沖にある隠岐の島を旅行したことだった。その土地の神社が古代朝鮮の文化を感じさせるものであることに気がついたのである。彼の朝鮮行きは、日本人と朝鮮人の祖先が同一民族であるという持論を確かめることが目的だった。初めて朝鮮を訪れたのは1915年で、その後は毎年朝鮮半島に渡った。自分がなじまなければ人びとを本当に理解することはできないと考え、黒板は「現地化」した。朝鮮人の衣装をまとい、朝鮮の馬に乗り、朝鮮語の新聞を読み、朝鮮のタバコを吸ったのである。彼は、自分の祖先が日本列島にたどり着くまでの経路を辿ることによって、自分自身のことを知ろうとしたのだ。もし2つの民族が同根だとしたら、彼らが別の道を歩むことになったのはおそらく中国の漢時代からだと黒板は考えた。このときから、朝鮮は中国の植民地といってさしつかえないものになった。朝鮮半島に残った人びとは中国風になり、その他の人びとは難民として日本に渡った。別の道を歩んだ結果、言語的にも社会的にも離れてしまったのである[26]。

　東京帝国大学の民法の教授だった穂積重遠は、「朝鮮と朝鮮民族とを尊敬すべき」という同様の目的を掲げ、1926年に朝鮮を訪れ

た。それは、朝鮮史の本を読んで抱くようになった願いだった。穂積は、古代朝鮮の文化に憧れていることを認め、いまだに残されているものを維持するために努力すべきだと助言した。「朝鮮問題」を解決するためには、朝鮮文化の尊重が欠かせないと判断したのである。黒板と同じく、穂積の主張を読んだ人びとは、当時の状況下にある人びとにではなく、朝鮮の古代文化に目を向けた。当時の朝鮮人は、組みかえ可能な活字を発明した13世紀の革新的な朝鮮人とは正反対だった。旅行中、穂積は、金持ちも貧乏人も含め、異なる社会的立場にある朝鮮人を訪ねた。どちらにしても、日本の家のように装飾が施された家屋には住んでいないのだと考えた。朝鮮の市場も村も、大衆の娯楽産業や音楽産業にさらされていなかった。彼は、子どもたちには何の娯楽もないことにがっかりした。おもちゃをもたずに成長することは、子どもとしてあまりに惨めだった。[27]彼の紀行文の第2部は、朝鮮文化を維持する必要性について書かれていた。朝鮮人が日本文化を完全にとりいれなくても、彼らを同化することは可能だと主張したのである。まず、日本人が理解できるように日本語を話せるようになることは朝鮮人にとって重要ではないと指摘している。東北人と九州人は方言を話し、どちらも理解不可能だ。服装も異なる。だがどちらも同じ同胞だとされている。より重要なことは、朝鮮人を理解することだった。日本人が偏見をもっているのはこの点を誤解しているからだった。[28]

　三一運動から10年が経とうかという頃、日本人が朝鮮人に対して抱いていた、明らかに否定的な姿勢が復活しつつあった。1927年10月に掲載されたある記事は、胃腸障害の治療として子どもの

25　喜田貞吉「庚申鮮満旅行日誌」(『民族と歴史』、1921年1月) 271〜82頁。
26　黒板勝美「朝鮮の歴史的観察」(『朝鮮』、1921年8月) 48〜68頁。
27　穂積重遠「朝鮮を通って」(『中央公論』、1926年1月) 14〜18頁。
28　前掲書 (1926年2月) 54〜55頁。

尿を飲むという朝鮮の慣習をとりあげ、この迷信をあげつらった。[29]
朝鮮人、中国人、日本人の犯罪を比較した別の記事は、朝鮮人の犯罪行為が他の２つの民族よりも多いとしていた。この記事では詐欺、殺人、わいせつ、不貞、重婚が朝鮮人に多い原因として、経済的要因と文化的要因の２つをあげていた。[30]

　朝鮮は古代日本の名残であるとする紀行文もなくなったわけではなかった。1926 年に発表された笹川臨風の紀行文は、朝鮮の風景をも従属させるような頑なさを見せた点で、一風変わっていた。すなわち、これは朝鮮ではない、日本だ、と主張したのである。同様に、彼が平壌で食べたフナとヒガイは「朝鮮」産ではなかった。併合以降、日本人はそうした食物を取り寄せなければならなくなっていたのである。[31]朝鮮半島に対する黒板と穂積の姿勢は、笹川やそれ以前の旅行者らの姿勢とは異なっていた。つまり、朝鮮人は日本人に何かしら教えることがある、朝鮮文化は維持するだけの価値がある、総督府はその価値を尊重すべきだとした点である。同化と文化維持は同時に進めることができる、と彼らは主張した。逆に、同化は一方的なプロセスだとした笹川の主張からは、併合当時に主流だった姿勢が思い出される。

原敬、齋藤實、文化政治

　日本人が朝鮮人に対してもつイメージを徐々に変えていったように、総督府も次第に政策を見直していった。三一運動直後から始まった改革論は抑えつけられた。首相だった原敬は日本で同化を強く推進した一人で、こうした見直しを率先して行なった。[32]彼の発言は、日本本土の臣民と植民地の臣民との区別をあいまいにするもので、原は、拡大した日本のコミュニティのなかの植民地の臣民には

同等の地位が与えられるべきだと感じていた。彼は、同化に関する初期の公文書の一つを伊藤博文の『秘書類纂』（これについては、第Ⅱ章で論じている）に寄せている。原敬は、ヨーロッパの事例を議論に活用し、台湾はイギリス型の「植民地」として統合するのではなく、本土の延長として統合するべきだと主張した。日本の統治政策は、ドイツが支配したアルザスやロレーヌ、そしてフランス植民地であったアルジェリアで見られたように、台湾人を日本人として同化するものとすべきだった。日本人と台湾人の文化的伝統は共通しており、この政策は適切だった。この政策を施行するために、原は、日本の法制度を台湾にまで拡大し、台湾総督は在東京の台湾事務大臣の指示を受け、日本の組織が植民地における同等の組織に対する管轄権をもつべきだといった。このように、彼は、台湾当局は日本の他の府県と同じく、首都の延長として組織されるべきだと助言したのである[33]。

　日本が朝鮮を併合すると、原は同化を支持することを改めて明らかにした。原は1911年5月、朝鮮人には日本人になりたいという熱望があるため、同化はむずかしくないはずだ、という考えを日記に記している。同化が成功するのは、朝鮮人が教育を平等に受ける機会を日本人が提供する場合のみだ、と念押ししてもいる。差別があれば、この政策が成功する可能性が損なわれるはずだった[34]。1918年9月に首相に任命されると、原はこの考えを発展させた。当時、原は日本と朝鮮はよく似ており、日本が朝鮮を併合し、朝鮮人を同

29　「朝鮮における衛生に関する迷信」（『朝鮮』、1927年10月）108 ～ 23頁。

30　善生永助「朝鮮の犯罪趨向（上）」（『朝鮮』、1928年6月）43 ～ 59頁。

31　笹川臨風「朝鮮そぞろ歩き」（『中央公論』、1926年8月）79 ～ 94頁。

32　総督であった長谷川好道は、1919年8月に退任する前に、同様の改善策をまとめていた。「騒擾善後策私見」（『斎藤実文書：朝鮮総督時代関係資料1巻』）77 ～ 227頁。

33　原敬「台湾問題二案」（『秘書類纂』伊藤博文編）32 ～ 34頁。

34　原敬『原敬日記　第4巻』原奎一郎編、1911年5月31日、（乾元社、1950年）276頁。

第Ⅳ章　3月1日以降の政策改革と同化政策　223

化することは正当だという考えに同意していた。朝鮮人と日本人は
地理的に密接な関係があり、文化的にも近かったからだ。「人種ハ
勿論風俗人情内地ト大差ナシ」だった[35]。長谷川好道——日本で米
騒動が鎮圧された直後に朝鮮総督を辞任する旨を願い出た——を
文官と交替させようとしたことから、軍事支配が朝鮮にもたらす問
題を原が理解していたこと、朝鮮領土と本国の足並みを揃えるため
に政策の見直しを決意していたことがうかがえる[36]。

　原は、三一運動の騒擾は武断政治が原因であり、とくに朝鮮人と
日本人との統合を妨げようと軍が作りあげた障壁のせいだとはっき
り非難した。1919年の意見書のなかで原は、総督府の役割は学校
や職場だけでなく、生活の場においても2つの民族の統合を進める
ことだと指摘していた。その冒頭では、西洋の植民地の手法を基づ
いて台湾の統治政策を策定した決定を非難している。これは後に朝
鮮にも適用された手法だった。朝鮮と日本との民族関係は台湾以上
に近かったため、異なる政策が必要だった。この政策のキーワー
ドは「統一」だった。日本の本土と朝鮮の植民地とを統一すること
で財政的、政治的、教育的な結びつきをより強めることだった。原
は、日本の府県制度と市、町、村という地方自治体区分を、沖縄で
もそうしたように、朝鮮の地理的区分として置きかえさせることを
提言した。さらに、2つの民族が通婚によって世帯を構成するだけ
でなく、地域をまとめるために協力することを奨励した。

　原はとくに、朝鮮人と日本人を分離している教育制度に注目し
た。ある民族を衆愚として管理しているうちは、彼らが変わること
は期待できないと強調した。2つの制度に総督府が差をつけたこと
によって、日本人が決して改めようとはしないような差別的な態度
が生まれてしまったのだった。原は、朝鮮人が彼ら自身の歴史を教
えられるべきだともいった。そうすれば、日本人のおかげで発展し

たことを理解し、彼らの祖先が朝鮮人による支配の下で耐え忍ばなければならなかった鬱屈とした数世紀と、当時までの10年間とを比較できるようになるからだ。[37]

　原が下した最もむずかしい決断は、誰を長谷川の後任とするかだった。反日的なデモのせいで、文官――原が最初に白羽の矢を立てたのは現職の政務総監であり、山縣有朋の養子であった伊三郎だった――がこの職を引き受ける可能性はなかった。というのも、任命するには陸軍内の各派閥（山縣有朋、寺内正毅、長谷川好道、田中義一）の支持を得る必要があったからだ。さらに、朝鮮人と批判的な国際社会に対して日本が改革を推進する意思があることを示すために、新総督はこれらの派閥から距離を置く必要もあった。彼が最終的に選んだのは齋藤實だった。彼は多くの点で他の総督とは異なっていた。何よりも、齋藤は陸軍ではなく海軍出身だった。また、任命時にはすでに退官しており、理論的には文官だった。だが任命後は、既存の朝鮮総督府官制に従うために彼の名前を軍人名簿に再掲する必要があった。[38]

　齋藤は流暢な英語を話すこともできた。これは、この時期の総督として必須の能力だった。この才能のおかげで、朝鮮に住む外国人と直接的に意思疎通をはかることができ、ひいてはそれぞれの政府と間接的にコミュニケーションを取ることによって彼の改革策を売りこんだからである。就任後、齋藤は宣教師らと日本による改革

35　原敬「朝鮮総督府官制におき：原総理大臣の談」（『齋藤実文書　第2巻』、1918年、6頁）。

36　1918年9月24日付の辞任を願い出る書簡のなかで、長谷川は、米騒動によって辞任の願い出が遅れたと記している。寺内首相宛ての書簡は『寺内正毅文書』（1918年9月23日）に収められている。

37　原敬「朝鮮統治私見」（『齋藤実文書　第104巻』1919年）。国会図書館、1998年。

38　この1週間後、原は文民の総督が認められるように官制を変更した。だが、日本が1945年に半島から撤退するまで、この地位は将軍が独占し続けた。Dong, "Japanese Colonial Policy and Practice in Korea," 249-49 を参照のこと。

第Ⅳ章　3月1日以降の政策改革と同化政策　225

案について進んで議論した。彼の取り組みは外国人コミュニティから高く評価された。米国総領事であったランズフォード・ミラー（Ransford Miller）は1927年にこう述べている。「齋藤子爵は……非常に親しみやすく、率直で寛大でもあり、親切で辛抱強く、誠実で公正な人物である。日本人、朝鮮人、外国人を問わず、あらゆる階層の人びとから一目置かれ、尊敬の念を抱かれている」[39]。齋藤は、他のどの総督よりも長くその地位にあった（1919～27、1929～31）。日本に帰国すると、暗殺された犬養毅に代わって首相に就任し（1932～34）、不祥事のために内閣が総辞職した後、二・二六事件で暗殺されるまで内大臣を務めた。

　就任するとすぐ、齋藤はその英語力を駆使して米国の『ザ・インディペンデント』誌に日本の対朝鮮新政策の解説記事を寄稿した。記事のなかで齋藤はまず、朝鮮併合は「双方の合意」に基づいて決定されたものだと正当化した。併合によって「極東の台風の目」とされた朝鮮の統治も終わりを告げた。日本が対応を誤ったのは、最近起きたデモが、朝鮮人が「現行体制に不満を表わした」ものであり、総督府は改革にかける熱意をもっと早くに説明すべきだったということである。齋藤は、自身の改革案を先行的に披露した。検討中の計画には、朝鮮人による地方自治、日本の国会に代表者を置くこと、朝鮮人と日本人との区別を止めること、朝鮮人に言論の自由を与えることも含まれるはずだった[40]。原の前に首相を務めた寺内正毅が首相の座にあったときの内務大臣だった水野錬太郎は、齋藤の副官となった。原に高く評価された水野は、1922年6月まで総督府に籍を置いた。朝鮮で任務についていたあいだ、水野は積極的に朝鮮語を学び、週に3度は個人的に習っていたという[41]。

　齋藤・水野陣営は1919年9月、任務開始のためにソウルに到着した。この陣営の人材を冷静に見ていた朝鮮人が少なくとも一人い

た。齋藤がソウルに到着したとき、姜宇奎は、齋藤が乗った馬車の下に爆弾を転がりこませた。この爆発によって馬と観衆が負傷し、齋藤は動揺こそしたものの負傷は免れた。彼はほこりを払い、その日の行事に戻った。その後、厚みのあるベルトを取りかえた際、爆発物のかけらがくいこんでいるのが見つかっている。おそらく朝鮮支配の新たな方向性を示すために、総督府は寺内体制下の1910年に暗殺未遂計画が明らかになったときよりも慎重に対応した。捜査によって4人の朝鮮人が検挙され、有罪となり、ひそかに処刑された。[42]齋藤はすぐ、暗殺未遂事件によって改革案が影響されることはないと発表した。[43]総督府の官僚だった富永文一は、齋藤には「不逞鮮人」を支配することができず、朝鮮支配に対して日本から肯定的な反応がなかったことから、彼がそれ以上に意欲的な改革を進める意気ごみを失ったことを明かしている。[44]

　齋藤は就任当初から、1910年に明治天皇によって出された勅令に記載されていたような併合の当初の目的を尊重するつもりだった。1921年の賀状で、齋藤は、総督府の誓いとして次のように記している。

朝鮮統治ノ根本方針依然トシテ不易テアル即チ一視同仁ノ聖旨

39　Donald N. Clark, *Living Dangerously in Korea: The Western Experience, 1900-1950* (Norwalk, Conn.: EastBridge, 2003), 63 に引用されている。

40　Saitō Makoto, "A Message from the Imperial Government to the American People: Home Rule in Korea," *The Independent* (January 31, 1920): 167-69) アンドレ・シュミットは、この記事は、日本の当局者が執筆し、外国の出版物に掲載されたものの一つだとしている。Schmit, *Korea Between Empires, 1895-1919*, 163 (『帝国のはざまで』138 頁) を参照のこと。

41　原敬「朝鮮総督府官制におき：原総理大臣ノ談」(『齋藤実文書　第2巻』1918年、6頁)

42　한국자료연구소 (編),『조선통치자료』, 五巻 " (한국자료연구소 , 1996), 809-14. Baldwin, "The March First Movement," 191-93 も参照のこと。

43　前掲書、192 頁。

44　近藤劔一 (編)、「朝鮮地方の変遷を語る」(『朝鮮近代史料研究集成、第2号』東京：友邦協會、朝鮮史料研究會、1958年) 76 ～ 77 頁。

ヲ奉戴シ世界ノ大勢ト朝鮮ノ情勢トニ鑑ミ二千萬ノ新同胞ニ皇
化ヲ普及シ三千里ノ江山ニ平和ナル楽土ヲ建設スルコト是テア
ル[45]

　齋藤は５つの基本目的を掲げ、「文化政治」として知られるように
なるものを自身の改革の支えとした。その５つとは、治安の維
持、教育の普及、地方自治の促進、産業と交通の発展、衛生状態の
向上だ。これらの目的は半島の発展を拡大し、人民を一層繁栄させ
ることが目的であり、どちらも同化に向けて朝鮮の人びとが日本人
の同胞と平等な地位を得るための前提となるものだった[46]。

　新総督府は、朝鮮人に文化を伝えることで、地方自治に伴う責任
を引き受けるにあたって必要な手段を身につけることを期待した。
この期待を実現するには、日本人と朝鮮人との関係をより密にする
必要があった。朝鮮の人びとは、一般的な統治方針を理解するため
に地方行政を中央の方針と連携させることを学ばねばならなかっ
た。そうした人びとには日本語を使い、日本の習慣を尊重する高い
能力が求められた。齋藤は地方行政当局の協力を仰ぐ一方で、地方
の評議会と協議会を通してこの教育をとりまとめる計画を立てた[47]。

　1920年代、朝鮮の人びとの「文化の進展」は総督府の目標の中
心となった。水野錬太郎は、1922年６月の報告のなかでこの意気
ごみを明らかにし、文化を広めるために交通網を拡充し、文化的発
展を促すために警察制度が果たす役割を発展させる必要があること
を強調した[48]。総督府は、1920年の改革によってはじめて許可され
た現地新聞が文化拡散の責務を担うことを期待した。1920年９月
に警察庁が無期限の発行停止を告知するために『東亜日報』に送っ
た通知には、厳しい処分を下す理由の一つとして同社が文化を促進
しなかったことがあげられている[49]。実際には、同紙は文化に関して

何度も意見を掲載していた。ただ、それは総督府が歓迎するような文化ではなかった。

　出版法と新聞紙法の改定は、三一運動後の数年間で総督府が多数行なった改革の一つにすぎない。1920年の報告は、そのときまでに施行された24の改革の概略が説明され、近いうちに8つの改革が新たに施行される予定であることにも触れている[50]。原首相の意見書が影響したと指摘する人は多かったが、そのときに原が推奨したレベルにまで統合されたものはほとんどなかった。そうした改革はまず、日本人と朝鮮人とを区別していた日本の権力を示す重要な物理的シンボルであった総督府官僚の制服をほぼ廃止した。とくに明記されてはいなかったが、そうした官僚らは帯剣が認められなくなったものと思われる。独立運動への対応に日本が失敗した主たる原因であり、嫌われ者となっていた憲兵隊は、北方の国境警備へと追いやられた。第2弾の改革は、奨励金を利用して、日本人が朝鮮語を学ぶように仕向けたことだった。これらによって、2つの障壁——権力の象徴と言語——が低くなり、朝鮮人と日本人の交流が一層進んだ。総督府は、民籍法を改定することによって朝鮮人と日本人との婚姻が進むことを期待した。そのほかにも、被支配者と支

45　齋藤實「朝鮮統治について」（『齋藤實文書　一巻』、1921年一月、424～425頁）。

46　齋藤實「朝鮮の統治」（『朝鮮』、1921年1月、3～7頁）「文化」は本土でも頻繁に使われた流行語だった。杉森孝次郎は、「文化主義」——偏狭な愛国主義の苦しみから人びとを解放するもの——を定義する際、この言葉と「軍国主義」を対比させた。杉森孝二郎「現代啓蒙運動の一標語」（『婦人公論』、1922年6月号、33頁に掲載された『文化政策の研究』でとりあげられている）駒込武は『植民地帝国日本の文化統合』203頁において、「文化」を若干異なる意味をもつ「文明」に置きかえている。

47　齋藤實「改正地方制度施行一周年に際して」（『朝鮮』、1921年10月、1～3頁）。

48　水野錬太郎の報告は、齋藤實「道知事会議に際して」（『朝鮮』、1922年6月、4～5頁）に添付されている。

49　この通知は、金相万（編）『東亜日報史』第一巻（東亜日報社、1975年）、1501～52頁に収められている。

50　改革策の文書は、「朝鮮施政の改善」（『齋藤実関係文書』1巻、73～141頁）を参照のこと。

第Ⅳ章　3月1日以降の政策改革と同化政策　229

配者とで異なっていた待遇を撤廃する策が講じられた。官僚には、民族的出自に関係なく、いまや同一の給与体系に基づいて給与が支給されていた。警察部署の見直しに関して、総督府は、朝鮮人と日本人との区別をなくすために「朝鮮人巡査補」の役職を廃止することを発表した。最後に、日本人が朝鮮人の囚人をむち打つことがなくなった。日本人は、この刑罰は彼らの民度にあっていると考えていたが、禁止されたことによって朝鮮人と日本人に対する刑罰が等しくなった。

　この改革は、朝鮮人の学校教育と社会教育も対象にした。だが、朝鮮人と日本人とを統合するための取り組みは確認できていない。そうした改革はむしろ、分離を維持（補強すら）しながら統合の機会を増やしたというところだった。教育に対して朝鮮人が示した強い熱意を受けて、総督府は小学校を増やし（556校から870校へ）、男女の高等教育にも力を入れた。さらに、科学の授業を追加し、英語を選択科目から必須科目にすることも明言した。最も重要なのは、総督府が朝鮮人の教育年数を6年に延長する可能性を検討すると約束したことだ。当時の日本人の子どもたちに課された年数と同じである。社会教育の重視も改革の一つだった。最も顕著な変更は、出版法と新聞紙法を改定し、『東亜日報』、『朝鮮日報』、『中央日報』という3つの現地新聞を新たに許可したことだ。この改定によって活字文化が活発になり、さまざまなジャンルの情報誌や雑誌が多数発行されることになった。この動きは1930年代後半の戦争勃発まで続いた。日本人は、社会教育の2つ目の要素を「内鮮融和のための施設」と名づけ、「（日本人が）朝鮮人を了解し、朝鮮人が日本を理解する」ためとして4つの試みをあげた。その4つとは、朝鮮人教員と官僚を日本に連れて行くこと、映画を通して日本人に朝鮮のことを知ってもらうこと、朝鮮人を対象に日本についての公開セミ

ナーを行なうこと、日本人が朝鮮半島と朝鮮人を観察できるような方法を促進することである。

こうした改革によってさまざまに同化が進められたが、その他の策においては、日本人がこの政策から一時的に手を引いたことがわかる。原が提唱した日本人と朝鮮人との交流拡大に対しては、旅行やセミナーを通じて日本人と朝鮮人との理解を一層促進するという改革が講じられた。『朝鮮』が方針を転換したのは意図された結果のようだ。1921年2月、新総督府の出版物は、朝鮮人の生活面についての議論のきっかけとなり、称賛に値するような朝鮮人と日本人との交流秘話を掲載した。同時に、それ以外の対策からは総督府がより確実な統治政策を実践しようとしたことがうかがえる。朝鮮語メディアの拡大や、日本人が流暢な朝鮮語を話すようになるための奨励策は、日本による完全同化という建前を弱めることを意味していたのだろうか。あるいは、総督府は、朝鮮人を日本の伝統文化に触れさせれば、その長所に彼らの目を開かせることができると本当に考えていたのだろうか。いずれにせよ、1920年代末には、朝鮮人を日本文化に触れさせたことが総督府の同化構想にマイナスに働いたことが明らかになった。

日本人と朝鮮人との共学への歩み

計画段階では、この改革には総督府の関心が反映されていた。すなわち、国際的に承認された宗主国として、また朝鮮においては善き統治当局としてその地位を向上させたいという関心だ。本音を理解するには、日本側の建前に挿入された楽観主義を排してさらに分析する必要がある。総督府が最も重点的に資源を投下した教育分野に議論を戻すと、1921年1月、総督府は教育調査委員会を設置し、

齋藤総督は1922年2月、4月から第2次朝鮮教育令を施行すると発表した。この教育令の重要性は長期間継続された点にある。すなわち、第3次朝鮮教育令によって戦時中の朝鮮における教育制度が改革される1938年まで施行されたことだ[51]。

1921年11月21日、第2次朝鮮教育令の草案から、校舎は分かれてはいたが、日本人と朝鮮人の子どもたちを平等に扱うような教育制度改革の当初の目的が明らかになった。朝鮮人を日本人学校に受け入れることが盛りこまれたのは草案段階であり、激しい議論が交わされた結果だと思われる。この草案の余白には、「日本人」が線で消され、「国語ヲ常用スル者」と書きこまれている。日本人にとって「平等」が意味していたのは、就学の平等（校舎を増やす）、指導の平等（初等教育の年数を4年から6年にする、2つのカリキュラムを統合する）、機会の平等（朝鮮人が高等教育にはいる基準を緩和する）だった。一部の朝鮮人は別として、この制度によって必ずしも平等な経験（日本の教育制度と朝鮮の教育制度および教室の統合）となるように促進されたわけではなかった。同化政策が真摯なものであることを示すために、総督府が講じる必要があった重要な一歩とはならなかったのである[52]。

1920年代、総督府は朝鮮人の子どもの教育のためとして校舎を増築した。約10年後には、595校（1920年）から1831校（1930年）と3倍に増えている。校舎が増えた結果、教育を受ける機会に恵まれた朝鮮人が増えたわけである。同じ10年間で、就学する朝鮮人は初等教育から高等教育に至るあらゆるレベルで、少なくとも2倍になった。その間、朝鮮人の小学生は4倍になった。女子高等普通学校の入学者は大幅に増え、1920年は771人だったが、1930年には4422人になった[53]。

だが2つの制度は依然として多くの点で不平等だった。その最た

るものは小学校の就学年数だった。朝鮮総督府学務局長であった柴田善三郎は、改革計画で述べられているように総督府が小学校の６年教育を提供することはできないと記している。その理由は、他の地域に比べて地方が文化的に十分進化していないからだった。[54] ６年教育を行なう学校に通う子どもたちは、少なくとも就学年数では日本人の子どもたちと平等ではあったが、本国では小学校の就学年数を８年にするよう求める陳情活動が行なわれていた。それが当時の国際基準だと考えられていたからである。[55]

　原敬が提唱していた共学は、1920年代を通して教育界における重要なテーマであり、朝鮮教育学会の重要課題となっていた。この学会は機関紙『朝鮮教育』で、朝鮮人と日本人とが本当に理解しあい、和解することを促すために「共学」を周知しようとした。[56] 貴族院議員であった沢柳政太郎は、この機関紙を活用し、教育官僚らが使った口実――共学は「不便」で「不都合」――は、分離を続ける理由としては説得力がないと批判した。朝鮮人と日本人が一つの国民として統合されるのであれば、そうした問題は「社会同胞主義」というより大きな使命に比べれば取るに足らないことに違いないと沢柳は説明したのである。朝鮮人に共学制度を適用すれば彼らは、世界、とくに分離制度を維持している植民地支配者らに人道主義に関する教訓を提供することになるというのが彼の結論だった。[57]

　慶應義塾の塾長だった鎌田栄吉も共学を支持し、不審者に向かっ

51　これらの教育令については、Hong, "Japanese Colonial Education Policy in Korea," 139-48 に記述されている。

52　この報告書「朝鮮教育令案」は『齋藤実関係文書』77巻（1921年11月21日）に収められている。

53　朝鮮総督府 Thriving Chosen, 13。

54　柴田善三郎「地方制度の改正と教育施設について」（『朝鮮』、1921年10月、80頁）。

55　Marshall, Learning to be Modern, 93-94。

56　赤木萬二郎「朝鮮教育會の眞使命」（『朝鮮教育』、1923年4月、5〜7頁）。

57　沢柳政太郎「共学問題」（『朝鮮教育』、1922年3月、61〜67頁）。

て吠える犬にたとえてその熱意を表現した。教育の目的は、日本人であろうが朝鮮人であろうが、犬の反応には違いがないような状況にしていくことだとしたのである。鎌田の共学構想は、単に朝鮮人を日本人化するものではなく、日本人が朝鮮人のようになることを求めるものでもあった。ホミ・K・バーバ（Homi K. Bhabha）が「異種混淆」と名づけたように、どちらの民族をも他方の長所を受け入れて伸ばすことだった[58]。このように、鎌田は、共学とは、植民地化された側の人びとを一方的に同化して終わるのではなく、2つの民族の言語的、文化的特徴を融和させることだと解釈した[59]。

　共学は、「内鮮の融和親善」を促進するために1924年11月に開催された内鮮聯合教育大会のテーマになった。齋藤實総督の参加──本会議で演説をした──は、総督府がこの大義を支持していることの表れだった。その点は、参加者が起草した5つの公約でも同じだ。

　　一　教育者は一視同仁の聖旨を奉戴し以て率先相互敬愛同胞輯睦の範を示すこと

　　二　事情の許す限り教育の普及を圖り内鮮兒童の共学制を奨励し特に幼稚園にありては力めて内鮮兒童を入園せしむること

　　三　内鮮兒童の美點長所を助長すると共に其の缺點暗所の補正に努め國民品位の向上を圖ること

　　四　現行國定教科書中に朝鮮に關する教材を一層多く押忍挿入し併せて正確なる解説書を刊行すること但し之を實現せらるゝ迄の過渡期に於ては適當なる補充教材を調査刊行して其の不足を補ふこと

　　五　内鮮教育者の相互為紫視察を盛にすること[60]

教育改革について書かれた構想にはおよぶべくもないが、共学には控えめながらも成果があったことが統計から明らかになった。1930年に公表された数字から、かつては日本人がほとんどだった公立の小学校に入学した朝鮮人（708人）が、卒業者数（364人）のほぼ2倍だったことがわかった。つまり、入学者数が増える傾向にあるのか、あるいはこれらの学校に入学した朝鮮人の退学率が高いのかのどちらかだった。朝鮮人の圧倒的多数（6万6000人）は、朝鮮人が多い普通学校で勉強を続けていた。これと同じ年、合計321人の日本人がこれらの学校に入学し、55人が卒業している[61]。日本は、多くの他の植民地宗主国に勝るような教育制度を構築しているとして評価されていた。だが、教室内で朝鮮人と日本人とを統合するためには、一層の努力を振り向ける必要があった。

　ささやかな結果であっても、共学がどの程度進んだのかを誇張していた可能性はある。カン・ピョンギュは、平壌北部出身で銀行で管理職に就いていた。1929年から1931年まで水原市にあった明倫公立簡易農業学校に通っていた彼は、朝鮮人と日本人とが共有していた「共生関係」を次のように回想している。

　　大学では全員が寮に住むこととされていた。西棟が日本人学生用で、東棟は朝鮮人用だった。それぞれが自治管理だった。例えば、食堂で提供する食事については、食事委員会が調理人を

58　Homi K. Bhabha, *The Location of Culture* (London: Routledge, 1994)（ホミ・K・バーバ『文化の場所：ポストコロニアリズムの位相』、法政大学出版局、2005年）。

59　鎌田栄吉「内鮮共学について」（『朝鮮教育』、1922年3月、75〜79頁）。

60　『朝鮮』、1925年1月、143〜47頁。

61　朝鮮総督府『朝鮮総督府統計年報』（朝鮮総督府、1930年）614〜38頁。朝鮮の公立学校で学ぶ日本人は1929人だった。

雇い、食料品を手配した。図書委員会は書籍を購入していたが、日本人と朝鮮人はどちらも同一の出版物を購入することになっていた。どちらの棟にも卓球委員会があった……われわれは教室で一緒に講義を受け、実験を行なったが、ノートを比べることも、話しかけることもほとんどなかった。

　部屋を共有——朝鮮人1人につき、日本人が2、3人——させようとした学校側に朝鮮人学生が抗議すると、学校側はホールで分けることにした。[62]「内鮮共学」の実験はうまくいかなかったわけだ。高崎宗司は、内鮮共学の学校に通っていた日本人学生のわずか4人に1人だけが朝鮮人の友人がいたとする調査を引用している。友人がいた学生であっても、朝鮮人の知り合いがいないか、母親が日本人であるような朝鮮人にとどまる傾向があった。[63]

　この分離には朝鮮人を意識的に排除する以外にいくつもの理由がある。第1に、朝鮮人学生の多くがこうした学校に入学しなかったのは、日本語能力が十分でなかったからだ。もう一つの理由として考えられるのは費用である。日本学校は学費が高額であったために、学校側が朝鮮人学生を受け入れるつもりがあるとしても、学費は彼らが入学する際の妨げになった。ある政府官僚は、一つの要因はこうした学校ですべての日本人学生に「教練」を課すことだと記している。この官僚は、教練に参加する朝鮮人学生を想像することはできなかったが、日本人だけにこの教練を課すことは差別的であり、有害でもあると主張した。その一方で、朝鮮人に訓練を課すことは彼らを徴兵の対象とみなすことでもあったが、1925年当時、朝鮮人はその対象ではなかった。[64]最後に、朝鮮人の入学者数が限られていたのは、朝鮮人学生を劣等生のように扱いがちな学校に子どもを通わせたくないとためらいもあっただろう。[65]日本人街にはいり

こむ朝鮮人が同じような不安を抱くのは想像に難くない[66]。

　植民地の都市人口は、分離した学校制度に反映されていた（おそらく、分離の一因ともなった）。橋谷弘は、朝鮮人と日本人住民の 80%が民族的な特徴が明確に表れた地域に住んでいたと推測している[67]。都心の朝鮮人街の中心部を通っていた鍾路は、梶山季之が小説『霓のなか』の登場人物、梶を通して描いたように、「朝鮮人」を表す隠喩としてよく使われている。

　　京城に住みながら、梶は滅多に鍾路界隈を歩かない。そこは純粋な朝鮮人町で、ひとりで歩いていると何故かひどく心細い感情にしめつけられるからだ。極言すると無気味だった。何も朝鮮人たちが日本人に敵意をみせるのでは決してないけれど、底知れぬ冷え冷えとしたものが生のまま梶には伝わってくるような気がした[68]。

　ソウルを訪れ、この地区に入り込む人びとは、その粗野な印象を書き記している。難波可水は、鍾路にあった店について、次のように記している。

62　Kang, *Under the Black Umbrella*," 52-54（『黒い傘の下で』、104 頁）。

63　高崎宗司『植民地朝鮮の日本人』（岩波書店、2002 年）171 〜 72 頁。

64　朝鮮総督府「学校教練実施決定案」（『齋藤實文書　第 5 巻』、1925 年、318 頁）。

65　朝鮮人学生と日本人学生が口論すると、朝鮮人学生だけが罰せられることが多かった。最も重大な事件は 1929 年に起きた光州学生事件である。

66　日本人街でのピーター・ヒュンの経験が彼の *Man Sei! The Making of a Korean American* (Honolulu: University of Hawai'i Press, 1986), 63-65 で述べられている。

67　橋谷弘「植民地都市」（『近代日本の軌跡：都市と民衆』、成田竜一編、吉川弘文館、1993 年、215 〜 36 頁）ハーバード大学コリア・インスティテュートで行なわれたアラン・デリッセンの公開講演 "Seoul, Summer 1925: The Social Space and the 'Natural' Event" でもこのテーマが扱われた（2002 年 10 月 31 日）。

68　梶山季之『李朝残影　梶山季之朝鮮小説集』川村湊（編）インパクト出版会、2002 年、110 頁。または川村湊『ソウル都市物語：歴史、文学、風景』（平凡社、2000 年）106 頁。

鐘路に鮮人の店を訪ふ、不潔、惡臭、聞いた以上だ、色の褪せた
柱や壁に、べたゝ大吉らしい文字が破れた紙に殘つてゐる、軒
が低く、入口が頗る小さい、笠子を被り、つるまきを着て店の
前にあぐらしてゐる、ヨボの髪も、その姿に調和してゐる……
何れも千年前の人がそのまゝ隠れて生活してゐたのを見出した
やうだ。[69]

　教育改革に伴う教科書改訂はこうした展開を反映したものだっ
た。教科書は朝鮮人学生の増加にあわせ、朝鮮の象徴についての記
述を増やし、授業は日本人と朝鮮人の統合を促すものとなってい
た。李淑子は、新しい教科書には朝鮮の著名人の物語が増えたこと
を指摘している。そのようにとりあげられた人びとは基本的に軍人
や王族の人びとではなく、学者や社会の草分け的存在だった。日本
と朝鮮の地理の比較もカリキュラムに含まれ、両国が築いてきた関
係を伝えた。たとえばある授業では、工業中心地である日野（日本）
と開城（朝鮮）が、地理的に離れてはいるが、商業的には密接につ
ながっている2つの場所として紹介されている。[70]女子学生向けの公
民教科書では、「家庭教育」は夫婦で担うべきで、女性が仕事をす
ることは有益だと書かれ、文化の発展を促すものになっていた。[71]
　同時に、教科書では、朝鮮人を日本人から分離するというネガ
ティブなイメージ、すなわち日本人に「追いつく」ために朝鮮人が
変える必要があった部分を残してもいた。教科書では、「朝鮮米の
三大欠点」「朝鮮の家の低くて小さいこと」「朝鮮人はお風呂に入ら
ない」といった物語がとりあげられた。道徳の教科書では、日本と
朝鮮の併合を国民的活力が貧弱な人びとが住み、問題を多く抱えた
朝鮮についての物語として取り上げていた。日本は、正義の美名の

下、朝鮮のために中国人とロシア人を撃退した。それが成功して朝鮮人が感動し、日本との併合を望んだのだと語られたのである。さらに、朝鮮皇帝が日本に朝鮮統治の権利を委任すると、明治天皇が両国の統合を 1910 年に了承した、という作り話（フィクション）が続いた。[72] この資料は、併合という日本の責務を完遂させるために必要な融合の精神ではなく、原などの人びとが戒めた傲慢な姿勢を映しだしたものだったのである。

社会的、政治的参加

1920 年に行なわれた改革は依然として、同化を進めるための手段としての参加を強調していたが、お互いの社会と文化についての情報交換を中心としていた。学校教育が最も重要な取り組みだったが、社会教育は成人した朝鮮人にとっても日本人にとっても参加の機会となった。それまでの 10 年間と同様、統治政府は式典のたびに、朝鮮人に帝国内での立場を思いおこさせた。総督府は、日本人と朝鮮人だけでなく、海外在住の朝鮮人と半島出身の朝鮮人とを隔てている文化的、社会的格差を埋めるためのツアーを企画した。新たな議論のテーマは政治参加だった。齋藤総督は、1920 年に『ザ・インディペンデント』誌に寄稿した文章で、朝鮮人が議席を確保する可能性があることを示唆していた。総督府はこれを将来の改革事項に加えてもいた。

朝鮮人と日本人に両民族の結合を思いおこさせる最も象徴的で重要な機会には、朝鮮の皇族が直接関わっていた——1920 年の皇

69 難波可水「朝鮮印象記」（『朝鮮および満州』、1912 年 2 月、66 頁）。

70 李淑子『教科書に描かれた朝鮮と日本』、352 ～ 66 頁。

71 이현신 (編),『한국교육자료집』四巻 (한국정신문화연구원 , 1991), 680-81.

72 李淑子、『教科書に描かれた朝鮮と日本』、352 ～ 66 頁。

太子の李垠と華族出身の梨本宮方子（朝鮮名は李方子）との婚姻と、
1926年の大韓帝国最後の皇帝、純宗の国葬である。日本による統
治が始まってからの10年間で行なわれた式典とは異なり、この婚
姻のような出来事によって、総督は日朝関係に関する象徴的な価値
をうまく利用した。1920年4月28日、李垠と梨本宮方子は1年の
延期を経て、東京で婚姻の儀をあげた。もともと予定されていた儀
式は、李垠の父、高宗の死去により延期されていたのである。李垠
は10歳のとき、名門校である学習院で教育を受けるために伊藤博
文に連れられて東京にやってきた。彼は1907年に高宗が退位させ
られた後、異母兄である純宗の皇太子となった。梨本宮方子は梨本
宮家を継いだ梨本宮守正の娘で、梨本宮守正の兄、久邇宮邦彦は昭
和天皇皇后の父である。梨本宮方子の家系に男子が少ないことが明
らかになると、方子はお后候補からはずされたという[73]。こうした不
幸ないきさつがあっても、今回の象徴的な婚姻という天皇家の計画
が中止されることはなかった。大正天皇皇后に謁見した際、梨本宮
方子には、后となる若き女性が捧げる犠牲に対する「同情」より先
に、「あなたの重い使命を決してお忘れにならぬよう」と、まずは
その勇気を讃える言葉が伝えられたのだった[74]。

　この婚姻を不満に思った日本人もいた。梨本宮家には、日本の皇
女が「強硬な反日朝鮮人の皇太子」と結婚することを不満とする人
びとからの電話や電報がおし寄せた。ある狂信的な日本人は、新婚
者を乗せて婚姻の儀式が執りおこなわれる会場を行き来する皇室の
馬車を爆破することを企てた。このような脅迫は生涯を通して夫妻
につきまとい、1922年には悲劇となって表れた。生まれたばかり
の息子を朝鮮王家にお披露目すべく朝鮮を訪問していたとき、毒
殺されたといわれている[75]。総督府はこの婚姻には象徴的な価値があ
るとして利用した。齋藤総督はその祝賀の言葉でこう述べている。

我ガ二千萬同胞ト共ニ恐懼シ且ツ大ニ感謝セナケレバナラナイ
コトハ李王世子殿下ト梨本宮方子女王殿下トノ御婚儀ノ行ハレ
タニト並ヒ之ト同時ニ恩赦ノ大典行ハレタルコト是デアル、李
王世子殿下ト梨本宮方子女王殿下ノ御婚儀ハ申ス迄モナク内鮮
一家ノ親ヲ表明シタルモノデアッテ其ノ融和更ニ一層緊密ヲ加
フヘキハ申ス迄モナイコトデアルガ、夫レニ付ケテモ我ガ皇室
ガ内鮮融和ノ為ニ仁慈ツ垂レサセ給フコトノ如何シ深キカツ儀
ト同時ニ行ヘキデアラウト思フ[76]。

　李垠と方子の夫婦を通して朝鮮と日本の調和を見せつけようと、
日本政府は 1927 年 5 月、ヨーロッパ旅行を手配した。この婚姻は
朝鮮と日本の皇室が最もうまく結びついた例で、朝鮮が日本の統治
から解放された後も続いた[77]。梨本宮方子は、同化の軌跡を体現しな
がらも、夫の文化を受け入れ、典型的な日本人としてふるまった。
彼女は朝鮮語を学び、朝鮮料理を堪能し、日本の衣装よりも朝鮮の
衣装を着用することが多かった。
　6 年後の 1926 年 4 月 26 日に純宗の死去が新聞で報道されると、

73 Robert T. Oliver, *Syngman Rhee: The Man Behind the Myth* (New York: Dodd Mead, 1954), 134. 彼らの婚姻の儀の詳細は、Yi Pangja, *The World is One: Princess Yi Pangja's Autobiography*, translated by Kin Suhkyu (Seoul: Taewon Publishing Company, 1973)（『動乱の中の王妃』、李方子、講談社、1969 年）を参照のこと（『動乱の中の王妃』、李方子、講談社、1969 年）。

74 前掲書 72 頁。この婚姻の取り決めが高宗を自殺に追い込んだといううわさもある。Chong-sik Lee, *The Politics of Korean Nationalism* (Berkeley: University of California Press, 1963), 108.

75 Yi, *The World is One*," 60, 95, 108-9.

76 齋藤實「朝鮮統治について」（『齋藤實文書　1 巻』、423 ～ 424 頁）。

77 Ellen Salem, "Women Surviving: Palace Life in Seoul after the Annexation," in *Virtues in Conflict: Tradition and the Korean Woman Today*, edited by Sandra Mattielli, 67-98 (Seoul: Royal Asiatic Society, 1977).

日本にとって、日本と朝鮮の融合を示す新たな機会となった。純宗の死と、6月に行なわれた葬儀を2つの民族がともに嘆き悲しむという文脈で示すためにあらゆる手がつくされた。日本政府はすぐに閣議を特別に開き、純宗のために朝鮮式の国葬を行ない、総督府政務総監であった湯浅倉平を葬儀委員長に就任させることを決定した[78]。皇太子（後の昭和天皇）は、自身の誕生日（4月29日）に予定されていたすべての祝賀行事を中止することを発表した。

　総督府はこの機会を利用して、日韓併合の物語を改めて語り、この融合を整えたことで純宗を「たたえ」た。齋藤総督は再び、この行事の重要性を説明した。純宗が長期間にわたって病気に臥せっていた期間は、8000万人もの日本人と朝鮮人がともに回復を願っていた時間であると説明し、純宗が日朝関係にどのように貢献したかについて振り返ったのである。

　　　殿下には明治四十五年［正しくは四十年］韓國の帝位に卽かせられ、仁政を施され又夙に帝國との親和を念とせられ、遂に明治四十三年中外の情勢を洞鑒し、日韓併合の鴻謨を定めて帝位を退かれ、以て社稷を保ち民生の康寧を増し、東洋平和の確保を期せられ（た）[79]。

　この調和を見せつけるために重要な役割を果たしたのは新聞だった。新聞各社は純宗が昏睡状態に陥ったときからずっと、逐一報じていた。読者に、純宗の状態に関する兆候（体温、心拍数、排尿の有無）という日本の皇族であればまず差し控えられたであろう内容を報じていたのである。また、朝鮮と日本の両方の話も伝えていた。『ジャパン・タイムズ』は増上寺（江戸時代の三大寺の一つ）の階段を上る人びとの写真を掲載し、日本人と朝鮮人とがともに祈りを捧げ

る機会として紹介した。[80]『東京朝日新聞』は、「内鮮等しく哀しみを分かつ」というタイトルで、本土と植民地それぞれの首都で行なわれた葬儀に参加する人びとの写真を並べて掲載した。総督府の機関紙『朝鮮』は、明治政府が打倒した最初の政府である徳川幕府やその他多くの将軍家の人びとも埋葬していた日光で、純宗のために用意された鐘の写真を掲載した。[81]

　葬儀に加え、総督は植民地での成功を知らしめるツアーを利用した。最もうまく使われたツアーは、海外在住の朝鮮人を帰国させて、日本の統治下で朝鮮が成しとげた発展を見せ、それについて発言させるというものだった。総督は、彼らに「新たな朝鮮」を紹介することで、その反日的な姿勢が弱まることを期待した。これらのツアーが用意した広告は、統治に反対する朝鮮人との衝突を解決するために和平を申し出る日本というイメージを打ちだすものだった。海外在住の朝鮮人による祖国訪問は齋藤による改革提案の一つを工夫したもので、日本人には半島を訪問する機会を、朝鮮人には日本列島を訪問する機会となった。朝鮮人の名前で執筆され、『朝鮮』に掲載された記事のいくつかは、かつて反日派だった朝鮮人が朝鮮における日本の成功を認めたことを喧伝するものになった。

　『朝鮮』誌によると、1920 年から 1921 年までに総督府は、そうしたツアーを少なくとも 3 度行なっている。第 1 回、第 2 回のツアー（それぞれ 72 人、22 人が参加した）は中国から、3 回目（参加者は

78　『東京朝日新聞』、1926 年 4 月 28 日。
79　齋藤實、「李王殿下を悼み奉りて」（『朝鮮』、1926 年 6 月、2 頁）。
80　*Japan Times*, June 10, 1926.
81　純宗の死去とその葬儀が日本の植民地史において重要である点は以下で詳しく検討されている。Mark E. Caprio, "The 1920 Colonial Reforms and the June 10 (1926) Movement: A Korean Search for Ethnic Space," in *Colonial Rule and Social Change in Korea, 1910-1945*, edited by Hong Yung Lee, Yong-Chol Ha, and Clark Sorensen, 175-207 (Seattle: University of Washington Press, 2012).

第Ⅳ章　3 月 1 日以降の政策改革と同化政策　243

20人だった）はシベリアからの参加だった。3回目の参加者は元山に到着し、列車でソウルと仁川まで移動し、平壌経由で帰国した。一行の旅程には、総督府診療所、王宮、王室動物園、視覚障害者の学校、さまざまな工場の訪問が含まれていた。参加者は朝鮮人による作品を展示する美術館も訪れ、龍山訓練場で軍事パレードも見学した。彼らは豪華な朝鮮ホテルで開かれた総督府の夕食会にも招かれた。高官らはさまざまな会合に彼らを招待してもいる。

　日本人は、朝鮮人が日本支配を受け入れる障害になっている誤解を克服するために、こうしたツアーは不可欠だと捉えていた。齋藤総督は、両民族がお互いに理解しあうようにならない限り、日本と朝鮮の調和は現実のものとはならないだろうと記している[82]。『朝鮮』誌発行にあたって手を加えられたものではあったが、朝鮮人参加者が残した感想はこうした点では成功だったことを示している。参加者は森林保護、工業や製造業の発展、教育改革がとくに印象に残る発展であることを認めていた。その他の感想も編集されたものであることがうかがわれる。すなわち、参加者たちは、日本統治に対する誤解を正すために海外在住の朝鮮同胞に助言することに賛成し、「移住地に歸り同胞と共に東洋平和の大方針に盡力す」る希望を示していた[83]。

　日本人は、愛国心を養うという点に関しては、他の分野では普通に取りいれられていたような朝鮮人の参加を求めることに熱心ではなかった。文化統治がなされていたあいだ、総督府は植民地で学校を増やしたが、義務教育にすることはなかった。朝鮮人に軍務訓練を課すことにも消極的で、入隊は論外だった。日本政府も、半島に定住していた朝鮮人の政治参加をあえて妨げた（だが、日本に定住していた朝鮮人男子のごく一部は1925年にこれらの権利をもつことができた）。この点に関しては1929年、日本人と朝鮮人が朝鮮人議員を認める

よう国会に請願しており、日本政府は難問を突きつけられることになった。国会はこれを拒否したが、これは日本人が朝鮮の同化をどれほど真剣に考えているのかという点で、これまでで最も明確なメッセージを送ることになった[84]。

　この問題を突きつけたのは、朝鮮参政審議会を構成していた日本人代議士17人だった。彼らの提案は、発言のとおりに行動するよう日本政府を問いただすものだった。すなわち、「一視同仁」という御聖意と「内鮮一家」という「理想」を実現するには、朝鮮人の進化と足並みをそろえて、総督府がその時点での「幼稚の域」を脱せしめて、政治制度を発展させることが必要だというのが彼らの主張だった。その文書ではとりわけ、（一）「朝鮮在住帝国臣民ノ参政ニ關スル根本方策」、（二）「朝鮮在住帝国臣民ヲ帝国議會ニ列セシムル制度ノ可否」、（三）「朝鮮ト地方自治」の下、朝鮮のいくつもの道に地方議会を構成することを認めること、という3つの可能性について検討するよう求めていた。

　立法府の決定は、日本政府が作りあげてきたそれまでのイメージを反映していった。つまり、朝鮮人を完全かつ制限のない議員という条件で帝国に迎えいれることは適当ではないということだった。朝鮮人を衆議院に参加させるのがふさわしくない理由は2つあるようだった。第1に、そのような代表は議会の現状に影響を与え、結果として問題をひき起こしかねず、日本にとって「弊害」になるだろうということだった。第2に、日本は当時、朝鮮人に十分な政治参加を認めていなかったため、まったく参加させないほうがよいだろうとされたことだ。部分的な参加は朝鮮人の不満を招くだけだ

82　齋藤實「朝鮮施政の改善」（『齋藤実関係文書』2巻、100頁）。
83　伊藤藤太郎、「在外鮮人の総督府観光」（『朝鮮』1921年2月、131〜42頁）。
84　1924年、『東亜日報』創業者であった金性洙が主宰した政治研究会も、これを検討した。Robinson, *Cultural Nationalism in Colonial Korea*, 143.

と思われた。近い将来、高位の身分を持つ朝鮮人男子を5人まで選び、貴族院議員とするという決定が実現したのは1940年代に入ってからのことだ。

朝鮮人に地方の被選挙権を認めるという提案は、1920年の改革で示唆された可能性であり、慎重な支持が得られただけだった。国会決議は、朝鮮は北海道や沖縄と同じく一地方にすぎないため、日本の府県に見られる多党制の地方議会ではなく、一党制議会とするほうが適切だとした。この決定によれば、10年後に総督府が代議士100人から成る組織を設け、その3分の1を日本の統治政府が任命し、残りを有権者から選ぶことになった。この間、総督府は地方制度を改革し、地方自治に向けて人びとを徐々に順応させることになっていた。[85]

結論

1919年の三一独立運動は、植民地においてだけではなく内国においても、日本にいた植民地の同胞もが加わってさまざまな方法で日本の行政府に立ちむかった運動だったことがより重要な点である。この挑戦に対する日本の反応からは、それが複雑であることが読みとれる。日本文化は優れており、最終的には朝鮮の同化を促すはずだと日本人が確信していたと理解するのでなければ、総督府がさまざまな方法で朝鮮人に対して行なった改革は、日本が完全同化論から手を引くことを示唆するものでしかなかった。10年が経つころ、日本人はこの考えがまちがっていたこと、自身の文化に接することを朝鮮人に認めているかぎり、同化はうまくいかないことに気がついたことが2つの報告書に記されている。[86] マイケル・E・ロビンソン（Michael E. Robinson）は、これらの改革が「1920年以降、

植民地において民族主義の復活に道を開いた」と記した。[87]

　改革の目的はそれ以外にもあった。日本は植民地を完全に統制しているという重要なメッセージを西洋の同盟諸国に送ったことだ。フランク・ボールドウィン（Frank Baldwin）らが指摘したように、彼らは「日本の支配は自由を尊重し、人道的なものだと朝鮮人に期待させて、日本の撤退を求める朝鮮の民族主義者のプロパガンダに効果的に対処し」、朝鮮人の抵抗を巧みに操ったのである。[88]高崎宗司は三一運動後の治安改善策として、「文化政治」が日本「進歩派」の総督府に対する反対の声を沈黙させたと述べた。[89]ある政府報告書は 1920 年代の方針を「懐柔同化」と表現している。[90]改革の人道的側面をうち出すことで、支配にかかわる別の要素——日本の統治政府が朝鮮人の存在をどの程度認めるか——があいまいになった。総督府政務総監であった水野錬太郎は、日本の施政者にとって朝鮮系の報道機関がもつ有用性を説明し、この点について言葉巧みに語っている。三一運動が日本人を驚かせた一つの理由は、施政者側が朝鮮人に煙を吐きださせる煙突をもっていなかったことだ。ハングル新聞紙に掲載された記事や論説のなかで水野はこう書いている。「（日本人は）朝鮮人の考えに触れることができた。朝鮮人は新

85　「朝鮮に対する参政権實施に関する請願書」（『齋藤實關係文書　76 巻』、1929 年 2 月）。

86　朝鮮総督府刑務局図書課「李王殿下ノ薨去に際シ『諺文新聞紙ヲ通シテ見タル朝鮮人ノ思想傾向』」（京城：警務局圖書課㊙、1926 年）、朝鮮総督府「独立運動終息ニ於ケル民族運動ノ梗概」（『齋藤實関係文書九七巻』、1927 年 1 月）。

87　Robinson, *Cultural Nationalism in Colonial Korea*, 158. 又は Robinson, "Colonial Publication Policy," 312-47, "Broadcasting in Korea, 1924-1937: Colonial Modernity and Cultural Hegemony," in *Japan's Competing Modernities: Issues in Culture and Democracy, 1900-1930*, edited by Sharon A. Minichiello, 358-78, (Honolulu: University of Hawai'i Press, 1998) も参照のこと。

88　Baldwin, "The March First Movement," 211.

89　たとえば吉野作造、新渡戸稲造、柳宗悦、矢内原忠雄等．高崎宗司『「妄言」の原形』（木犀社、1990 年）。

90　石田雄『同化（下）』、152。

聞で彼らの個人的な意見を述べたのである。……これらの煙突がなければ、室内は暗闇に包まれ、煙が充満したことだろう。（新聞は）これらの室内を明るくし、（朝鮮人の）感情を鮮やかにした。煙突がなければ、薪があっても、（部屋で）火を起こすことはできないだろう。これが『万歳運動』が起きた理由だ」[91]。朝鮮語を流暢に話し、朝鮮文化についてよく知るそれ以上に多くの日本人が、日本には朝鮮を受け入れる意思があることを示した。また、朝鮮の煙を観察するためにさらに多くの煙突を求める日本人の姿も見せた。こうした改革によっても朝鮮人が同化に理解を示すようにはならなかったが、日本人にとっては朝鮮人の独立行動を観察し、統制する貴重な手段になった。総督府が目撃した機会としては、とりわけ1926年に行なわれた大韓帝国最後の皇帝、純宗の国葬である[92]。

91　水野錬太郎「朝鮮における言論の自由：御山の政治」（『水野錬太郎回想録関係文書』、西尾林太郎編、山川出版社、1999年、52頁）。

92　Caprio, "The 1920 Colonial Reforms," 175-207 参照。

第Ⅴ章
戦時中の急進的な同化政策

文化統治は、日本がとうとう現地の新聞社に発行停止を命じた
1930 年代後半まで部分的に続いた。とはいえ、これは早くも 1920
年代半ばには下火になる様相を見せ始めていた。1925 年に制定さ
れた治安維持法は、総督府に反日的だとみなされた活動を厳しく制
限するものだった。1920 年代の終わり頃には、独立運動に積極的
にかかわっていた朝鮮人の多くは投獄されるか、逃亡しているかの
どちらかだった。1930 年代前半には、検閲が厳しくなり、朝鮮系
新聞の場合さらに多くの記事が削除されるようになった。1930 年
代初めには廃刊に追いこまれる新聞こそ減ったが、これは検閲側が
手を緩めたというよりも新聞社側が意識的に自己検閲したためだ[1]。
また、総督府は 1920 年代半ば以降、朝鮮語を学ぶ日本人に支給し
ていた奨励金を削減し、1940 年には完全に廃止した[2]。

　アジア大陸についての危機感が高まり、朝鮮統治方針が再び見直
された。日本政府は朝鮮半島が戦略的に重要な位置にあることを認
識し、アジア大陸で成功するには朝鮮人の支持と協力が不可欠であ
ることに気がついた。1938 年、南次郎率いる総督府は「内鮮一体」
を強化するための策をまとめた詳細な報告書を作成した。この報
告書は、日本軍が 1937 年 7 月に盧溝橋で中国軍と衝突した翌年に
配布され、当時の状況を考慮して、朝鮮の同化を「強化し完了」さ
せるために必要な手段を導入するためのものだった。この報告書で
は、アジア大陸と確実につながるために、日本が内国と周辺地域と
の関係性を構築する重要性が強調されていた。こうしたつながりを
確かなものにするために、日本は朝鮮人に確実に協力させるような
「同化政策」を強化する必要があった。

　日本統治の最後の 7 年間で朝鮮における日本の同化が加速し、朝
鮮人の文化とアイデンティティを抹殺するために、植民地政府はこ
れまでにはなかったような政策を導入していった。同化と異化との

矛盾が最も大きくなったこの時期、日本が導入した数々の策——とくに朝鮮語に関する方針と創氏改名——は、日本の植民地支配に関する批判のなかでも最もよくとりあげられている[3]。同時に、この後半期においては、大日本帝国で経済的、社会的地位が前例を見ないほど上昇した朝鮮人もいた。日本の戦争のために家族に奉仕させ、資金を投資した曹秉相らでわかるように、この時期、日本は併合以降ずっと説いてきたような同化プロセスに対する本気度を見せる時期にきていた。フジタニ・タカシがいうように、この時期に日本人の朝鮮人観が「粗野な人種主義」から「慇懃人種主義[4]」へと大きく変わったのだろうか。あるいは、危機的状況において1921年に吉野作造が主張した同化政策の定義に従い、朝鮮人に対して「日本人の云ふ通りの者になれといふ要求」を突きつけた新たな短期戦略でしかなかったのだろうか[5]。

暗雲立ちこめるなかに現れた楽観主義の兆し

齋藤實は1931年6月に総督の任を終え、日本に帰国した。それから1年も経たないうちに、彼は内閣総理大臣に任命された。齋藤の後を受けて朝鮮総督に就いたのは陸軍大将だった宇垣一成だが、彼がこの任に就いたのはこれが初めてではない。宇垣は、1927年

---

1 Robinson, "Colonial Publication Policy" in *The Japanese Colonial Empire*, 327, 339. 1926年5月以降は、日本から朝鮮半島に輸出された出版物も朝鮮の出版規制の対象となった（前掲書、336頁）。

2 山田寛人、『植民地朝鮮における朝鮮語奨励政策：朝鮮語を学んだ日本人』、144頁。

3 戦時中の朝鮮半島支配に関する研究は豊富にある。一例として、創氏改名については水野錬太郎、『水野『創氏改名——日本の朝鮮支配の中で』（岩波書店、2008年）。強制連行は山田昭次、古庄正、樋口雄一『朝鮮人戦時労働動員』（岩波書店、2005年）。

4 T. Fujitani, *Race for Empire: Koreans as Japanese and Japanese as Americans During World War II* (Berkeley: University of California Press), 2011.

5 石田雄『「同化」（下）』、151頁で引用されている。

にジュネーブで開催された軍縮会議に日本代表として出席するために朝鮮を出国した齋藤に代わり、一時的にこの任に就いたことがあるからだ。朝鮮総督に就任するまで、宇垣はいくつかの内閣で陸軍大臣を務めていた。齋藤と同じく、宇垣の経歴は不祥事だらけだった。彼は1931年に起きた3月事件（宇垣を首班とする軍事政権の樹立を狙ったクーデター未遂事件）にかかわったため陸軍大臣を辞すことになったが、このおかげで朝鮮に戻る道が開けたのである。彼が総督の地位にあった1936年8月までは、半島の産業振興に力点が置かれていた。[6]

　総督は、大陸における日本の危機と朝鮮の産業振興を結びつける演説を何度も行なっている。1934年には、朝鮮は農業国としてだけでなく、産業国としてもすぐに名を馳せるようになるだろうとし、満州の状況を考えれば「朝鮮の有する意義と使命とは新なる重大さを加へた」[7]と続けている。京城帝国大学でも、地方の興隆と朝鮮半島全体の産業化を強く訴えている。[8]1931年の満州事変以来、宇垣は朝鮮人は発展を成しとげ、日本の文化と慣習を吸収したと主張する人びとに同調し、この成功を示す証拠をあげた。たとえば、朝鮮人が鮮やかな衣装を着るようになった、モダンな髪型をするようになった、祝日には日本の国旗を掲げるようになった、などだ。また、奉仕、労働意欲、倹約、貯蓄、社会扶助に基づいた生活といった朝鮮人に対する教育で強調されていた特徴の多くをとりいれ、精神的な姿勢が変化したことにも触れた。[9]

　朝鮮半島に長く住んでいた中西伊之助も1933年10月にその成功について、過去20年間で、朝鮮人は「遊惰の民」から脱したと書き、朝鮮人は今や日本人に対して今まで以上に好意的な姿勢を見せるようになったと受けとめていた。彼は、日本の軍事作戦が功を奏し、こうした変化をもたらしたと指摘した。すなわち、日本が朝鮮

と中国の結びつきを弱めたおかげで日本に対する視線が肯定的なものに変わったということだ。朝鮮人は、日本が半島を植民地化しようとしたことに感謝すらしていた[10]。

　経済評論家であった高橋亀吉は1カ月かけて朝鮮半島をまわり、そうした称賛の声に加わった。半島をまわっていた際、高橋は、朝鮮人が「生れ更る」経験をしたことに気がついた。宇垣や中西と同じく高橋も、朝鮮の復興は1931年の満州事変以降に発展した成果だと考えた。またそのおかげで、帝国における朝鮮の立場も上昇していた。高橋は「満州事變に由つて、日本の國籍を有することの實益を朝鮮民衆はマザゝゝと體驗した」と説明し、「鮮内事情並に統治上の發達あり、ために、朝鮮に於ける民心の平穏と治安の安定は殆んど内地と變らざるまでに革まつた」と感じてもいた[11]。

　日本の教育方針についての議論に加わった人びとは、朝鮮の発展というこの肯定的なイメージを利用して本国と植民地との融合を強調した。宇垣が注視するなか、こうした議論には「公民教育」——生徒に公民概念を強く持たせるための教育——という文言が頻繁に登場した。彼らがまず注目したのは、（西洋的な）個性に反対する道具としての日本的な助け合い制度の有用性だった。中西伊之助は、ヨーロッパが植民地に押しつけた慣習の偽善性に言及し、

6　中西伊之助は、宇垣時代の総督府は「産業政治」として記憶されると述べている「最近の朝鮮を語る」（『東洋』、1933年10月号、137頁）。ブルース・カミングスは、この工業振興は日本支配という植民地の遺産だと指摘した。Bruce Cumings, "Colonial Formations and Deformations: Korea, Taiwan, and Vietnam," in *Decolonization: Perceptions from Now and Then*, edited by Prasenjit Duara, 278-98 (London: Routledge, 2004).

7　宇垣一成、「朝鮮統治の態度」（『中央公論』、1934年1月、85～87頁）。

8　宇垣一成、「朝鮮の将来」（『宇垣一成文書』）。宇垣がこの演説を行なったのは、1934年9月11日のことである。

9　宇垣一成、「朝鮮統治の態度」80頁。

10　中西伊之助、「最近の朝鮮を語る」143頁。

11　高橋亀吉「朝鮮は生れ更る」（『改造』、1935年4月、47～63頁）。

「外地」との融合を図った日本の取り組みと対比させた。つまり、ヨーロッパ人は、自由や平等を説きながら実際には差別を行なっていると主張したのだ。一方、日本人は一視同仁、つまり外地の人びとを内地（日本）の精神で迎えいれることを原則として、朝鮮を統治していた。彼は、この過程が完了すれば日本は一つの国家になると見ていた。武部欽一は、日本の集団主義と政治参加を結びつけ、なすべきことはもっとあると指摘した。参政権を得た朝鮮人は、日本人との共存共栄という目標を達成するために「私を棄て、公に奉じ、互に共存共榮を圖」る必要があるとしたのだ。[12]

　全羅南道にある公立学校で校長を務めていた中村生は、社会的な関係性のなかで公民教育を定義し、個人よりも、同族の村落、社会、国家における人びとの「多様性」を重視した。中村は、公民教育の本質は一言で言えば「協調、連絡、連帯」であるとした。[13]知識と道徳教育を中心としていた公民教育カリキュラムで強調されていたのはこうした価値だった。生徒たちは、朝鮮半島の政治的および経済的基盤について教えを受け、また、かかわりのある組織に接する際のしかるべきふるまいについても指導を受ける必要があった。鎌塚扶は、このカリキュラムの中身を次のようにまとめている。道徳面では家族がお互いに従来から負うべき責任——子どもが両親を慕う気持ちと子どもに対する両親の愛情——を、法律面では国民の義務——出生届、死亡届、婚姻届の提出——を、経済面では経済的および社会的責任を受け入れるよう国民に伝えることによって、伝統的な慣習を当時の環境においても実践する方法を強調するものである。カリキュラムでは、宗教的な課題もうち出していた。主には、朝鮮人が神社参拝を日課にする必要があるということだった。また、産業と製造業を、単に経済に結びつけるのではなく、社会の要請や道義と関連させるように考えるべきだともした。鎌塚

は、こうした考え方を学校教育だけでなく社会教育の中心にすべきだと主張した。[14]

　中村は、実践的な公民教育を学校がどのように行なっていたのかを紹介している。彼の学校では、毎月1日と15日が「公民の日」とされ、1日の最初に一同で敬礼、君が代斉唱、国旗掲揚と敬礼、（東に向かって）遥拝、説教、「日の丸」を斉唱、三拝といった儀式をすることになっていた。その後、参加者は、朝鮮半島および日本列島にいる人びとと同じ時間にラジオ体操をした。中村は毎回異なる教師に説教役をさせることにし、その原稿を事前に提出させて確認した。こうした説教のテーマとしては、「國旗掲揚」「公民デー設定について」「教育ニ関スル勅語」といったものがあった。[15]これらの記述から、教育方針に関するそれまでの議論で明らかになった程度を超えて、公民教育が実践的な愛国教育として行なわれていたことがわかる。つまり、公民教育とは家族に対する孝行の論理的な延長として帝国に対する忠誠心をもたせるために導入されたカリキュラムだった。異なるのは、西洋の理想を見習うべきモデルとしてではなく、避けるべき「その他」と説明していた点だ。そうした主張は、日本がアジアのより奥深くへと進出し、戦争へと突き進んでいくにつれて、日本と朝鮮のより緊密な協力を必要としたこの2つの展開を後押しするものとなった。

内鮮一体を強化する動き

　1938年9月、総督府は植民地統治の見直しを指示する2つの文

12　武部欽一、「公民教育の必要」（『文教の朝鮮』、1931年1月、2〜3頁）。
13　中村生、「わが校の公民訓練施設」（『文教の朝鮮』、1933年4月、125頁）。
14　鎌塚扶「公民教育の新使命を明らかにし：朝鮮の公民科要目の精神におよび」（『公民教育』、1935年6月、27〜28頁）。

第Ⅴ章　戦時中の急進的な同化政策　255

書を発行した。100 ページある「参考書[16]」と 223 ページもある「朝鮮総督府時局対策調査会諮問答申案試案」（以下、対策案[17]）だ。どちらも婉曲的に「時局」と表現され、日本が大陸で直面していた軍事的な危機的状況に対応するための戦略をまとめたものである。日本人はこの危機を「総力」と定義した。完全に勝利するか否かは、大日本帝国のすべての資源を用いることができるかどうかにかかっていたからだ。朝鮮は本土と戦地との中間という戦略的な位置にあったため、戦争には全国民の参加と協力が必要だった。この２つの文書では第１に、その時点までに勝ちえた日本の成功を記し、第２に朝鮮人が負うべき責任を果たさせるためにすべきことをまとめていた。

　「参考書」は、朝鮮人の同化に成功したことを示す当時の変化を大まかに解説している。また、朝鮮人が宗主国・日本により一体感をもつようにするための計画もとりあげている。すなわち、この「参考書」は、総督府がこの目的に向かってどの程度前進したかを概説したものである。「参考書」に掲載されたニュースは、日本の取り組みを支持する朝鮮人の励みとなるものだった。神社への参拝は、1935 年（415 万 6119 人）から 1937 年（554 万 1367 人）までで急増した[18]。同様に、「基本的な（日本語の）会話に不自由しない」朝鮮人少年少女の数は、76 万人（1933 年）強が 120 万人弱（1937 年）にまで増えていた[19]。教育機関が増えたことと、とくに就学率が上がったおかげだった。教育を受けた朝鮮人男子が増えたため、その前に始まった朝鮮人志願兵制度に応募可能な層が広がった。普通学校を卒業していれば応募の第一要件である日本語に堪能であるとみなされた。同書は、朝鮮人が教育を受ける機会と参拝の機会を増やす計画も明らかにしている。総督府はとくに高等レベルの学校数を増やすこと、併合以来、朝鮮で軍務中に犠牲となった人びとの魂を鎮

魂するために朝鮮靖国神社を建立することを計画していた[20]。この概
要は、内鮮一体を強化するための日本側の対策案を実施する基盤と
なった。

2つ目の文書に含めるべき政策提言を起草する委員会の代表には
政務総監であった大野緑一郎が就き、委員会にはビジネス、教育、
総督府のそれぞれの分野で傑出した日本人と朝鮮人が加わった。対
策案の中身から、盧溝橋事件を機に中国北部での危機が高まって
いったことがわかる。発端は日本軍と中国軍との比較的小規模な衝
突だったが、次第に長期戦へとエスカレートしていった。朝鮮半島
はアジア大陸と日本列島とのあいだという戦略的な位置にあり、日
本政府は、朝鮮人をより確実に大日本帝国になじませる必要があっ
た。これに失敗すれば、帝国の将来にとって致命的な打撃となると
思われた。

対策案は、1926年に行なわれた純宗の葬儀後に書かれた2つの
報告書で強調されていた深刻な問題をとりあげている。すなわち、
朝鮮語のメディアによって朝鮮の伝統文化に接する機会があれば、
朝鮮人が日本人として同化するだろうと期待しても無駄だというこ
とだ[21]。当時は時間をかけて同化する余裕がなく、そのプロセスを早

15 中村、「わが校の公民訓練施設」、126〜27頁。

16 朝鮮総督府「朝鮮総督府時局対策調査会諮問案参考書」신 (偏) 15巻、5〜329頁。

17 この文書は『日帝下 支配政策資料集』신 (偏), 331-671に収められている。また、Carter
J. Eckert, *Offspring of Empire : the Koch'ang Kims and the Colonial Origins of Korean
Capitalism, 1876-1945*, (Seattle: University of Washington Press, 1991), 235-39.（『日本
帝国の申し子：高敞の金一族と韓国資本主義の植民地起源 1876-1945』、草思社、2004年、
306頁）。

18 朝鮮総督府「朝鮮総督府時局対策調査会諮問答申書」356頁。この人数は日本人と朝鮮人の
参拝者の合計である。このような後期において、二つの民族が記載された数少ない場合の
一つである。

19 前掲書、382頁。この図表は、日本の知識が限られていた朝鮮人はそれ以上いたことを示
している。1933年に81万8000人だったものが、1937年には120万人強にまで増えた。

20 前掲書、347〜48、360〜62頁。

21 第Ⅳ章注86を参照のこと。

めることが求められていた。対策案の第1章は1910年の日韓併合
詔書を引用し、朝鮮人をどの程度同化しなければならないか、朝鮮
人と日本人が密接な関係を築くことによってどのような利益がある
のかを詳細に述べて結論としている。

> 朝鮮統治ノ根本ハ半島ノ同胞ヲシテ一視同仁ノ聖旨ニ基キ宏大
> 無邊ナル皇澤ニ浴セシメテ名實共ニ完全ナル皇國臣民化ヲ圖リ
> 寸毫ノ間隙ナキ内鮮ノ一體ヲ組成シ將來多岐複雑ニ亙ラントス
> ル時艱ニ對處シ克ク帝國ノ大陸經營ノ兵站基地タルノ使命ヲ全
> フスルト共ニ進ンデ八紘一宇ノ肇國ノ大精神ヲ顯現スルニ在リ

　対策案は教育、参加、統一という大きな3つの分野に焦点を当
て、総督府が朝鮮人に適切な「指導啓発」を行なうことを求めてい
た。朝鮮人を国家建設の取り組み、とくに祝日と日本の暦を使わせ
ることによって日本とのつながりを強めさせるようにした。また、
朝鮮人と満州人や中国人といった日本帝国下にある大陸の人びとと
を結びつけるために、総督府が行なうべき策を提案してもいた[22]。
　一つ目の分野である教育については、教育施設はまたしても、時
勢が求める精神を朝鮮人に広くもたせるための最重要拠点となっ
た。対策案は国体の明徴、内鮮一体の忍苦、規律という3大原則に
基づいており、そうした精神を教えるべきだとしていた。その教え
はとりわけ、外交関係、文化的つながり、そして古くから日本人と
朝鮮人とのあいだにある血縁上のつながりを強調するものだった。
これは、日本語修得の追い風になり、朝鮮人青年に「忠君愛國」の
精神を醸成するはずでもあった[23]。対策案は「皆学ノ理想実現ニ邁進
スル」ように教育機関を増やし、博物館を建設し、映画を制作し、
成人対象の教育講座を行なうなど、朝鮮人に社会教育活動にかかわ

らせる方法をあげた。これらは朝鮮人が彼らの「生活ノ合理化、風俗ノ融化」するための手段となるものだった。[24]

2つ目の分野として、対策案は朝鮮人に参加させ、管理する方法も盛りこんでいた。「日常生活ノ内鮮一體化」と題する章では、朝鮮人が学んだ教訓を生活で活かすために総督府が果たすべき役割を説明している。祝日の意味について解説すれば、朝鮮人はこれらの日を心をこめて祝うようになるはずだった。また、西洋式のカレンダーを日本の元号で表した暦に変えることが推奨された。日本人の生活に朝鮮人の生活を統合させるため、対策案では朝鮮人に日本の慣習ややり方を尊重させ、それまで以上に日本語の修得を重視した。たとえば、日本の武術を広めれば、朝鮮人は精神面でも肉体面でも日本人魂を養うことになるとされた。最後に、対策案では、「内鮮一體ヲ阻害スルガ如キ文書、言動、書籍、映画、音樂等ノ取締ヲ一層徹底」することを総督府に求めている。[25]

対策案が対象とした3つ目の領域は帝国統一だった。起草者らは、日本人と朝鮮人だけでなく、朝鮮人と大陸のアジア人とを結びつけることが必要だと認識し、後者をより重視した。対策案では、大学や専門学校の教員、学生、青年団などを教育や文化を通して交流させ、メディアや博覧会などを通した情報拡散によって結びつけることとしていた。こうした提案は、朝鮮人を日本の成功の生き証人とさせ、日本に協力することを選びさえすれば、中国人や満州人にも発展する可能性があることを見せつけるためのものだった。[26]

対策案は、朝鮮人と日本人が分離された状態に置かれていたこと

22　朝鮮総督府「朝鮮総督府時局対策調査会諮問答申案試案」418〜23頁。
23　前掲書、417、421〜42頁。
24　前掲書、416頁。
25　前掲書、421〜42頁。
26　前掲書、459〜60頁。

第Ⅴ章　戦時中の急進的な同化政策　259

については、それほど注目していなかった。2つの例外は「朝鮮人と日本人の待遇の差を改廃するために、社会階層を再構築すること」、朝鮮人に民族間の結婚について説き、「日本人との結婚を奨励する」と呼びかけたことだった。[27] 日本人に朝鮮半島移住を呼びかけたのは、朝鮮人との交流を推奨するためだったようだ。対策案に含まれていた提案は併合以降に呼びかけられたもののくり返しで、1920年になされた改革で提案されたものも多く含まれていた。朝鮮人、満州人、中国人の交流は大きな例外の一つで、当時の日本のアジア大陸政策の変化を反映している。対策案の執筆者らは、同化を進めるために何をすべきかについてどのように捉えていたかを再び明確に示したのだった。それまでの改革提案と同様、今回も、提案を実現させるために必要な現実性が欠けているように思われる。

　対策案の核心は、朝鮮半島が日本の大陸戦争にどのように貢献できるかを直接的にとりあげた点である。長期的には朝鮮人を忠実な臣民にすることが必要だということがここに含まれているのは当然だ。それ以上に緊急性があったのは、朝鮮半島を軍事化し、朝鮮人を軍務に備えさせることだった。ここで説明されている計画は、「事変のみならず、戦争も含めた有事に臣民を備えさせる[28]」という、全面戦争に向けて総力をあげる日本の努力に沿うものだった。さらに、「動揺混乱ヲ最少限度ニ防止シ平和招來ノ秋迄永ク銃後秩序維持ヲ確保セシムル[29]」よう臣民に備えさせることも強調していた。そのためには、警察軍とその装備を強化する必要があった。朝鮮人を軍務に備えさせたのは植民地を共産主義から守るための対策であり、朝鮮や周辺地域における諜報行為に対抗するためだった。

　総力戦に備えるために、総督府は健康上の問題や社会的な問題を抑えておく必要があった。戦時中の死傷者に対応するために、朝鮮

半島に医療機関が増設されることになっていた。帝国臣民が働き続け、丈夫な子どもを生み、従軍できるように健康であり続けるためにも、この投資が必要だった。対策案には、結核、ハンセン病、「花柳病」、その他の感染症などについて研究、予防し、治療するための医療機関を設置する必要性が追記されていた[30]。朝鮮人が行なうべき備えとしては、日常的な習慣を少し変えることだけだった。公共交通機関を使う代わりに歩き、決まった時間に行なわれるラジオ体操に参加することが奨励された。

　朝鮮人の社会習慣をこの2つの点で変えようとするのは、併合以来総督府がくり返し押しつけてきた考えだった。歩くことは費用と燃料の節約になり、倹約の教えにもなった。ラジオ体操に参加することは（とくに労働者との）団体行動となり、朝鮮人の日常生活を規則正しくすることに役立った。対策案は、その他の「生活の刷新」にも言及していた。たとえば、朝鮮人の衣食住を皇民としてのものに改めさせるなどである（皇民化）。朝鮮人は色鮮やかな衣服を着用し（洗濯の回数を減らせるように）、質素な食事をし、生活費を抑えるべきだった。未成年の飲酒、喫煙は厳禁だった[31]。働き盛りの人びとは無駄を抑えつつ、身体を鍛え、必要とされれば帝国の役に立てるように能力をあげていった。こうした取り組みと帝国のニーズが結びつくことによって、そこにかかわる人びとはより大きな大義に自らを一体化させ、ますます同化していったのである。

27　前掲書、417、422頁。
28　会議で総督であった南次郎は、全面戦争とは「国の全ての天然資源、物質資源のみならず、臣民の精神力、経済力をも使う」戦争であると定義した。朝鮮総督府「朝鮮総督府時局対策調査会会議録」『日帝下支配政策資料集』17巻、辛球柏（編）、294頁）（『日帝下支配政策資料集17』に会議録3、『日帝下支配政策資料集16』に会議録1が所収されている）。
29　朝鮮総督府「朝鮮総督府時局対策調査会諮問答申案試案」429頁。
30　前掲書、552頁。
31　前掲書、560〜62頁。

日朝のつながりの強化は、朝鮮半島が担うべきものと日本が想定していた軍事的役割の強化でもあった。対策案には、朝鮮北部の諸県がどのように日本軍の役に立つかについて明確な考えが含まれている。この地域には貴重な炭鉱や工業施設があり、敵の爆撃目標となる恐れがあった。この地域を軍事強化するということは、貴重な資源を守り、大陸における日本の戦力を強化することだった。対策案では、この地域について「臨戦地帯トシテノ受動的防衛及背後ニ於ケル全面的支援等遺憾ナカラシムル陣容ヲ整備スルノ要アリ」と捉えていた。日本帝国は朝鮮人の協力を得て、朝鮮半島において軍事施設を確立することが肝要であるとされ、この地域を従わせることができなければ、野蛮で未開だといわれてきたアジア大陸で日本が成功することは期待できなかった。ここは多数の「不逞鮮人」を匿っていた土地だったからである。

　対策案をまとめると、総督府はその内容を評価し、目標を達成するための方法を提案すべく、日本人が中心ではあったが朝鮮人も数人参加させた会議を開いた。南次郎総督は会議の冒頭で、この対策案は何よりもまず、国民の精神力と経済力を必要とする総力戦のためにまとめられたものであることを参加者に再確認した。進展こそあったものの、日鮮が一層協力するためにはさらにすべきことがあった。最後に南は、日本海は公海ではなく湖だと思うよう参加者に提案した。日本の「同化政策」に対する朝鮮人の一般的な反応について論じるにあたり、以降で日本側の説明を、第Ⅵ章で朝鮮人の提案を検討する。

　政務総監であった大野緑一郎を議長とし、これらの会議では主に対策案に含まれた戦略的見解についての議論が交わされた。しかし議論が脱線し、対策案が見落としていた見解を検討することもあった。この議論に加わった日本人と朝鮮人 105 人のうち、朝鮮人は 1

割強（12人）に過ぎなかった。参加者が話し合ったのは、植民地における政治や事業に関する利権だった。朝鮮人参加者のほとんどは1920年代初めに総督府が設置した中枢院で参議を務めていた。ごくわずかではあったが、この会議に参加するために本土からわざわざでかけてきた日本人もいた。[35] おそらく日本人と朝鮮人との平等を期するためだろうが、会議中、参加者は（名前ではなく）番号で呼ばれていた。だがこうした配慮は不要だった。というのも、朝鮮人の参加者は日本語が流暢でなく（議事録では彼らの日本語は訂正されず、発言の速記録だと思われる記録が残されている）、彼らの民族的出身は明らかだったからだ。

　日本人参加者の発言は、対策案の内容を高く評価するものが多かった。貴族院議員であった下村宏は、大日本帝国の「外地」と北海道を統合して一つの区分とし、この地の人びとの協力を得ることを強く求めた。下村は、日本人が短命で（当時はヨーロッパ人より10年も短かった）、出生率が低く、病気（結核）が多いために人口が減少しているとし、だからこそ植民地をかかわらせることが必要だと説明した。[36] 朝鮮商工会議所会頭であった賀田直治は工業と商業の関連性を強調したが、発展しているとしても朝鮮と日本は依然として「隔世ノ感ナキ能ハナイノデアリマス」と捉えていた。彼は、「幼稚」な朝鮮産業は自力では発展しえず、日本の関与が必要だと続

32　前掲書、428〜29頁。

33　たとえば、北漢山人（おそらく仮名）「朝鮮の不逞鮮人」（『朝鮮および満州』1921年11月、81〜82頁）、朴尚僖「西北地方の朝鮮の特質」、『朝鮮および朝鮮民族』、朝鮮思想通信社、1927年、112〜23頁を参照のこと。これらのイメージについては、Mark E. Caprio, "Images of the North in Occupied Korea, 1905–1945," edited by Sun Joo Kim (Seattle: University of Washington Press, 2010) にまとめた。

34　朝鮮総督府「朝鮮総督府時局対策調査会会議録」（『日帝下支配政策資料集』16巻、辛球柏（編）、295、306頁）。

35　参加者一覧とその所属については同、233〜40頁を参照のこと。

36　前掲書、322〜24頁。

け、朝鮮の産業組織と金融機関を本国の同等組織と直接的に関連させるべきだとも提言した。日本と足並みをそろえて朝鮮を発展させることができなければ、大日本帝国の経済力、国力が損なわれると警告した。[37]

　日本の統治政策との矛盾を指摘した日本人参加者は少なかった。その例外は龍山工作株式会社の社長だった田川常治朗で、戸籍法や筆記文字といった根本的な分野で統合できていないのに、日本はどのようにして日本と朝鮮の結びつきを強化するのかと質問した。田川は、朝鮮人女性は結婚後もそれまでの姓を名乗るため、朝鮮人の世帯を日本の戸籍制度に組みこむのはむずかしいと指摘した。朝鮮総督府法務局局長だった宮本元は田川の発言を訂正し、それは戸籍法というよりは「親族実態法」の問題であり、法務局は現在まさにこの問題を注意深く検討しているところだと答えている。[38]警察局の三橋孝一郎は、出版物はすべて日本語にするべきだという田川の提案に対し、それは便利かもしれないが現実的ではないと返した。朝鮮人に日本語を使わせることが目的の一つではあったが、現状では朝鮮人に指示をする際は依然として朝鮮語だった。朝鮮人が国語（日本語）を十分使いこなせるようになっていないことは明らかだった。

　全体会議はこの発言で終わり、参加者は分科会に分かれた。分科会で発言した朝鮮人は、朝鮮生命保険の韓相龍だけだったことは指摘しておくべきである。彼は主に日本の産業政策に比較的長期にわたってかかわっており、日本人は帝国の産業発展において朝鮮人にも何らかの役割を任せるべきだと指摘した。少人数で進める分科会での議論のほうが、第Ⅵ章で確認するように、朝鮮人参加者にとっては発言しやすかった。ある分科会は、内鮮一体の強化策について議論することになっていた。参加者総数は44人で、朝鮮人9人が

これに参加した。最初の議題は教育だった。総督府学務局長だった塩原時三郎は、内鮮一体は新しい概念ではないことを参加者に指摘した。その原型は、1910年の韓国併合の裏にあった「根本精神」だった。塩原は、日本人が優越感を捨てる必要があると考えていた。それ以上に重要だったのは、彼の発言が朝鮮人に責任を負わせたことだ。すなわち、朝鮮人は「帝国臣民という自己実現を深く内面化」すべきだとしたのである。対策案の目的としてまさに掲げられていたように、教育——学校教育と社会教育——が内鮮一体の鍵だった。[39]

　山崎巌は日本にいる朝鮮人に注目し、朝鮮人の低通学率（その結果として日本語能力が低い）と高犯罪率とを結びつけた。日本に移住した73万人を超える「半島人」は教育レベルが低いため、社会の底辺層はほぼ彼らで占められていた。学業成績も識字率も非常に低く、その結果、失業率や犯罪率が比較的高いとしたのである。彼は、朝鮮人の教育に重点的に取り組むよう日本人官僚に伝えた。彼らの失業問題には対策をうち出すべきだったが、朝鮮と日本に住む朝鮮人が日本語を学ぶ意義を理解することも必要だった。[40] 1942年までに教育を受けるのが朝鮮人の子どもの半数だけだと予測するのであれば、日本人はこの問題をどう解決するつもりなのかと李升雨から問いただされると、塩原時三郎が山崎に助け舟を出した。塩原は、現状は予算上の問題があるが、1950年までに通学率100％を目指すという当局の目標を示した。学校を増やし、教師をもっと育成する必要があった。教育官僚であった彼は、主に朝鮮人出席者がとりあげていた他の分野の問題、つまり朝鮮人が徴兵されて軍務に就

37　前掲書、332〜34頁。
38　前掲書、336〜37頁。
39　「第一分科会議事録」日帝下支配政策資料集 17 巻、辛球柏（編）16 巻 , 348 頁。
40　前掲書、354〜57頁。

く機会、神社の参拝、日本人との通婚について、総督府の意向を参加者に簡単に説明した。彼は、朝鮮人男子が「皇国臣民」としてふさわしいことが必要で、志願兵を拡大して兵役義務にするかどうかはその後検討すると回答した。朝鮮人の教育と同じで、朝鮮人のニーズに応えるだけの神社を建立するには時間が必要だった。塩原は、通婚に関して朝鮮人と日本人が結婚していないわけではないとした――実際、結婚はあった。ただ、婚姻届が役所に提出されていないだけだった。[41]

　塩原の発言は、親日派の朝鮮人が置かれていた窮地を反映するものだった。内地の臣民であれば、国民としての意識を強くもつためには軍のような組織が不可欠だと考えていたが、植民地支配者からすれば、周辺領域の臣民がまず愛国心を示すことが先で、そうした国家建設のための組織に彼らを参加させるのはその後の話だった。だが朝鮮人が愛国心を示すようになり、日本人が門戸を開いて彼らをそうした組織に受け入れたとしても、植民地支配者たちは依然として朝鮮人を日本人国民に劣るものとみなしていた。実際、日本と朝鮮の民族的な分断がなくなっていくにつれて、日本人は彼らが朝鮮人であることを強調するようになり、朝鮮人が失望することもあった。[42]

「国民教育」と内鮮一体強化政策

　社会教育も学校教育も、日朝関係の強化という総督府の取り組みから影響を受けている。1930年代末、教育界は「公民教育」ではなく「国民教育」について議論するようになった。つまり、朝鮮人に対する教育の焦点が、生徒たちを現地（朝鮮）の地域社会の構成員として教育することから、拡大した大日本帝国の構成員として教

育することに変わったということだ。この変化は、それまで分離されてきた日本の公立小学校と朝鮮の普通学校を表向きは一つの制度——国民学校——に統合することが目的だった。理屈で考えれば、２つの学校制度を統合するということから、総督府が半島にある日本学校と朝鮮学校や、日本列島と朝鮮半島にある学校とがいつまでたっても異なっている状態を改めたいと考えていたことがわかる。実際には、この改革によっても学校全体の生徒構成はほとんど変わらなかった。以前と同じように、日本学校は日本人が、朝鮮学校は朝鮮人が生徒の大半を占めていたからだ。事実、教室を統合するために２つの制度を統合することがそれほど必要とされたわけではなかった。書類上は朝鮮人学生と日本人学生の教育年数は同じだったからだ。1940 年代初めから、朝鮮人学生と日本人学生の教育に関する統計は同じカテゴリーにまとめられるようになった——生徒についての統計データは民族ではなく性別で集計されるようになっていた。[43]そのため、日本統治の最後の数年間でこれらの傾向がどのように続いていったのかは不明である。

　２つの学校制度を統合したことによって、朝鮮側のカリキュラムは大きく変わった。「日本史および日本地理」が単に「歴史・地理」となった。どちらの国の歴史を学ぶかを特定する必要がなくなったからだ。それ以上に大きな変更は、朝鮮語がもはや不要とされ、随意科目となったことだった。体育と音楽の授業が統合され、必修科目としてそれまで朝鮮語にあてられていた時間の一部で行なわれる

41　前傾書、369 ～ 70 頁。
42　朝鮮人が神社に出かけたのは「参拝」より「参観」と批判した日本人もいる。Todd Henry, *Assimilating Seoul: Japanese Rule and the Politics of Public Space in Colonial Korea, 1910-1945*. Berkeley: University of California Press, 2014, chapter 2.
43　朝鮮総督府『朝鮮総督府年報』（京城：朝鮮総督府、1944 年）、200 ～ 201 頁。統計は 1942 年のものである。総督府は、教員や犯罪者といったその他の区分においては、朝鮮人と日本人を分けていた。

ことになった。1943年になると朝鮮語の授業はすべてなくなった。1年生、2年生、5年生、6年生の体育と、3年生、4年生の通常の体育では「武道」が中心になった[44]。こうした重要な変更は、帝国において朝鮮人が担うべきだとされた新たな役割を反映している。軍需工場で働く朝鮮人が急増し、日本軍への男子の徴兵（最初は志願制だったが、後に義務となった）によって、朝鮮人は日本語をさらに上達させ、より健康になることが求められた。この教育は朝鮮人女性の主な責務も考慮していた。すなわち、健康な赤ん坊を産み、日本の教育機関に入学させる前にしかるべくしつけることである。

　総督府学務局は、対策案の文言と精神の両方を教科書改訂に反映させるようにした。女生徒を対象とした「公民教育」の教科書で「雇用」がどのように取り上げられているかがその一例だ。対策案の「生活様式の改革」では、女性を「良妻賢母」を原則として教化しなければならず、とくに家庭外での活動は行なわずに家事をこなし（「馴致」）、育児と家事に力を注ぐべきだとしていた。1938年の教科書では、「女子の國家社会に対する第一の使命にあって家政育児の任に當ること」であると教えていた。この最も重要な任務に支障がなければ、家庭の外で働いてもよいと追記されていた。だが、仕事は慎重に選ばなくてはならず、それも女性にふさわしい仕事でなければならなかった。1943年に発行された教科書でも同じ主張がくり返され、仕事は女性の「基本的任務」、すなわち「立派な家庭」を作る訓練となるものでなければならないと念押しされていた。この版では、「一人の賢母は百人の教師に匹敵する」と発言したドイツ人哲学者ヨハン・フリードリヒ・ヘルバルト（Johann Friedrich Herbert）を引用し、家庭教育における女性の責任を強調している[45]。

　教育改革を批判する人びとは、改革に無理があることを暴露し

た。田中浩造は、２つの教育制度を統合するという総督府の決定に
目を向けた。また、総督府が朝鮮人教育を義務教育とせず、教育期
間を６年間としなかったことは残念だとも発言している。[46]船田享二
は、名称を統合するだけでも制度の統合に大いに役立つはずだとい
う考えに疑問を抱き、総督府はより実質的な変更を行なうことがで
きたはずだと異議を唱えた。現実的にいえば、朝鮮の教育制度を本
土の教育制度と同じくらいに充実させることなど考えられるはずが
なかった。彼は官僚を批判してこう指摘した。「待遇の問題なども
表面的なことばかり考へてやつたのでは、實際上かなりむづかしい
問題にぶつかるのではないでせうか[47]」

　実際、朝鮮と日本の学校制度の名称を統合すれば、朝鮮人と日本
人のあいだの差別が解消されると期待するのは短絡的だ。２つの制
度をうまく統合させることができたとしても、学校側が日本人と朝
鮮人を同じ教室で学ばせなければ、同化に向けた進展は何もないだ
ろう。日本人にはその一歩を踏みだすつもりなどなかったようだっ
た。制度全般より重要だったのは、個々の学校が自ら日本人学校あ
るいは朝鮮人学校としての歴史——高等学校の入学や就職の機会
を決定する重要な要素であった——を捨てないかぎり、個々の学
校の評判が変わるはずはなかったということだ。

　生徒の構成に関心があるとしても、これについてくわしく調べる
までもなかった。２つの教育制度が統合された後も、総督府は、日
本人児童あるいは朝鮮人児童を主として受け入れていた学校を費用
項目で分けていたからだ。「第一部経費」の学校に通っていた日本

44　Hong, "Japanese Colonial Education Policy in Korea," Appendix, 15-17.
45　これらの教科書の複製は、『한국교육자료집』, 이현신 (編) に収められている。引用した箇所
　　は以下の通り。1938 年教科書は 第 17 巻、222 頁、43 年教科書第 17 巻、254 ～ 55 頁。
46　田中浩造「国民学校案の精神と半島教育」(『朝鮮の教育研究』、1939 年 9 月、23 ～ 28 頁)。
47　「事変下の朝鮮を語る座談会」(『文芸春秋』、1939 年 6 月、246 頁)。

人児童の割合と「第二部経費」の学校に通っていた朝鮮人児童の割合は、制度が２つに分かれていたときとほぼ同じだったことが総督府の統計からわかる[48]。実際、若干ではあるが 1930 年代後半よりも学校統合は成果をあげている。主に日本人を対象とした学校に通う朝鮮人は 1935 年から 1940 年までの間に 5.0％から 10.8％へと倍増しており、これは進展といっていいだろう。同様に、主に朝鮮人を対象とした学校に通う日本人は 0.8％から 2.4％に増えた[49]。だがこうした統計からは、対策案が時代の状況にあわせて必要だとしたほど早急に統合が進んだということはできない。

　1938 年、総督府は植民地に義務教育を導入し、10 年後に開始すると発表した。1944 年、総督府はその予定を見直し、２年くり上げることを決定した。朝鮮人の初等教育義務化が実行されるのは 1946 年で、この年には国民皆兵制度も導入される予定だった（もっとも、計画が履行される前に朝鮮は独立した）。高橋濱吉はこの２つの進展を鳥瞰的に捉え、「兵役制度が實施され國民として最大の義務を果すが故に、其の代償として義務教育制度が實施されるのではない。……至大なる國民の光榮たる兵に召さるゝ其の資格を備へるための準備としての義務教育なのである」といった。しかし、朝鮮人の義務教育計画として総督府が想定していたのは全員の就学ではなく、男子の 90％、女子の 50％でしかなかった[50]。日本は 1945 年に敗戦し、総督府がこの約束を果すことはなかった[51]。

　1938 年の対策案には朝鮮人の社会教育を強化するための提案が盛り込まれ、そこでは「総力」が強調されていた。朝鮮人の生活面で、総督府の影響を受けないことはほとんどなかった。朝鮮人が社会に出るとメディア、職場、一般社会が彼ら（および通学できなかった人びと）に帝国に対する義務を教える責務を負った。こうした活動としては、近所で開かれる講座といったものから、総督府が行な

う特別教化までさまざまなものがあり、日本語の集中講義や日本人魂の啓蒙などが行なわれた。

　メディアはこのための重要な担い手だった。1940年以降、総督府は出版方針を見直し、日本が降伏した日まで発行が続いた『毎日申報』を除き、朝鮮語で書かれた大手の新聞紙をすべて廃刊とした。ただし日本当局は朝鮮語雑誌の刊行は容認していた。その一つは天道教の一部門だった『新人間[52]』である。同誌は、帝国が直面していた状況（戦時中のニュースも含めて）と帝国臣民としての特別の義務について読者に伝える手段となっていた。盧溝橋事件直後の1937年8月、『毎日申報』は著名な朝鮮人2人が日本軍の成果に賛同した言葉を写真とともに掲載した。教育者であった尹致昊は、日本人と朝鮮人は運命を共有するべきだと断言した。高名な歴史家だった崔南善は、朝鮮人が「時局認識の根本点、来日の新光明約束（将来を明るく見通すためには、根本的に時局を理解することが必要だ）」と述べている[53]。彼らの言葉が朝鮮人にどのような影響をおよぼしたのかは想像することしかできない[54]。

48　朝鮮総督府「朝鮮統治と皇民錬成の進展」『日帝下支配政策資料集』17巻、辛球柏（編）、695頁。

49　これらの数字は以下に拠った。Dong,"Japanese Colonial Policy and Practice in Korea," 400.

50　高橋濱吉「義務教育実施の意義」（『朝鮮』、1943年2月、32〜40頁）。

51　T. Fujitani, *Race for Power*, 66〜67頁；石田雄は政策と創られた観念としての「日本」を「同化（下）」、164頁。

52　『新人間』誌が自らの責任で協力し、朝鮮人にアドバイスしたのは、おそらく、そうすれば業務の継続が認められたからだろう。同誌は「時變第二年重要日誌」（たとえば1939年7月213〜16頁）というコラムを定期的に掲載し、帝国のために戦い、「皇国臣民ノ誓詞」（たとえば1940年6月279頁）や、「内鮮一体에對한管見」（1939年12月62頁）といった内鮮一体を支持する記事も掲載した。

53　崔南善「來日의 新光明約束」、尹致昊「内鮮人은 同一運命」、（『毎日申報』、1937年8月15日）。

54　尹致昊は、19世紀後半の改革運動の中心的な人物だ。彼は併合直後に逮捕され、総督であった寺内正毅暗殺謀議の首謀者だとして起訴された。崔南善は、朝鮮独自の歴史を伝える活動に取り組み、1920年代に名前を知られるようになった。『時代日報』の編集も担当した。

同紙は、朝鮮人女性の協力を募って、女性読者に女性としての義務をアドバイスすることにした。1938年1月、『毎日申報』は3ページにわたって女性34人のアドバイスを掲載した。その全員が、対策案に含まれていた提案に言及した。たとえば朴景嬉は、女性は公共交通機関を使わずに歩くようアドバイスした。女性のそうした努力が貴重な燃料を節約すると同時に、コストのかからない運動にもなるとしたのだった。伯河許は「通信、交際、娯楽費等徹底に節約せよ」と勧め、倹約を呼びかける総督府の要請をくり返した。李正熙の「主人に奉仕」せよというアドバイスは、総督府が対策案やそれ以降に改訂した教科書を通して押しつけていた「良妻賢母」の特徴だった。[55]

　『毎日申報』に掲載された広告にもこうした提案が表れている。1920年代の広告には美容用品（石鹸や化粧品など）、余暇活動、教育セミナーなどの宣伝が多かったが、1930年代の広告は健康、妊娠、子どもの健康、親密な夫婦関係といったことが多くなっていた。錠剤の「わかもと」の広告では、子どもを丈夫にする医薬品であることが謳われていた。これを飲めば、子どもの食欲が増し、勉強や運動による疲れが軽減されるというものだった。軍からのこうしたメッセージを家庭に伝えるために同社は、日の丸をつけた銃剣を抱えた子ども兵の絵を広告に使った。その他の広告は妊娠し、心地よい家族関係を勧めるようなものだった。前者の場合、数人の女性が車座になって、2月中に妊娠するべく話しあう様子を捉えたものがその一例だ。2月は寅年（1938年）のうちに子ども（息子）を生む最後のタイミングだった。[56]これは軍に向けたメッセージだった。この宮に生まれた男児は気の強い兵士になるとされていたからだ。性欲を刺激する（そそらせる）製品は妊娠を促すだけでなく、揉め事を少なくし、親密な夫婦関係のある健全な家庭を作るためのものでも

あった。

　1927 年初めに朝鮮放送協会（現 KBS）が創立されてから（昭和天皇の即位式になんとかまにあわせた）、広がりつつあったラジオ放送もこの流れを進めるのに一役買った。逓信局の後押しもあり、ラジオで朝鮮の文化、教育、娯楽の公開番組が放送されることもあった。日本の音楽番組もあったが、道徳、農業改良、女性の教育のための放送枠もあった。1937 年以降になると日本語放送の時間が増えたため、朝鮮語番組の枠が縮小し（1944 年には完全になくなった）、朝鮮文化を扱う番組は放送されなくなった。マイケル・E・ロビンソンによれば、植民地朝鮮においてラジオ放送が果たした役割は「物理的な抑圧と文化的・政治的な魅力で構成された、より複雑な（日本の）植民地覇権の一部」だった。現地の新聞と同じく、ラジオは朝鮮人に「文化を作り上げる」余裕をもたせるものになった[57]。これは、朝鮮人に文化を紹介するという日本のそもそもの思惑を裏切るものであり、日本文化と朝鮮文化の両方に接したら朝鮮人は日本文化を選ぶだろうという自信を砕くものでもあった。

　総督府は、朝鮮人の教育にさらに力を入れた。その概要は、総督府が 1944 年に発行した『朝鮮統治と皇民錬成の進展[58]』という 27 ページの小冊子にまとまっている。この小冊子は帝国に対する義務を思い出させるために行なう日課について説明したものだ。当局は、毎朝決まった時間にサイレンを鳴らし、神拝させ、正午に笛を鳴り響かせ、お国を守る軍人のために黙祷させた。また、総督府が行なう講演、展示会、映画、紙芝居だけでなく、悪化する一方の状況と、帝国において彼らが果たすべき役割も掲載されていた。

55 『毎日申報』（1938 年 1 月 4 日）。
56 1938 年 1 月 8 日の『毎日申報』がこの広告を掲載した。
57 Robinson, "Broadcasting in Korea," 359-60.
58 『朝鮮統治と皇民錬成の進展』、17 巻、辛球柏（編）、679 ～ 706 頁。

総督府は、大義について朝鮮人に考えさせる特別な日を週、月、年ごとに設けた。この日、朝鮮人は早起きし、学校、職場、役所、百貨店、その他指定された場所で定期的に行なわれる会合に参加した。ここで説教を聞き、天皇への誓いの言葉を斉唱し、神社に参拝したのである。1937年以降、毎月決まった1日が「愛国日」とされた。「一九四二年一月、国中が大詔奉戴日が定められたことを祝」い、1943年3月からは毎週月曜が「錬成日」と定められ、半島の朝鮮人2500万人が錬成に参加した。[59]

　従来の記念日を変更した日もあったが、新たに設定された祝日は総督府が人びとを集めて愛国的な教化を行なう新たな機会となった。4月3日はもともと最初の天皇である神武天皇のための祭日で、1930年代以降は「教育者精神作興記念日」として知られるようになった。11月3日は明治天皇を祈念する日だった。盧溝橋事件が起きた7月7日は、キリスト教徒だった尹致昊からすれば皮肉なことだったが、「神道の感謝祭」だった。こうした機会に人びとは神社に集まって朝鮮人と日本人の両方の説教を聞き、帝国の首都に向かって万歳を連呼した。[60]今日では、こうした記念日が朝鮮人と日本人との連帯をどの程度促した（あるいは損ねた）のか、集会への参加はどの程度強制されたものだったのか、それとも自発的なものだったのかをつきとめることはむずかしい。日本が戦争に負け、その後朝鮮が解放されたことから、集会に参加させられた朝鮮人はこうした機会を苦々しく思い出すことになったからだ。

　総督府が始めたより現実的な取り組みは、朝鮮人に「国語」を集中的に学ばせることだった。併合時から日本人は、朝鮮人を同化させるには、朝鮮人と日本人が共通の言語を使うことが必要だと記していた。それがどの言語なのかをめぐっては、一部には異なる意見もあったが、大多数は日本人が朝鮮語を使ったり、両民族が混合し

た言語（日本朝鮮語）を使ったりするよりも、朝鮮人が日本語を学ぶ方がより現実的だと主張した。戦争が始まるとこの議論は突然うち切られた。朝鮮語メディアが徐々に消滅し、日本人が多数派となったからだ。1942年5月、兵役制度計画が完成する頃、総督府は日本語の集中講義を開始した。『朝鮮統治と皇民錬成の進展』という報告書には、「日本精神を把握」するためには、朝鮮人が日本語能力をつけることが必須だとあった。植民地の朝鮮人同胞が「日本領土人口の四分の一」を占めていたため、この問題は急務だった。この報告書は、国民総力聯盟と名づけたもののなかで「総力運動の重要な實踐事の一つとして國語普及運動要網」について伝えている[61]。

　同じく1944年に発行された『錬成する朝鮮』という別の小冊子は精神鍛錬と肉体訓練を直接結びつける同様のプログラムについて説明している[62]。この小冊子では、朝鮮全土で月曜日は錬成日に指定されていることを読者に伝えている。この日は職場でも学校でも、肉体訓練（軍事訓練）と精神鍛錬（式典）が行なわれることになっていた。あるプログラムは一定のパターンに沿って進められた。国旗掲揚、その場での礼拝、黙祷、説教、ラジオ体操だ[63]。朝鮮の青年錬成プログラムは「早婚の弊風」がある朝鮮人にとっては新しい制度だとして、『朝鮮の青年錬成』でもこれについて説明している。この文書では、この錬成は高等教育で教えられるものほど高度ではない指導だとしていた。だが、これは、

　　其の職務の餘暇を以て教授及訓練を施し、皇国臣民たる資源の

59　前掲書、691〜92頁。
60　尹、『尹致昊日記』、(July 7, 1940).
61　『朝鮮統治と皇民錬成の進展』、17巻、辛球柏（編）、701〜2頁。
62　「錬成する朝鮮」、『日帝下支配政策資料集』17巻、辛球柏（編）717〜23頁。
63　前掲書、722頁。

第Ⅴ章　戦時中の急進的な同化政策　275

向上を圖り、職業に關する機能を授けると共に軍事的基礎訓練
　　を施し國防能力の増強を圖るに在つて、その點内地に於ける青
　　年學校制度とその目的を一にするのである。

　この訓練は、「本土で行なわれているものと同じ目的」で行なわ
れていると追記している[64]。
　満州事変が起き、アジア大陸での戦争が激化すると、訓練所の数
が急増した。1944 年までには 2000 を超え、12 万人が訓練を受け
た[65]。青年隊は、朝鮮人の男子（30 歳未満）と女子（25 歳未満）で構成
されていた。教育を受けた者もいれば、読み書きのできない者もい
たが、いずれもその時点で公教育を受けていない人びとだった。そ
うした訓練は 200 時間から 600 時間も続き、その目標は、帝国臣民
としての人格教育、内鮮一体を掲げた生活の定着、国防のための
身体訓練、帝国臣民の生産能力の拡大といったことだった。総督府
は、17 歳から 21 歳までの朝鮮人男子を対象にした「青年特別錬成」
を設けて必須としたが、30 歳までの志願者も受け入れる条項が設
けられていた。この義務訓練を回避しようとした者は処罰された[66]。
　『朝鮮統治と皇民錬成の進展』を読むと、1946 年に義務教育が始
まったことを思い出させたが、すべての朝鮮人青年に課された兵役
義務を補完するために義務教育制度が必要だったという植民地支配
者のニーズは一時的に注目されただけですんだ。この報告書には、
満州事変以降、朝鮮人の愛国的な熱意が高まったおかげで徴兵制
度が可能になったと書かれていた。これによると、多くの朝鮮人が
「皇國臣民である以上皇軍の一員として國防の第一線に立つ光榮を
有り度い[67]」と考える「皇国臣民」であると自認するようになってい
た。この根拠は、志願兵への応募者数だ。その数は、軍が初めて朝
鮮人を受け入れたときから着実に増えていった（1939 年には 1 万 2000

人だったが、1942年には25万人になった）。朝鮮人に「皇国臣民たる誇らかな自覚と大東亜建設に邁進」させるには、徴兵制度が必要だった。南次郎前総督の言葉はこの点を強調している。「今回徴兵制度の形において内鮮一體の政策は絶頂に達した。顧れば過去のあらゆる努力はここに達するまでの努力であったのである」[68]。『朝鮮統治と皇民錬成の進展』は最後に、朝鮮人の同化を成功させるには制度を変えていくことだとくり返している。まず「戸籍の整備が徴兵の基盤」だとされていることから、徴兵制度がうまくいくかどうかは朝鮮人が家族登録をすることが必要だった。1942年の時点では、大日本帝国の各地に居住していた朝鮮人の約半分はこの義務を果たしていなかった。1943年3月になると、総督府は全朝愛国班と協力して、20歳未満の男子全員を「一人残らず」登録したと報告している[69]。

　この報告書では、朝鮮人と日本人の名前の違いが戸籍制度の問題を引きおこしているとも指摘している。これは、皇紀2600年を記念して「国民に授ける」ために朝鮮人が日本式の氏を名乗ることを総督府が認めることで解消された。それまで朝鮮人は、「不自由な制度」のせいで同じ姓をもつ相手との結婚が禁じられていた。朝鮮人のうち、金が21％、李が15％を占めていたことを考えるととくにやっかいだった。さらにこの報告書には、「一般市民の過半数は、日本式の姓名制度の確立に賛成である」と書かれていた[70]。植民地支

64　「朝鮮の青年錬成」、『日帝下支配政策資料集』17巻、辛球柏（編）、725〜26頁。
65　1928年、まず8カ所に訓練所が設置されたが、日本人青年を対象としていた。同、727頁。
66　前掲書、728〜35頁。
67　前掲書、697頁。
68　前掲書、697〜99頁。その後発行された『志願兵より徴兵へ』というパンフレットには、「このとき徴兵制度を作り上げた」日本の能力は「総督らと首相たちによる33年以上に及ぶ努力の賜物」だったと記されている。同、711頁。
69　前掲書、712頁。
70　前掲書、703頁。

配下の時代には典型的だが、日本当局は統計をそのまま公表するだけで、数字に隠された真実を解説しようとはしなかった。日本式の名前をつけた朝鮮人が増えた、地元の神社に参拝する朝鮮人が増えた、息子を軍に入隊させたなどは、朝鮮人が協力するようになった理由を確認することなく朝鮮で同化が定着しつつある何よりの証拠とされた。朝鮮人による抵抗や、朝鮮侵略に反対する日本人の逸話は無視された。[71]

　それまでに執筆された宣言や声明にあるように、日本の植民地当局は、朝鮮人に日本の取り組みを支持させるために必要な手段を明確に示すことに長けていた。それまでの成功事例についてまとめた統計も豊富に揃えていた。日本の教育を受けた朝鮮人や神社への参拝といった慣習を行なう朝鮮人は増えているといった統計だ。だが、そうした増加と日本の植民地統治の目標として掲げたもの——朝鮮人の同化——との関係を定量的に評価する方法はもっていなかった。数字だけでは、そこに加えられた朝鮮人の姿勢はほぼ何もわからない。多くの人は神社に参拝して日本の神に祈ったことだろう。息子たちが大日本帝国のために戦っていたのであれば、なおさらである。それでも、それ以外の人びとが神社に出かけたのは、神社がある一等地の美しい景色を楽しむためだった。朝鮮人の気持ちなどおかまいなしに、日本人は、神社の境内を食料受け取り場所にすることによってほとんどの朝鮮人にそこまで来させていた。[72]日本人は、よき日本人になるよう教えるための少年特別錬成所でも朝鮮人の参加者を増やしたが、参加者が朝鮮人に限られていたため、この機会を十分に活かすことはできなかった。さらにこれらのデータからは、朝鮮人が参加したことによって日本人が好意的な姿勢をとるようになったのかどうかはわからない。

日本人から見た戦時中の朝鮮人のイメージ

1930年代後半から総督府が行なってきた改革の多くは、朝鮮人と日本人を分離していた区別をなくすためだった。朝鮮人が同じ学校に通っていたら、似た名前に返事をしていたら、日本人に並んで神社で祈り、帝国のために身を捧げていたら、塹壕で日本人と一緒に戦っていたら、朝鮮人に対する差別はいずれ消滅するはずだと考えられていたからだ。同化も必要だった。だが、朝鮮人に対する当時の日本人の姿勢を検証すると、それとは逆の見解があったことがわかる。他の同化の例と同じように、朝鮮人（場合によっては日本人）が日本の同化政策を受け入れるということは、一般的にいって、植民地入植者が望む展開ではなかった。

ときには進展をうかがわせる兆候もあった。塩原時三郎は玄永燮の『朝鮮人の進むべき道』に寄せた序文で、朝鮮が発展する道は「九千万同胞全部の『進むべき道』である」と記し、日本人7000万人の運命と朝鮮人2000万人は運命共同体だとした。[73]総督府の御用紙であった『朝鮮』も、姿勢の変化を示す証拠を示した。前述したとおり、同紙は1920年代に朝鮮人の独自性を理解しようと努力していた。戦況が「事変」から危機へ、そして戦争状態へと変わるにつれて、同紙では、日本の軍事的な取り組みにどの程度役に立ったかによって朝鮮人を分析するようになった。紙面上では、「資源」価値という観点で朝鮮人に言及することが多かった。新たな「朝

71　宮田節子、金英達、梁泰昊『創氏改名』（明石書店、1994年）は、創氏改名政策に対する朝鮮人と日本人の姿勢を考察している。

72　Kang, *Under the Black Umbrella*, 114（『黒い傘の下で：日本植民地に生きた韓国人の声』、198頁を参照のこと）。

73　玄永燮『朝鮮人の進むべき道』（緑旗聯盟、1938年、2〜3頁）。

鮮使命」についての御手洗辰雄の記事は、「（アジア人を統一した後の）かくて、朝鮮がこの新使命のもとに第一に要求されるものは地下資源に非ず、食糧資源に非ず、實に人的資源である。その人的資源は量より質、特に日本精神を完全に體得した核心的人物が要求される」だろうと指摘していた[74]。

　日本の戦況が、同紙の楽観主義を刺激したのはまちがいない。日本は、大陸進出を容易にするために朝鮮半島に軍事基地を置く計画を立てており、朝鮮人と親しくなることが求められていた。前述のとおり、日本の指導者らは内鮮一体を強化するために開いた1938年の会議で、この点を強調した。たとえば、政務総監であった大野緑一郎は、朝鮮を軍事要塞化するためには朝鮮人の愛国主義を同様に強化することが必要だと警告した[75]。1940年代初めに日本が中国および米国との多面的な戦争に巻きこまれるようになると、このことがくり返し指摘されるようになった。『朝鮮統治の過去と現在』という1944年に発刊された小冊子は、総督であった小磯國昭の宣言を引用している。内鮮一体はたんなる形式的、表面的な平等ではなく、「（朝鮮人の）皇國臣民化の完成……が爲には内鮮人等しく國體の本義」を信奉することだった[76]。

　1939年6月発行の月刊誌『文芸春秋』が行なった討論会に参加した日本人の学者らは、日本人の姿勢がはるかに頑なであることを示し[77]、朝鮮人が自ら日本による植民地支配を受けいれたことが指摘された。だが、そうした姿勢があっても日本人は依然として朝鮮人を同じ帝国国民として受けいれないままだった。学者らは朝鮮文化に絞って議論するようにいわれていたが、関連するその他のテーマをもち出してもよかった。彼らに向けられた質問の一つは、日本人になりたいという朝鮮人の願望についてだった。「記者」としか名乗らなかった参加者の一人は、玄永燮の書籍に触れ、「ああいふ動

きも確に朝鮮のインテリの中にあるんぢやないですか。完全に日本人になりたい……」と発言している。大学学長であった速水滉は、満州事変以降、どうもそうなっているようだと述べている。法学の教授であった船田享二は、朝鮮人学生の多くは溶けこみたいと思っているようだとし、「内地人と同じ飯を食ひ、着物を着てゐる人があります」といった。外交史を教えていた奥平武彦は、玄の書籍を読んで、朝鮮人が日本の古典文学を勉強したがっていたのは、朝鮮文学に見出せる空虚感を埋めあわせるためだったと捉えた。[78]

　奥平は、日本が支配することになった結果、朝鮮人の生活は安定し、財産も保有できるようになったと考えていると発言した。かつて（の朝鮮時代）とは異なり、日本人は彼らの財産を奪おうとはしていなかった。彼は続けて、朝鮮人は「自分達の生活と内地人の生活とを較べ、一つの精神生活に没入しよう……といふ氣持が湧いてきた」とし、同化が進んだ証として、朝鮮人の家庭では日本風の床の間と違い棚を作りつけるようになったとも指摘している。また、日本人がやってきてから、自分たちの伝統文化──とくに文学と陶器──を大事にするようにもなっていた。これまでは朝鮮陶器に再び目を向ける朝鮮人はいなかったが、これを収集する人が増えつつあった。李朝時代の陶器を使って生け花をたしなむこともあったほどだ。[79]

　京城帝国大学の教授たちが気づいたような好意的な態度は、ある意味、機会が増えたおかげだといえる。これは座談会の冒頭で指摘

74　御手洗辰雄「新しい朝鮮使命」（『朝鮮』、1940 年 10 月、7 頁）。
75　「朝鮮総督府時局調査会議事録」（『日帝下支配政策資料集』16 巻、辛球柏編、307 〜 309 頁）。
76　「朝鮮統治の過去と現在」（『日帝下支配政策資料集』17 巻、辛球柏編、672 頁）。
77　「事変下の朝鮮を語る座談会」、246 〜 64 頁。
78　前掲書、250 頁。玄の意見については第Ⅵ章で検討している。
79　前掲書、251 〜 56 頁。

第Ⅴ章　戦時中の急進的な同化政策　281

されたことだった。速水は、帰国した内地人は、それまで以上に多くの朝鮮人に大学に入学する機会を開いたと発言した。彼は、学生たちは真面目に勉強する「いい學生」だと賞賛した。だが、この状況がいつまで続くかについては疑問に思っていた。哲学の教授であった安倍能成と船田は、朝鮮の発展と総督府の教育政策の変更、とくに２つの学校制度の統一を結びつけたが、朝鮮の教育が本土の教育に匹敵していたかどうかは疑問だともいった。船田の発言は、本章の初めで紹介した懸念と同じである。

　　教育令の改正も確かに内鮮教育の一體の方へ一段昇つたことで、非常に意味のあることでせうけれども、ほんとうに内地と同じ教育令が實施されてその効果が上がるといふまでには仲々大變でせう。具體的なことを考へてみると色々むづかしい問題が残つてゐる。未だ一段しか昇らないのに、そしてその一段を昇つたことはいいことに違ひないけれど、それをもう一階に行きついたやうに騒ぎ立てる人があるものだから、却つて折角の改正の効果が危ぶまれて来るやうな気がします。[80]

　朝鮮人学生が卒業し、就職しようとする時になっても、まだ問題があった。船田は、雇用主が日本人卒業生を受けいれることはあっても、朝鮮人卒業生を受けいれようとはしないことを嘆いた。大学で東洋史を教えていた鳥山喜一は、朝鮮人でさえも、子どもの家庭教師には朝鮮人学生よりも日本人学生を好んでいるといった。続けて、入院患者——日本人と朝鮮人の両方——も同じことを感じているとも指摘した。「半島人間で半島人を嫌ふ傾向があるのは確かですね」[81]
　議論は次に、日本人の優秀さと優秀な日本人が半島に来る必要が

あるという話題になった。安倍はこう発言している。

　　實際内鮮人の待遇の平等といふことは、色々な困難を生みはし
　　ないかと思ふ。理論的には正しいやうであるが、事實は概して
　　いつて内地と同じ待遇では優秀な内地人が半島に得られるかど
　　うか。私の考へでは、學生でも學校の成績の優良な半島人が成
　　績の惡い内地人より遥かに惡い待遇をうけることになれば不平
　　は免れない。結局内地人の方が何等かの點で優秀だといふこと
　　が必要である。そのためには内地から優秀な内地人をどしどし
　　よこさなければならぬと思ふ。同時に、優秀にして忠實な半島
　　人に對する待遇改善も考慮されなければ人間はよくならない。
　　内地人だから優秀だといふ意識によつてでなく、實際に内地人
　　の頼もしさと優秀さとの自信が内地人にあり、半島人がこれを
　　認めることがなければ、日本人による半島の統治は出来るもの
　　ではない。[82]

　教授らが朝鮮人を一般化し、偏屈なイメージをもっていることが
露呈した。統計学の教授であった大内武次は、朝鮮人は法学が得意
だと発言した。彼らが、外国語学習者の強みだとされる記憶力に優
れていたからだ。速水は朝鮮人学生の道徳性を問題視した。知的レ
ベルが上がったとしても道徳性は変わっていないというのである。
大内は、朝鮮人が日本人に対して失礼な態度をとること、大げさで
あることを強く批判した。[83]あるとき、一人の出席者が、こうしたマ
イナスのイメージは紋切り型すぎるとして批判しようとした。心理

　80　前掲書、245 ～ 47 頁。
　81　前掲書、247 頁。
　82　前掲書、247 ～ 48 頁。
　83　前掲書、250、253、254 頁。

第Ⅴ章　戦時中の急進的な同化政策　283

学教授であった黒田亮は、安倍が朝鮮人を均一的な民族であるかの
ようにうち出そうとしているとし、日本の東北や九州地方と同じよ
うに朝鮮半島のあちこちに多様性が残っていることを指摘した。安
倍は黒田教授を子ども扱いし、そうした感情をもつのは大概、朝鮮
民族とほとんど接していない人たちだと反論した。一度でも接して
いたら、すぐにそうした理想主義的な考え方はしなくなるはずだと
したのである。[84]

　この討論会は、教授たちが日本人と朝鮮人の統一を促すための意
見交換で終わった。安倍と船田は、日本支配の最初の 20 年間で一
般的になっていた考えを再びとりあげ、内鮮一体を強化しようとす
る現在の取り組みは時期尚早だとした。安倍は、日本と朝鮮の統一
はすぐには成立しないとし、日本の政策は「半島人と融和するか、
或は支配するか」のいずれなのかと問いかけた。

　　日本が大陸に發展する爲には、朝鮮を基點としなければならぬ
　　ことは明かだと思ひます。……半島人の風俗も何とかも少し尊
　　重して、よいものは取り、こちらのよいものも自然に取らせる
　　やうにすることが一番よいではないか。それには功を急いでは
　　いかん。

　船田はこれに同意したが、朝鮮を軍事基地にするという話をくり
返し聞かされていたことをつけ加えた。日本はむしろ、文化的拠点
としての価値に注目するべきだった。優秀な日本人青年にここで学
びたいと考えてもらいたいというのが日本政府の意向であれば、そ
れが必要だった。[85]

　この討論会で参加者が指摘した多様な見解は、研究家らの問いか
けに関して大いに参考になる。教授たちは自分の意見だけでなく、

教室内外で日本人住民と朝鮮人住民の両方を観察して得た実感も共有した。彼らの認識から、カースト制のような根強い社会的階層が浮き彫りになり、物理的にも心理的にも日本人を朝鮮人から引き離していることがわかった。たしかに進展はあった。だが、日本人がもち続けていた朝鮮人に対する否定的なイメージや、朝鮮人にも受けいれていたそうしたイメージが尾を引き、こうした進展は台無しになっていた。この討論会の議論から、こうした偏見に満ちた態度を改めなければ、公教育という日本の同化政策の主柱が有効だとしても、最低限の効果しか得られないだろうと思われた。

　出版が制限され、否定的な見解がメディアにほとんど表れなくなると、在朝日本人作家の文学によってこうした否定的な姿勢が改めて確認されるようになった。作品の多くは、日朝統一を支持する日本側当局者の建前と、両民族の分断された生活環境をさらに分断するような偏見に満ちた姿勢という、作家が目にした矛盾を強調するもので、公的な文書やメディアではとりあげられないことの多かった半島における社会の一面や、朝鮮人青年と日本人青年との日常的なやりとりを紹介するものだった。ソウル生まれの作家、梶山季之は、ソウルの小学校に通い（終戦は彼が15歳のときだった）、戦時中の朝鮮での経験を基にした短編小説を数多く執筆している。彼の小説がはっきり描いたのは、日本の植民地領域に移住したことだけで手に入れた高い地位にしがみつく人びとの姿だった。彼は自分の小説で、長期在住する日本人が朝鮮人と日本人とを平等にしようとする政策や、民族間の区別をなくそうとする政策に反対する姿を描いた。創氏改名について日本人は、これによって朝鮮人が「対等な口を利いて交際する……」ようになるための「権利」だと考えていた

84　前掲書、254頁。
85　前掲書、261～62頁。

が、「古くから朝鮮に住んでいた日本人にとっては、何かいまいましいような恩典というのが、共通した考え方であり、感情でもあったわけである[86]」。

梶山の小説は、日本人学生の家庭や教室へと読者を誘うものだった。こうした教育は海外の日本人学生に朝鮮人のクラスメートを対等な相手として受けいれさせるのではなく、すでにある固定観念を強めるものでしかなかった。信頼のおけない朝鮮人学生は、日本人学生に支給されていた鉄製の本物の武器ではなく「木銃」を持って軍事訓練に参加した。梶山は、「捧げ銃」を命じられてくすくす笑った日本人が感じた滑稽さについて書いている。「すこぶる滑稽であった。僕たちの間からは、忍び笑いの色があった。そして彼等は皆恥しそうに肩を落していた」。梶山は、登場人物の学生にこうした差別を促す動機を無邪気に質問させ、その学生は父親にどなりつけられることになるのだった。「莫迦だな。彼奴たちに鉄砲を持たせたら、一ぺんで暴動が起るじゃァないか！」。少年がさらに、同化政策は彼らを「同じ日本人」にしたのではないか、と尋ねると、父は怒りを激化させ、日本が直面している戦況を考えるよう息子にいったのだった[87]。

梶山がフィクションとして描いた日本人が朝鮮人に対して抱いていた不信感は、日本軍で現実のものとなる。1944年に朝鮮人男子も含めた徴兵制度が始まった。曺秉相が『朝鮮』に寄稿したとおり、一部の朝鮮人は、この展開は朝鮮人による進歩を日本人が認めた証だとして歓迎した。法に従って入隊した朝鮮人男子の多くは、軍務は、除隊後に社会的に上昇するための手段の一つだと考えていた。だが日本人が抱いていた不信感は、日本人とともに戦っていた朝鮮人にさえも暗い影を落とした。（イギリス軍における植民地の人びとや、米国軍における少数派の人びとのような）朝鮮人連隊としてではな

く、朝鮮人兵士はそれぞれ別の部隊に配属され、半島にあった学校と同じように自分たちはやはり少数派であることに気づかされたのである。朝鮮人は、前線部隊では20％まで、後方部隊では40％まで、非戦闘部隊では80％までとされていた。[88] 上官による部下に対するいじめは日本軍のすみずみにまで浸透していたが、植民地出身の新兵であれば、日本人新兵以上にそれに耐えなければならなかったことを示す証拠がある。ある報告書によると、朝鮮人新兵の一人はこん棒で激しく殴られ、「親兄弟が見ても識別できないぐらい[89]」になったという。終戦後、朝鮮と台湾の民間人と軍人が戦争犯罪により有罪になった割合は、日本人よりも高かった（7.2％）。これは主として、彼らが担っていた役割のせいだ。連合軍の戦争捕虜に対して日本軍が命じた処罰を実行したのが彼らだったからだ。戦後、日本政府は、日本人戦争捕虜には認めた補償を彼ら朝鮮・台湾人の戦争捕虜には認めなかった。[90]

　日本人作家によるフィクションの2つ目のテーマは、芽生えたばかりで、まだ実らない朝鮮人と日本人との恋愛を追求することだった。おそらく、密通に対する日本の否定的な反応を描くのと同じように、同化という実現されない約束を表す象徴だったのだろう。湯浅克衛の1934年の小説『カンナニ』は、日本人の少年龍二が求めた、小説タイトルと同じ名の朝鮮人少女カンナニとの関係を描いて

86　梶山利之、「族譜」、『梶山利之朝鮮小説集』、11 頁。

87　梶山利之、「性欲のある風景」、『梶山利之朝鮮小説集』、98 頁。

88　Utsumi Aiko, "Korean Imperial Soldiers: Remembering Colonialism and Crimes against Allied POWs," in *Perilous Memories: The Asian Pacific Wars*, edited by T. Fujitani, Geoffrey White, and Lisa Yoneyama, 199-217 (Durham, N.C.: Duke University Press, 2001) 208; Brandon Palmer, *Fighting for the Enemy: Koreans in Japan's War, 1937-1945*. (Seattle: University of Washington Press, 2013) Fujitani, Takashi. *Race for Power*.

89　樋口、『皇軍兵士にされた朝鮮人』、90 頁。

90　Utsumi, "Korean Imperial Soldiers," 90；内海愛子『キムはなぜ裁かれたのか：朝鮮人BC級戦犯の軌跡』（朝日選書、2008 年）。

いる。湯浅は朝鮮が併合される数カ月前に日本で生まれた少年で、一家は彼が6歳のときに朝鮮に移住し、湯浅は早稲田大学に入学するまでそこに住んだ。彼はその後、1939年に半島に戻る。主人公である龍二の父は巡査で、日本人が朝鮮人に対して抱いていた見下すような姿勢をとる人物だった——彼は、朝鮮人の住居を「土まんじゆうのやうに小さ」いと思っていた。その後、カンナニに出会う。カンナニの父は朝鮮人子爵に仕える召使で、龍二の四国なまりに気がつくほど日本語が達者だった。二人が、朝鮮人を日本人から引き離している印象の違いについて話す場面がある。

> カンナニ：『巡査の子と遊んぢやいかん』父が云つたよ……父は日本人大嫌ひ、憲兵一番嫌ひ、巡査、その次に嫌ひ。朝鮮人をいぢめるから、悪いことするから——
> 龍二：巡査は悪いことはせん。巡査は悪いことをしたり、いぢめたりする奴を退治する役ぢや。うちのとうちやんも云つとつた。朝鮮人はいぢめちやいかん云つとつた。日本人は悪いことはせんのぢや。天皇陛下が治めてゐなさるから、伊勢の大神様が見てゐなさるから……

するとカンナニはそうした怒りを抱いているわけを龍二に打ち明ける。日本人は彼女たちの土地をとりあげ、父親が開いた民間学校を閉鎖し、逮捕したというのだ。彼女の一家が生きていられるのは、父親が朝鮮人子爵の門番として働いているからだった。彼女は、日本人は嫌っているが、龍二のことは好いているとも打ち明けた。龍二の顔を両手ではさんで、自分が日本語を覚えたように、彼にも朝鮮語を覚えてほしいといった。カンナニは、朝鮮人としての役目を果たした朝鮮人を体現した登場人物だったが、結局は、日本

人としての約束を反故にした日本人に裏切られるだけだった。

　愛情に対する朝鮮人と日本人のそれぞれの反応は、2つの民族が分断されていることの表象である。カンナニの友人は2人が仲良しであることを喜び、声をそろえて、龍二を「できがいい」うえ、「三国一の花聟」だという。日本人の少年たちは2人の恋愛を民族の恥だと受けとめる。並んで歩く2人を目撃し、少年たちはこうはやし立てる。「龍二とカンナニは怪しいぞ。キチベにほれるは面よごし」。物語の最後で、カンナニは姿を消す。彼女の父親は龍二の父である巡査に娘を見つけてほしいと懇願する。彼女の哀れな運命——殺されたのだ——の原因についての龍二と彼の父親との意見の食い違いは、同化が失敗した原因についての日本人の意見が一つではないことを暗に示している。龍二は、「軍刀をふり廻したをぢさんたち」のせいだとし、父親は「朝鮮人の若者にいたづらされた」せいだとするのである。[92]

　結論が出ないこの小説の結末は、偶然にも、朝鮮半島における日本の責務に対する湯浅の見解と同じだ。彼は内鮮一体運動を支持し、若い世代がその目的を達成してくれるものという希望をもっていた。彼が描いたカンナニと龍二の性格は、湯浅が日本人の傲慢さ——朝鮮人に対する態度も、日本の文化をすべて受けいれるよう主張することも——を、同化を妨げる障壁として見下していることを表している。2人の物語は、朝鮮半島に住む日本人の経験を映しだしていた。総督府は、1920年の改革でも、1938年の対策案でも、内鮮一体の名の下に日本人と朝鮮人の通婚を奨励していた。この取り組みは効果があった——朝鮮人と日本人の通婚はわずかながらも増えたからだ。だが、個別の経験を見ると、社会的圧力を受

91　湯淺克衛『カンナニ　湯淺克衛植民地小説集』（インパクト出版会、1995年）、17頁。
92　前掲書、97頁。

第Ⅴ章　戦時中の急進的な同化政策　289

けて結婚をあきらめるカップルは少なくなかった。田内千鶴子の実話はその典型だ。朝鮮人との結婚を決意すると、彼女の親しい友人たちは路上で会ったときでさえも彼女を無視するようになった、と彼女は書いている。結婚後は、日本人の友人たちは彼女を冷たくあしらうようになった。長田かな子は、内鮮一体を支持していることを示すために朝鮮人との結婚を考えるようになったが、これを両親に相談すると、ひどく叱られたとふり返っている。[93]

　戦時中（1931～45）は、朝鮮人にとって、植民地時代のなかでも最も過酷な時期だった。屈辱的な政策の最たるもの——創氏改名、朝鮮語廃止への動き、強制労働、性奴隷——はすべて、この時代の後半に起きた。また、それは朝鮮人が最も前進した時期でもあった。とくに、戦争が激化し、日本人の多くが軍務に就くために帰国を余儀なくされた後である。労働者のみならず管理者までもがいなくなったために、学校でも工場でも、朝鮮人にとってはまたとない機会となった。パク・スンウォンは、戦時中、朝鮮人の熟練工を求める争奪戦があり、有能な朝鮮人労働者を使用者らが「ヘッドハンティング」したり、責任の伴う職務に就く労働者には報奨金を出したりするようになった、と指摘している。[94]

　　統計から、朝鮮人のあいだで日本の取り組みに対する関心が高まっていったことがわかる。『朝鮮統治の過去と現在』という小冊子は、1937年の盧溝橋事件以降、神社参拝者が増えたことを記している（1936年には120万人を下回る程度だったが、1937年には200万人を超え、1939年になると360万人以上になった。その後の1941年は数が減少し、230万人強となった）。[95]日本人が運営する学校に入学する朝鮮人の子どもが増え、多数の朝鮮人男児（日本語能力があると証明された子どもたち）が日本軍に志願して入隊した。[96]件数としては通婚も多いとはいえず、圧倒的多数は朝鮮人男性と日本人女性という組み合わせだっ

たものの、増加した（1937 年には 50 組だったが、1941 年になると 1416 組になった）ことから、総督府の内鮮一体強化運動が効果をあげたことがわかる。植民地政策について執筆した日本人は、1931 年の満州事変以降、朝鮮人が積極的に努力を重ねてきたことを記している。

　しかし、戦時中日本同化政策の矛盾の面は消えていない。これは総督府の「創氏改名」政策に対しての反応に見られる。朝鮮人が日本人風の名前に改名することにより日本人と朝鮮人の区別が難しくなり、朝鮮人の内地化は急進的に進歩すると推測した。水野直樹はこの計画に対して総督府内部には次の 3 つの立場があったと指摘した。学務局長塩原時三郎等が支持する「日本人風の氏名」をつけるべきという立場、法務局が支持した朝鮮人の家族・親族制度に改善するべきという立場、そして警務局が支持した改名に対して反対する立場である。総督府は資料上においては強圧的に朝鮮人を改名させることはしない、と書いたが当初の移行率が低かったためにだんだん強い圧力を用いて改名させるようになった。しかしながら、内地化を進める、という建前の裏に本音としては形だけ改名しても朝鮮人・日本人の区別を優先し、朝鮮人が極度に日本人風の姓名を名乗ることを禁じた。

93　どちらの物語も高崎『植民地朝鮮の日本人』178 頁で語られている。

94　Soon-Won Park, *Colonial Industrializaiton and Labor in Korea: The Onada Cement Factory* (Cambridge, Mass.: Harvard University Press, 1999), 148.

95　『日帝下支配政策資料集』17 巻、辛球柏 編、688 頁。

96　前掲書、709 頁。

97　前掲書、703 ～ 4 頁。

98　水野直樹『創氏改名──日本の朝鮮支配の中で』（岩波書店、2008 年）43 頁。

99　前掲書、28 頁。

結論

　朝鮮人に対する戦時中の日本人の姿勢を調べると、異なる物語が明らかになる。すなわち、親しく接触した結果、その当初から植民地における関係性を悪化させてきた、朝鮮人に対する日本人の反感がますます強くなったということだ。緊張関係にならないようにする要素として信頼がくり返しとりあげられたことは、梶山や湯浅が残した小説から明らかだ。1919 年 3 月に起きた独立運動の記憶によって、厳しく監視しない限り、朝鮮人に銃器をもたせるのは危険すぎるというイメージが日本人に強く刻みつけられた。[100] 朝鮮人との結婚を考えた日本人は、その考えが日本人の友人や家族との関係にどう影響するのかを考慮せざるを得なかった。日本の巧言と政策との矛盾は他の周辺植民地の状況に見られた特徴でもあり、日本人が避けようとした仕事に就くため、朝鮮人が労働目的（「慰安婦」としてのものも含めて）で日本に移住せざるを得なくなった政策で具体化した。[101] 日本人がこれを見逃すことはなかった。併合したときから、これが朝鮮総督府の失敗であることを見抜いていたからだ。次の章で検討するように、これは、日本人が祖国に住むことを支持した朝鮮人でさえも非難したものだった。

100　樋口、『皇軍兵士にされた朝鮮人』、162 頁を参照。

101　慰安婦問題は C. Sarah So, *The Comfort Women: Sexual Violence and Postcolonial Memory in Korea and Japan* (Chicago, Il: University of Chicago Press, 2008); 強制連行問題は金光烈、『「内鮮融和」美談の真実　戦時期筑豊・貝島炭礦朝鮮人強制労働の実態』（緑陰書房、2013 年）；山田昭次、古庄正、樋口雄一『朝鮮人戦時労働動員』（岩波書店、2005 年）。在日朝鮮労働史は Ken C. Kawashima, *The Proletarian Gamble: Korean Workers in Interwar Japan*, (Durham, Duke University Press, 2009); Mark Driscoll, *Absolute Erotic, Absolute Grotesque: The Living, Dead, and Undead in Japan's Imperialism, 1895-1945*, (Durham and London: Duke University Press, 2010).

第Ⅵ章

日本の同化政策に対する
朝鮮からの批判

日本による支配に耐えぬいた朝鮮人が残した解放後の記述から
は、一つの大義——侵略者を祖国から追い出すこと——の下に結
集した誇りある人びとの物語が伝わって来る。彼・彼女ら（あるい
はその両親たち）が独立運動の最前線にいなければ、別の抵抗運動に
身を投じていただろう。日本人の取調官に果敢に抵抗し、大胆にも
天皇の写真に穴をあけ、あるいは、同化に向けた取り組みをやりす
ごしたりした。朝鮮人はこの 35 年にわたる抵抗をより大きな物語
のなかに位置づけた。それは、外国の侵略から半島を守るために、
朝鮮人が団結して一連の闘争を続けたというのが朝鮮の歴史だとす
る物語である。こうした解釈から、朝鮮は、攻撃するクジラに囲ま
れたなす術をもたないエビのような存在だとするメタファーが登場
した。多くの抵抗はうまく整理されていない。日本支配に対する朝
鮮人の反応もその例外ではない。それほど愛国的ではなかった朝鮮
人の取り組みが公になったのはようやく最近のことだ。

　解放後の南北朝鮮政府による対日協力者の処分は同じではなかっ
た。北朝鮮政府は日本人を支援した者ほぼ全員を即座に追放した
が、米国占領政府と韓国政府はつい最近までそうした人びとの活動
調査を差し控え、ほとんどの者についてはその役職から外すことは
なかった。民主化をきっかけに、対日協力者の特定も含めて、こう
した歴史を見直す機運が高まった。多くの植民地の状況がそうで
あったように、外国の侵略を受けて、朝鮮人は自らのアイデンティ
ティを考えなおさざるを得なくなった。これが刻一刻と変わる反応
につながり、日本の支配に対して朝鮮人がどう立ちむかったかとい
う愛国的な物語と衝突することも多かった。たいていの場合、ほと
んどの朝鮮人が選びとったアイデンティティが「愛国者」と「協力
者」の境目をあいまいにした。それは、彼らが目の前の状況にあわ
せて自らのあり方を変化させたからだった。

本章で筆者は、この期間における朝鮮人の愛国的な行動を矮小化するつもりも、対日協力者の行為を無罪放免とするつもりもない。むしろ、日本の同化政策およびその実施についての理解に欠かせないものとして、日本を批判する朝鮮人の声を明らかにすることを目的とする。どちらの反応も、日本による朝鮮同化の適切性と実効性を理解するという本研究の目的に役立つ興味深い評価軸だ。日本の支配に反対する朝鮮人の声は1920年代の初めから1930年代の初めにかけて最も勢いがあり、植民地同化の野望を批判し、新たに創刊された現地の報道機関を使って同化政策が朝鮮人にとっていかに理不尽であるかを読者に伝えた。一方、日本を支持する人びとは、日本語メディアを利用して総督府の取り組みを称賛しつつも、建前と現実との矛盾を正すよう総督府に要請していた。朝鮮人の自己認識は、日本人が抱いていた一民族としての朝鮮人のイメージと交差することも多かった。改革志向の朝鮮人は、結集した主体──日本の植民者らであれ、朝鮮人の一つの改革グループであれ──の下で団結することも、望ましい結論──主権国家たる朝鮮の国民あるいは日本に同化された臣民として──を掲げて団結することもできなかった。日本支配を批判する朝鮮人たちに意義があったの

1　Induk Park, *September Monkey* (New York: Harper & Brothers, 1954), chap. 5; または Louise Yim, *My Forty Year Fight for Korea* (Seoul: Chungang University, 1959), chap. 3 and 4 を参照のこと。

2　朝鮮人の協力者については、Mark E. Caprio, "Loyal Patriot of Traitorous Collaborator? で検討している。もう一つの反応は受動的な抵抗である。Koen De Couster, "The Nation Exorcised," Timothy Brook. 歴史的な立場で中国の親日分子を *Collaboration: Japanese Agents and Local Elites in Wartime China* (Cambridge, Mass.: Harvard University Press, 2005) で検討する. ユミ・ムンが一進会の親日について検討している Yumi Moon, *Populist Collaborators: The Ilchinhoe and the Japanese Colonization of Korea, 1896-1910*. Ithaca: Cornell University Press, 2013 参照のこと (『日本の朝鮮植民地支配と親日「ポピュリスト」 ── 一進会による対日協力の歴史』明石書店、2018)。Gi-Wook Shin, *Peasant Protest and Social Change in Colonial Korea* (Seattle: University of Washington, 1996), 第8章。

3　Caprio, "Loyal Patriot of Traitorous Collaborator?".

は、政策の対象者としての視点をもっていたからである。その立ち位置にいたからこそ、朝鮮人は、日本人の批判者らが気づかず、無視することにした矛盾に切りこんでいくことができた。

日本の同化政策に対する朝鮮人の反応

日本の脅威に対する朝鮮人の反応は、1868年の明治維新直後の日朝の外交関係を近代化しようとした当初の取り組みとは異なっていた。19世紀末から20世紀初めに日本人の侵略が激化するにつれて、朝鮮の近代化のあり方をめぐる分裂が明確になっていった。異なる派閥が引きよせられたのは通常、朝鮮の発展に影響をおよぼそうとする異なるライバルだった。朝鮮近隣諸国の影響力の強弱とともに忠実な支持者たちも変遷し、ときには興味深い——だが、複雑にこみいった——関係を作りだした（日本は1895年、1860年代後半に日本人大使らを首都から遠ざけていた大院君をとりたて、閔妃暗殺にかかわらせた）。併合後、これらの派閥はまず、朝鮮人はいつ独立を求めるべきか（漸進的か急進的か）、朝鮮の発展を率いるのは誰であるべきか（朝鮮人か日本人か）をめぐって分裂した。派閥が異なれば、朝鮮人も、将来の朝鮮が存在すべき政治背景をめぐって意見を対立させた。もし独立していたとすれば、朝鮮は主権国家のままでいられたのだろうか。そうだとすれば、独立を求めるのは外交手段によってなのか、それとも武力によってなのだろうか。そうでないとすれば、朝鮮は日本の同化を支持するべきなのか、あるいは大アジア同盟諸国の一員であり続けるべきなのか。こうした問いは家族や友人だけでなく、日本に支配されていたあいだ、異なる派閥に加わったり離れたりしていた個々人をも分断した。

この分断は玄家のなかで描かれている。ピーター・ヒュン（Peter

Hyun）の人気作『万歳！　韓国系米国人の形成（"Man Sei! The Making of a Korean American"）』は、占領下にあった朝鮮において、少年であった著者の葛藤を描いたフィクションだ。この題名にある「万歳」は、1919 年 3 月に日本の植民地支配からの独立を求めて、日本軍による支配に立ちむかった朝鮮人が叫んだ言葉だ。実際、この物語は運動の場面で始まっている[4]。この小説の脇役は、名前が紹介されないいとこ（おそらく玄永燮）だ。彼は日本人と結婚して 2 人の「混血児」の父親になり、一家の顔に泥を塗る。いとこ一家は奥屋敷に閉じこめられ、父親に来客があるときは門に南京錠がかけられた[5]。玄永燮の『朝鮮人の進むべき道』は、朝鮮人が日本の内鮮一体政策を支持すべき理由を論じたものだ。すなわち、朝鮮人は中国の影響を受けた伝統文化を捨て、日本の影響を受けた現代文化を受けいれるべきだとするものである[6]。

　日本人（および朝鮮人）は、1931 年の満州事変が日本の支配に対する朝鮮人の認識を変えた背景だと受けとめた。この事件を機に多くのことが一変した。日本がアジア大陸へと拡大したことに伴い、朝鮮においても満州においても、朝鮮経済にとってはチャンスが増えた。総督府が産業に一層の力を入れたからだ。チャンスが増え、同化の建前が一層強まるにつれて、朝鮮人は自らの（朝鮮という）民族的アイデンティティをより広い人種（アジア系あるいは「黄色人種」）という文脈で考えるようになった。上海臨時政府はこうした朝鮮人の

4　Hyun, *Man Sei!* と Richard E. Kim, *Last Names: Scenes from a Korean Boyhood* (Berkeley: University of California Press, 1998)、カンのインタビューに応えた人びとは *Under the Black Umbrella*, 17-23 で三一運動の経験を思い出している。（『黒い傘の下で：日本植民地に生きた韓国人の声』、40 ～ 51 頁）。

5　Hyun, *Man Sei!*, 62.

6　玄永燮の血筋については、Kyung Moon Hwang, *Beyond Birth : Social Status in the Emergence of Modern Korea* (Cambridge, Mass.: Harvard University Press, 2004), 127-30. 朝鮮人協力者としての玄永燮の変化については、반민족문제연구소（編）、『친일파 99 인』第 2 巻, 66-76 を参照のこと。

第Ⅵ章　日本の同化政策に対する朝鮮からの批判　297

「親日的」な行為について調査し、韓国国家および人民に対する裏切り行為を行なったと特定した「親日的」な朝鮮人を非難した。そうした朝鮮人は朝鮮解放のために他の朝鮮人に加わって戦うのではなく、日本人による植民地支配から利益を得ていたからだ。この議論に加わるには、当時すべての朝鮮人が人生の選択をした状況を考慮しなければならない。世界が戦争へと急速に突き進んでいくなかで、朝鮮は、独立を求めるか、より大きな東アジア連盟といった枠組みの中で自治を求めるか、どちらの方が理に適っていたのだろうか。

　日本の支配に対する朝鮮の反応はさまざまだった。受け入れるというものから、認めないというものまで、多岐にわたっていた。後者の取り組みは一つではなかった。暴力に訴えて積極的に反対を表明する者もいれば、外交的な助力を模索する者もいた。市民的不服従や不買運動、学校でのボイコットなど、どちらかといえば受身的な手段に訴える人びともいた。手段が一致しなかったことに加え、抵抗派の朝鮮人たちは朝鮮の独立時期をめぐっても議論した。朝鮮は日本の即時撤退を求めるべきなのか、それとも独立のチャンスが到来したときに成功の可能性を大きくすることに力を注ぐべきなのか。日本の支配に対するさまざまな反応を分析することは、どちらかといえば複雑な作業だが、筆者の目的、すなわち日本の同化政策を評価するなかでこうした声がもつ意義を検討することは取り組みがいがある。筆者は、朝鮮の将来に対する当時の朝鮮人の自己イメージ、すなわち独立国家であるのか、それとも大日本帝国の一部であるのかというイメージに基づいて朝鮮人の反応を検討し、この疑問を追究する。この目的にとって最適なのは、日本の支配に最も直接的な影響を受けた人びと、つまり朝鮮半島に残った人びとの声である。これらの集団は一般的に、独立あるいは同化のどちらを望

んだとしても、いずれかを実現するには朝鮮人が多大な努力をすることが必要だと確信している点で漸進主義者である。彼らは、母国が即座に独立することを求め、その方法については、外交的手法を取るのか、軍事的手段によるのかという異なる意見をもっていた朝鮮人の見解とは対照的だった。どちらの集団もそれぞれの意見を公にするために、とりわけ、日本による検閲が比較的緩やかになり、朝鮮人による出版が認められた1920年代初期に成長した朝鮮の印刷文化の恩恵を受けた。

文化的民族主義者による同化批判

　予測されたような日本の同化政策に対する反対を反映し、植民地として支配していた最初の10年間、総督府は朝鮮人の声を厳しく検閲していた。実際、国内領土や周辺領土においても、日本が他民族を同化しようとするとさまざまな抵抗があった。三一独立運動を受けて日本が出版法と新聞紙法の緩和を決定すると、朝鮮人が集まって意見を交換する場ができ、そうした場を通して日本の統治行政に対する意見が発せられた。この間、日本の警察は朝鮮系報道機関を厳しく検閲していたが、それでも、総督府が1925年に治安維持法を施行して以後や、1937年に日本が日中戦争を始めてからとくらべると、朝鮮系報道機関が登場した最初の5年間のほうが緩やかなようだった。1940年になると、朝鮮系新聞（ただし『毎日申報』は除く）と朝鮮系雑誌のほとんどが発行停止を命じられた。日本統治の最初の10年間のように、日本が政府系以外の新聞の発行禁止を再度命じた途端、地下に潜っていた新聞が事業を再開すると想定できた（そもそもこれらの新聞が発行を停止していればの話ではあるが[7]）。

　いずれ独立するために朝鮮人に備えさせておこうとした人びとの

なかで最も重要なグループを構成したのは文化的民族主義者らであり、日本の同化政策に対して詳細に批判してもいた。マイケル・E・ロビンソンは、彼らの運動について、朝鮮が生き延びる最大のチャンスは「段階的な教育カリキュラムと経済発展」を進め、「将来的に国が独立する基礎を築く[8]」ことにあるという信念の下に結集した利益の集合だと記している。日本の同化指向の教育と衝突すること必至のこの取り組みは、日本が出版法と新聞紙法を緩和したチャンスをうまくつかんでいた。『東亜日報』は、齋藤の「文化政治」政策による改革の一環として出版権が認められた新聞社の一つで、文化的民族主義者の運動の目的にとくに役に立った。文化的民族主義運動の最盛期であった1920年代初期、同紙は1日に3万7802部を発行し、他の朝鮮語系新聞3紙を上回っていた[9]。『東亜日報』は、日本の支配をさまざまな方向から直接的に批判した。他国の独立運動を取りあげ、読者に解放という視点をもたせた。また、朝鮮史（朝鮮最後の皇帝が死去した1926年4月から『檀君論』という朝鮮神話の始祖についての記事を連載した）を掲載し、朝鮮人の英雄を作りだし（朝鮮人初のパイロットであった安昌男は最も人気のあった人物の一人だ）、朝鮮社会と朝鮮文化の欠点を批判することで朝鮮人は自らを鍛え、そうすることで朝鮮人のアイデンティティを構築しようとした[10]。

　同紙はたびたび、日本の基本政策とその内容を批判した。1924年4月、『東亜日報』は齋藤の「文化政治」政策は朝鮮人を苦しめる「暴力支配」であると非難した。そうした「心の狭い政策」が「文化的」であるとはどうしても考えられない[11]、と同紙は主張したのである。同紙はその年の8月、日本の同化政策の合法性をとりあげた。なぜ、朝鮮人が日本人になりたいのだろうか、と同紙は問いかけた。社説では「日本人の生活と習慣を理解するのは難しい」とし、日本人の着物と下駄は身にまとうものとしてまったく実用的ではな

いと指摘した。日本人の習慣のなかで朝鮮人が魅力を感じるものは一つもなく、少なくとも、日本の同化がもたらすものを自発的に受けいれようと思わせるようなものはなかった。

　社説は次に、日本の教育制度に目を向けた。学校制度は学生が科学に関する知識を深めるのにほとんど役に立たないように、「青年の人格」形成に大いに役立つものではなかった。学校の唯一の目的は朝鮮人青年を日本人化することだった。さらに、子どもたちは日本の策略を目の当たりにしていた。

　　子どもたちはその不誠実さを知っていた……さらに、教師たちが敵であることも知っていた。子どもたちは、おじいさんやお父さんたちが日本人の残酷な迫害に耐えなければならなかったことを理解しており、日本の警察が家を通り抜け、両親に手荒い仕打ちをするのを目にしてきた。そうした子どもたちを日本人にするなどできるだろうか？[12]

　『東亜日報』は、朝鮮人青年を日本人化するという教育制度の主

7　金相万によると、日本統治の最初の10年間で少なくとも29の非合法新聞が発行されていた。金相万（編）、『東亜日報史』、66頁を参照のこと。

8　Robinson, *Cultural Nationalism in Colonial Korea*, 6.

9　1939年までには『東亜日報』は5万5977部を発行し、9万5939部を発行していた『朝鮮日報』に次いで多かった。Robinson, "Cultural Publication Policy," 326.

10　Hyun Il Pai は、『東亜日報』も含めて、日本の統治下においての朝鮮の国家建設法について興味深い調査を行なっている。*Constructing Korean Origins: A Critical Review of Archaeology, Historiography, and Racial Myth in Korean State-Formation Theories* (Cambridge, Mass.: Harvard University Press, 2000) を参照のこと。

11　「齋藤總督에게 問하노라, 文化政治의 本旨가 如斯한것인가」（『東亜日報』、1924年4月12日）

12　「齋藤의 政策」（『東亜日報』1924年8月21日）この記事は李東旭（編）『日政下東亞日報押收社說集』、83に再掲されている。종태익は、江原道にあった自宅は年二回、捜索を受けたと述べている。ある捜査官は、天井で見つけた毛虫を家主に無理やり食べさせた。Kang, Under the Black Umbrella, 103-4（『黒い傘の下で──日本植民地に生きた韓国人の声』ブルース・インターアクションズ、2006、115〜16頁）。

要目的を何度も引きあいにし、日本の基本的な同化政策を批判した。同化政策は朝鮮人から伝統を奪っただけでなく、異質な環境と外国語で学ばなければならないという大きな不利益を押しつけるものでもあった。こうした余計な重圧が「朝鮮人の自然な発展を押さえつけた」と、同紙は主張した。教育は民族の近代化にとって最も重要なものであり、5歳から12歳までの時間は子どもの成長にとって決定的に重要な意味をもつ。学校には、子どもにとって最も自然な言語で教育を行なうことが求められる。日本の制度はこの点で救いようがないほど失敗していた。[13]

　同紙に同調して教育制度を批判する朝鮮人も現れた。1930年、朱耀燮は同年に発表した「朝鮮教育의（の）缺點」のなかで、日本人学生の99.5%を受けいれるだけの余裕があるにもかかわらず、朝鮮人の子どもの20%にしか場を提供しないような教育を行なうのはなぜか、と朝鮮人教育に力を入れているという日本の主張に疑問を呈した。続けて、教師の3倍以上ものスパイ（教師8111人に対して、スパイは3万人）を雇っているのはなぜか、とも問うた。彼は、1村につき学校を1校建設するという齋藤の計画を不十分だと考えていた。朝鮮の村の規模は、子どもが220人いる村から5300人もいる村まで幅があったからだ。また、1校に通う児童の数は平均して280人だった。朝鮮人のニーズに十分に応えるには、一つの村につき平均して3〜4校の学校を建設する必要があるはずだった。[14]

　朱は、問題は歳入ではなく、優先順位だと考えた。鉄道建設に5000万円も投入することは、学校に通えずにいる朝鮮人の子どもよりも優先されることなのだろうかと問いかけたのである。朝鮮半島には、1万人の（主に）日本人学生を教育するために200万円も消費するような帝国大学が必要なのか。こうした資金を初等教育に振りむけるほうが朝鮮人のニーズに適しているのではないのか。[15]女

性の教育はより深刻な問題だった。朝鮮人の少女のうち、学校に通っていた子どもはわずか7％に過ぎなかった。彼はこう説明した。「朝鮮の男児と女児が現在のペースで（教育を）受けている限り、朝鮮が健全に発展することはない……朝鮮の発展は、朝鮮人女性の目覚めを待ちわびている[16]」。『東亜日報』と朱がいわんとしたことは、日本人や親日派の朝鮮人のいわんとしたこととよく似ていたが、想定していた結果はまったく違っていた。この2つを異なるものとした疑問は、併合以前に考えられていた疑問を反映している。すなわち、朝鮮人がこうした目標を達成するには、外部の支援がどれくらい必要なのだろうか。尹致昊のように、植民地支配者側が朝鮮人に対するその傲慢な姿勢を捨て、究極の目標が朝鮮の独立であることに気がつくのであれば、日本の存在は有益だと考える人びともいた[17]。

　キリスト教徒で、独立運動のリーダーだった呂運亨は、三一運動の直後に日本を訪問した際、日本人に同様のメッセージを伝えた。呂はこのとき、日朝関係について日本政府や軍人らと会談するために東京に招待されていた。彼の招待は、両国で大いに物議を醸した。日本人の多くは、政府はなぜ反日デモに参加した「犯罪者」であり、違法な大韓民国臨時政府の政治家ともなっていた人物を日本に招くのかと問うた[18]。彼の朝鮮人同胞たちはこの申出を拒否するよう迫り、彼の日本訪問は「民族の恥[19]」だという者さえいた。呂の来

13　「朝鮮人의 教育用語를 日本語로 強制함을 廢止하라 (中)」(『東亜日報』、1920 年 4 月 12 日)。

14　朱耀燮『朝鮮教育의缺陥』(世界書林、1930 年) 1 ～ 7 頁。

15　前掲書、20 頁。

16　前掲書、23 ～ 28 頁。朱は、朝鮮学校の校長の人数が減り (1926 年には 43 人いたのだが、1930 年には 1 人もいなくなった)、教科書に朝鮮史が記述されていないことを批判した。

17　尹致昊、『尹致昊日記』8 巻 (1921 年 3 月 4 日)。

18　たとえば、『万朝報』(1920 年 1 月 25 日) を参照。このメディアは、この招待に触れ、呂の活動を「呂運亨事変」と評した。

日を調整したキリスト教伝道師、藤田九皐は、日本人が呂を招待する目的が篭絡することにあると述べた。拓殖局長官であった古賀廉造に宛てた手紙のなかで彼は、呂の懐柔は「仮政府ヲ最モ平和的方法ニテ動カス方法」だと説明していた。藤田は「或時期ニ於ケル自治ヲ声明スルコト、或ハ彼ヲ歓待シ其安全ヲ絶対ニ保証」すると伝えることを古賀に助言した。いずれにせよ、「呂運亨ヲ幾回ニテモ日本へ往復セシメテ仲間ヲモ連レ出ス機関トナシ、彼ヲシテ閣下ノ薬籠中ノ者トスルコト」と提案したのである[20]。

　呂は1919年11月17日に東京に到着し、その後2週間滞在した。東京滞在中、彼は原敬首相、古賀、田中義一陸軍大臣などの原内閣の閣僚や吉野作造などの民間人と面談した[21]。また、帝国ホテルで講演を行ない、朝鮮人学生らとも顔を合わせた。彼は、自由と平等という神から与えられた権利について語った。呂はまず初めに、日本人が朝鮮人に対してこうした権利を制限するのはどういう権限があってのことなのかという疑問を口にした。続けて、現在、日本社会と朝鮮社会において、大局的には女性と労働を解放させる方向に向かっていると発言した。こうした要求は、「神の許可さえも」得ていると断言した[22]。

　日本の政治主導者らとの話しあいでは、解放を強調した。古賀には、古代から朝鮮文化をとりいれてきたのは日本人であることを指摘した。日本は最近、朝鮮の独立を守るためとして2度も戦争で戦った。だが朝鮮半島を併合し、朝鮮の自治を侵害したのは、まさしくその日本だった。呂が、朝鮮半島に苦難の種をまいた報いとして日本には不幸が待ち受けていると古賀に向かっていい放ったところに、彼がキリスト教から受けた影響が表れている[23]。植民地閣僚との話しあいは、田中義一大将との話しあいに比べたら穏やかなものだった——古賀は呂を自宅に招待したほどだった。田中は政友

会のなかでも有力な政治家だった。1920 年代後半、彼は天皇の勅勘を被るまで首相を務めていた[24]。田中の前で、呂は「日本はわれわれ全員をすぐにでも殺すことができる。私の首を落とすことだってできるだろう。だが、2000 万人の朝鮮人の精神を殺すことはできない。私の精神を打ち砕くこともできない」と臆することなく発言した。彼は、日本をその当時に沈没したタイタニック号になぞらえた。タイタニック号は世界に誇る豪華客船だ。その運命と同じく、日本人は目前に氷山があるにもかかわらず破滅に向かって突き進んでいるとした[25]。

この議論の最中、呂は、東アジアの平和と安定は、独立国家である朝鮮に脅かされるのではなく、むしろ朝鮮に依存していると主張した。朝鮮には長い歴史があり、言語と習慣が統一され、人びとが均質であることから、日本の同化政策が成功することなどありえなかった。さらに彼は、独立は孤立を意味しないとも強調した。むしろ、政治的に平和な世界を推進するためには東アジア——日本、朝鮮、中国——を覚醒させる政策が必要だと考えた。日本がこの警告に耳を傾けないのであれば、世界は再び戦争という惨禍を経験することになるだろう、と彼は（的を射た）発言をした[26]。呂は、帝国

19 呂の来日については以下を参照のこと。Ku, *Korea Under Colonialism*, 220-1、また、姜徳相『呂運亨評伝 1：朝鮮三一独立運動』（新幹社、2002 年）第 6 章、220 ～ 21 頁。

20 姜徳相『呂運亨評伝 1』（新幹社、2002、260 頁）。

21 前掲書、289 頁。

22 呂運亨、「동경제국 호텔연설 요지」（『몽양여운형 전집』）、呂運亨全集 1 巻 (도서출판 , 1991)、32-34.

23 呂運亨「日本政府有力者との会談：拓殖局長官古賀廉造との議論」（呂運亨全集 1 巻、34-36)。

24 ハーバート・ビックスは、Herbert B. Bix, *Hirohito and the Making of Modern Japan* (New York: Harper Collings, 2000), 217（『昭和天皇』（講談社、2002 年、178 頁）のなかで、満州の軍閥であった張作霖が 1928 年に爆殺された事件について、田中義一が「もみ消す」といったことが天皇の怒りを買い、その後辞職したと記している。

25 呂運亨「日本政府有力者との会談：軍事支配の主導者、田中大将との議論」（呂運亨全集 1 巻、37-38) 東亜日報史東亜日報史。

第Ⅵ章　日本の同化政策に対する朝鮮からの批判　305

ホテルで行なった講演では、もし日本が朝鮮に独立を認めるのであれば、日本と中国と共に「東洋グループ」に参加することは朝鮮にとって有利になるだろうと力説している[27]。

『東亜日報』も解放を主張することに力を入れていたが、度が過ぎたために創刊から数カ月ほど経った頃、総督府から最も厳しい処罰——無期限の発行停止——を言い渡された。同紙は朝鮮の独立を率直に主張することが時折あった。他の地域の植民地解放運動を思い出させることによって、この主張を再燃させることが多かった。『東亜日報』は、1920年4月1日の創刊号で、帝国主義は終焉を迎えつつあるイズムだと断言した。ロシアのウラジーミル・レーニンや米国のウッドロウ・ウィルソン大統領による宣言、その他、植民地下に置かれた世界中の人民による近年の蜂起などは、帝国主義がまもなく消滅するという明らかな印だった。同紙は社説でこう述べた。「春の到来と共に、硬く凍った雪は融け」、花が咲き乱れる。この経過は人為的なものではなく、自然発生的なものであり、新たな春の訪れを妨げることは誰にもできない。同紙は、新しい世界が姿を現しつつある、と締めくくった。ゆえに、暗闇の中でわれわれはこの子どもを生み落とすべく戦うのだ。この「新たな文化」の姿と「新時代という暁の光が遠くに射しているのが目に入」った[28]。

『東亜日報』は、当時、最も活発だった独立運動であるアイルランドの解放運動に実際に表れた新時代の光をとりあげた。同紙は、アイルランドの先例は朝鮮の運命をヨーロッパにおいて映し出しているものと捉えたのだった。2つの民族には、地理的にも歴史的にも共通点があった。すなわち、どちらも海峡を越えてやってきた植民地開拓者に従属させられ、どちらも裏切り者に欺かれたという点だ。ともに島国である日本とイギリスが、朝鮮併合当時、政治同盟

を組んでいたことによって、朝鮮がアイルランドの例に強い一体感を感じたことはまちがいない[29]。『東亜日報』は1924年9月、アイルランドが独立を勝ちとったことを引きあいにし、日本人にその将来を警告した。

> 致命的な一撃（併合）がアイルランドに加えられた。同時に、同程度の致命的な災いがおのずから大英帝国に降りかかった。隣国を鎮圧したことによって、イギリス政府の指導者らは満足感に浸っていたに違いない。だが彼らは、その歓喜がその後何世紀にも渡って、自らの国にどれほどのつけを払わせることになるのかほとんどわかっていない[30]。

同紙はこの社説に続けて翌月の社説で、満州とシベリアに移住した300万という朝鮮人による愛国的な運動と、祖国の独立を守るためにアイルランドの愛国者たちが行なったゲリラ戦とを比較した[31]。

それほど頻繁にではなかったが、同紙にとってはインドの解放運動も解放を求める読者の熱意を強める事例だった。あるとき、同紙は、「はだしの聖人であり、インドをイギリスの支配から解放しようと取り組む一方で、新生インドを創設した人物」としてマハト

26 呂運亨「日本政府有力者との会談：軍事支配の主張者、田中大将との議論」35～36頁。
27 呂運亨、「동경제국 호텔연설 요지」32頁。
28 「新たな春とわれらの大志」（『東亜日報』、1920年4月1日）この社説は、金編、『東亜日報史』99-100に所収されている。
29 たとえば、「アイルランド問題の根源」（『東亜日報』、1920年4月9日）を参照のこと。矢内原忠雄はこの比較を興味深く捉えていた。Susan Townsend "Yanaihara Tadao and the Irish Question: A Comparative Analysis of the Irish and Korean Questions, 1919-36," *Irish Historical Studies* 30, no. 118 (November 1998): 195-205 を参照のこと。
30 「Ulster in Ireland」（『東亜日報』、1924年9月16日）。同紙はときどき、英語で社説を掲載することもあった。
31 「Nationalist Activiies in the Fronteir Districts」（『東亜日報』、1924年10月30日）。

第Ⅵ章　日本の同化政策に対する朝鮮からの批判　**307**

マ・ガンジー（Mahatma Gandhi）をとりあげた。[32]独立派集団による極秘会議についてや、イギリス人入植者に対するインド人のデモについて報じることもあった。こうしたメッセージが同紙が意図したように読者に伝わっていたことを示す印がある。『東亜日報』は1927年12月、インドが朝鮮と同じ抑圧的な苦境にさらされていると発言したことで処罰された朝鮮人の小学生について報じたことだ。[33]

　同時代に起きた例に加え、同紙では、成功した独立運動の歴史も掲載した。とりわけ、朝鮮を支援する立場にあった国々についての歴史だ。そうした記事——ほとんどは米国について英語で書かれたものだった——は読者に希望を与えただけでなく、朝鮮人の夢は、彼らの祖先が大事にしていた夢でもあったことを思い出させるものでもあった。執筆者らは、米国人が慣れ親しんでいた表現——「代表なき課税」「自由」「民主主義」——を記事にちりばめ、共通する価値観であることを強調した。こうした記事が掲載されたのは1920年8月24日、米国議員団がソウルに到着したちょうどその日の『東亜日報』だった。米国人の来賓たちがこの日の同紙を手にしていたら（そうでない可能性が高いが）、「兄弟」の朝鮮半島訪問を歓迎する英語の見出しを見逃したはずはない。また、自由と民主主義を強調した、これまた英語で書かれた長い記事に気がつかなかったこともありえない。それはこう説いていた。米国は当初から「抑圧された人びとの避難場所だった……だからこそ、米国は問題に見舞われ、圧制を受けた国々から愛され、尊敬されてきた」。この記事は、朝鮮人は「民主主義の原則……のために犠牲を払う」用意があると続けていた。こうした歓迎は、訪問団に参加した人びとに「われらの希望」を米国にもち帰るように請う言葉で締めくくられていた。朝鮮人と米国人は地理的に離れてはいるが、「親愛なる感情と共通の理想を抱いているわれわれを引き離すことができるも

のなど存在し得な」かった。総督府は、朝鮮半島にコレラが発生したようだという一報を送り、この議員団が朝鮮半島を横断することのないように画策した。ここでは米国の来賓たちに植民地が発展していると説得することに成功したが、朝鮮人が彼らと接することはなかった。朝鮮人とやりとりしていた来賓の一人で、カリフォルニア州選出のヒュー・S・ハースマン議員（Hugh S Hersman）は、議員団に敬意を表してYMCAで行なわれる予定だったものの中止された歓迎会に参加しようとした。その会を中止させたのは警察だったが、ハースマンがYMCAを出たのは、殴打、逮捕されていた朝鮮側の主催者が釈放された後のことだった。

『東亜日報』は、外国の解放運動を報道することで朝鮮独立の宣伝をカモフラージュし、日本人当局者を欺けたわけではなかった。1920年9月、同新聞社の業務を無期限の発行停止とすることを伝える通達のなかで、総督府はそうするに至った重大な違反を2つあげた。まず、日本人が鏡、玉、剣という三種の神器を敬っていることを同紙が迷信としたことが罪だとした。次に、『東亜日報』が真意——朝鮮独立への関心を促す——を隠すために「もったいぶった言葉」と「反意語」を使ったことを非難し、アイルランドの例を用いたのはそのためだと断定した。『東亜日報』は、同紙の発行を許可した日本側の意図を踏みにじった——すなわち、朝鮮人に「正しい」文化を広めたのだ。この禁止令によって、同紙の発行は翌年4月末まで都合よく停止させられたのだった。

32 『東亜日報』、1924年7月16日。
33 『東亜日報』、1927年12月4日。
34 「Welcome to the Congressional Party」（『東亜日報』、1920年8月24日）。
35 米国連邦議会記録、第66回連邦議会第3会期『連邦議会議事録60』（1920年12月23日）、707〜28頁。訪問団は朝鮮半島でコレラが発生したとの連絡（明らかに捏造だった）と、彼らの訪問当初から、朝鮮人が議員らに危害を加えるといううわさを聞いていた。
36 この通達は金相万（編）、『東亜日報史』、151-52に所収されている。

第Ⅵ章　日本の同化政策に対する朝鮮からの批判　309

社会的、文化的慣習から朝鮮を解放しようという呼びかけは、2
つの狙いをもつ野蛮な行為だとみなされた。すなわち、解放を促す
ためにより「もったいぶった言葉」を伝えたことと、朝鮮には独立
する力があると国外において一目置かれるのであれば、改革指向
の朝鮮人が留意する必要があるとした分野に取り組んだことだ。近
代的な文化がなければ、彼らが主権を求める訴えを、日本人はもと
より海外諸国が認識することはまず期待できなかった。驚くことで
はないが、朝鮮系メディアが取り上げていた話題と日本のメディア
が取り上げていた話題が重なることは多かった。[37]ジェンダー関係の
話題はその一例だ。朝鮮人のライターたちはジェンダー改革の重要
性を強調し、解放された「新しい女性」の登場を促す世界的な動き
に連なった。『東亜日報』は、「新しい（朝鮮人）女性」を朝鮮人の長
所として打ち出した。すなわち、女性を「一房」から解放しなけれ
ば、朝鮮社会がしかるべく発展することはないとしたのである。女
性が解放されるには、単に身上書に追加する内容を増やすためでは
なく、彼女たち自身が成長するために適切な教育を受けることが必
要だった。1926 年 10 月に五訓喆が執筆した連載記事のテーマがこ
れだった。その書き出しはこうだ。朝鮮人女性が男性と対等な存在
として扱われるには、女性自身がそれなりの覚悟を決める必要があ
る。その権利を手にしなければ、女性が同等に扱われることはまっ
たく期待できない。教育を受けることによって、対等だとみなされ
るように備えるチャンスを手に入れるわけだが、多くの女性はこの
特権を「結婚の選択肢を広げるための飾りもの」として無駄にする
だけだった。もし、女性がそのためだけに教育を受けるのであれ
ば、単に「すでにある人形に新しい色をあてがうだけであり、教育
は新たな化粧品になるだけだ。外面を美しく装っても、内面は変わ
らない[38]」ままだった。問題の一部は、日本学校の教育内容にあった。

女性を朝鮮人としてではなく、日本人として教育することは朝鮮に尽くす力を奪うことだった。『東亜日報』は1929年9月、朝鮮人女性を、日本社会ではなく朝鮮社会の役に立つように教育することを要請した。女性たちは畳でお茶を点てるのではなく、朝鮮の温突（オンドル）に座ってお茶を入れることを学ぶべきだった。[39]

　他の報道機関は女性の教育について、さらに厳しく批判した。『現代批評』の記者であった白波も、「いわゆる新しい女性」を育てるという軽蔑すべき状況の責任は日本学校にあると非難した。なんら「新しい」ものを作りだしてはいなかったからだ。むしろ、この「新しい女性教育」は「良妻賢母」を助長する企てでしかなかった。普通教育は、クラスを統制することによってその便宜を図るための一つの方法だったと白波は記している。この教育制度が目標とした「望ましい成果」は、夫に仕える「良妻」および子どもを教育する「賢母」を作りだすことだった。[40]

　批判する側の人びとは、朝鮮人男性が伝統的な「良妻」に期待していることも槍玉にあげた。なかでも、この期待によって確立された障壁は、女性たちが社会で頭角を現していくことを阻害し、結果として朝鮮が封建主義的な社会を改善することも妨げた。批判の対象となったのは、伝統的な朝鮮社会がもち続けた二重基準だっ

37　日本人は併合以前から朝鮮での女性の待遇に批判的だった。1906年、弁護士であった松本・ギンクンは次のように書いている。「朝鮮の女性は非常に無知で、その子どもが偉大で賢い人物になるとは思えない……朝鮮人がなぜそうも早くに堕落したのか、未だに疑問ではないか？」Matsumoto Kinkun, "Are the Coreans Bound to Degenerate?"『太陽』1906年7月1日、8頁）また、以下も参照のこと。Theodore Jun Yoo, *The Politics of Gender in Colonial Korea: Education, Labor, and Health, 1910-1945* (Berkeley: University of California Press, 2008).

38　玉訓喆、「自己解放을 忘却하는 朝鮮의 新女性）(『東亜日報』(October 11-14, 1926) 以下も参照のこと。Kyeong-Hee Choi, "Neither Colonial nor National: The Making of the 'New Woman' in Pak Wanso's 'Mother's Stake 1,'" in *Colonial Modernity*, 221-47.

39　「朝鮮女性教育의 缺點」(『東亜日報』、1929年9月21日）。

40　白波、「「所謂 新女性과 良妻賢母主義？」、(『現代批評』) 1928年1月、161～72頁。

た——夫が妻以外の女性と関係を持つことは容認しておきながら、妻がごくわずかでも夫の浮気を嫉妬するようであれば厳しく非難し、妻が浮気をすれば厳格に処罰した。洪基瑗は、朝鮮人男性が妻の期待に応えないことを批判している。応えないからこそ、男性と女性の性的なモラルが崩壊したのだった。洪によれば、朝鮮社会は、結婚前も結婚しているあいだも、それ以降（未亡人の場合）も、女性が男性のパートナーに対して肉体的に貞淑を貫くことを期待していた。だが、それと同じ誠実さを男性に求めることは不要だと考えられていた。男性の場合、性的に盛んであれば株が上がり、夫の情事を問いただしたり文句をいったりする嫉妬深い妻は批判された。離婚した女性と離婚後母親に育てられる子どもは差別されたが、男性の再婚や離婚後に生まれた子どもについては何も起こらなかった。[41]

　朝鮮人記者たちは、ジェンダー改革を朝鮮社会の改革に直接結びつけた。朝鮮社会を伝統的色彩の濃い過去から解放するには、ジェンダーにかかわる事柄を改善する力が頼りだった。洪基瑗は『東亜日報』紙面で、「奴隷的存在」[42]から女性を解放しない限り、進展は期待できないと指摘した。別の朝鮮人は匿名で、ジェンダーの不平等さが朝鮮の社会的な脆弱さであると批判し、この欠点を朝鮮の「独特の美しい慣習」の衰退に関連させた。日本人と中国人は、西洋によってもたらされた新しい文化を吸収することができたはずだとこの人物は嘆いてみせた。朝鮮では、「市民は眠って」いた。この記事はこう続けている。「前代の享有文化、産業等はほとんどが遺失された。われわれは今後、何を知り、作り、しながら生き延びていくのだろうか？」それに対する答えは日本による同化とは正反対だ——朝鮮人が一民族として「生まれ変わる」ことだったのである。このためには、朝鮮民族が双方向的な道に乗りだす必要があっ

た。すなわち、朝鮮古来の文化を学ぶ一方で、新しい世界文化をとりいれることが必要だった。この人物は前者を強調した。どの民族にもそれぞれ歴史があり、自覚がある。「朝鮮民族は朝鮮民族としての由来や特質や抱負があるため、朝鮮人としてこれらを知らなければ、まるで、自己がない事に気づいていない個人のようである」。民族性やその力量を理解していくのに伴い、民族としての自覚に目覚めていく。このプロセスを通じて、民族としての自信を得るのだった[43]。この主張はもちろん、当時の改革派すべてが直面していた重要な問題を含んでいた——外国文化にどのように「追いつき」、同時に民族としての本質を維持していくのかである。日本人の解決策は天皇家の再興だった。この記事の執筆者は、このむずかしい問題をどうしたら最もうまく解決できるか、朝鮮人にはまだその糸口がつかめていないと考えた。

　朝鮮人は報道機関を利用して、解放後のユートピア的な朝鮮の姿を示した[44]。『東亜日報』は1920年5月、自ら提案を行ない、まずそのときまで朝鮮の発展を妨げてきた伝統的な「機械的な社会」を批判した。同紙は社説で、朝鮮社会を、皇族を頂点に、軍と労働者を最下層に置き、個々人による意見表明を禁じるミツバチのコロニーになぞらえた。そのような社会構造は個々人が自覚し、自立する可能性を妨げる。この伝統的な制度に代わる理想的な社会は、オーケストラのようなものだった。すなわち、さまざまな楽器が奏でる

41　洪基瑗、「異性의 道德을 論하야 男女의 反省을 要求함」(『東亜日報』、1920年8月14日) 以下も参照のこと。鄭世鉉、「韓国女性의 新文化運動 : 1920年代初期의 女性文化運動을 中心으로」、(『亜細亜女性研究』12月, 1971)。

42　洪基瑗、「異性의 道德을 論하야 男女의 反省을 要求함」、(『東亜日報』、1920年8月13日)。

43　洪基瑗、「朝鮮民族의 未來를 論함」(『朝鮮의 光』1, 1922, 2-14)　同誌第2号は「朝鮮民族 發達의 概觀」『朝鮮의 光』2, 1922, 1-9) この概説では、新羅王国統一により統一朝鮮が鴨緑江と豆満江より北側の領土を放棄しなければならなくなったが、それ以降の朝鮮の没落を辿っている。

44　Wells, *New God, New Nation* とくに第6章を参照のこと。

あらゆる音色がそれぞれ独特の特徴をもち続けながらも、指揮者が指揮棒を振りあげた瞬間、一つの楽団としてまとまるオーケストラだ。同様に、この社会を構成する一人ひとりが個々の才能を融合させ、調和のとれた社会というオーケストラを作りだすのだ。機械的な社会構造から解放されるために、朝鮮人は、2つの目標を達成する必要があった。すなわち、一人ひとりが他者への依存をやめ、自立した個人が集まって社会的共同体のなかで調和することだった。[45]

　この社説が一般市民の元に届くことはなかった。日本の検閲官が1920年5月17日付の同紙からこれを削除するよう命じたからである。この社説のどの部分が検閲官を憤慨させたのかは明らかではない。この社説が掲載されたのは検閲に関しては比較的寛大な時期だった。この社説は、天皇制度に対する批判と同じく、一般的に検閲の矛先が向くような明らかな朝鮮解放の呼びかけの前では色あせていた。[46] 検閲はおそらく、このメッセージが日本の天皇制度を「機械的」だとする「隠語」を使った別の例だと受けとめたのだろう。社説はこの点に関してあいまいだった。現代日本、朝鮮、あるいはその両方を思い浮かべるのは何ともたやすいことだった。同紙は、日本の支配を軽視していると発言することを辞さなかったが、執筆者のなかには、社会的なオーケストラを構成するために必要な自立を朝鮮人が手に入れることを妨げたとして、それまでの朝鮮人支配者を非難する人びともいた。こうした古くて新しい障壁はすぐに克服できるものではないことに気がつき、文化運動で名をあげた人びとのなかには愛国者としての心情を捨て、日本人に協力した人びとも多かった。日本が大陸進出し、朝鮮人にとってチャンスが広がってからはとくに顕著だった。

朝鮮人「対日協力者」の批判

　どのような占領下にあっても、協力行為には問題があることがわかっている。[47] 朝鮮人の対日協力は、先に検討した重要な対応に対するアンチテーゼとなった。前述したように、南北朝鮮両政府は解放後、親日派分子にまったく異なる対応をした。北朝鮮は占領者である日本人に協力したとみなされた朝鮮人の多くを粛清し、[48] 他方で、対日協力者を裁判にかけるための法律は1947年に南朝鮮過渡立法院——在朝鮮米陸軍司令部軍政庁がすぐにこれを無効としたが——で、1949年と1960年には大韓民国政府によって提案されている。だが、同国で共産党の脅威が増してきたために成立には至っていない。韓国人がこの取り組みに満足することはなかった。1990年代以降、民間団体と政府系団体が、そうした協力者を特定すべく新たな対策を打ちだした。[49]「協力者」であるかどうかを確かめるには、朝鮮の将来についての見解を検討する必要があった。すなわち、日本人による朝鮮人の取り込みを支持したか、あるいはむし

---

45 「自由自立의 意志」(『東亜日報』1920年5月17日) この記事は以下にも掲載されている。李東旭 (編)、『新東亜 日政下東亜日報押収社説集』(東亜日報社刊, 1974)、18頁。

46 たとえば、日本の検閲官は1920年8月17日の『東亜日報』の発行を認めたが、その見出しは、主に漢字で「第2次朝鮮独立運動」を書かれていた。これは、ちょうどそのときに米国の議員団が到着したからだろう。

47 フランス人の協力については、以下を参照のこと。Peter Davies, *Dangerous Liaisons: Collaboration and World War Two* (Harlon, U.K.: Person Longman, 2004). 日本人に協力した中国人については、Timothy Brook, Collaboration.

48 だが、タチアナ・ガブロシェンコが明らかにしているように、日本とのつながりがあったことによって、小説家、李箕永と李泰俊についての彼女の論文にみられるように、親日という烙印を押される可能性から逃れることができた。Tatiana Gabroussenko, *Soldiers on the Cultural Front: Developments in the Early History of North Korean Literature and Literacy Policy* (Honolulu: University of Hawai'i, 2010), 第3、4章。

49 成果の一つは、반민족문제연구소 (編)『친일파 99 인』、政府の委員会は3090名に上る一覧を公表した。성대경 외、「친일반민족행위관계사료집」。

ろ、より対等な条件で、より大きなアジア共同体の一員となること
を支持したかどうかである。協力という罪を犯したとみなされた人
びとは、朝鮮文化の存続を認めなかった政策を支持したことで非難
された。文化が存在することを希求した人びともいただろうが、そ
れ以外の人びとの場合、将来についての展望は協力関係、すなわち
大アジア的な同盟という文脈での朝鮮文化と日本文化の融合といっ
たものに近かった。そう解釈すると、息子を日本軍に送った曺秉相
のプライドや、より多くの朝鮮人が 1931 年の満州事変以降の日本
支配を受け入れるようになるだろうという彼の主張に隠された感情
を理解することができる。1931 年を境に、アジア大陸で朝鮮人が
手にするチャンスは劇的に増えていった。また、日本の内鮮一体を[50]
強化する動きを朝鮮人が支持したことも説明がつく。「対策案」を
批判するために開かれた会議の参加者らはたいがいその内容には賛
成したが、その政策を論理的に可能な限り推し進めることが日本の
利益になるのかどうかについては疑問視した。さらに、1941 年 12
月 8 日、日本がイギリスと米国の領土を攻撃したという「衝撃の
ニュース」を聞いた尹致昊の喜びを説明するものでもあっただろう。
「旧世界に新たな一日が光を射し始めた！　これはまさに人種戦争
──黄色人種対白人という戦いである[51]」

　協力者である朝鮮人が、同化は日本あるいはより大きなアジア共
同体との一体化であると受けとめていたかどうかはともかく、彼ら
を日本にひきつけたのは朝鮮人には国を管理することはできないと
いう見解だった。独立を勝ちえたとしても、弱小国である朝鮮が主
権を維持できるとは思われなかった。日本の一つの県あるいはより
大きなアジアコミュニティの一参加国として、より大きな地政学的
コミュニティと一体化すれば、朝鮮が繁栄する可能性は一層大きく
なった。協力者らの動機およびその罪悪感を追究することは本研究

のねらいではない。本研究の目的はその代わりに、彼らの見解から日本の同化政策の強みと弱みをより抜くことだ。忠誠を必要とする政策の支持者として、協力者らは政策の廃止ではなく改善を求めるべきだと判断した。

　朝鮮人は、1876年に日本が朝鮮を「開国」させるとすぐに、明治維新の動きに目を奪われた。自分の国は将来、保護国とされた時代から日本あるいはより広い大アジア地域の一部になると考えるようになった人も多かった。日露戦争は朝鮮人の考え方を変える一大転機だった。天道教の指導者であった孫秉熙は、朝鮮の運命は日露戦争の結果に左右される、すなわちその戦勝国に吸収されると考えた。金度亨は、日本の勝利を受けて、一部の朝鮮人は白人であるロシア人に支配されるよりも、「黄人種」である日本人に支配される方が好都合であることに気がついたと述べている。彼は、日本が保護領条約をとり決めた当時の外務副大臣であった金嘉鎮を引用し、東アジアの平和を維持するために日本とより強く結びつきさえすれば、朝鮮は存続することができると主張した。[52] 韓明根は、李完用（1910年の併合条約に署名し、後に爵位を受けた人物）が、伊藤博文の「日韓一家」は東アジアの平和と繁栄のための恩寵だと称賛したことに言及した。[53] この点に関して、最近の調査では、日本による朝鮮併合を求めた一進会が注目されている。[54]

　三一運動後の総督府の月刊機関誌『朝鮮』は、日本語で原稿を用

50　Eckert, *Offspring of Empire*（エッカート『日本帝国の申し子』）および Park, *Colonial Industrializaiton and Labor in Korea*.

51　尹致昊『尹致昊日記』11巻（1941年12月8日）。

52　金度亨「日帝侵略初期（1905-1919）新日勢力の政治論研究」、『啓明史学』（1992年3号）。

53　韓明根『韓末 韓日合邦論研究』、國學資料院、2002）、54。

54　Moon, *Populist Collaborators: The Ilchinhoe and the Japanese Colonization of Korea, 1906-1910*. 以下も参照のこと。Vipan Chandra, "An Outline Study of the Ilchinhoe," *Occasional Papers on Korea* 2, (March 1974): 43-72.

意することを前提に、日本を支持する朝鮮人らが総督府の施策に対して発言する機会を設けた。予想通りだったが、朝鮮人からの寄稿は日本の政策を肯定的に評価するものだった。批判的な意見にしても日本の政策に対する提言のようなものが多かった。記事の多くが、地域の平和と繁栄を守るためには併合は必要だという総督府の主張をオウム返しに述べるだけだった。同機関紙はテーマに沿った記事を特集する特別号を刊行し、総督府が朝鮮人からの寄稿を頻繁に募っていることを暗に示した。[55]1921 年 9 月号に寄稿した記事のなかで、韓胤が朝鮮における日本の支配が「黒暗なる政治と紊乱せし秩序」から秩序を生みだしたと主張したのはその典型だ。韓は、明治天皇が「東洋を一家のごとく視、鮮民を赤子のごとく眷愛」したとして、懐の深さを称賛した。三一運動に加わった人びとを念頭に置き、彼は、朝鮮の日本からの独立を求めた人びとは「木に縁りて魚を求むる」ようなものだとして強く非難した。[56]

　この特別号に寄稿したもう一人の人物は崔晩達で、彼は日本人に対して韓よりも辛口だった。それでもその結論に大差はなかった。この主張は日本人には受け入れがたいかもしれないがとあらかじめ釘を刺した上で、彼は、朝鮮人に対してより前向きな姿勢をとるよう求めた。すべての朝鮮人が「不逞鮮人」であるわけではない。だが、日本人は彼らの短所ばかりに目を向ける。とくに彼は、朝鮮に住む日本人が軽蔑的な態度で朝鮮人に接することをとりあげた。彼が日本に住んでいた時分に感じた日本人の温かさはどこにいったのだろうかと疑問を述べた。崔は総督府にいくつか助言した。まず、融和という日本の概念を明確にするよう求めた。双方がその意味をじっくり考慮する必要があった。2つ目の助言について彼は、拡大された日本にあてはめて説明した。イギリス帝国においてイギリス人がアイルランド人をとり立てたことをあげ、日本人は大日本帝国

でもっと朝鮮人を活用すべきことを助言した。日本軍が中国、ロシアと戦うことができ、世界情勢において日本の存在感が確立したのは、つまるところ、朝鮮が存在していたからだった[57]。

　その他の人びとは、私的な「意見書」として総督府に直接意見を伝えている。そうした意見は求められたものでも広く公開されたものでもなかったようだが、全般的に譲歩的な論調のものではなかった。かつて「不逞鮮人」だったと自称する金永善は、朝鮮人を日本人の「継子」のように扱っているとして総督府を非難した。だが日本の撤退を唱えるのではなく、金はより有益な日朝関係を模索した。それを「厳父、慈母が赤子に對する」関係にたとえてみせた[58]。その他の批判としては単に、日本の統治政府は人間らしい生活をするための糧を朝鮮人に提供すべきだというものだった。これは韓胤の簡潔だが強烈な要請事項一覧に示されている。

一.　朝鮮全民族ノ聲ヲ聞イテ戴キタイコト（言論自由程度如何ニヨリ）

二.　朝鮮大衆ノ意思ヲ入レテ戴キ度コト（衆議機関ガ必要）

三.　朝鮮人民ノセイタ胃袋ヲ充シテ戴キ度コト（産業啓発）

四.　所謂不逞鮮人不穏分子ヲ産出セザルコト（過去ノ身分如何ヲ問ハズ有資格者ナラトクニ採用）

五.　當分中ハガマンガ出来ル工事ハ殊民ノ為メ延バスコト（不必要ナル道路修理鉄道敷設各官方各学校建設）[59]

55　たとえば、1925年11月号は、併合15周年を記念して、朝鮮各州知事による一連の寄稿が掲載された。

56　韓胤「同胞に檄す」（『朝鮮』1921年9月）。

57　崔晩達「在鮮内地人に対する感想」（『朝鮮』、1921年9月、121〜25頁）。

58　金永淳「支那官憲の鮮人圧迫問題に関する根本的対策」（『齋藤實文書　15巻』、1928年4月15日、148頁）。

59　韓胤「朝鮮統治意見」（『齋藤實文書　15巻』、1929年1月、169〜75頁）。

第Ⅵ章　日本の同化政策に対する朝鮮からの批判　319

一言でいえば、韓の要請を聞き、日本人は朝鮮人の不安に耳を傾けるような機能的な政策を立てよという主張である。

　他の人びとは、日本の報道機関を利用して批判の声をあげた。1937年5月号の『自由』に掲載された李永淳の意見は、大陸での戦況が激化し、盧溝橋事件を受けて戦時中の出版規制が厳しくなるちょうど2カ月前に掲載されたため最も貴重だ。これは、日本社会に溶け込もうとする人が友人ではないとしても、少なくとも知人ではあると受け止めていた日本人からも違和感を持たれていたことを示している。融和を唱える日本人の真摯な姿勢を疑問視しているのに内鮮融和のヒントを求めるとは、皮肉な響きを帯びている。もし日本人が融和に価値を認めるのであれば、

　　なぜ朝鮮人には兵役の權利（私はむしろ義務と云はんより權利と云ひたい）が無いのか。朝鮮人には愛國心が無いからなのか。内地の如何なる山村僻地にも行はれてゐるのに、なぜ朝鮮には選擧が行はれぬのか。朝鮮人は無學であるからなのか。……「内鮮融和」の實を擧げんと欲するならば、先づ朝鮮人に内地人と同等の權利を與へなくてはいけない。諸君、朝鮮に於ては、内地人の子供の通ふ學校と、朝鮮人の子供の通ふ學校との區別さへあるのだ。早くから識者の間では、「内地人の子供と、鮮人の子供を一緒の學校へ通はせろ」と叫ばれてゐたが、在鮮の内地人が「自分の可愛い子供と、鮮人のきたない餓鬼とを一緒にされて堪まるか」と云つてきかなかつたのだ。何たる侮辱であらう。「内鮮融和」は何處に在るのだ。

　李が日本人の知り合いを賞賛していることから、彼は比較的うま

く日本社会に溶けこんだと思われる。だが溶けこんだとしても、それはフラストレーションを強めただけだった。彼は、日本人の知りあいに感じた義務感の低さと情の薄さは、日本人全体がそうであることを示すものと受けとめた。自分たちは優れていると考えていた日本人は、常に商売人の無教養を逆手にとって、彼らをだましていた。彼の家に泊まり、無心までしていた日本人は挨拶することなく姿を消し、借金を踏みたおすばかりだった。義務感や情という特徴は、彼ら日本人のあいだにだけ表れる日本人の慣習なのだろうか、朝鮮人とのつきあいには当てはまらないものなのだろうか、と李は考えこんだ。

　日本人の無分別さは独特だとしか言いようがない、と李は感じていた。彼は、これを米国の黒人と白人の関係と比べてみた。1936年のオリンピックで同胞である孫基禎がマラソン競技で優勝したニュースに朝鮮人が歓喜したのは、孫が日本の旗を背負って参加して日本のために優勝したからではなく、朝鮮のために勝利したと受けとめたからだ。ジョー・ルイス（Joe Louis）が白人のボクサーにKO勝ちしたとき、米国の黒人も同じ気持ちを味わったに違いないと彼は推測した。李は、差別が日本人と朝鮮人に特有の問題ではなく、世界中の異民族に見られる問題であることを認識した[60]。こうした発言から、原敬が1919年に取り組んだ課題にはほとんど進展がなかったことがわかる。原首相はこの年、朝鮮人を日本人の生活にうまく統合することができなければ、朝鮮に派遣されている日本人らに害がおよぶと警告していたのだった。

　1937年以降、戦争が激化したために、総督府は朝鮮政策を改めて見直す必要に迫られた。内鮮一体強化文書の見直しは、朝鮮人に

60　李永淳「内鮮融和は何處へ？」（『自由』、1937年5月、90〜92頁）。

とって、日本の統治政策を批評するもう一つの事例となった。非公開で行なわれた会議に参加した朝鮮人らは忌憚なく意見をいうつもりでおり、その多くが、日本は大口をたたいているが実態を伴っていないとして、日本の政策に真正面から文句をいった。朝鮮からは、統治政府の信頼の厚い朝鮮人支持者から選びぬかれた12人が参加したのだが、彼らは朝鮮半島を長きにわたって支配してきた日本に自分たちの将来と評価を託していた人びとだった。彼らにすれば朝鮮独立は最悪のシナリオだった。むしろ、朝鮮の伝統的な本質からの解放と、日本人が朝鮮人を臣民として認めることが彼らの富と尊厳を守る最善のシナリオだった。カーター・J・エッカートはこうした朝鮮人たちは「かつて抱いていたはずのナショナリズムをかなぐり捨て、朝鮮人のアイデンティティをいっさい認めない日本の新しい方策を喜んで受け入れようとした」個人だと説明している。[61]

　そのような重要な政策の見直しに日本人から意見を求められたということは、日本が同化という使命を誠実に捉えているからだとして、朝鮮人はますます信用したに違いない。「内鮮一体」に関する文書では、アジア大陸における日本の役割と、朝鮮人の協力を得て日本の利益を守る必要性が強調されていたために、彼らの信用はたしかに一層厚くなった。1938年9月初めに開催された会議でとりあげられた議題としては、「内鮮一体」の強化と完了、朝鮮、満州、中国間の社会的連携の促進、中国在留朝鮮人の保護と彼らへの指示、「半島人」の体力向上と生活様式の改善といったものがあった。この会議で日本人が示した比較的楽観的な見解（第Ｖ章でとりあげた）に比べ、朝鮮人の発言は、同化に備えて朝鮮人を向上させるという日本側の当初の公約を反映したものだった。この文書の第1案がほとんど変更されずに最終版が作成されたことを考えると、日本人は

本気で朝鮮人の意見を聴くつもりであったのかどうかと問いたくなるのは当然だろう。彼らの目的は、もう一度朝鮮人をとりこむことではなかったのだろうか[62]。

　議論の中心は最初の課題——「内鮮一体」の強化と完了——だった。1919年の独立運動の中心的人物であり、『毎日申報』の社長も務めた崔麟は、朝鮮人は日本人が「日本の国体を（より）明確」にすることを求めていると述べた。朝鮮人と中国人（漢民族）は、連綿と続く日本の天皇家に匹敵するものをもたないため、この国体を受けいれるだろうと助言していた。だが、併合前に生まれた朝鮮人にとっては、現実的に変化が生じることで起きる問題があった。彼はその一例として、自分の家族が変化を受けいれようとしないことをあげている。日本の文化と朝鮮の文化が異なっているために、高齢者がそれに慣れることはむずかしかった。女性は夏に足袋をはくことに文句をいい、日本の伝統的な下駄を履いて歩くのをいやがった。併合後に生まれた人びとはそうした変化を受けいれやすいだろうと彼は予測していた[63]。対策案では早急にと記されていたが、これに関して彼は日本人に時間をかけて進めていくことを促しているようだった。

　朝鮮総督府中枢院参議であった韓圭復は、大筋では崔に同意したが、若い朝鮮人ほど協調的だという点には同意しなかった。彼は、朝鮮が発展したのはつい最近、1931年の満州事変以降のことにすぎないと説明した。朝鮮人の教育は基礎から始めるべきだった。「たとえ日本人が『内鮮一体』を押しつけたのだとしても、朝鮮人は、大日本帝国の臣民になったということを認識しなければならな

61　Eckert, *Offspring of Empire*, 241（エッカート『日本帝国の申し子』、312頁）。
62　この文書の最終版（日付は答申書と同じ）は日帝下支配政策資料集, 16巻, 辛球柏編, 5～213に掲載されている。
63　前掲書、359～61頁。

第Ⅵ章　日本の同化政策に対する朝鮮からの批判　323

い。だがまずは、朝鮮人は『国』と『祖国』という基本的な用語を理解すべきだ」[64]。韓はここで、教育課程をより多くの朝鮮人に提供する必要があることを、それとなく総督府に強調しているようである。

　朝鮮人の参加者から寄せられた意見のうちで最も貴重な意見は、日本側の統治方法に関する中心的な問題だけではなく、一般的な政策としての同化にかかわる問題にも言及していた。問題とは、支配される人びとを実際に統合しようとしない支配する側の姿勢だ。李升雨の意見は戸籍登録と婚姻登録という2つの問題を批判するものだった。彼は、日本に移住した朝鮮人が朝鮮の本籍を残しておかなければならない問題について書き記している。これが原因で、彼らが日本国民として完全なる地位を認められることはなかった。国民として認められるには、戸籍を住居地に移すことが許可される必要があったからだ。これは、志願兵に加わることを切望していた在日朝鮮人に深刻な影響をおよぼした。というのは、志願書類を揃えるために故郷である朝鮮まで出かけて戸籍登録の写しを手に入れなければならなかったからだ。また日本の法律は、日本人の女性と結婚している朝鮮人の男性が日本で戸籍を作ることを認めていなかったが、朝鮮人の妻が日本人の夫の戸籍に入ることは認めていた。この法律――日本においても帝国全域においても正式なものとして通用していた――は、朝鮮人は異なる人びと、さらにいえば外国人とみなしていたのである。半島の戸籍法と日本列島の戸籍法を統一するにはこれを改定する必要があった[65]。

　李は、同化問題を朝鮮人に関与させるという問題から、朝鮮人の統合を認識しているか否かという問題に転換させた。総督府の対策案は、朝鮮人に理解を深めさせることに焦点を当てていたが、帝国における朝鮮の位置づけについて日本人に教えることに関しては、

ほぼ何の情報も提供していなかった。日本人もより多くの情報を伝えられる必要があった。李はまず、「内鮮一体トイフコトニハ、朝鮮人殆ド全部ガ賛成スル問題デアリマス」という意外な発言をし、ついで、仮の話として「（その人たちは、）内鮮一体ガ内地ト同ジ程度ニ於テナサレルナラバ、民族主義ヤ共産主義ニハ走ラナイ」と戒めた。さらにこう続けた。「トコロガ、内地人側ノ方ハドウデアルカ。朝鮮在住ノ内地ノ方々ハ、大ブンコレニ賛成サレルヤウデアリマスガ、内地ニ於ケル内地人ハドウデアルカ。私ノ聞クトコロニ依レバ、一部ニハ矢張リ反對者モアル。朝鮮ハ植民地デナイカ、内鮮一體トイッテモソレハ實行不可能ナコトヲイッテキルノデハナイカ、カウイフコトヲイッテ反對シテキル者モアルノデアリマス。モウ一ツハ内鮮一體彼ノ精神ハ、理想ハ非情ニイイノデアルガ、コレヲヤルト、朝鮮人達ガ權利ヲ主張シテ内地人ト同ジヤウニシテクレトイッテ困ル」。彼はこう説明した。

> 私ハ内地ノ方ニモ、アツチコツチ行ツテ来マシタガ、内地ノ方々ハ、朝鮮ニ始終オ出ニナル方ハ別デアリマスガ、イツモ、朝鮮ヲ知ツテ居ラレナイ生レテカラ、朝鮮ハドウカトイフコトヲ全然知ラナイ方ガ多数ヲ占メテイル。モウ一ツハ、自分ハ朝鮮ニ長ラク居ツタカラ、朝鮮ハ知ツテイルゾ、トオツシヤル方ガ、アルノデスガサウイウ方々ハ、何時朝鮮ニ居ラレタトイフト、二十年モ前ニ居ラレタノデアル。ダカラ、二十年ノ朝鮮ハソレヤ御存ジデセウガ、現在ノ朝鮮ハ知ツテ居ラレナイ。……カウイフ状態デアリマスカラ、朝鮮ノ現状、朝鮮人ノ現状、朝

64 前掲書、361〜62頁。
65 前掲書、368頁。日本は1985年に法律を改定し、日本人の女性と結婚した外国人男性が女性の戸籍に含まれることを認めるようになった。

第Ⅵ章 日本の同化政策に対する朝鮮からの批判 325

鮮ノ重要性ヲ内地ノ方々ニ宣伝スル必要ガアル。

　彼は、日本人は、朝鮮人を民族的につながる兄弟として受けいれ
るようにならねばならない、とも警告した。「内鮮一体、内鮮一体
ト朝鮮人ダケガ申シテモ内地ノ方々ガ『オ前ハ日本臣民デナイ』ト
申シマシタナラバ……自分ハ勝手ニスルノダトイフコトニナツテ来
ルノデアリマス」[66]

　これらの会議で日本人の意見と朝鮮人の意見を結びつけた質問
は、日本人と朝鮮人の格差をどのようにして縮小させれば、日本が
呼びかけていた東アジアコミュニティに両民族がより貢献できるよ
うになるだろうかというものだった。彼らを隔てていた質問は、さ
まざまな同化がかかわる状況で頻繁に聞かれたものだった——支
配者が、その帝国における対等な構成員として被支配者を参加させ
ることがあるとすれば、それはいつだろうか？　すでに述べたよう
な一般的な印象を伝えることに加え、朝鮮人の参加者は、日本人が
これを達成するためのより現実的な方法も助言した。彼らは、朝鮮
半島の基盤整備をより多くの朝鮮人が利用しやすいものにすべきだ
と提案した。李升雨は、朝鮮人が参拝する際に遠出しなくてすむよ
うに、日本人はもっと——１つの村に１社の——神社を建立する
べきだと提案した。[67] その他の人びとは、地方を懐柔するために、総
督府がもっと努力することをあげた。朝鮮産業銀行の朴重陽は、雇
用の可能性を高めるために日本人は地方にもっと工場を置くべきだ
と主張した。崔麟は、医療機関を増やすよう働きかけた。[68] こうした
改革が行なわれれば、朝鮮人は対等な機会をより多く得ることがで
き、それによって最終的には対等な立場に立つことができると考え
たのだった。

　朝鮮人らは、２つの民族を隔てる格差を埋めたいと考えるのであ

れば、日本人が配慮しておくべき一連の事柄を日本人主催者に伝えた。中枢院参議の一人であった李基燦は、日本人はなぜ職業的な資格制度を統合できないのかと訊ねた。なぜ、日本で得た資格が朝鮮では通用しないのか、逆もまたしかりであった。[69]李はその後、逆差別的な慣行——日本の税率は朝鮮の税率よりも高かった——を変えるよう助言した。李は、参加していた同僚に、朝鮮人の所得税は本国住民が収める所得税の半分だと伝えた。仮に朝鮮人の財布からより多くの金をとることになるとしても、日本人と同じ税率にすることによって、大日本帝国にとって朝鮮人がもつ経済的有用性が増すことになる。朝鮮に住む人びとも同じだけの負担を負うべきだった。[70]

　地域の統合は朝鮮人参加者のあいだで依然として問題だった。これらの議論に対する朴重陽の意見は、その19年前に原敬がとりあげた批判をくり返すものだった。すなわち、「内鮮一体」の強化と実現には、2つの民族がお互いに日々連携することが必要だということだ。この大望を実現するには、人びとを大規模に転居させる必要があった。朴は、ソウルにある日本人街の中心地だった「本町を見よ」と参加者に促した。

　　本町などの場所で見かけるように、朝鮮にやって来る日本人が増えているとしても、彼らは日本人だけで集まっている。朝鮮の村々とのつながりを持たないのである。このような状況で

66　前掲書、365 ～ 67 頁。Eckert, *Offspring of Empire*, 240（エッカート『日本帝国の申し子』、312 頁）。
67　日帝下支配政策資料集 16 巻 , 辛球柏編 , 367 頁。
68　前掲書、364、413 頁。
69　前掲書、373 頁。
70　前掲書、419 頁。村山道雄の記事「朝鮮の税制改正」（『朝鮮』、1940 月 2 月、16 ～ 23 頁）によると、日本人はこの助言を受け入れたという。

は、二つの民族が手を携える方法はない。日本人は朝鮮の農村に入り込むべきだと考える……朝鮮人と交流するためだ。東洋拓殖株式会社の下に半官半民の企業を設立するべきだ。日本政府は朝鮮の村々に日本人を住まわせるべきだ。そうすれば、朝鮮人は日本人を理解するようになり、日本人は朝鮮人を理解するようになる。彼らの魂が結びつくようになるはずだ。

　他の人びとの提案をくり返しただけの朴の計画は、煩雑であった朝鮮人の来日要件の緩和など、同化を妨げていた法律の一部を改定することを求めるものだった。彼の計画は、日本列島からやってくる日本の農民を迎えるために日本、満州、中国の各地に 1000 万人の朝鮮人（人口の約半分だ）を移住させることも提唱していた[71]。この計画はとっぴなものではなかった。日本人は、保護領として支配していた時代から同様の移住計画を提唱していたからだ。この計画が日本人の移民を促すことはなかった。単に人口予測がまちがっていたために、これらの日本人が入手できる農地が存在していなかったからだ[72]。チャンスが増えたのは、日本人が満州に傀儡政権を成立させた後だった。ある日本人はこう発言している。「かつて移民は悲観的に受け止められていたが、それが突然、前途の明るいものになった[73]」

　これらの会議に参加した朝鮮人 12 人は、「内鮮一体」の強化という日本側の根本的な考えに異議を申し立てるのではなく、それを受けいれたのだった。実際、彼らの発言は、この計画にそもそも含まれていなかったこと——日本人と朝鮮人を分離する障壁をうち崩すような手段と指針を示すこと——への失望を反映していた。李升雨の発言からわかるように、日本人自身が朝鮮人を彼らと同じ国民であると認めない限り、朝鮮人が日本学校に通い、日本の「国

語」を話せるように勉強し、日本の「習慣」を会得したとしても、ほとんど意味をなさなかった。彼らが懸念したのは、冗長な対策案に重大な欠落があることだった——すなわち、大日本帝国において朝鮮人が占めるべき新たな地位について、日本人に伝える術を盛りこんでいなかったことだ。この欠落は1938年に作成された文書だけではなく、日本が支配していた期間を通して、日本の政府官僚や民間人が下した決定や文書にも見られた。日本人としては、その他の植民地統治行政府と同じように、同化するかどうかの責任は、被支配者を自分たちと対等な臣民として受けいれるように支配者のアイデンティティを広げることではなく、被支配者が支配者と同等のレベルまで発展するかどうかで決まるものだった。日本人は、どのくらいの速度で朝鮮人を同化するのかについての議論はしていたが、その目標に向かう朝鮮人側の進歩を評価する基準については検討していなかった。朝鮮人の参加者らは、対策案が強調していたことよりも、省略していたことに注目した。すなわち、コミュニティを形成するために、日本人と朝鮮人の生活様式の違いをなくすために踏むべき現実的な手段に目を向けたのである。彼らが注目したということは、日本の長期計画には彼らを日本人と対等な存在、すなわち、内国的に植民地化された国民として彼らを認識することが含まれているだろうと朝鮮人が期待していたことを示している。

　朝鮮人の意見が日本人にどれほど強烈であったかを評価することはむずかしい。前章で検討したが、総督府は、対策案が推奨していたように朝鮮人の参加を促す手段を打ちだしていた。特に地域で講

71　前掲書、377 ～ 78 頁。

72　Karl Moskowitz, "The Creation of the Oriental Development Company: Japanese Illusions Meet Korean Reality," *Occasional Papers on Korea* 2 (March 1974): 85-87, 93-94.

73　Young, *Japan's Total Empire*, 310 ～ 11 頁に引用されている。(『総動員帝国：満州と戦時帝国主義の文化』、岩波書店、2001 年、194 頁)。

演会を行なう、定期的にラジオ体操を行なう、日本語や日本文化を学ぶ学習会を拡大するといったことだった。教育制度の統合や朝鮮人の徴兵、創氏改名など、そのほかに行なったことも、これらの議論で支持された。総督府は、この頃から北朝鮮の発展にも一層力を入れるようになった[74]。朝鮮人は、大日本帝国の使命を支持する旨を日本側に伝え続けていた。だが戦争が激化し、大陸における対立から世界戦争へと様相が変わっていくにつれて、偏見はいつまでも残り、疑念は増すだけだった。

玄永燮の『朝鮮人の進むべき道』は、一朝鮮人による日本の同化計画への支持を示す全般的な取り組みの一つだ。同書が最初に出版されたのは1938年で、1940年になる頃には12刷に達するほど好評を博したようだった。玄が同書の執筆を考えたのは、朝鮮人が変わるべき理由を正確に説明するためであった。すなわち、困窮した朝鮮人と発展した日本人とのあいだの格差を縮めるためだったようだ。ついで、彼は救済策、つまり「完全なる皇國臣民」になるために朝鮮人がとるべき行動[75]について論じている。玄は、自分がそのように考えるようになったのは、真実を求めるために学生時代にマルクス主義者、無政府主義者、国粋主義者の思想を幅広く読んだおかげだと考えており、来日後は、日本人の（個人主義を上回る）集団主義に魅力を感じるようになった。彼はいまや「日本國民の一人」を自認し、生まれ故郷の人びとのことを深く心配していた。1937年の盧溝橋事件以来、彼は「内鮮一体」という言葉が朝鮮人に楽観主義をもたらしたと説明している。だが、楽観主義だけによって統合がもたらされたわけではない。そのためには、さらに多くのことがなされる必要があった。彼は、朝鮮人がその責務を理解するには自著が役に立つと考えた[76]。

この書籍の冒頭で彼は、朝鮮の「明治維新」——日本による朝

鮮半島の併合──と名づけたものの歴史的意義について述べている。玄がまとめた併合以前の朝鮮の歴史観は、日本人の歴史観以上に過酷だった（この歴史観は誤ったものである）ことを示している。すなわち、1910年以前の朝鮮の歴史は「地獄」であり、中国の漢民族の下で「植民地」として「全く暗黒な歴史」を経験してきたとしていた。また、三国時代に入るまでは朝鮮文化は誕生すらしていなかった。江戸時代の日本とは異なり、朝鮮が大衆文化を発展させることはなかったのだ。文字も芸術もなく、人びとはなんとか生き延びている状態で、喜びを感じることはほとんどなかった。次に玄は、なぜ人びとがそのような惨めな生活に耐えたのかと問いかけ、考えられる理由をいくつか示している。すなわち、朝鮮人には人格的な欠点があり、また政治的、経済的、地理的な状況にも恵まれていなかったのだとした。朝鮮は従来から中国の影響を受けており、新羅時代（676～935）以降、朝鮮独自の文化の発展が弾圧されてきたことも考慮しなければならない。この点を疑問に思うのであれば、中国に行きさえすればよい、と彼は煽っていた。中国で、「朝鮮獨特な文化」の名残を残す原型を見つけるはずだと指摘したのである。日本人とは異なり、朝鮮人は『源氏物語』や8世紀に書かれた『万葉集』のような偉大な文学を生みだしてはいない。日本人は「鎖国」という停滞状態からタイミングよく目覚め、ヨーロッパと米国の文化を積極的にとりいれた明治維新にとりかかったが、朝鮮人は、閉鎖的な国家というまちがった方向に進む時代に生き続けたのだった。[77]

74 北朝鮮の発展については、自著 Caprio, "Images of the North in Korea," で論じている。

75 玄永燮『朝鮮人の進むべき道』、18 頁。または宮田節子、『朝鮮民衆と「皇民化」政策』（未来社、1985 年）、159 ～ 64 頁。

76 玄永燮『朝鮮人の進むべき道』、3 頁。

77 前掲書、4 ～ 13 頁。

朝鮮人が潜在的に有能であることを示すことはあった。日本人に仏教を伝えたのは彼らだ。西洋人より2世紀も早く、可動活字を開発したのも彼らである。だがこうした進歩は「その時代限り、その場限りの断片的な事柄に終わってゐ」た。仏教は高麗王朝（918～1392年）時代に廃れはじめ、朝鮮時代になると仏教僧は最下層に位置づけられた。可動活字の発明をもってしても、朝鮮文化の発展につながることはなかった。[78]

　日本による朝鮮併合は、朝鮮人がそれまでの「半支那人」から「新朝鮮人」として生まれ変わる転機となった。だが、朝鮮はまず、狭く概念化された「家族主義」という理想から決別する必要があった。朝鮮人の家族第一主義的なイデオロギーについて解説するために玄は、中国の評論家、林語堂を引用し、中国人は家族のために命を捧げることはあるだろうが、世界情勢のために命を捧げることはないと指摘した。朝鮮人が自らの運命に乗りだすためには、日本人の「家族精神」――国民となるために地域を超えた考え方――こそ、彼らが会得するべきものだった。玄はこう説明する。日本人の精神は全体精神であり、人びとは国のために自ら犠牲となる。一方、朝鮮人が自ら犠牲になるのは妻や両親、子どものためだけだ。[79]日本人の概念は、バートランド・ラッセルの『中国の問題（"The Problem of China"）』で示されているように、西洋で一目置かれていた。彼は一般化してこう述べた。西洋人は、究極の犠牲を払う前に妻に口づけをする。日本人は、戦闘で死ぬ際に天皇万歳と叫ぶ。朝鮮人は（戦闘に向かう場合）、自分の運命に向きあう前に妻と子どものことだけを思い浮かべる、と。

　玄は、日本人も朝鮮人も家族主義を尊重していると書いているが、その質は異なる。日本人は、自らを天皇家の赤子に位置づけ、国家の重要な一員にするという考えをもって子どもを育てている。

それが日々子どもたちを殴打するということであったとしてもだ。イギリス人同様、日本人は、国に対する義務から子どもたちを救済するなど、夢にも思っていないのだろう。そのため、年配者と若者が相互に尊敬の念を抱くようになっていた。朝鮮社会が儒教に傾倒しすぎたことは、結果として逆効果となった。もし、仏教や神道、近代科学を含めたさまざまな信条に頼らずにいたら、日本社会は、今日の朝鮮人を妨げているものと同様の結果に直面しただろう。こうした家族的な国家観を欠いていたために、朝鮮人のあいだには国民感情が育たなかった。すなわち、自己中心的な気質であったがために、すべてが台無しとなる結果を招いたのだった。

　玄は、責任感の欠如が朝鮮社会最大の欠点だとした。朝鮮系の銀行は見込みどおりの業績を上げていなかった。新聞各社はとりきめを守らず、発行停止を命じられていた。朝鮮社会全体が犠牲を払わねばならなかったのは、こうした組織の煽りを受けたからだった。彼は、1936 年のベルリン・オリンピック、なかでもマラソンで優勝した孫基禎を例にあげた。孫は朝鮮人ではあったが、日本人として育てられた朝鮮人としてオリンピックに出場したことを玄は読者に指摘した。したがって、朝鮮人が彼の優勝を朝鮮の勝利として祝福することは見当違いだった。玄の非難は、孫のユニフォームにつけた日本の国旗に朝鮮の太極旗を重ねあわせて煽った朝鮮の新聞社に反発したことにほかならない。この気質は、朝鮮人が歩むべき路線に沿って改められる必要があった。

　玄の説明によれば、この路線は朝鮮人が日本人を理解することから始めるべきだった。朝鮮人はまず、異文化を一体化して「厳

78　前掲書、15 〜 17 頁。
79　前掲書、29 頁。
80　前掲書、41 〜 43 頁。

第Ⅵ章　日本の同化政策に対する朝鮮からの批判　333

然と存在している」日本文化を理解しなければならず、「日本人となる」努力をしなければならなかった（彼もそうしたように）。すなわち、「いまこそあの漢文化を精算して、大衆的に、日本文化を猛烈に吸収すべき」だった[81]。だがこれは、彼ら朝鮮人を「完全なる皇国臣民」に導く第一歩に過ぎなかった。朝鮮人は併合の「歴史的意義」を認識し、朝鮮領土が大日本帝国に受けいれられたことを「日本に感謝」すべきであった。最後に、朝鮮人は「本能的に、感情的に日本人的心情を持つ」という運命を認識すべきだった。日本人と同じく、玄は、こうした変化をとげる責任はすべて朝鮮人にあるとした。彼は、朝鮮が「獨立國」の地位に立ち戻ることはありえないと予測しており、朝鮮人があらゆる政治的権利を手に入れ、義務教育を受け、日本軍に入隊し、居住の自由を手に入れたいと願うのであれば、日本国民の精神を身につけることが朝鮮人の責任だった。朝鮮人は「（日本本土を巡礼し、伊勢神宮と明治神宮に参拝することによって）朝鮮人が眞に内地人と等しく皇国臣民となる爲には、第1に、天皇陛下を敬慕する情操を高め」、日本語を母語として受けいれ、明らかな朝鮮らしさ（朝鮮の民族衣装、料理、住宅など）を捨てなければならなかった[82]。このプロセスにはたしかに時間がかかる。玄は、数百年にわたって苦労しなければならないだろうと予測した。もし、日本人が過去70年をかけて成しとげたことを実現したいと朝鮮人が望むのであれば、「當分内地人以上に私達朝鮮人は死物狂ひで勉強しなければならぬ」と念押ししていた[83]。すなわち、朝鮮の発展を妨げるものは日本人ではなく、朝鮮人自身なのだった。彼らはただ、日本人になるために一層努力しなければならないだけだった。

　日本が朝鮮人の協力という成果を宣伝するための象徴的な存在を必要としていたならば、玄はそれにふさわしい人物だったように思われる。彼は日本の学校に通い、日本語を流暢に話し、日本の家

族もいたことから、同化に必要な基本的な基準をすべて満たしていた。彼の姿勢も的確だった。彼は自分自身が「一人の日本国民」として同化されたと受け止めていただけでなく、すべての朝鮮人が自分に続くべきだと確信してもいた。もし、彼が自分の主張を実践していたのであれば、その生活様式は隣人である日本人の生活様式に溶けこみ、自分の子どもたちを大日本帝国の忠実な臣民として発言し、行動するよう育てたと考えていいだろう。玄は、かつての同級生や同僚といった親しい日本人の友人たちと酒盛りをし、定期的に地元の神社に参拝し、日本の祝日はしきたりどおり誇らしげに祝ったはずだ。

だが、一見、日本社会にうまく溶けこんだようには見えるものの、玄を受けいれた国においては法律上、彼は外国人のままだった。一家の主たる朝鮮人男性として、彼は、日本人国民として最も基本なことを行なうことができなかった。区役所に戸籍を作ることだ。彼はこの書類を朝鮮で提出、登録しなければならず、彼自身と子どもたちの身分に変更があれば（日本人の妻は別だ）、あるいは複写が必要な場合は必ず朝鮮に渡った。[84] 公的機関で書類を作成したり、朝鮮を行き来したりするたびに、彼は、自分が朝鮮の流れを汲んでいることを思い知らされた。同化しようと努力していたにもかかわらず（彼は天野道夫を通名としていた）、地元の交番が彼を朝鮮人だと認識していることには疑いがなかった。念のためとして、彼の通名の横に「鮮人」と但し書きをしていてもおかしくなかった。朝鮮人を日本人から区別するための質問に答えさせる民族確認テスト

81　前掲書、119〜23頁。
82　前掲書、143〜45頁。
83　前掲書、57頁。
84　玄の日本人の妻が夫の朝鮮籍に入ることを選ばない限り、そうなっていた。朝鮮籍に入ることを選ぶ事例はほとんどなかった。

（朝鮮人には発音しづらい音声を含む言葉を言わせるなど）をすることもあっ
たかもしれない[85]。近所の日本人たちは彼が朝鮮出身であることに気
がついていたことは明らかで、彼の民族出自を本人に直接、あるい
は影に隠れて、冗談にすることもあっただろう。玄が日本語で執筆
することにしたのは、日本人から対等な相手として受けとめてもら
いたいと願う朝鮮人もいたことを日本人にも知ってもらいたかった
からだと推測することはできるのではないだろうか[86]。

結論

　本章で紹介した多くの朝鮮人の声は、植民地支配者による同化の
建前および支配者の理想にあふれた文言を現実の政策に一致させる
よう求めた「青年アルジェリア人」や台湾同化会の声に結びつく。
彼らは、自分たちの運命は征服者の手に握られており、その文化や
政治、社会は文明化に最も適切な道筋をつけてくれるものと考えて
いた。だがこの３者全員が、フランツ・ファノンが記したように、
被支配者は「開化民が一つの文化をわがものとして吸収したにもか
かわらず、その文化によって、排斥されていることを突然発見す
る」経験をした[87]。改善こそされてはいたが、親日派朝鮮人の発言か
らは、日本人による建前と国家としての意図との亀裂が明らかだっ
た。日本の方針における致命的な欠陥は、総督府が学校制度や個人
名を統合しようと努力こそすれ、朝鮮人はあくまで朝鮮人であって
日本人ではないことを彼らに痛感させた点にある。総督府官僚は、
公式文書に書かれた通名の上に「鮮人」と押印していた[88]。総督府警
察は、まぎれもなく朝鮮人であることを示す特徴を狙い撃ちにする
ようなテストを考えだした。社会進化論者のまちがいは、被支配者
は支配者のレベルにまで上昇することができるという期待が同化の

脆弱性だとしたことにある。それよりも、支配者側の文化と言葉を受けいれた被支配者らを対等な相手として受けいれるという考えを支配者側がもたなかったり、そうなった場合の結果におびえたりしたのは、彼らが傲りたかぶった自己像をもったせいだった。

85 このテストの項目一覧については、姜徳相、『関東大震災・虐殺の記憶』（青丘文化叢書、2003 年）64 ～ 65 頁参照。

86 1939 年 10 月に出版され、芥川賞の候補作になった金史良の『光の中に』は、名前を使って、在日朝鮮人が直面するアイデンティティのジレンマをとりあげた作品である。3 人の登場人物はそれぞれ異なるやり方でアイデンティティに対応している。山田は通名を使って朝鮮人というアイデンティティと、愛人である母の経歴を恥ずべきものとして隠し、山田の英語教師（朝鮮語ではナムだが、日本語ではミナミ）は、苗字の読み方のあいまいさを利用して朝鮮籍であることが露呈しないよう防衛し（生徒はどう思うだろうか？）、李は朝鮮の名前を使い、そのルーツを表に出していた。『日本現代文学全集第 69（プロレタリア文学全集）』（講談社、1980 年）、263 ～ 79 頁。

87 Fanon, *Black Skin White Masks*, 93.（フランツ・ファノン『黒い皮膚・白い仮面』）。

88 これは、Kim Namhi Wagner の例である。彼女は、日本の通名を使っていたが、就職の際に学校長に提出した証明書に赤字で「朝鮮人」と押し印された。

終章
周辺植民地化を評価する

日本人は朝鮮半島を管理下に置き、その同化政策によって、植民者と被支配者の格差はいずれ消滅するだろうという自信をもっていた。日本人と朝鮮人はいつの日か一体となるのだと予測していたのである。息子を日本軍に従軍させた曺秉相警防団長や、日本人に受けいれられるために朝鮮人が進むべき道を描いた作家玄永燮のような朝鮮人は今や、自らは朝鮮人国民ではなく、同化された日本人だと自認していた。彼らの話から、支配下にあった朝鮮では日本の植民地政策が成功していたことがうかがえる。

　こうした成功物語をうち消す指標もある。日本側の建前は同化のメリットを説いていたかもしれないが、その政策は、朝鮮人と日本人を分ける違いを強調するものが多かった。同化を支持した李升雨のような朝鮮人は、朝鮮人を日本人として受けいれることが日本の利益であるのかと疑問を呈した。その他多くの朝鮮人が同化を頑に拒否し、同化されないために朝鮮半島を離れた人びともいた。曺や玄は日本支配を支持したが、それが大多数の朝鮮人の意見であるとはとてもいえない。学校や近隣地域、職場では分離が行なわれ、２つの民族を適切に統合することができなければ日本の支配は危機にさらされるという、原敬首相が1919年に発した警告に総督府がきちんと耳を傾けていなかったことがわかる。

　これらの問題は日朝関係に特有のものではまったくなく、管理政策として同化をとりいれた他の周辺植民地でも問題として表れている。内国的あるいは周辺的というどのようなレベルであっても同化が押しつけられれば、抗議とデモが起きる。質のよい内国植民地主義を説きながらも、実践するのは美化された国外植民地主義という本質的に差別的な周辺植民地化に満足する人はほとんどいなかった。朝鮮における日本の同化政策を理解するには、野心に満ちた建前にふさわしい政策を講じなかった理由を問う必要がある。

同化に向けた慎重な歩み

　植民地朝鮮における社会的移動に関するドン・ウンモ（Dong Wonmo）の研究は、日本人は「（朝鮮の）国民の政治統合に確実によい影響」をおよぼしたと述べて結論としている。この結論の根拠は、日本人が朝鮮人をより受けいれたことを示す分野の指標だ。いくつかあげると、通学率の増加、日本語を話す朝鮮人の増加、朝鮮人と日本人の通婚、総督府の朝鮮人職員の増加だ。これらの傾向は日本の親朝鮮派のみならず、日本人官僚にとっても確かに励みとなるものだった。どちらの人びとも、この過程の転換点として1931年の満州事変をあげる。だが統計からは、この事実の量的側面しか見えてこない。質的側面を理解するには役に立たない。日本の組織により多くの朝鮮人がかかわるようになって、日本のものに対する評価が高まったのだろうか。このかかわりによって、自分たちは日本の臣民であるという自己認識が高まったのだろうか。戦地に送るために日本人男性を戦地に送るような戦況はどの程度、これらの増加の原因となったのだろうか。戦後も日本の朝鮮支配が続いていたら、これらの傾向も続いたのだろうか。

　日本列島と朝鮮半島、ついで朝鮮半島と大陸を物理的に統合することで、日本は重要な利益を手に入れることができた。こうした基盤整備が進んだことによって、本国でも海外でも日本の植民地行政に対する関心が高まった。西洋諸国の批評家は、朝鮮の交通網や情報通信、医療制度の基礎を充実させたことについて日本を高く評価した。日本人は、1920年の議員訪問団といった西洋からの客人を

1　Dong, "Assimilation and Social Mobilization in Korea," 178.

これらの発展を見せつける視察旅行に連れだした。総督府は1920年代半ば以降、京城帝国大学をも含めた教育制度の改革に力を入れつづけた。日本人は今日、こうした改善を称賛し、朝鮮における過酷な支配に反論している。だが、これらの主張から導かれるのは2つの疑念を抱かせるような結論だ。一つは、日本の支援がなければ、朝鮮人はこのような進歩をとげることができなかったのかという疑念だ。すなわち、朝鮮人は日本の植民地支配を必要としたのかということだ。当然ながら、これらの説明を支持あるいは反論するために時計を巻き戻すことはできない。だが、解放後の朝鮮の人びとがむしろ有能であったことに気がつくべきだ。また、植民地政府が朝鮮の利益を念頭に置いて植民地の基盤整備を行なったことも主張されているが、これは論理的ではない。他の植民地支配者の場合と同じく、この基盤整備に関する日本の青写真からは、朝鮮半島と日本列島とを結びつけるという支配者側の計画が明確に読みとれる。解放後、朝鮮半島が日本の基盤整備の取り組みの恩恵を受けたことはたしかだ。だがこれらの取り組みは、解放後の韓国にとっては、熟慮されたものというよりはむしろ配慮に欠けた貢献というべきで、中国を「失った」後のアジアの主要同盟諸国として日本を作りなおすという米国の戦後決定に大いに影響を受けたものだった。日本の教育制度は別の反証でもある。ベトナムとアルジェリアにおけるフランスと同じく、日本は朝鮮学校を日本学校に置きかえていった。本書で論じてきたように、日本が導入した制度が朝鮮人の学童生徒よりも日本から派遣された人びとを優遇していたことは明らかだ。この傾向は、1924年に開校した京城帝国大学（現在のソウル国立大学）においても続いていた。1929年から1938年まで、同大学は朝鮮人以上に日本人を入学させ（68％）、日本人の教員を採用していた（1938年においては76％）。日本人は大学設置にかかわったと

され、このおかげで優秀な朝鮮人学生が教育を受ける機会は拡大した。だが、日本支配からの解放以降、韓国における高等教育を率先する組織として同大学を創設することに力をつくしたと主張することが日本の目的だったといってはいいすぎだ。

　植民地に向けた日本のメッセージには朝鮮人も関心を寄せた。日本の参戦を支持すると公言したような積極的な朝鮮人の行動も、この間の重要で前向きな展開の一つだ。同調の理由はさまざまだった。個人的な利益はまちがいなく一つの動機だった。カーター・J・エッカートが示したように、これらの事例の多くでは、資本主義者が受ける利益は国家が受ける利益を上回っていた[3]。チェ・キョンヒ（Choi Kyeong-Hee）は、朝鮮人が「近代性を切望」したことこそが朝鮮人を日本の使命に引きつけたと指摘する[4]。朝鮮（そしておそらく日本も）のような小国が自立して生きのびるチャンスはほとんどないと確信していたその他の朝鮮人は、大アジア共同体の一つである日本に連なる可能性を歓迎した。こうした熱意から、「親日派」の朝鮮人とは、日本に追従する裏切り者として行動する人びとでしかないと捉えるよりもはるかに複雑な存在ではなかったかという疑問が湧く。さらに、日本人と朝鮮人が「同化」について矛盾するイメージを抱いていた可能性も示唆される。同化について、日本人は上下関係のある文化的統合と捉えていたのに対し、朝鮮人は水平的な政治的かつ経済的融合と捉えていた。

　1930年代後半から日本が総力戦争に参戦したことは、日本の同化政策を試す重要な試金石となった。1938年の対策案は「内鮮一体」に力を入れ、総督府が基盤整備のみならず人材育成にいっそう

2　たとえば、Richard H. Ritter, "Industrial Educaion in Korea," *North American Review* (October 1920): 524-30 を参照。

3　Eckert, *Offspring of Empire*.

4　Choi, "Another Layer of the Pro-Japanese Literature," 61.

取り組む必要があることを強調していた。朝鮮人の忠誠心を確保することは、日本にとって最大の課題だった。イギリスとフランスがそれぞれの植民地で抱えた例と同様に、日本人は、朝鮮人が第5列を形成して日本の戦争遂行を妨害するのではないかと懸念した。これが現実になることはなかったが、米国政府の文書から、この可能性を模索する動きがあったことが明らかになっている。この当時、朝鮮人は地位が上昇していることを認識していたため、彼らの協力を確実に得ることは可能だった。収入に加え、日本軍に入隊するチャンスを得たことによって、朝鮮人は日本が勝利した暁には明るい未来が待っていると期待するようになった[6]。

　勝利すれば、コミュニティには一体感がもたらされる。イギリスとイギリス帝国のつながりを強めたのは勝利だった。日本人が路上にくり出して祝ったのは勝利したからであり、琉球の臣民の多くに日本人として生きる運命を受けいれさせたのも戦果だった。勝利が朝鮮人に同様の影響をおよぼしたことは想像にかたくない。戦争犯罪で有罪となったカサヤマ・ヨシキチ（朝鮮名は不明）というある朝鮮人は、1945年に日本軍が勝利して帰国していれば、朝鮮では高揚感が沸きおこっただろうと話している。「（自分が入隊し、ジャワに配置された後）日本が勝利し、われわれ全員は声を上げて興奮した。帽に星型の帽章をつけている人は、特別な人である証だった[7]」。ソウルにある日本人街の中心部を日本人と朝鮮人の少年たちが並んで戦勝パレードで行進する様子を目にする機会があったとしても、朝鮮人がどのような高揚感を味わうことになったのかはわからない。日本が全面的に敗戦したことによって、日本人のイメージは完全に崩壊した。朝鮮人は、自分たちが2級の民族であるならば、徹底的に負けた日本人は4級の民族に違いないと考えた[8]。

　日本の周辺植民地は最も重要な役割を果たしたといわれることも

ある。本土の安全を確保したことだ。連合軍が日本の各都市への爆撃を支障なく行なえるほど接近できなければ、集中空爆は起きなかった。そうするためには、日本の占領下にあった太平洋諸島全域において日本軍と戦う必要があった。日本が最初に占領した周辺植民地の一つである琉球諸島は、この戦争で最も悲惨な地上戦に耐えた。日本は朝鮮半島を占領し、アジア大陸への経路となった。また、西方からの連合軍による直接攻撃から本土を守る役目も果たした。連合軍が日本列島上陸計画に着手すれば、北方の周辺領土——朝鮮および北海道——に駐留していた日本軍はソ連軍を封じこめただろう。ソ連が降伏する日本人を受けいれるために日本の北方諸県にいたのだとしても、突然の終戦のおかげで日本は悲惨な経験をせずにすみ、おそらくは分割を免れることもできた。日本がこうした結果にならずにすんだのは原子爆弾のおかげだとすることがある。朝鮮人は、国が分断されたのは日本の降伏が遅かったせいだとする。武装解除と帰還が必要なためではあったが、日本軍が朝鮮に駐留したことがソ連の北朝鮮進出を限定的なものにとどめたと主張することもできる。このおかげで米国は日本と韓国を独占的に占領することができた。このように考えると、分断された朝鮮半島は、朝鮮が日本人のために犠牲になったことを絶えず思い出させるものとなる。

5 この可能性についての議論は以下を参照。State-War-Navy Coordination Committee, "Utilization of Koreans in the War Effort (April 23, 1945)," 『解放前後資料集 1 巻：米軍政準備資料』、李吉相（編）253-63（現主文化社、1992 年）.

6 朝鮮人男性がいかにして日本軍に入隊したかについては、樋口、『皇軍兵士にされた朝鮮人』を参照のこと。

7 以下で引用されている。Haruko Taya Cook and Theodore F. Cook, *Japan at War: An Oral History* (New York: W. W. Norton, 1992), 114.

8 鄭大均、『韓国のイメージ；戦後日本人の隣国感』（中公新書、1995 年）68 〜 69 頁。

日本の同化政策における失策と過失

　朝鮮における日本の同化政策の評価がむずかしい重要な要素の一つは、その期間が短かったことだ。日本は、朝鮮人の同化には 50 年から 100 年がかかるだろうと予測していた。だが、日本による朝鮮統治は 35 年後に突然終わった。ドンの研究結果や親日派朝鮮人の記述などは、時間さえかければ、日本が完全に同化することは可能だったとする。この間に日本が成しとげた発展を考えれば、その可能性を否定することはできない。だが、本研究が日本の同化政策を検討したところ、そこにはいくつかの致命的な不備があったことが明らかになった。こうした不備が解消されなければ、日本が同化という目標を実現する力は削がれたままだっただろう。ここでは、そうした 3 点の不備を検討する。植民地の現実を見誤ったこと、建前と実際の施策の齟齬、代替策を考慮しなかったことだ。

　1 つ目の重大な失策は、日本がヨーロッパの事例と朝鮮の同化に対するその影響を正しく認識しなかったことだ。これらの事例をつぶさに観察していれば、朝鮮における支配について得るものがあったと言えるかもしれない。この解釈を担った日本人らは 2 つの点で判断を誤っていた。すなわち、ヨーロッパによる同化における関係性について日本が出した結論と、ウェールズやスコットランド、アイルランドにおけるイギリスの統治のように、植民地における彼らの実践を比較したことだ。明治期を通して西洋の諸制度から学ぼうと努力していたことを考えれば、日本人がこれらの例を信頼したとしても驚くことではない。誕生したばかりのその他の植民地列強が指針とすべく目を向けたのも、イギリスとフランスの経験だった。日本が誤ったのは、彼らの歴史を表面的に理解しただけで結論を出

したからだ。1895年の原敬の主張（彼はその後、この発言を訂正している）はその典型だ。原はヨーロッパの事例を引きあいに出したが、その方針に的を射た批判を加えることはなく、それらの諸国が同化を行なったのだから日本も同様にすべきだと納得したに過ぎなかった。他の諸国では成功しなかったが、日本ではたしかに成功した要素について議論することなく、日本は、諸国家がその方針の実践を教えることができたか否かについて考えただけだった。

　日本がイギリスを例にとったことはこれをよく説明している。アイルランドでの失敗例に対して、単純化されたウェールズおよびスコットランドの成功例だけでなく、イギリスの実践の中身を詳細に見れば、ウェールズとスコットランドがイギリスの支配を受けいれたように見える一方で、アイルランドが独立を求めてイギリスと戦った理由について貴重な見解が得られたはずだ。この例をもち出した人びとから得られる唯一の結論は、明らかな（だが同時に誤解を生じさせるものでもある）宗教上の違いだ――プロテスタントであるイギリスとカトリックであるアイルランドとの衝突である。これらの歴史をより詳細に検討すれば、イギリスが侵攻した当初の数十年間で、ウェールズとスコットランドも抵抗したことが日本人にも明らかになったはずだった。

　アイルランドとイギリスの関係について歴史を調べていたら、日本人は、アイルランド人が抵抗した背景について学んだはずだ。イギリス人は、プロテスタントに認めていた市民権をカトリックには認めなかった。また、彼らをアイルランドから「輸送」し、イギリス人が移民する空間を作りだした。転居を拒否した人びとは、悲惨で屈辱的な死に方をするはめになった。[9] 日本による朝鮮統治には、

9　John P. Prendergast, *The Cromwellian Settlement of Ireland* (1865; London: Constable, 1996).

過酷ではないがそれに近いとりあつかいが行なわれており、朝鮮人がこれを見過ごすことはなかった。日本は、民間組織に朝鮮人が加わることも制限した。日本人（および朝鮮人）の多くは、朝鮮にやってくる日本人移民が朝鮮人を満州へと移住させるという比較的大規模（力ずくではなかったが）の移民計画を提案していた。

　ウェールズ、スコットランド、アイルランドにおけるイギリス統治の中身をさらに調べていれば、日本人は、自らが追求した全面的な文化的同化の代替案を見出していただろう。市民の文化的根幹を入れ替えようとする強引な政策の代わりに、イギリス人は、彼らにイギリス議会での政治的発言権を認める（少数ではあったが）という建設的な政策を追求した。またイギリス人は、こうした人びとをイギリス人（イングランドにいるイギリス人）としてではなくブリティシ（英国人）として統合した。この意味で、これらの人びとの統合は、核となるイギリス人以上に秀逸だとされた高貴な主体に複数の要素が混じったアイデンティティをとりいれさせたということだ。日本の野望に朝鮮人がより前向きに反応したことを考えれば、この代替案が、朝鮮人を日本人として統合するという簡素な提案よりもはるかに好意的に受け止められていたことがわかる。

　日本人がもっと自らの経験をふり返って指針を求めていれば、朝鮮における統治政策に関して知見を得ていたはずだ。不思議なことに、これらの比較が活字となって世に出ることはほとんどなかった。[10]喜田貞吉はアイヌの事例をもち出して、同化を行なう主体として日本人が適しているかどうかを論じている。新渡戸稲造は、1920年1月に執筆した "Japanese Colonization" という記事のなかで、朝鮮と台湾における日本の植民地支配の違いを検討している。その違い――この2つの歴史は大きく異なっている――に関する彼の記述から、なぜ日本が日本の事例ではなくヨーロッパの事例を参考に

したのかが垣間見えてくる。新渡戸は、台湾は歴史が浅く、「地球上で最も古い国家のひとつである」朝鮮の自尊心と比べることはできなかったと述べている。そのため朝鮮では、台湾以上に「自治」が一般的だったとも追記している[11]。注目されてはいなかったが、日本の朝鮮支配は、朝鮮併合以前の台湾統治の試行と台湾でなされた政策決定から学ぶものがあった。統治の仕組みとして同化を取り入れるという決定もその一つだ。

　日本国内に住む人びとを対象とした、たびたび引用されている比較を見ると、包括的であったとはいえないものの、朝鮮の同化が一定の成功を収めたことがわかる。結局のところ、日本人は、ある土地の風習や言葉と、自分たちが標準だとみなすようになったものとが異なっていたとしても、九州と東北地方の人びとを「日本人」として受けいれた民族なのだ。これは、日本人がさまざまな文化が混在した民族であることを認める見解だ。朝鮮人も、独自の言語と文化を維持したからこそ、この文化的な寄せ集めに寄与することができた。この見解に納得した人びとは、このことで彼らが日本人になるチャンスを奪うべきではないと述べた。総督府関係者のあいだでの一般的な議論にはならなかったが、現地の朝鮮語報道機関を認め、日本人に朝鮮語学習を促したような 1920 年に行なわれた改革は、少なくともその後の 10 年、日本の政策決定者がその可能性を事実上認めていたことを示している。

　最後に、朝鮮半島と朝鮮民族に対するイメージについても日本人

10　そうした機会があっても、報道機関はそうしなかった。たとえば、併合当時の『東京経済新聞』は、2 つの記事を掲載している。一つは、『台湾の統治について』であり、1910 年 8 月 15 日から 9 月 15 日までの 4 回にわたって連載されたもので、他方は『朝鮮統治の方針』と題して 1910 年 9 月 15 日に掲載されたものである。どちらの記事も、これらの事例を比較（台湾と朝鮮）して検討してはいない。

11　Nitobe, "Japanese Colonization," 115.

が誤解していることは明らかだ。日本と西洋の視線からすれば、朝鮮は19世紀後半にわたって政治的に凋落した状態にあった。朝鮮人の改革論者の多くもそう考えていた。日本がとって代わった政府には改革の力がなかったと身勝手な想像をしていた日本人は珍しくない——明治政権を含め、地位に就いたばかりの統治者は前任者をそうしたものだとみなす傾向があった。国民全体を無能だと描くことは、公言した意図に矛盾し、分離を推し進める主張を後押しするものだった。朝鮮人の多くは、日本人が朝鮮人に提供できるものはあると認識していた。「反日的」な『コリアン・デイリー・ニュース』でさえも、同様に日本人と朝鮮人の潜在的な関係は「父と子あるいは兄弟」のようだものだとしている。その後、この関係を現実のものとするために、日本人住民が朝鮮人に対する暴慢な姿勢を捨てなければならないと念押ししていた。日本が朝鮮を支配していたあいだ、そのイメージは変遷したが、日本人は依然として、朝鮮人は標準的な日本人より劣ると考えていた。

　不安定化の根源である朝鮮半島というイメージは、中国とロシアと戦う理由として日本があげたもので、さらに検討する必要がある。ロシアが朝鮮併合を意図していたか否かにかかわらず、現実主義者としては、日本はこの可能性について配慮する必要があるというものだった。朝鮮軍が脆弱だったためになおさらそうだった。朝鮮がロシアに協力を要請し、日本の安全上の懸念は強まる一方だった。だが、併合後の日本の歴史を見ると、朝鮮併合によって日本国内の安全性は強化されたかもしれないが、帝国の安全性は確実に脅かされた。主権線を拡大する国家はその利益線をも広げる必要があるという山縣有朋の見解に従えば、日本が朝鮮を併合したことによって、日本は新たに獲得した領土を守るためにアジア大陸へと利益線を拡大する必要があった。利益線を拡大すれば、日本は、隣国

である中国と西洋の帝国主義者の主権と利益を侵害する恐れを負うことになり、戦争勃発の可能性が急激に高まった。この意味で、朝鮮併合によって日本の安全保障は脆弱になり、ひいては、日本が1930年代や40年代に戦った無謀な戦争から明らかなように、北東アジアの安全保障も弱体化した。

2つ目の重大な失策は、日本人が目的として主張していたことと、実際の行為との矛盾だった。朝鮮人の親日派でさえもが疑問に思ったように、日本人と朝鮮人とのあいだにあまりに多くの壁が存在しているのはなぜだったのだろうか。『毎日申報』があますところなく伝えたように、日本人と朝鮮人に「一杯の飲み物（あるいは、一回の食事、または一度の会話）を分け合うことに喜びを見出」[13]させないことによって、これらの壁が日朝の同化を妨げていた。2つの民族が別々の環境で生活し、学び、働いているとしたら、どうやって団結するのだろうか。日本人は朝鮮人を劣った人びととして扱いつつ、日朝のつながりという兄弟関係をどのように知らしめていくのだろうか。この疑問から、2つの民族が親交をより深めるような適切な手順を日本が作成しない要因を検討する。

原敬は、2つの民族が存在する分離された状況は朝鮮人を同化する際の大きな障害だと述べている。部分的には、経済的要因としてこれを説明することができる。すなわち、朝鮮人と日本人の経済的階級が異なるため、2つの民族は別々の社会で交友関係を形成しているというものだ。1920年に行なわれた改革によって、日本人と朝鮮人の公務員は同一の賃金表に基づいて報酬を受けることになった。この改革によって、その他の日本人雇用主はそれに倣うよう圧力を感じたはずだ。同一の賃金表は、民族ではなく、階級に基づい

---

12 "Japan's Influence in Korea," *Korean Daily News* (September 2, 1904).

13 「改革의 時代」『毎日申報』(1910年9月7日)。

て異なる扱いをするということだった。理論的には、日本人が中心となっている地域や学校に関わりを持てるような朝鮮人が増えるはずだったのだが、そうはいかなかったようである。この改革が失敗した一つの理由は、考慮されたのが基本給だけだったことだ。政府と企業は、朝鮮半島に移住する動機となるような給付金を考慮しなかった。北部に派遣される日本人には30％増の「困難」手当が、辺境地域に派遣される人びとにはさらに７％の手当が上乗せされた[14]。任文桓のような他の朝鮮人官僚は日本人の同僚が自分たちよりも早く昇進し、追い抜いていくのを目の当たりにした[15]。朝鮮人よりも高給で日本人を処遇し続けた組織も多く、その他（京城帝国大学教授らの座談会で提案されたように）、能力に関係なく、朝鮮人よりも日本人のほうが好ましいという単なる好みだけで朝鮮人が選ばれることはないようになっていた。

　統合されたキャンパスにおいても朝鮮人学生と日本人学生が分離された学生生活を送っている例に見るように、明らかに統合された状況においても分離が続いていた。総督府が、日本人と朝鮮人を積極的に統合しようとした証拠はほとんど存在していない。朝鮮半島に定住した人びとを取り上げた最近の研究から、２つの民族を分離したままにしておくために日本人と朝鮮人が意識的に取り組んだ結果、在朝日本人の日常生活を理解することでこうした分離がどの程度進んだのかをたしかめることできる[16]。

　日本が朝鮮を見下すようなイメージを抱いていたことが、朝鮮人を日本人の居住地域や学校から遠ざけたのだろう。学校制度を統合し、創氏改名を行なうことで、日本人と朝鮮人の違いを小さくしようとする一方で、日本人は、日本人と朝鮮人との違いを強調するような習慣にこだわり続けていた。在日朝鮮人は朝鮮半島で戸籍登録をしなければならないとする規則から、これは明らかだ。これほど

明確ではないが、日本人には「国民」を使い、朝鮮人には「臣民」を使ったことも一例だ。どちらも「臣下の者」を意味し、日本人も朝鮮人も「臣民」ではあるものの、日本人に対しては「国民」のほうがよりふさわしいようだった。公文書では、日本人と朝鮮人を一つにまとめるような「国民精神」を持つよう朝鮮人に促していた。だが 1911 年 11 月の『朝鮮及満州』[17]が指摘したように、朝鮮人は「国民」ではなく「皇国臣民」としてこの精神をもつようになった。この違いは 1945 年までたしかに残っていた。

　日本の教育制度が日本の同化目標において重要であったことや、社会の平準化を促す制度となりうることから、本研究は、日本の教育制度における区別を第 1 の主眼とした。行政府の功績が評価されるのは、朝鮮人の教育に重点をおいたからであって、その目的を達成するために作りあげた制度のおかげではない。教室を統合することが頻繁に求められたにもかかわらず、この間学校は事実上分離されたままだった。総督府は流暢な日本語を話せる朝鮮人が増えていると主張した。その結果として、日本学校に入学する朝鮮人の数も増えるだろうともいった。しかし、日本が支配していた期間を通じて、その人数は入学者総数の 5 〜 10％にとどまっていた。朝鮮人の教育は（義務ではなく）任意で、日本人の子どもたちに行なわれていた教育と比べれば見劣りした。1 クラスの人数が多く、生徒一人当たりの予算は少なかった。教育の質が低いために、教育や就職に関する機会をめぐって朝鮮人が日本人と争わなければならなくなる

14　ヒルディ・カンによるインタビューの記録として、以下に収められている。Kang, *Under the Black Umbrella*, 56.（『黒い傘の下で：日本植民地に生きた韓国人の声』、ブルース・インターアクションズ、2006 年、105 頁）。

15　任文桓、『日本帝国と大韓民国に仕えた官僚の回想』（草思社、2011 年）。

16　Jun Uchida, *Brokers of Empire*.

17　「朝鮮人の同化力」（『朝鮮および満州』、1911 年 11 月）10、13 頁。

と彼らにとっては非常に不利だった。分離され、対等ではない2つの教育制度が何をもたらすかはある程度予測できた——主として特権を得て支配する側に立つ少数者と、ハンディキャップを負わされて支配される側に立つ多数者で構成される二重社会だ。

　日本人はなぜ同化に関する建前をそれにふさわしい方針で裏づけることができなかったのか、われわれには憶測することしかできない。一つには、彼らが朝鮮人に対して否定的なイメージをもち続けたことにあるといっていいかもしれない。1939年6月に京城帝国大学の教授らが行なった議論で主張されたように、日本人にいわせれば、朝鮮人は劣っており、対等な立場の臣民として迎えいれるにはふさわしくなかった。この考えに賛同する人びとは、朝鮮人がふさわしいレベルまで文明化しない限り、日本人がこの姿勢を改めることはないと主張した。文化的に劣っていると認識し、朝鮮人の同化は段階的に進めるべきだという考え方が助長された。すなわち、朝鮮人は、内国植民地の人びとに期待されるような急激な変化に対応できないと思われたのだ。完全に同化するには1世紀ほど必要だろう。この目的を完遂する機会を日本人から奪ったのは、無能さではなく、歴史だった。

　ネガティブな朝鮮人像によって、朝鮮人と日本人は一層分断された。朝鮮人街は時代に遅れ、不潔で有害であり、そこの住民は怠け者で生気がなく、信用ならないと思い描いた結果、日本人は、境界線を引いたままにしておくべきだと考えた。この境界線を越えた人びとは、朝鮮人と結婚した後で田内千鶴子が気づいたように、同じ日本人から村八分にされる恐れがあった。これらのイメージがまったくのでたらめだというわけではない——汚らしい地区に住む怠惰な朝鮮人はたしかにいた（そういう日本人がいたのと同じだ）。だが、このイメージを広げて朝鮮人全体の特徴としてしまうことは、あま

りに無責任でご都合主義だった。日本人と朝鮮人が親しくすること
もあった。おそらく、公式記録が示すよりも高い割合で通婚があっ
たはずだ。なかには、生涯の友人関係にまで花開き、今日まで続く
強い結びつきになっているものもある。朝鮮人と日本人を同化する
ために日本が示した目標を考えれば、こうした事態は思っていたほ
ど頻繁には起きていなかったようだ。[19]

　この主張を裏づけるために、日本人は、同化された朝鮮人につい
て複合的なイメージを作りあげる必要があった。日本人は、朝鮮人
を同化する前提条件であることをうかがわせるような、朝鮮人に望
む行動について詳細にまとめた。日本人が絶対条件をまとめなかっ
たのは、朝鮮人の同化は、日本人に受けいれられるために朝鮮人が
努力するというより、同胞民族というイメージを伝える日本人の側
が決定権を握っていることを示している。日本人の建前は、親日派
の朝鮮人に、いずれ自分たち朝鮮人は日本人と肩を並べる対等な存
在、おそらくはアジア共同体における同胞となれるだろうという期
待を抱かせるものだった。反日派勢力にとって、こうした魅力に欠
ける建前は、日本人と日本の利益に対する非難（あるいは武力攻撃）
を不要なほど抱かせるものになった。

　在朝日本人の国民意識が強くなかったことが、日本の植民地に関
する建前と政策が乖離した２つめの理由であった可能性がある。朝
鮮人と接触する機会が増えると、同化を進める目的に逆行する結果
となる恐れがあった。日本人の朝鮮化だ。この場合、危機に瀕する

18　高崎宗司『植民地朝鮮の日本人』178頁。
19　グレゴリー・ヘンダーソンは、朝鮮人と日本人の通婚率はおそらく、アメリカが韓国を占
　　領していた間の韓国人とアメリカ人との通婚率よりも低かったのではないかと推測してい
　　る（Gregory Henderson, *Korea : The Politics of the Vortex*, 6.（ヘンダーソン『朝鮮の政
　　治社会：朝鮮現代史を比較政治学的に初解明：渦巻型構造の分析』、79頁）。婚姻を届け出
　　なかった夫婦の数を考慮すれば、この推測は低い。青木敦子、「帰国企業における『日本人
　　妻』をめぐって」（『帰国運動とは何だったのか』、高崎、朴編、125～29頁）も参照のこと。

終章　周辺植民地化を評価する　**355**

のは、日本文化は朝鮮文化よりも優れているとする日本のイメージ
だ。このイメージを根拠として、日本人は朝鮮の植民地化を正当化
していた。釋尾旭邦が「朝鮮化」あるいは「ヨボ化」と呼んだこの
危機を最初に警告したのは、日本が支配しはじめた最初の 10 年間、
半島を拠点にしていた報道機関だった。[20] これを明確に体現したの
は、朝鮮人や朝鮮文化に接する機会が比較的多い地方で育った子ど
もたちだ。済州島で育った戸川昭夫は家庭環境と遊びの場が異なっ
ていたために、2 つの言語が話され、2 つの文化が共存する生活様
式の中で生活していた。[21]

　日本の植民地についての考え方における 3 つ目の失敗は、文化的
な完全同化に代わる対策を考えておかなかったことだ。総督府は、
建前と政策を一致させることができなかった場合の結果について注
意を促されていた。そうした注意が示したのは、同化の取り組み
を強化すること、政策をきっぱり止めること、朝鮮人が帝国におい
ても独自のアイデンティティをもち続けられるように完全に同化す
るという執着を弱めることという 3 つの代案だった。総督府はその
取り組みを強化する 1938 年まで漸進的な同化政策を主張していた。
だが、それは最善の選択肢だったのだろうか？

　朝鮮人は、併合される前においても両者の関係性に代わる提案を
日本人に示していた。そうした提案の一つをとりいれるには、朝鮮
人が独立を維持し（当時、日本人が明言していた目標だ）、日朝関係を強
化するようなより対等な関係性を 2 つの民族が築くことが必要だっ
た。この提案は 1896 年 4 月に『独立新聞 (The Independent)』によっ
て進められ、日本の新興産業が必要とする原材料を朝鮮が提供する
という、より対等な分業関係につながった。[22] おそらく、より緊密な
経済関係を結んでいれば、日本が朝鮮半島を政治支配しなくても 2
つの民族は結びつくことになっただろう。併合によって自立した経

済的共存の可能性は消滅したが、日本人と朝鮮人がより対等な条件で関係性を決める可能性が消滅することはなかった。朝鮮人は、日本の実績と、日本人が朝鮮の発展を導く際に果たしうる役割を認識していた。だが歴史を通じて、両者がより対等な関係性を築く際の主な障害は変わらなかった。それは、日本人が朝鮮人に対して抱いていた傲慢な姿勢だ。日本の指南役がそれほど傲慢でなかったならば、日本の努力を支持する朝鮮人を増やしながら、日本文化のよいところを受け入れるように促す可能性が大きくなったはずだった。

日本人は、文化的に全体的に同化するという建前を緩和することもできたはずだった。強硬な目標が緩和されれば、朝鮮人に対する日本の直接的な影響も限定的になり、日本を熱狂的に支持する朝鮮人は不満に思ったかもしれない。だが、朝鮮人からより広い支持が得られた可能性もある。総督府は朝鮮の文化と伝統により共感していると朝鮮人が感じれば、余計にそうなっただろう。日本人が頻繁に引きあいに出したイギリスの例を思い出してみよう。イギリス人がとりいれた政治的同化はいつの間にか、スコットランド人、ウェールズ人、そしてアイルランド人でさえも、文化的にイングランドに引き寄せることになった。これはおそらく、この方針が何か（文化的な遺産）を奪うと威嚇したのではなく、何か（政治的な参加）をもたらすものだったからだろう。朝鮮人を同化政策で統治するには、少なくとも、日本人が国家国会に朝鮮人の代表を受けいれることが必要だった。日本の法律上、投票権をもつ朝鮮人に被選挙権を認めることが求められたということだ。それこそが、日本の建前と実際の政策を一致させることでもあった。朝鮮人の政治参加を認め

20 釋尾旭邦、「朝鮮化論」（『朝鮮および満州』、1918年4月）、2〜8頁。
21 高崎宗司『植民地朝鮮の日本人』、174頁。
22 『独立新聞（The Independent）』（1896年4月18日）。

終章　周辺植民地化を評価する　357

ることは、昔ながらの（かつ劣っているとされた）朝鮮のやり方を置き
かえようという計画を立てさせるような否定的な感情ではなく、より
前向きなメッセージを伝えることになっただろう。さらに、政治
的な同化が適切になされれば、ケルト人およびアングロ人を統合さ
せるという「ブリティシ」の構想と同じように、内地人、「半島人」、
大陸人（大陸の満州人）もより広い範囲に及ぶ汎アジア主義という傘
の下に参加したかも知れない。

　終戦後も日本が朝鮮半島を支配し続けていたと仮定して、日本
の統治機構が展開していたと思われる筋書きを描くことはできな
い。敗戦が朝鮮人と日本人の姿勢とイメージに甚大な影響をおよ
ぼしたために、日本人が敗戦を経ても口約束を貫いたのか、それと
も新たな状況下で方針をどのように修正したのかを予測すること
もできない。敗戦しても、日本人の歴史観が謙虚なものになること
はなかった。早くも1958年には、自由民主党副総裁を務めた大野伴
睦は「あくまで、外交の中軸は、アメリカと手をにぎってゆくより
みちはないんじゃないか。そこへきて、韓国とか台湾、これはやっ
ぱり、どうしても密接な関係をたもって、できるなら朝鮮、台湾
といっしょに日本合衆国でもつくったらいいじゃないか。これは、
いいかどうかしらんが、まあ、そうなけりゃ安全しない、極東が[23]
……」と述べ、かつての状態に復帰することを求めている。大野の
発言は稀なものではなく、朝鮮解放以降、日本の政治家が口にした
数々の同様な発言の一つにすぎない。

周辺民族の同化

　劣っているとみなしている他の民族を同化することは可能だろう
か。日本の同化政策を検証したところ、結論としては、これは困難

で、おそらくほぼ不可能でもあった。より密接な内国的植民地の場合も同様の劣等性のイメージが存在するが、こうしたイメージは、人びとが生活し、学習し、働き、ともに戦うなかで次第に薄まっていく。周辺および国外植民地の人びとは通常、内国の臣民らと交流する機会が認められていなかった。今日においても、日本人はアイヌや琉球の両民族とは異なる民族だというイメージを抱いている。どちらももう数十年も前に同化したと日本人が主張する人びとだ。実際には、琉球やアイヌの場合はむしろ異なる文化的、言語的分類であるとみなすほうが当然であろう（九州や東北の人びととは異なる）。

　これは日本以外の例にもあてはまるようだ。日本と同様、ドイツは2つの世界大戦で敗北したことにより、同化の試みを早々にうち切った。その後、アルザスとロレーヌはフランスの手に渡された。そのフランスは、アルジェリア人とベトナム人に80年にわたって同化を強いていたが、流血の事態に至った独立運動によって駆逐された。イギリス人はウェールズ人とスコットランド人を数世紀にわたって支配してきたが、欧州連合が創設され、両民族にもイギリス国民に代わる政治的アイデンティティが与えられると、どちらも自分たちの国会をもつことを考えた。周辺植民地の状況は比較的好ましく、国外植民地の被支配者に提供されるもの以上に育成を目的とする枠組みが提供されてはいたものの、その同化には、内国植民地の市民として彼らをとりこむために必要な親近感に欠けていた。

　米国の市民権運動は、現在進行形の同化の実例だ。黒人は米国社会に完全に統合されてはいないが、1940年代後半、伝統的な白人社会に受けいれられはじめてからの彼らの歩みから私たちが学ぶの

23　以下に引用されている。小松茂夫、「私の体験における朝鮮問題」（『日韓問題を考える』斉藤孝、藤島宇内（編）太平出版、1965年、210頁）。Kwan Bong Kim, *The Korea-Japan Treaty Crisis and the Instability of the Korean Political System* (New York: Praeger, 1971), 49 にも引用されていた。

終章　周辺植民地化を評価する　359

は、同化の過程が成功するために必要となる数々の取り組みだ。この歴史から、同化が単に受身的に登場するものではなく、確かな導きと方向性によって積極的に育成されるものであることがわかる。差別が起きないようにするために禁止事項を列挙した上からの法制は、多数派と少数派を分離する壁を解体する、まさに第一歩だ。オルランド・パターソン（Orlando Patterson）は、これだけでは不十分だと主張する。

　　個人的な人間関係はいまだに不信とあいまいさに悩まされている。もしより統合されるのであれば、われわれは数世紀にわたって打ち立てられてきた民族的な障壁を横断するよう促す、明白明瞭な規則を確立せねばならない。単に自らを民族的な偏見から解き放ち、反差別法を強化するだけでは十分ではない。反差別法は、してはならないこと、ある公的な状況においていかにふるまうべきかについて、われわれに伝えてくれる。だが、日々の出会いにおいてわれわれがどのように交流するべきかについて命じるものではなく、またそうすることもできない[24]。

　この意味で原敬の理解は正しかった。否定的なイメージに対抗するには、チャンスを与えるような上からの肯定的な導きが必要だった。学校の統合やアファーマティブ・アクションなどによって生活が統合されれば、2つの民族はより緊密な接触が求められる状況に置かれることになり、社会経済的な格差が次第に縮小されていく。アファーマティブ・アクションは一般的に、成績の芳しくない集団の「数値的な結果」のバランスをとるための政策だと受けとめられている[25]が、少数派に対して多数派が抱くステレオタイプに多数派自身を向きあわせるような、緊密に接する機会を提供するものでもあ

る。ステレオタイプのほとんどは、2つの民族が分離して存在してきたことによって確固たるものとなった無知を増大させ、強化し、維持してきた。これらのステレオタイプに向きあう機会を一人ひとりに提供し、民族間の壁を乗り越える術を学ぶ機会を与えることは、最終的に多数派が少数派を対等な相手として受け入れるようになる過程に不可欠な一歩だ。

日本の同化政策の主な欠陥はここにある。影響力のあった多数の朝鮮人に日本の文化的および政治的な利点を納得させることには成功したが、日常生活において朝鮮人も同じ帝国臣民として包摂するという考え方を日本人にもたせることはできなかった。同化を成功させるために総督府がすべきだったのは、いずれは平等に扱うと宣言するような建前を示すことではなく、2つの民族が平等であることを裏づけるような環境で朝鮮人と日本人を近くに住まわせ、同じ学校に通わせ、同じ職場で働かせるという方針を明確にうち出すことだった。日本人は、朝鮮人を同化するには長くて1世紀かかるだろうと見こんでいた。他の同化の取り組みの歴史は、支配者側が領土を併合することや、同化の意図を公言することがきっかけとなって、この目標に向かって進展しはじめるわけではないことを示している。時計の針が動きはじめるのはむしろ、どちらの側にも統合を促すような積極的な法律を統治側が制定した後だ。本研究が明らかにしたのは、朝鮮半島を支配した35年間にわたって、日本の統治政府がそのプロセスに着手する準備をしていたと結論づけるだけの十分な証拠がないことだ。この点においては日本が特異であるわけではなく、他の周辺植民地の支配者らと同調するものだった。

24 Orland Patterson, *The Ordeals of Integration: Progress and Resentment in America's "Racial" Crisis* (New York: Basic Books, 1997), 181.

25 Thomas Sowell, *Race and Culture: A World View* (New York: Basic Books, 1994), 113, 175. 以下も参照のこと。Alastair Bonnet, *Anti-Racism* (London: Routledge, 2000), 111-14.

参考文献

日本語文献

青木敦子（2005）「帰国事業における「日本人妻」を巡って」高崎 宗司、朴 正鎮編、121–44頁、『帰国問題とは何だったのか──封印された日朝関係史』平凡社

青柳綱太郎（1925）『新朝鮮』、京城新聞社

赤木萬二郎（1923）「朝鮮教育會の眞使命」、『朝鮮教育』（3月）、5–7頁

浅野誠（1991）『沖縄県の教育史』、思文閣出版

新崎盛暉・川満信一編（1988）『沖縄・天皇制への逆光』社会評論社

荒野泰典（1988）『近世日本と東アジア』、東京大学出版会

石田雄（1998）「「同化」政策と創られた観念としての「日本」上」、『思想』892号（10月）、47–75頁

石田雄（1998）「「同化」政策と創られた観念としての「日本」下」、『思想』893号（11月）、141–174頁

五十嵐暁郎（1996）『明治維新の思想』、世織書房

伊波普猷（1911）『古琉球』、沖縄公論社

池内敏（1998）『近世日本と朝鮮漂流民』、臨川書店

伊藤整・亀井勝一郎・中村光夫・平野謙・山本健吉（1980）『日本現代文学全集』、講談社

伊藤博文・平塚篤 編（1970）「台湾資料」『秘書類纂』、原書房

伊藤博文・平塚篤 編（1970）『秘書類纂　台湾資料』、原書房

井上馨（1910）『井上瀬外伝』、博文館

イ・ヨンスク（1996）『「国語」という思想─近代日本の言語認識』、岩波書店

岩倉具視（1968）『岩倉公実記』、原書房

岩倉具視（1939）「事変下の朝鮮を語る座談会」『文藝春秋』（6月）、246–64頁

宇垣一成（1995）「朝鮮の将来」〈宇垣一成関係文書〉、国立国会図書館

宇垣一成（1934）「朝鮮統治の態度」『中央公論』、（1月）、85–87頁

内海愛子（2008）『キムはなぜ裁かれたのか：朝鮮人BC級戦犯の軌跡』、朝日選書

海野福寿（2000）『韓国併合史の研究』、岩波書店

海野福寿（2004）『伊藤博文と韓国併合』、青木書店

江口圭一（1998）『日本帝国主義史研究』、青木書店

大江志乃夫・浅田喬二・三谷太一郎・後藤乾一・小林英夫・高崎宗司・若林正丈・
　　川村湊 編（2005）『岩波講座　近代日本と植民地〈4〉』、岩波書店

大久保利謙 編（1998）『新修　森有禮全集〈2〉』、文泉堂書店

大久保利謙 編（1961）『明治文化資料叢書　第8巻　教育編』、風間書房

小川正人（1991）「コタンへの「行幸」「行啓」とアイヌ教育」『教育史学会紀要』
　　34号、50–66頁

小熊英二（1994）「差別即平等──日本植民地統治思想へのフランス人種社会学
　　の影響」『歴史学研究』662号、16–31頁

小熊英二（1998）『「日本人」の境界──沖縄・アイヌ・台湾・朝鮮植民地支配
　　から復帰運動まで』、新曜社

カークウッド・モンタギュー（1970）「植民地制度」『秘書類纂』79–107頁、原
　　書房

カークウッド・モンタギュー（1970）「台湾制度天皇の大権及び議会に関する意
　　見書」『秘書類纂』108–48頁、原書房

梶山季之（2002）『李朝残影──梶山季之朝鮮小説集』川村湊編、インパクト出
　　版会

鎌田栄吉（1922）「内鮮人共学に就て」『朝鮮教育』85号（3月）、75–79頁

鎌塚扶（1935）「公民教育の新使命を明かにし──朝鮮の公民科要目の精神に及
　　ぶ」『公民教育』（6月）、27–38頁

狩屋雄一（1996）「開拓使仮学校におけるアイヌ教育」、明治維新史学会（編）
　　157–176頁『明治維新の地域と民衆』、吉川弘文館

川村湊（2000）『ソウル都市物語──歴史・文学・風景』、平凡社

姜徳相（2002）『呂運亨評伝1　朝鮮三・一独立運動』、新幹社

姜徳相（2003）『関東大震災・虐殺の記憶』、青丘文化社

喜田貞吉（1910）『韓国の併合と国史』三省堂書店

喜田貞吉（1919）「朝鮮民族とは何ぞや」『民族と歴史』（7月）、1–13頁

喜田貞吉（1921）「日鮮両民族同源論」『民族と歴史』（1月）、3–39頁

喜田貞吉（1921）「庚申鮮満旅行日誌」『民族と歴史』（１月）、271-82頁

北岡伸一（1988）『後藤新平──外交とヴィジョン』、中央公論社

教育界（1910）「合邦後の朝鮮人教育」『教育界』（1910年10月）、１-３頁

金敏洙（1973）「日帝の対韓侵略と言語政策」『韓』17号、81-102頁

金富子（2005）『植民地期朝鮮の教育とジェンダー──就学・不就学をめぐる権
　　力関係』、世織書房

金史良（1980）「光の中に」『日本現代文学集』第69巻、講談社

金城重明（1988）「皇民化教育の終着駅」『沖縄・天皇制への逆光』104-13頁、
　　社会評論社

金光烈（2013）『「内鮮融和」美談の真実─戦時期筑豊・貝島炭礦朝鮮人強制労
　　働の実態』、緑陰書房

久保武（1918）「朝鮮人の人種解剖学的研究」、『朝鮮医学会雑誌』22号（７月）、
　　52-86, 146-53頁

久米邦武（1996）『特命全権大使　米欧回覧実記 全５冊』、岩波書店

黒川創 編（1996）『朝鮮（「外地」の日本語文学選）』新宿書房

国立歴史民俗博物館 編（2011）『「韓国併合」100年を問う　2010年国際シンポ
　　ジウム』、岩波書店．

駒込武（1996）『植民地帝国日本の文化統合』、岩波書店

近藤剣一 編（1958）『朝鮮近代史料研究集成』、友邦会朝鮮史料研究会

高橋亀吉（1935）「朝鮮は産まれ更ける」『改造』（４月）、47-63頁

高崎宗司（1990）『「妄言」の原形──日本人の朝鮮観』、木犀社

高崎宗司（2002）『植民地朝鮮の日本人』、岩波書店

高崎宗司・朴正鎮 編（2005）『帰国運動とは何だったのか──封印された日朝
　　関係史』、平凡社

竹ヶ原幸朗（2010）『教育の中のアイヌ民族──近代日本アイヌ教育史』、社会
　　評論社

武部欽一（1931）「公民教育の必要」『文教の朝鮮』（１月）、１-３頁

竹中信子（1995）『植民地台湾の日本人女性生活史〈１〉明治篇』、田畑書店

田中浩造（1939）「国民学校案の精神と半島教育」『朝鮮の教育研究』（９月）、
　　23-28頁

朝鮮総督府（1910-1944）『朝鮮総督府統計年報』、朝鮮総督府

朝鮮総督府（1914）『朝鮮総督親政年報』、朝鮮総督府

曹秉相（1940）「志願兵を子に持ちて」『朝鮮』（3月号）、61-63頁

鍾清漢（1993）『日本植民地下における台湾教育史』、多賀出版

鄭大均（2003）『韓国のイメージ　戦後日本人の隣国観』、中公新書

鶴見祐輔（1937）『後藤新平』、三修社

寺内正毅〈寺内正毅文書〉国立国会図書館

鳥賀羅門（1914）『朝鮮へ行く人に』、朝鮮へ行く人に編纂所

長田彰文（2005）『日本の朝鮮統治と国際関係──朝鮮独立運動とアメリカ、1910-1922』、平凡社

中島敦（1996）「巡査の居る風景」『朝鮮（「外地」の日本語文学選）』、新宿書房

中島元次郎（1913）「朝鮮婦人の骨盤外形計測すにおいて」『朝鮮医学会雑誌』（1月）、125－26頁

中村生（1933）「我が子の公民訓練施設」『文教の朝鮮』（4月）、124-46頁

中西伊之助（1933）「最近の朝鮮を語る」『東洋』（10月）、137-44頁

仲尾宏（1992）「朝鮮使節の見た江戸と人々に映った通信使」李元植他編、102-131頁、『朝鮮通信使と日本人──江戸時代の日本と朝鮮』、学生社

成田龍一（1993）『都市と民衆（近代日本の軌跡）』、吉川弘文館

西田長寿（1961）『明治時代の新聞と雑誌』、至文堂

新渡戸稲造（1983-87）『新渡戸稲造全集』、教文館

原象一郎（1917）『朝鮮の旅』、巌松堂書店

原敬（1950）『原敬日記』、乾元社

朴慶植（1973）『日本帝国主義の朝鮮支配 上・下』、青木書店

朴尚僖（1927）「西北地方の朝鮮人の特質」『朝鮮及朝鮮民族　第1集』、朝鮮思想通信社、112-23頁

朴宣美（2005）『朝鮮女性の知の回遊──植民地文化支配と日本留学』、山川出版社

橋谷弘（1993）「植民地都市」『近代日本の軌跡9　都市と民衆』、吉川弘文館

旗田巍（1969）『日本人の朝鮮観』、勁草書房

樋口雄一（1991）『皇軍兵士にされた朝鮮人 ── 一五年戦争下の総動員体制の研究』、社会評論社

玄永燮（1940）『朝鮮人の進むべき道』、緑旗連盟

平野義太郎（1956）『大井憲太郎』、吉川弘文館

福澤諭吉（1926）『福澤全集』、国民図書

藤崎済之助（1930）『台湾の蛮族』、国史刊行会

堀尾石峰（1910）「新国民の教育」『教育時論』915 号、雄松堂書店

前田憲二、和田春樹、高秀美（2010）、『韓国併合 100 年の現在』、東方出版

松田利彦（2015）『東亜聯盟運動と朝鮮・朝鮮人──日中戦争期における植民地帝国日本の断面』、有志舎

水野直樹（2008）『創氏改名──日本の朝鮮支配の中で』、岩波書店

宮田節子（1985）『朝鮮民衆と「皇民化」政策』、未来社

明治維新史学会 編（1996）『明治維新の地域と民衆』、吉川弘文館

三土忠造（1910）「朝鮮人の教育」『教育界』（12 月）、23−26 頁

水野錬太郎（1999）『水野錬太郎回想録・関係文書』、山川出版社

勿来關人（1917）「琉球の女風俗」『婦人公論』（1 月）、12−13 頁

ルボン・ミシェル（1970）「遼東及び台湾土地に関する講義」伊藤博文・平塚篤（編）309−409 頁『秘書類纂』、原書房

山田昭次、古庄正、樋口雄一（2005）『朝鮮人戦時労働動員』、岩波書店

山田寛人（2004）『植民地朝鮮における朝鮮語奨励政策──朝鮮語を学んだ日本人』、不二出版

矢内原忠雄（1963−65）『矢内原忠雄全集』、岩波書店

安田敏朗（1997）『帝国日本の言語編制』、世織書房

山中速人（1983）「朝鮮同化政策と社会学的同化・上」『関西学院大学社会学部紀要』第 45 号、285−295 頁

山中速人（1983）同朝鮮同化政策と社会学的同化・下」『関西学院大学社会学部紀要』第 46 号、297 v 308 頁

湯浅克衛（1995）『カンナニ：湯淺克衞植民地小説集』池田浩士編、インパクト出版会

尹健次（1997）『日本国民論──近代日本のアイデンティティ』、筑摩書房

吉野作造（1919）「支那朝鮮の反日と我が国民の反省」『婦人公論』（8月）、20–26頁

吉野作造（1921）「朝鮮人の稀代の斬撃についての反省」『婦人公論社』（7月）、1–4頁

李淑子（1985）『教科書に描かれた朝鮮と日本――朝鮮における初等教科の推移1895–1979』、ほるぷ出版

李泰鎮（2006）『東大生に語った韓国史』、明石書店

李元植他（編）（1992）『朝鮮通信使と日本人――江戸時代の日本と朝鮮』、学生社

李錬（2002）『朝鮮言論統制史――日本統治下朝鮮の言論統制』、信山社出版

李永淳（1937）「内鮮融和は何處へ?」『自由』（6月）、90–92頁

渡辺惣樹（2014）『朝鮮開国と日清戦争――アメリカはなぜ日本を支持し、朝鮮を見限ったか』、草思社

韓国語文献

金雲泰（1985）「日本의 對韓植民 支配의 基調로서의 同化政策 이데올로기 ,『서울대학교행정대학원 23 호 1, 192-202

金相万（編）（1975）『東亜日報』,東亜日報史

金度亨（1992）「日帝侵略初期 (1905–1919) 親日勢力의 政治論研究」,『啓明史学』, 3 号 ,

구광모（2005）「동화정책 사례연구 : 창씨개명정책을 중심으로」,『한국정책학회학술발표논문집』, 한국정책학회 , 41–62.

국성하（2004）「일제 강점기 동화정책 수단으로서의『조선신궁』의 건립과 운영」,『한국교육사학』제 26 권 제 1 호 , 한국교육사학회 , 31–56.

박영재（1996）근대일본의 한국인식」, 조항래（編）『일제의 대한침략 정책사 연구』, 현음사

반민족문제연구소（編）（2002）『친일파 99 인』, 돌베개

나카바야시 히로시（2012）「1910 년대 조선총독부의 교육정책책과 재조일본인 교원 통제 : 조선교육 (연구) 회를 중심으로」『東方學志』제 157 집 (3

월): 327-384.

白波 (1928),「所謂 新女性과 良妻賢母主義？」,『現代評論』

서울大學校醫科大學 (編) (1978)『서울大學校醫科大學史』, 서울大學校 醫科大學

수요역사연구회 (編) (2003)『식민지조선과 매일신보』, 신서원

신주백 (編) (1993)『日帝下 支配政策資料集』, 高麗書林

여운형 (1991)「동경제국 호텔 연설 요지」,『몽양여운형 전집』, 발간위원회, 도서출판

李吉相 (編) (1992)『解放前後資料集：I 米軍政 準備資料』, 現主文化社

이광래 (1998)『일본의「아시아主義」속에서의 한국의식―「脱亜論」과 大東合邦論」을 중심으로」(정창용 (編),『한일양국의 상호인식』국학자료원

李光洙 (1971)『李光洙 全集』, 17권, 三中堂

李東旭 (編) (1974)『新東亜 日政下東亜日報押収社説集』東亜日報社刊

이태진 (2005)『고종시대의 재조명』태학사

이현신 (編) (1991)『한국교육자료집』, 한국정신문화연구원

익명 (1922)「조선 민족의 미래를 논함」,『조선의광』, 조선의광

尹致昊 (1986)『尹致昊日記』, 國史編纂委員會

장영미 (2014)「교과서로 본 일제의 식민 전략, 비사고와 동화 (同化)― 보통학교 학도용 국어독본을 중심으로 ―」,『동화와 번역』28호, 건국대학교 동화와번역연구소, 287-308.

鄭玉子 (1965)「紳士遊覧団考」,『歴史学報』27호

鄭世鉉 (1971)「韓国女性의 新文化運動：1920年代初期의 女性文化運動을 中心으로」,『亜細亜女性研究』10, (12月)

鄭然泰 (2004)「朝鮮総督 寺内正毅의 韓国観과植民統治 – 漸進的 民族同化論과 民族差別政策의 이중성―」, 韓国史研究 124

정창용 (1998)『한일 양국의 상호인식』, 국학자료원

최석영 (1997)『일제의 동화이데올로기의 창출』, 서경문화사

주요섭 (1930)『조선교육의 결함』, 京城：世界書林

한국자료연구소 (編) (1996)『조선통치자료』, 한국자료연구소

韓明根 (2002)『韓末 韓日合邦論研究』, 國學資料院

황민호 （2003）「총론 :「1910 년대 조선총독부의 언론정책과 매일신보」,『식민지
　　　조선과 매일신보』, c 서원
崔錫榮 （1997）일제 동화이데올로기의 창출書景文化社
權泰檍 （2001）「동화정책론」『역사학론』17 호 , 335-65.
趙恒來 （編）（1996）『日帝의 對韓侵略政策史研究』, 玄音社

欧文文献

Abe Hiroshi. (1971). "Higher Learning in Korea under Japanese Rule: Keijō Imperial University and the 'People's University' Movement." *Developmental Economics* 9, no. 2 (June): 174–96.

Abse, Joan, (ed. 2000). *Letters from Wales*. Bridgend, Wales: Poetry Wales Press.

Ageron, Charles-Robert.(1991) *Modern Algeria: A History from 1830 to the Present*. Translated by Michael Brett. London: Hurst.

Alatas, Syed Hussein.(1977) *The Myth of the Lazy Native: A Study of the Image of the Malays, Filipinos, and Javanese from the Sixteenth to the Twentieth Century and Its Function in the Ideology of Colonial Capitalism*. London: Frank Cass.

Altman, Albert A. (1986). "The Press." In *Japan in Transition: From Tokugawa to Meiji*, edited by Marius B. Jansen and Gilbert Rozman, 231–47. Princeton, N.J.: Princeton University Press.

Amioka, Shiro. (1985). "Changes in Education Ideals and Objectives (from Selected Documents, Tokugawa Era to the Meiji Period)." In *The Modernizers: Overseas Students, Foreign Employers, and Meiji Japan*, edited by Adrath W. Burks. Boulder, Colo.: Westview.

Anderson, Benedict. (1991) *Imagined Communities: Reflections on the Origin and Spread of Nationalism*. London: Verso.

Arendt, Hannah. (1979). *The Origins of Totalitarianism*. Orlando, Fla: Harcourt Brace.

Baldwin, Frank P., Jr. (1979). "The March First Movement: Korean Challenge and Japanese Response." Ph.D. diss., Columbia University.

Barlow, Tami, ed. (1997). *Foundations of Colonial Modernity in East Asia*. Durham, N.C.: Duke University Press.

Baumgart, Winfried. (1982). *Imperialism: The Idea and Reality of British and French Colonial Expansion 1880–1914*. Oxford: Oxford University Press.

Beale, Howard K. (1969). *Theodore Roosevelt and the Rise of American World Power*. Baltimore, Md.: Johns Hopkins University Press.

Bell, Morag, Robin A. Butlin, and Michael Hefferman. (1995). "Introduction: Geography and Imperialism, 1820–1940." In *Geography and Imperialism, 1820–1940*, edited by Morag Bell, Robin A. Butlin, and Michael Hefferman. Manchester, U.K.: Manchester University Press.

——, eds. (1995). *Geography and Imperialism, 1820–1940*. Manchester, U.K.: Manchester University Press.

Berry, Mary Elizabeth. (1982). *Hideyoshi*. Cambridge, Mass.: Harvard East Asian Monographs.

Betts, Raymond F. (1961). *Assimilation and Association in French Colonial Theory, 1890–1914*. New York: Columbia University Press.

——. (1991). *France and Decolonization, 1900–1960*. Translated by William Glanville Brown. New York: St. Martin's Press.

Bhabha, Homi K. (1994). *The Location of Culture*. London: Routledge.

Bix, Herbert B. (2000). *Hirohito and the Making of Modern Japan*. New York: Harper Collins.

Boahen, A. Adu, ed. (1990). *General History of Africa*: *Africa under Colonial Domination, 1880–1935*. London: James Currey.

Bonnet, Alastair. (2000). *Anti-Racism*. London: Routledge.

Boyce, D. George. (1995). *Nationalism in Ireland*. London: Routledge.

Brook, Timothy. (2005). *Collaboration: Japanese Agents and Local Elites in Wartime China*. Cambridge, Mass.: Harvard University Press.

Brubaker, Roger. (1992). *Citizenship and Nationhood in France and Germany*. Cambridge: Cambridge University Press.

Buell, Raymond L. (1928). *The Native Problem in Africa*. 2 vols. New York: Macmillan.

Burks, Adrath W., ed. (1985). *Foreign Employers, and Meiji Japan*. Boulder, Colo.: Westview.

Burnett, Scott S., ed. (1989). *Korean-American Relations: Documents Pertaining to the Far Eastern Diplomacy of the United States*, vol. 3: *The Period of Diminishing Influence,*

1896–1905. Honolulu: University of Hawai'i Press.

Buttinger, Joseph. (1967). *Vietnam: A Dragon Embattled*, vol. 1: *From Colonialism to the Vietminh*. New York: Frederick A. Praeger.

Callan, Eamonn. (2005). "The Ethics of Assimilation." *Ethics* 115 (April): 471–500.

Caprio, Mark E. (2006). "Loyal Patriot or Traitorous Collaborator? Reassessing Yun Ch'iho's Colonial Activities in Contemporary Japan-Korea Relations." *Journal of Colonialism and Colonial History* 7, no. 3 (e-journal, December): 97-125.

———. (2010). "Images of the North in Occupied Korea, 1905–1945." In *Northern Region, Identity, and Culture in Korea*, edited by Sun Joo Kim, 295-326. Seattle: University of Washington Press.

———. (2012). "The 1920 Colonial Reforms and the June 10 (1926) Movement: A Korean Search for Ethnic Space." In *Colonial Rule and Social Change in Korea, 1910–1945*, edited by Hong Yung Lee, Yong-Chol Ha, and Clark Sorensen, 175-207. Seattle: University of Washington Press.

———. (2014). "Abuse of Modernity: Japanese Biological Determinism and Identity Management in Colonial Korea," *Cross Currents* 3 (May): 1-29.

Chandra, Vipan. (1974). "An Outline Study of the Ilchinhoe (Advancement Society of Korea)." *Occasional Papers on Korea* 2 (March): 43–72.

———. (1988). *Imperialism, Resistance, and Reform in Late Nineteenth-Century Korea: Enlightenment and the Independent Club*. Berkeley: Institute of East Asian Studies, University of California Press.

Chatterjee, Partha.(1986). *Nationalist Thought and the Colonial World: A Derivative Discourse*. Minneapolis: University of Minnesota Press.

———. (1993). *The Nation and Its Fragments: Colonial and Postcolonial Histories*. Princeton, N.J.: Princeton University Press.

Chen, Edward I-te. (1970). "Japanese Colonialism in Korea and Formosa: A Comparison of the Systems of Political Control." *Harvard Journal of Asiatic Studies* 30, 126–58.

———. (1977). "Japan's Decision to Annex Taiwan: A Study of Ito-Mutsu Diplomacy, 1894– 95." *Journal of Asian Studies* 37, no. 1 (November): 61–72.

———. (1984). "The Attempt to Integrate the Empire: Legal Perspectives." In *The Japanese Colonial Empire, 1895–1945*, edited by Ramon H. Myers and Mark R.

Peattie, 240–74. Princeton, N.J.: Princeton University Press.

———.(1995). "Gotō Shinpei, Japan's Colonial Administrator in Taiwan: A Critical Reexamination." *American Asian Review* 13 (Spring): 25–59.

Ching, Leo T. S. (2001). *Becoming "Japanese": Colonial Taiwan and the Politics of Identity Formation*. Berkeley: University of California Press.

Choi Kyeong-Hee. (1999). "Another Layer of the Pro-Japanese Literature: Ch'oe Chŏnghŭi's 'The Wild Chrysanthemum.'" *Poetica* 52, 61–87.

———. (1999). "Neither Colonial nor National: The Making of the 'New Women' in Pak Wanso's 'Mother's Stake 1.'" In *Colonial Modernity in Korea*, edited by Gi-Wook Shin and Michael Robinson, 221–47. Cambridge, Mass.: Harvard University Press.

Chōsen government-general. (1914). *Chōsen sōtokufu shisei nenpō* Keijō(Chōsen government-General Administration Annual). Keijō: Chōsen government-general.

———. (1914). *Results of Three Years' Administration of Chosen*. Keijō: government-general.

———. (1935). *Thriving Chōsen: A Survey of Twenty-five Years' Administration*. Keijō: Chōsen government-general.

Chow Tse-tsung. (1960). *The May Fourth Movement: Intellectual Revolution in Modern China*. Stanford, Calif.: Stanford University Press.

Christy, Alan S. (1997). "The Making of Imperial Subjects in Okinawa." In *Foundations of Colonial Modernity in East Asia*, edited by Tami Barlow, 141–70. Durham, N.C.: Duke University Press.

Chu, Samuel C. and Kwang-Ching Liu. (1994). *Li Hung-chang and China's Early Modernization*. New York: M. E. Sharpe.

Clark, Donald N.(2003). *Living Dangerously in Korea: The Western Experience, 1900–1950*. Norwalk, Conn.: EastBridge.

Clarke, Hugh. (1997). "The Great Dialect Debate: The State and Language Policy in Okinawa." In *Society and State in Interwar Japan*, edited by Elise K. Tipton, 193–217. London: Routledge, 1997.

Clyde, Robert. (1998). *From Rebel to Hero: The Image of the Highlander, 1745–1830*. East Lothian, Scotland: Tuckwell Press.

Cobbing, Andrew. (1988), "Britain (1): Early Meiji Encounters." In *The Iwakura Mission in*

America and Europe: A New Assessment, edited by Ian Nish, 36–53. Surrey, U.K.: Japan Library.

Coleman, Michael C. (1993). *American Indian Children at School, 1850–1930*. Jackson: University Press of Mississippi.

Colley, Linda. (1992). *Britons: Forging a Nation 1707–1837*. New Haven, Conn.: Yale University Press.

Collingham, E. M. (2001). *Imperial Bodies: The Physical Experience of the Raj, C. 1800–1947*. Oxford: Polity Press.

Confer, Vincent. (1966). *France and Algeria: The Problem of Civil and Political Reform, 1870–1920*. New York: Syracuse University Press.

Conroy, Hilary. (1960). *The Japanese Seizure of Korea, 1868–1910: A Study of Realism and Idealism in International Relations*. Philadelphia: University of Pennsylvania Press.

Cook, Haruko Taya and Theodore F. Cook. (1992). *Japan at War: An Oral History*. New York: W. W. Norton.

Cousin, Victor. (1930). "Report on the State of Public Instruction in Prussia." In *Reports on European Education*, edited by Edward H. Reisner, 115–240. New York: McGraw Hill.

Cumings, Bruce. (1981). *The Origins of the Korean War: Liberation and the Emergence of Separate Regimes, 1945–1947*. Princeton, N.J.: Princeton University Press.

———. (1997). *Korea's Place in the Sun: A History*. New York: W. W. Norton.

———. (2004). "Colonial Formations and Deformations: Korea, Taiwan, and Vietnam." In *Decolonization: Perceptions from Now and Then*, edited by Prasenjit Duara, 278–98. London: Routledge.

Davies, John. (2004). *A History of Wales*. London: Penguin Books, 1993. Davies, Peter. *Dangerous Liaisons: Collaboration and World War Two*. Harlon, U.K.: Pearson Longman.

De Ceuster, Koen. (2001). "The Nation Exorcised: The Historiography of Collaboration in South Korea." *Korea Studies* 25, no. 2, 207–42.

Deeb, Marius. (1973). "The 1919 Popular Uprising: A Genesis of Egyptian Nationalism." *Canadian Review of Studies in Nationalism* 1, no. 1 (Fall): 106–19.

Delissen, Alain. (October 31, 2002). "Seoul, Summer 1925: The Social Space and the

'Natural' Event." Paper presented at Harvard University's Korea Institute.

Deuchler, Martina. (1977). *Confucian Gentlemen and Barbarian Envoys: The Opening of Korea, 1875–1885.* Seattle: University of Washington Press.

Devine, Richard. (1997). "Japanese Rule in Korea after the March First Uprising: Governor General Hasegawa's Recommendations." *Monumenta Nipponica* 52, no. 4 (Winter): 523–40.

Dickinson, Fredrick R. (1999). *War and National Reinvention: Japan in the Great War, 1914–1919.* Cambridge, Mass.: Harvard University Asia Center.

Doak, Kevin M. (1995). "Colonialism and Ethnic Nationalism in the Political Thought of Yanaihara Tadao (1893–1961)." *East Asian History* 10 (December): 79–98.

Dong Wonmo. (1969). "Japanese Colonial Policy and Practice in Korea, 1905–1945: A Study in Assimilation." Ph.D. diss., Georgetown University.

———. (1973). "Assimilation and Social Mobilization in Korea." In *Korea Under Japanese Rule*, edited by Andrew C. Nahm, 146–82. Kalamazoo: Center for Korean Studies, Western Michigan University.

Dore, Robert P. (1984). *Education in Tokugawa Japan.* Michigan Classics in Japanese Studies, no. 8. Ann Arbor: Center for Japanese Studies, University of Michigan Press.

Driscoll, Mark. (2010). *Absolute Erotic, Absolute Grotesque: The Living, Dead, and Undead in Japan's Imperialism, 1895-1945,* Durham and London: Duke University Press.

Duara, Prasenjit, ed. (2004). *Decolonization: Perceptions from Now and Then.* London: Routledge.

Dudden, Alexis. (2005). *Japanese Colonization of Korea: Discourse and Power.* Honolulu: University of Hawai'i Press.

Duus, Peter, ed. (1988). *Cambridge History of Japan*, vol. 6, 217–70. Cambridge: Cambridge University Press.

———. (1995). *The Abacus and the Sword: The Japanese Penetration of Korea, 1895–1910.* Berkeley: University of California Press.

Earl, David M. (1964). *Emperor and Nation in Japan: Political Thinkers of the Tokugawa Period.* Seattle: University of Washington Press.

Eckert, Carter J. (1991). *Offspring of Empire: The Koch'ang Kims and the Colonial Origins of Korean Capitalism, 1876–1945.* Seattle: University of Washington Press.

Eckert, Carter J., Ki-Baik Lee, Young Ick Lew, Michael Robinson, and Edward W. Wagner. (1990). *Korea Old and New: A History*. Seoul: Ilchokak and Cambridge, Mass.: Harvard University Press.

Erickson, Charlotte. (1972). *Invisible Immigrants: The Adaptation of English and Scottish Immigrants in Nineteenth-Century America*. Ithaca, N.Y.: Cornell University Press.

Eunice, Thio. (1969). *British Policy in the Malay Peninsula, 1880–1910*. Singapore: University of Malaya Press.

Fage, John D. (1967). "British and German Colonial Rule: A Synthesis and Summary." In *Britain and Germany in Africa: Imperial Rivalry and Colonial Rule*, edited by Prosser Gifford and William Roger Louis, 691–706. New Haven, Conn.: Yale University Press.

Fanon, Frantz. (1967). *Black Skin, White Masks*. Translated by Charles Lam Markmann. New York: Grove Weidenfield.

Farwell, Byron. (1972). *Queen Victoria's Little Wars*. New York: W. W. Norton.

Fieldhouse, D. K. (1966). *The Colonial Empires: A Comparative Survey from the Eighteenth Century*. New York: Dell.

Friedman, Elizabeth. (1988). *Colonization and After: An Algerian Jewish Community*. South Hadley, Mass.: Bergin & Garvey.

Fujitani, Takashi. (1996). *Splendid Monarchy: Power and Pageantry in Modern Japan*. Berkeley: University of California Press.

——. (2011). *Race for Empire: Koreans as Japanese and Japanese as Americans During World War II*. Berkeley: University of California Press.

Fukuzawa Yukichi. (1973). *An Outline on a Theory of Civilization*. Translated by David A. Dilworth. Tokyo: Sophia University.

Garon, Sheldon. (1997). *Molding Japanese Minds: The State in Everyday Life*. Princeton, N.J.: Princeton University Press, 1997.

Garvin, Tom. (1986). "The Anatomy of a Nationalist Revolution: Ireland, 1888–1928." *Comparative Studies in Society and History* 28, no. 3 (1986): 468–501.

Gifford, Prosser. (1967). "Indirect Rule: Touchstone or Tombstone for Colonial Policy." In *Britain and Germany in Africa: Imperial Rivalry and Colonial Rule*, edited by Prosser Gifford and William Roger Louis, 351–91. New Haven, Conn.: Yale

University Press.

Gifford, Prosser, and William Roger Louis, eds. (1967). *Britain and Germany in Africa: Imperial Rivalry and Colonial Rule*. New Haven, Conn.: Yale University Press.

Gluck, Carol. (1985). *Japan's Modern Myths: Ideology in the Late Meiji Period*. Princeton, N.J.: Princeton University Press.

Gordon, Andrew. (1991). *Labor and Imperial Democracy in Prewar Japan*. Berkeley: University of California Press.

Gotō, Shinpei. (1909). "The Administration of Formosa (Taiwan)." In *Fifty Years of New Japan*, edited by Ōkuma Shigenobu and Marcus B. Huish, 530–53. London: Smith, Elder.

Gould, Stephen Jay. (1998). *The Mismeasure of Man*. New York: W. W. Norton, 1996.

Gabroussenko, Tatiana. (2010). *Soldiers on the Cultural Front: Developments in the Early History of North Korean Literature and Literacy Policy*. Honolulu: University of Hawai'i.

Hale, Grace Elizabeth. (1998). *Making Whiteness: The Culture of Segregation in the South, 1890–1940*. New York: Vintage Books.

Hall, Ivan P. (1973). *Mori Arinori*. Cambridge, Mass.: Harvard University Press.

Hamilton, Agnus. (1904). *Korea*. New York: Charles Scribner's Sons.

Han, Jung-Sun. N. (2013). *An Imperial Path to Modernity: Yoshino Sakuzō and a New Liberal Order in East Asia, 1905-1937*. Cambridge, MA: Harvard University Press.

Han, Seung-Mi. (1998). "Korea through Japanese Eyes: An Analysis of Late Meiji Travelogues on Korea." *Asia Cultural Studies* 24 (March): 49–72.

Harrington, Fred H. (1966). *God, Mammon, and the Japanese*. Madison: University of Wisconsin Press.

Hatada Takashi. (1969). *A History of Korea*. Translated by Warren W. Smith and Benjamin H. Hazzard. Santa Barbara, Calif.: Clio Press.

Hazen, Charles D. (1917). *Alsace-Lorraine under German Rule*. New York: Henry Holt.

Hechter, Michael. (1975). *Internal Colonialism: The Celtic Fringe in British National Development, 1536–1966*. Berkeley: University of California Press.

Heine, William. (1990). *With Perry to Japan: A Memoir by William Heine*. Translated by Frederic Tractmann. Honolulu: University of Hawai'i Press.

Hellyer, Robert I. (2009). *Defining Engagement: Japan and Global Contexts, 1640-1868*.

Cambridge, Mass.: Harvard University Asia Center, Harvard University Press.

Henderson, Gregory. (1968). *Korea: The Politics of the Vortex*. Cambridge, Mass.: Harvard University Pres.

Henry, Robert Selph. (1999). *The Story of Reconstruction*. 1938. New York: Konecky & Konecky.

Henry, Todd A. (2005). "Sanitizing Empire: Japanese Articulation of Korean Otherness and the Construction of Early Colonial Seoul, 1905–1919." *Journal of Asian Studies* 64, no. 3 (Fall): 639–76.

———. (2014). Assimilating Seoul: *Japanese Rule and the Politics of Public Space in Colonial Korea, 1910-1945*. Berkeley: University of California Press.

Heylen, Ann. (2010). *Japanese Models, Chinese Culture and the Dilemma of Taiwanese Language Reform*. Wiesbaden: Harrassowitz Verlag.

———. (2010). "Reflections on Becoming Educated in Colonial Taiwan." In *Becoming Taiwan: From Colonialism to Democracy*, Ann Heylen and Scott Sommers (eds.), 149-64 Harrassowitz Verlag.

Heylen, Ann and Scott Sommers eds. (2010). *Becoming Taiwan: From Colonialism to Democracy*. Harrassowitz Verlag.

Hobsbawm, Eric. (1987). *The Age of Empire, 1875–1914*. New York: Vintage Books.

Hobsbawm, Eric, and Terence Ranger, eds. (1992).*The Invention of Tradition*. Cambridge: Cambridge University Press.

Hocker, M. B. (1975). *Legal Pluralism: An Introduction to Colonial and Neo-Colonial Laws*. Oxford: Clarendon Press.

Hong, Moon-Jong. (1992). "Japanese Colonial Education Policy in Korea." Ph.D. diss., Harvard University.

Hotta-Lister, Ayako. (1999). *The Japan-British Exhibition of 1910: Gateway to the Island Empire of the East*. Surry, U.K.: Japan Library.

Houston, R. A. (1985). *Scottish Literacy and the Scottish Identity: Illiteracy and Society in Scotland and Northern England, 1600–1800*. Cambridge: Cambridge University Press.

Howell, David L. (1994). "Ainu Ethnicity and the Boundaries of the Early Modern Japanese State." *Past and Present* 142 (February): 75–87.

Huffman, James L. (1997). *Creating a Public: People and Press in Meiji Japan*. Honolulu:

University of Hawai'i Press.

Hunt, Michael H. (1983). *The Making of a Special Relationship: The United States and China to 1914*. New York: Columbia University Press.

Hwang, Kyung Moon. (2004). *Beyond Birth: Social Status in the Emergence of Modern Korea*. Cambridge, Mass.: Harvard University Press.

Hyun, Peter. (1986). *Man Sei! The Making of a Korean American*. Honolulu: University of Hawai'i Press.

Iriye, Akira. (1972). *Pacific Estrangement: Japanese and American Expansion*. Cambridge, Mass.: Harvard University Press.

James, Lawrence. (1994). *The Rise and Fall of the British Empire*. London: Little Brown.

Jansen, Marius B. (1984). "Japanese Imperialism: Late Meiji Perspectives." In *The Japanese Colonial Empire, 1895–1945*, edited by Ramon H. Myers and Mark R. Peattie, 61–79. Princeton, N.J.: Princeton University Press.

Jansen, Marius B. and Gilbert Rozman, eds. (1986). *Japan in Transition: From Tokugawa to Meiji*. Princeton, N.J.: Princeton University Press.

Jayawardena, Kamari. (1995). *The White Women's Other Burden: Western Women and South Asia During British Rule*. New York: Routledge.

Jones, Aled G. (1993). *Press, Politics, and Society: A History of Journalism in Wales*. Cardiff: University of Wales Press.

Jones, Gareth E. (1995). *Modern Wales: A Concise History*. Cambridge: Cambridge University Press.

Judd, Denis. (1996). *Empire: The British Imperial Experience from 1765 to the Present*. London: Basic Books.

Kajiyama, Toshiyuki. (1995). *The Clan Records: Five Stories of Korea*. Translated by Yoshiko Dykstra. Honolulu: University of Hawai'i Press.

Kang, Hildi. (2001). *Under the Black Umbrella: Voices from Colonial Korea*. Ithaca, N.Y.: Cornell University Press.

Kawashima, Ken C. (2009). *The Proletarian Gamble: Korean Workers in Interwar Japan*. Durham, Duke University Press.

Keene, Donald. (1952). *The Japanese Discovery of Europe, 1720–1830*. Stanford, Calif.: Stanford University Press.

Kendall, Laurel. (1996). *Getting Married in Korea: Of Gender, Morality, and Modernity*.

Berkeley: University of California Press.

Kerr, George H. (2000). *Okinawa: The History of an Island People*. Rutland, Vt.: Charles E. Tuttle.

Kido, Takayoshi. (1985). *The Diary of Kido Takayoshi*, vol. 2: *1871–1874*. Translated by Sidney Devere Brown and Akiko Hirota. Tokyo: University of Tokyo Press.

Kim, C. I. Eugene and Kim Hankyo. (1968). *Korea and the Politics of Imperialism, 1876–1910*. Berkeley: University of California Press.

Kim Chŏng-won. "List of 3,090 Pro-Japanese Collaborators Made Public." *Empas News,* http://news.empas.com/print.tsp/20050829n06308 (accessed May 21, 2008).

Kim, Hoi-En. (2013). "Anatomically Speaking: The Kubo Incident and the Paradox of Race in Colonial Korea." In *Race and Racism in Modern East Asia: Western and Eastern Constructions*, edited by Billy K. E. Soh and Madeleine Zelin, 411–430. Leiden: Brill.

Kim, Janice C.H. (2009). *To Live to Work: Factory Women in Colonial Korea, 1910-1945*. Stanford, Stanford University Press.

Kim Kwan Bong. (1971). *The Korea-Japan Treaty Crisis and the Instability of the Korean Political System*. New York: Praeger.

Kim, Richard E. (1998). *Lost Names: Scenes from a Korean Boyhood*. Berkeley: University of California Press.

Kirk, William. (1941– 42). "Social Change in Formosa." *Sociology and Social Research* 26, 10–26.

Ku, Dae-yeol. (1985). *Korea under Colonialism: The March First Movement and Anglo Japanese Relations*. Seoul: Seoul Computer Press.

Kume, Kunitake. (2002). *The Iwakura Embassy, 1871–73, a True Account of the Ambassador Extra-ordinary Plenipotentiary's Journey of Observations Through the United States and Europe*. 5 vols. Edited by Graham Healey and Chūshichi Tsuzuki. Chiba: The Japan Documents.

Kuwabara, Takeo. (1983). *Japan and Western Civilization: Essays on Comparative Culture*. Edited by Katō Hidetoshi, translated by Patricia Murray. Tokyo: Tokyo University Press.

Kwon, Nayoung Aimee. (2015). *Intimate Empire: Collaboration & Modernity in Korea and Japan*. Durham, NC: Duke University Press.

Lamley, Harry. (1970–71). "Assimilation Efforts in Colonial Taiwan: The Fate of the 1914 Movement." *Monumenta Serica* 29, 496–520.

Larsen, Kirk W. (2008). *Tradition, Treaties, and Trade: Qing Imperialism and Chosŏn Korea, 1850–1910.* Cambridge, Mass: Harvard University Asia Center.

Lee, Chong-sik. (1963). *The Politics of Korean Nationalism.* Berkeley: University of California Press.

Lee, Peter H., ed. (1996). *Sourcebook of Korean Literature.* 2 vols. New York: Columbia University Press.

Lehning, James R. (1995). *Peasant and French: Cultural Contact in Rural France during the Nineteenth Century.* Cambridge: Cambridge University Press, 1995.

Lensen, George A. (1959). *The Russian Push toward Japan: Russo-Japanese Relations, 1697–1875.* Princeton, N. J.: Princeton University Press.

Leung, Edwin Pak-wah. (1994). "Li Hung-chang and the Liu-ch'iu (Ryukyu) Controversy, 1871–1881." In *Li Hung-chang and China's Early Modernization*, edited by Samuel C. Chu and Kwang-Ching Liu, 162–75. New York: M. E. Sharpe.

Levine-Rasky, Cynthia, ed. (2002). *Working through Whiteness: International Perspectives.* Albany: State University of New York, 2002.

Lew, Young Ick. (1984). "Yüan Shih-k'ai's Residency and the Korean Enlightenment Movement (1885–94)." *Journal of Korean Studies* 5, 63–107.

Lewis, James. (1985). "Beyond *Sakoku*: The Korean Envoy to Edo and the 1719 Diary of Shin Yu-han," *Korea Journal* (Vol.25. No.11 Nov. 1985) 22-41.

Lewis, James B. (2003). *Frontier Contact Between Chosŏn Korea and Tokugawa Japan.* London: Routledge.

Lewis, Michael. (2000). *Becoming Apart: National Power and Local Politics in Toyama, 1868–1945.* Cambridge, Mass.: Harvard University Press.

Lincicome, Mark. (1995). *Principles, Praxis, and the Politics of Educational Reform in Meiji Japan.* Honolulu: University of Hawai'i Press.

Lomawaima, K. Tsianina. (1994). *They Called It Prairie Light: The Story of Chilocco Indian School.* Lincoln: University of Nebraska Press.

Lone, Stewart. (2000). *Army, Empire and Politics in Meiji Japan: The Three Centers of General Katsura Tarō.* New York: St. Martin's Press.

Long, Ngō Viñh. (1991). *Before the Revolution: The Vietnamese Peasants Under the French.* New York: Columbia University Press.

Macaulay, Thomas Babington. (1999). "Minute Recorded in the General Department by Thomas Babington Macaulay, Law Member of the Governor-general's Council (February 2, 1835)." In *The Great Indian Education Debate: Documents Relating to the Orientalist-Anglicist Controversy, 1781–1843*, edited by Lynn Zastoupil and Martin Moir, 161–73. Surrey, U.K.: Curzon Press.

Mackie, J. D. (1964). *A History of Scotland*. Middlesex, U.K.: Penguin Books.

Marr, David G. (1971). *Vietnamese Anti-Colonialism, 1885–1925*. Berkeley: University of California Press.

———. (1981). *Vietnamese Tradition on Trial, 1920–1945*. Berkeley: University of California Press.

Marshall, Byron K. (1994). *Learning to Be Modern: Japanese Political Discourse on Education*. Boulder, Colo.: Westview.

Maruyama, Masao. (1974). *Studies in the Intellectual History of Tokugawa Japan*. Translated by Mikiso Hane. Tokyo: University of Tokyo Press.

Mattielli, Sandra, ed. (1977). *Virtues in Conflict: Tradition and the Korean Woman Today*. Seoul: Royal Asiatic Society.

Mawani, Renisa. (2002). "'The Iniquitous Practice of Women': Prostitution and the Making of White Spaces in British Columbia, 1898–1905." In *Working through White- ness: International Perspectives*, edited by Cynthia Levine-Rasky, 43–68. Albany: State University of New York.

Mayo, Marlene. (1973). "The Western Education of Kume Kunitake, 1871–76." *Monumenta Nipponica* 28 (Spring): 3–67.

———. (1973). "The Korean Crisis of 1873 and Early Meiji Foreign Policy." *Journal of Asian Studies* 31, no. 4 (Fall): 793–819.

McCormack, Noah. (2002). "*Buraku* Emigration in the Meiji Era—Other Ways to Become 'Japanese.'" *East Asian Studies* 23, 87–108.

McKenna, Theobald. (2000). "A Memoire on Some questions Respecting the Projected Great Britain and Ireland." In *The Catholic Question in Ireland, 1762–1829*, edited by Nicholas Lee . Bristol, U.K.: Thoemmes Press; Tokyo: Edition Synapse.

Minichiella, Sharon A., ed. (1998). *Japan's Competing Modernities: Issues in Culture and Democracy, 1900–1930.* Honolulu: University of Hawai'i Press.

Mitchell, Timothy. (1988). *Colonizing Egypt.* Berkeley: University of California Press.

Moon, Yumi. (2013). *Populist Collaborators: The Ilchinhoe and the Japanese Colonization of Korea, 1906–1910.* Ithaca: Cornell University Press.

Morgan, Prys. (1992). "From a Death to a View: The Hunt for the Welsh Past in the Romantic Period." In *The Invention of Tradition*, edited by Eric Hobsbawm and Terence Ranger, 43–100. Cambridge: Cambridge University Press.

Morris-Suzuki, Tessa. (1998). *Re-inventing Japan: Time, Space, and Nation.* New York: M. E. Sharpe.

Morton, H. V. (1935). *In Search of Scotland.* New York: Dodd, Mead.

Moskowitz, Karl. (1974). "The Creation of the Oriental Development Company: Japanese Illusions Meet Korean Reality." *Occasional Papers on Korea* 2 (March): 73–121.

Murphy, James E. and Sharon M. Murphy. (1987). *Let My People Know: American Indian Journalism.* Norman: University of Oklahoma Press.

Myers, Ramon H. and Mark R. Peattie, eds. (1984). *The Japanese Colonial Empire, 1895–1945.* Princeton, N.J.: Princeton University Press.

Nahm, Andrew C., ed. (1973). *Korea under Japanese Rule.* Kalamazoo: Center for Korean Studies, Western Michigan University.

Nakae, Chōmin. (1984). *A Discourse by Three Drunkards on Government.* Translated by Nobuko Tsukui. New York: Weatherhill.

Nakai, Kate Wildman. (1988). *Shogunal Politics: Arai Hakuseki and the Premises of Tokugawa Rule.* Cambridge, Mass.: Harvard University Press.

Neumann, William L. (1963). *America Encounters Japan: From Perry to MacArthur.* Baltimore, Md.: Johns Hopkins University Press.

Nish, Ian, ed. (1988). *The Iwakura Mission in America and Europe: A New Assessment.* Surrey, U.K.: Japan Library.

Ōkubo, Toshimichi, (1958). "Reasons for Opposing the Korean Expedition," in *Sources of Japanese Tradition*, vol. 2, edited by Ryusaku Tsunoda, Wm. Theodore De Bary, and Donald Keene, 151–55. New York: Columbia University Press.

Ōkuma, Shigenobu and Marcus B. Huish, eds. (1909). *Fifty Years of New Japan.* London:

Smith, Elder.

Oliver, Robert T. (1954). *Syngman Rhee: The Man behind the Myth*. New York: Dodd Mead.

Oxaal, Ivar, Tony Barnett, and David Booth, eds. (1975). *Beyond the Sociology of Development: Economy and Society in Latin America and Africa*. London: Routledge & Kegan Paul.

Pai, Hyung Il. (2000). *Constructing Korean Origins: A Critical Review of Archeology, Historiography, and Racial Myth in Korean State-Formation Theories*. Cambridge, Mass.: Harvard University Press.

Palais, James B. *Politics and Policy in Traditional Korea*. Cambridge: Harvard University Press, 1975.

———. *Confucian Statecraft and Korean Institutions: Yu Hyŏngwŏn and the Late Chosŏn Dynasty*. Seattle: University of Washington Press, 1996.

Palmer, Brandon. (2013). *Fighting for the Enemy: Koreans in Japan's War, 1937-1945*. Seattle: University of Washington Press,.

Park, Albert L. (2015). *Building a Heaven on Earth: Religion, Activism, and Protest in Japanese Occupied Korea*. Honolulu, University of Hawai'i Press.

Park, Induk. (1999). *September Monkey*. New York: Harper & Brothers, 1954.

Park, Soon-Won. (1999). *Colonial Industrialization and Labor in Korea: The Onada Cement Factory*. Cambridge, Mass.: Harvard University Press.

Passin, Herbert. (1982). *Society and Education in Japan*. Tokyo: Kodansha International.

Patterson, Orlando. (1997). *The Ordeals of Integration: Progress and Resentment in America's "Racial" Crisis*. New York: Basic Books.

Peattie, Mark R. (1987). "Introduction." In *The Japanese Colonial Empire, 1895–1945*, edited by Ramon H. Myers and Mark R. Peattie, 3–52. Princeton, N.J.: Princeton University Press.

———. (1987). "Japanese Attitudes toward Colonialism." In *The Japanese Colonial Empire, 1895–1945*, edited by Ramon H. Myers and Mark R. Peattie, 80–127. Princeton, N.J.: Princeton University Press.

———. (1988). "The Japanese Colonial Empire, 1895–1945." In *Cambridge History of Japan*, vol. 6, edited by Peter Duus. 217–70. Cambridge: Cambridge University Press.

Peng, Fred C. C. (1977). "Education: An Agent of Social Change in Ainu Community Life." *The Ainu: The Past and the Present*, edited by Fred C. C. Peng and Peter

Geiser, 178–206. Hiroshima: Bunka.

Peng, Fred C. C. and Peter Geiser, eds. (1977). *The Ainu: The Past and the Present.* Hiroshima: Bunka.

Perry, Commodore M. C. (2000). *Narrative of the Expedition to the China Seas and Japan, 1852–1854.* 1856; Mineola, N.Y.: Dover.

Phillipson, Coleman. (1918). *Alsace-Lorraine: Past, Present, and Future.* New York: E. P. Dutton.

Phillipson, N. T. and Rosalind Mitchison. (1996). *Scotland in the Age of Improvement.* Edinburgh: Edinburgh University Press.

Prendergast, John P. (1996). *The Cromwellian Settlement of Ireland.* 1865; London: Constable.

Prochaska, David. (1990). *Making Algeria French: Colonialism in Béne, 1870–1920.* Cambridge: Cambridge University Press.

Prucha, Francis Paul. (1976). *American Indian Policy in Crisis: Christian Reformers and the Indian: 1865–1900.* Norman: University of Oklahoma Press.

Pyle, Kenneth B. (1969). *The New Generation in Meiji Japan: Problems of Cultural Identity, 1885–1895.* Stanford, Calif.: Stanford University Press.

——. (1974). "Advantages of Followership: German Economics and Japanese Bureaucrats, 1890–1925." *Journal of Japanese Studies* 1 (Fall): 127–64.

——. (1920). *The Making of Modern Japan.* Lexington, Mass.: D.C. Heath, 1996.

Ritter, Richard H. (1920). "Industrial Education in Korea," *North American Review* (October): 524–30.

Roberts, Gwyneth Tyson. (1996). "'Under the Hatches': English Parliamentary Commissioners' View of the People and Language of Mid-Nineteenth Century Wales." In *The Expansion of the English Race: Race, Ethnicity, and Cultural History,* edited by Bill Schwarz, 171–97. London: Routledge.

——. (1998). *The Language of the Blue Books: The "Perfect Instrument of Empire."* Cardiff: University of Wales Press.

Robinson, Michael Edson. (1987). "Colonial Publication Policy and the Korean Nationalist Movement." In *The Japanese Colonial Empire, 1895–1945,* edited by Ramon H. Myers and Mark R. Peattie, 312–46. Princeton, N.J.: Princeton University Press.

——. (1988). *Cultural Nationalism in Colonial Korea, 1920–1925*. Seattle: University of Washington Press.

——. (1998). "Broadcasting in Korea, 1924–1937: Colonial Modernity and Cultural Hegemony." In *Japan's Competing Modernities: Issues in Culture and Democracy, 1900–1930*, edited by Sharon A. Minichiello, 358–78. Honolulu: University of Hawai'i Press.

Rousseau, Jean-Jacques. (1973) *The Social Contract and Discourses*. Translated by G. D. H. Cole. London: Everyman's Library.

Ruedy, John. (1992). *Modern Algeria: The Origins and Development of a Nation*. Bloomington: Indiana University Press.

Ryang, Sonia. (1997). "Japanese Travelers' Accounts of Korea." *East Asian History* 13/14, 133–52.

Sagers, John H. (2006). *Origins of Japanese Wealth and Power: Reconciling Confucianism and Capitalism, 1830–1885*. New York: Palgrave Macmillan.

Said, Edward W. (1979). *Orientalism*. New York: Vintage Books.

Saitō, Makoto. (1920). "A Message from the Imperial Government to the American People: HomeRule in Korea." *The Independent*.167–69.

Salem, Ellen. (1977). "Women Surviving: Palace Life in Seoul after the Annexation." In *Virtues in Conflict: Tradition and the Korean Woman Today*, edited by Sandra Mattielli, 67–98. Seoul: Royal Asiatic Society.

Sansom, George B. (1977). *The Western World and Japan: A Study in the Interaction of European and Asiatic Cultures*. Tokyo: Charles E. Tuttle.

Schleunes, Karl A. (1989). *Schooling and Society: The Politics of Education in Prussia and Bavaria*. Oxford: Berg.

Schmid, Andre. (2002). *Korea Between Empires, 1895–1919*. New York: Columbia University Press.

Schwarz, Bill, ed. (1996). *The Expansion of the English Race: Race, Ethnicity, and Cultural History*. London: Routledge.

Shaarawi, Huda. (1986). *Harem Years: The Memoirs of an Egyptian Feminist (1879–1924)*. Translated by Margot Badran. London: Virago.

Shin, Gi-Wook. (1996). *Peasant Protest and Social Change in Colonial Korea*. Seattle: University of Washington Press.

———. (2006). *Ethnic Nationalism in Korea: Genealogy, Politics, and Legacy.* Stanford, Calif.: Stanford University Press.

Shin, Gi-Wook and Michael Robinson. (1999). *Colonial Modernity in Korea.* Cambridge, Mass.: Harvard University Press.

———. (1999). "Introduction: Rethinking Colonial Korea." In *Colonial Modernities,* edited by Gi-wook Shin and Michael Robinson, 1–20. Cambridge, Mass.: Harvard University Press.

Shin, Yong-ha. (2000). *Modern Korean History and Nationalism.* Translated by N. M. Pankaj. Seoul: Jimoondang.

Siddle, Richard. (1996). *Race, Resistance, and the Ainu of Japan.* New York: Routledge.

Silverman, Dan. (1972). *Reluctant Union: Alsace-Lorraine and Imperial Germany, 1871–1918.* University Park: Pennsylvania State University Press.

Simmons, Andrew, ed. (1998). *Burt's Letters from the North of Scotland.* Edinburgh: Birlinn Limited.

Sims, Richard. (1988). "France." In *The Iwakura Mission in America and Europe: A New Assessment,* edited by Ian Nish, 69–85. Surrey, U.K.: Japan Library.

Smith, Woodruff D. (1978). *The German Colonial Empire.* Chapel Hill: University of North Carolina Press.

———. (1986). *The Ideological Origins of Nazi Imperialism.* New York: Oxford University Press.

So, C. Sarah. (2008). *The Comfort Women: Sexual Violence and Postcolonial Memory in Korea and Japan.* Chicago, Il: University of Chicago Press.

Sowell, Thomas. (1994). *Race and Culture: A World View.* New York: Basic Books, 1994.

Spurr, David. (1993). *The Rhetoric of Empire: Colonial Discourse in Journalism, Travel Writing, and Imperial Administration.* Durham, N.C.: Duke University Press.

State-War-Navy Coordinating Committee. (1992). "Utilization of Koreans in the War Effort (April 23, 1945)." Compiled in *Haebang chŏnhusa charyojip, I: Mi kunjŏng chunbi charyo* (Collection of Historical Documents around the Time of Liberation, I: Materials for Preparation of United States Military Administration), edited by Yi Kilsang, 253–63. Seoul: Wonjumunhwasa.

Stoler, Ann L. (1989). "Rethinking Colonial Categories: European Communities and the Boundaries of Rule." *Comparative Studies in Society and History* 31, no. 1,

134–61.

Tai, Hue-Tam Ho. (1996). *Radicalism and the Origins of the Vietnamese Revolution*. Cambridge, Mass.: Harvard University Press.

Taira, Koji. (1997). "Troubled National Identity: The Ryukyuans/Okinawans." In *Japanese Minorities: The Illusion of Homogeneity*, edited by Michael Weiner, 140–77. London: Routledge.

Takaki, Ronald. (1993). *A Different Mirror: A History of Multicultural America*. Boston: Back Bay Books.

Takekoshi, Yosabureō. (1907). *Japanese Rule over Formosa*. Translation by George Braithwaite. London: Longmans, Green.

Tanaka, Stefan. (1993). *Japan's Orient: Rendering Pasts into History*. Berkeley: University of California Press.

Thongchai, Winichakul. (1994). *Siam Mapped: A History of the Geo-Body of a Nation*. Honolulu: University of Hawai'i Press.

Tipton, Elise K., ed. (1997). *Society and State in Interwar Japan*. London: Routledge.

Toby, Ronald P. (1984). *State and Diplomacy in Early Modern Japan: Asia and the Development of the Tokugawa Bakufu*. Stanford, Calif.: Stanford University Press.

———. (1986). "Carnival of the Aliens: Korean Embassies in Edo-Period Art and Popular Culture." *Monumenta Nipponica* 41, no. 4. 415–56.

Tomiyama, Ichirō. (1998). "The Critical Limits of the National Community: The Ryukyuan Subject." *Social Science Japan Journal* 1, no. 2, 165–79.

Totman, Conrad. (1984). "Ethnicity in the Meiji Restoration: An Interpretive Essay." *Monumenta Nipponica* 37, no. 3 (Spring): 269–87.

Townsend, Susan. (1998). "Yanaihara Tadao and the Irish Question: A Comparative Analysis of the Irish and Korean Questions, 1919–36." *Irish Historical Studies* 30, no.118 (November): 195–205.

———. (2000). *Yanaihara Tadao and Japanese Colonial Policy: Redeeming Empire*. Surrey, U.K.: Curzon Press.

Trevelyan, Charles. (1999)."On the Education of the People of India (1838)." In *The Great Indian Education Debate: Documents Relating to the Orientalist-Anglicist Controversy, 1781–1843*, edited by Lynn Zastoupil and Martin Moir, 281–303.

Surrey, U.K.: Curzon Press.

Trevor-Roper, Hugh. (1992). "The Invention of Tradition: The Highland Tradition of Scotland." In *The Invention of Tradition*, edited by Eric Hobsbawm and Terrance Ranger, 14–42. Cambridge: Cambridge University Press.

Tsunoda, Ryusaku, Wm. (1958). *Sources of Japanese Tradition*. 2 vols. edited by Theodore De Bary and Donald kenne, New York: Columbia University Press.

Tsurumi, E. Patricia. (1977). *Japanese Colonial Education in Taiwan, 1895–1945*. Cambridge, Mass.: Harvard University Press.

———. (1987). "Colonial Education in Korea and Taiwan." In *The Japanese Colonial Empire, 1895–1945*, edited by Ramon H. Myers and Mark R. Peattie, 275–311. Princeton, N.J.: Princeton University Press.

———. (1990). *Factory Girls: Women in the Thread Mills of Meiji Japan*. Princeton, N.J.: Princeton University Press.

Uchida, Jun. (2011). *Brokers of Empire: Japanese Settler Colonialism in Korea, 1876-1945*. Cambridge (Mass), Harvard University Press.

Utsumi, Aiko. (2001). "Korean 'Imperial Soldiers': Remembering Colonialism and Crimes against Allied POWs." In *Perilous Memories: The Asian-Pacific Wars*, edited by T. Fujitani, Geoffrey White, and Lisa Yoneyama, 199–217. Durham, N.C.: Duke University Press.

Vinogradov, Amal. (1974). "French Colonialism as Reflected in the Male-Female Interactions in Morocco." *Transitions of the New York Academy of Sciences* 36, no. 2 (February): 192–99.

Wakabayashi, Bob Tadashi. (1991). *Anti-Foreignism and Western Learning in Early Modern Japan: The New Theses of 1825*. Cambridge, Mass.: Harvard University Press.

Walker, Brett L. (2001). *The Conquest of Ainu Lands: Ecology and Culture in Japanese Expansion, 1590–1800*. Berkeley: University of California Press.

Wattenberg, Ulrich. (1988). "Germany: An Encounter Between Two Emerging Countries." In *The Iwakura Mission in America and Europe: A New Assessment*, edited by Ian Nish, 109–22. Surrey, U.K.: Japan Library.

Weber, Eugen. (1976). *Peasants into Frenchmen: The Modernization of Rural France, 1870–1914*. Stanford, Calif.: Stanford University Press.

Weiner, Michael, ed. (1997). *Japanese Minorities: The Illusion of Homogeneity*. London: Routledge.

Wells, Kenneth M. (1990). *New God, New Nation: Protestants and Self-Reconstruction Nationalism in Korea, 1896–1937*. Honolulu: University of Hawai'i Press.

Williams, Glanmor. (1979). *Religion, Language, and Nationality in Wales*. Cardiff: University of Wales Press.

Wilson, H. H. (1999). "Letter to the *Asiatic Journal* concerning the 'Education of the Natives of India' (December 5, 1835)." In *The Great Indian Education Debate: Documents Relating to the Orientalist-Anglicist Controversy, 1781–1843*, edited by Lynn Zas-toupil and Martin Moir, 205–24. Surrey, U.K.: Curzon Press.

Withrington, Donald J. (1996). "Education and Society in the Eighteenth Century." In *Scotland in the Age of Improvement*, edited by N. T. Phillipson and Rosalind Mitchison, 169–99. Edinburgh: Edinburgh University Press.

Wolpe, Harold. (1975). "The Theory of Internal Colonialism: The South African Case." In *Beyond the Sociology of Development: Economy and Society in Latin America and Africa*, edited by Ivar Oxaal, Tony Barnett, and David Booth, 229–52. London: Routledge & Kegan Paul.

Yecies, Brian and Ae-Gyung Shim. (2011). *Korea's Occupied Cinemas, 1893-1948: The Untold History of the Film Industry*. New York, Routledge.

Yi, Pangja. (1973). *The World Is One: Princess Yi Pangja's Autobiography*. Translated by Kim Suhkyu. Seoul: Taewon.

Yi, T'ae-jin. (2007). *The Dynamics of Confucianism and Modernization in Korean History*. Ithaca, N.Y.: East Asia Program, Cornell University.

Yim, Louise. (1959). *My Forty Year Fight for Korea*. Seoul: Chungang University.

Yoo, Theodore Jun. (2008). *The Politics of Gender in Colonial Korea: Education, Labor, and Health, 1910–1945*. Berkeley: University of California Press.

Young, Louise. (1998). *Japan's Total Empire: Manchuria and the Culture of Wartime Imperialism*. Berkeley: University of California Press.

Yun, Ch'iho. (1986). *Yun Ch'iho ilgi* (Yun Ch'iho Diaries). Seoul: Kuksa p'yŏnch'an wiwŏnhoe.

Zastoupil, Lynn and Martin Moir, eds. (1999). *The Great Indian Education Debate: Documents Relating to the Orientalist-Anglicist Controversy, 1781–1843*. Surrey,

U.K.: Curzon Press.

Zureik, Elia T. (1979). *The Palestinians in Israel: A Study of Internal Colonialism.* London: Routledge & Kegan Paul.

日本語の新聞・雑誌

朝鮮
朝鮮公論
朝鮮及満州
朝鮮新聞
京城日報
日本及日本人
台湾今日海保
台湾日日新報
太陽
東京朝日新聞
東京経済新聞
ツーリスト
万朝報

朝鮮語の新聞・雑誌

慶南日報
毎日申報
東亜日報
新人間

英語の新聞・雑誌

Independent

Japan Times

Korea Daily News

Korea Times

North Wales Times

San Francisco Chronicle

Seoul Press

The Nation

索 引

あ

アーレント, ハンナ（Hannah Arendt）
　20, 24-25

愛国婦人会　151, 196

アイヌ　19, 41, 101, 121-27, 129,
　133-36, 147, 150, 153, 159, 178,
　348, 359

アイルランド　14, 17, 19, 29, 49,
　62-63, 66-70, 84, 88-91, 95, 96,
　158-61, 192, 306-307, 309, 318,
　347-48, 357

青柳綱太郎　209

赤木亀一　211

明石元二郎　162

旭邦生　160

安倍能成　282

天照大神　159

アメリカ　14, 29, 37, 46, 49, 58,
　64-65, 69, 78-79, 84, 86, 358

新井白石　164

荒川五郎　173

アラブ　54

アルザス・ロレーヌ　14, 29, 38, 49,
　54, 63, 69, 76, 92, 143, 158, 223,
　359

アルジェリア　14, 29, 38, 49, 51,
　54-57, 69, 74, 86, 92, 94, 106, 132,
　223, 336, 342, 359

アンダーソン, ベネディクト（Bennedict
　Anderson）22

安昌男（アン・チャンナム）300

い

李元植（イ・ウオンシク）196

李垠（イ・ウン）240-41

李基燦（イ・ギチャン）327

イギリス（英国）14, 16, 18, 21, 46-47,
　50, 57-63, 70, 72, 88-96, 116, 144,
　223, 286, 333, 344;

　　同化政策　21, 38, 49, 50, 62,
　　　66-68, 82-85, 158, 161,
　　　306-307, 318, 346-48, 357,
　　　359;

　　とインド　59-62, 180, 204, 308;

　　と日本　103-106, 116, 134, 138,
　　　141, 206, 208, 316

イスラム教徒　53-56, 61, 75, 86, 89

イスラム人民　92

李升雨（イ・スンウ）265, 326, 340

伊勢神宮　334

イタリア　14, 23, 25, 46-47, 49, 54

李正熙（イ・チョンヒ）272

伊藤博文　14, 115, 138, 181, 197,
　223, 240, 317

犬養毅　226

井上馨　128

伊波普猷　133-34

李容植（イ・ヨンジク）196

李永淳（イ・ヨンスン）320

岩倉使節団　14, 46, 48, 80, 102-120,
　138

岩倉具視　111, 130, 142

岩佐善太郎　210

李完用（イ・ワニョン）317

岩野泡鳴　125

仁川（インチョン）200, 244

インド　17, 59-62, 70, 91, 93-94,
　172, 180, 204, 307-308

う

ウィルクス，ジョン（John Wilkes）85

ウィルソン，ウッドロウ（Woodrow
　Wilson）96, 211, 306

ウィルソン，ヘンリー（H.H. Wilson）
　60

ウェールズ　17, 21, 29, 38, 49,
　62-63, 67, 88-91, 94-97, 159, 161,
　346-48, 357, 359

ウォルペ，ハロルド（Harold Wolpe）
　21

元山（ウォンサン）244

宇垣一成　251-53

浮田和民　158

宇佐美勝夫　162

え

英国（→イギリス）

衛生学　144

エジプト　17, 56, 93-95, 172

蝦夷　120-21

海老名弾正　157-59

エルヴェシウス，クロード・アドリ
　アン（Claude Adrien Helvetius）
　50-51

袁世凱　34

お

大井憲太郎　34

大内武次　283

大久保利通　107

オーストラリア　17, 100

オーストリア　106

オーストリア・イタリア条約（1866）
　140

大野伴睦　358

大野緑一郎　257, 262

沖縄（琉球）15, 17, 31-33, 41, 49,
　100-101, 103, 120-121, 122,
　126-36, 138, 141-2, 146, 148, 153,
　160, 246

隠岐の島　220

玉訓喆（オク・スンチョル）311

奥平武彦　281

長田かな子　290

オズボーン，ヘンリー・Z.（Henry Z.
　Osborne）208

温突（オンドル）311

か

カーク，ウィリアム（William Kirk）149

カークウッド,モンテーグ（Montague Kirkwood）138–41

カーディフ（Cardiff）95

学制（1872）112, 114, 186

学問的植民地主義　53, 60, 140, 145

カサヤマ・ヨシキチ　344

梶山季之　237, 285

家族主義　332

賀田直治　263

学校　22, 27 ;

日本　32, 112, 114–15, 340;

アイヌ・沖縄人　122–24, 129;

台湾　147–48;

朝鮮　156, 162, 174–86, 193, 197–98, 224, 230–39, 224, 230–39, 244, 254–59, 285, 287, 290, 298, 301–307, 310–11, 319, 328, 334, 336, 342, 352–53, 360–61

加藤清正　166

加藤政之助　125

樺山資紀　142

鎌倉時代　170

鎌田栄吉　233

鎌塚扶　254

紙芝居　273

樺太（Sakhalin）32, 161

ガリエニ, ジョセフ（Joseph Gallieni）52

カリフォルニア州（California）140

姜宇奎（カン・ウギュ）227

ガンジー , マハトマ（Mahatma Gandhi）308

き

貴族旅行　196–98

北アフリカ会議　47

北アフリカの星　92

喜田貞吉　159, 219, 348

北朝鮮　294, 315, 330, 345

喜多章明　126

君が代　210, 255

金玉均（キム・オッキュン）34

金嘉鎮（キム・カジン）317

金性洙（キム・ソンス）175, 245

金季洙（キム・ヨンス）175

金榮漢（キム・ヨンハン）196

九州　106, 131, 190, 209, 212, 221, 284, 349, 359

『教育界』177

教育者精神作興記念日　274

教育勅語　29, 116, 184

行幸　117

共産主義　260, 325

京都帝国大学　175

教練　236

『慶南申報』（キョンナムシンボ）197

キリスト教　65, 74, 157, 207, 274, 303–304

近親婚　134

キンバリー , ジョン・ウッドハウス（John Wodehouse Kimberly）70

く

クーザン , ヴィクトール（Victor Cousin）72

グナイスト , ルドルフ・フォン（Rudolf von Gneist）116

久邇宮邦彦　240

久保武　171

久米邦武　46, 48, 103

グラント , ユリシーズ・S.（Ulysses S. Grant）128-29

黒板勝美　220

黒田清隆　122

軍事規則　202

け

警官　153, 182, 204

警察　145, 147, 153, 197, 202, 228, 230, 260, 264, 299, 301, 309

京城（ソウル）10, 35, 93, 157, 165, 171, 195, 196, 198, 204, 213, 226, 237, 244, 285, 308, 327

京城帝国大学　252, 281, 342, 352

『京城日報』188, 198

京城紡績会社　176

慶長時代　128

『霓のなか』237

景福宮（キョンボックン）199

結婚　30, 133, 135, 162, 194, 202, 240, 260, 264, 266, 277, 290, 292, 297, 310, 312, 324, 354

ゲルナー , アーネスト（Earnest Gellner）22

ケルト民族　18, 21, 62, 82, 358

原子爆弾　345

原住民身分法　54

源平合戦　170

憲兵隊　229, 288

元禄時代　170

こ

小磯國昭　280

甲午改革　36

甲申政変　34

興宣大院君　36

皇民化　19, 38, 129, 261

公民教育　253-55, 266,268

古賀廉造　304

国外植民地　14, 24, 26-29, 57, 66, 70, 81, 91, 138, 157, 205, 340, 359

国際連盟　207

国体　114, 148, 180, 201, 258, 323

国民皆兵制度　12, 113, 270

国民学校　267

『國民新聞』137

高宗（コジョン）36, 197, 240

戸籍法　130, 264, 324

国会　20, 50, 64, 130, 135, 136, 219, 226, 245, 357, 359

後藤和子　151

後藤新平　143-46, 151-52

米騒動　204, 225

『コリアン・デイリー・ニュース』（Korean Daily News）181, 189, 350

索引　397

コンドルセ, ニコラ・ド（Nicora de Condorcet）51

さ

『ザ・インディペンデント』（The Independent）239

『ザ・カラード・アメリカン・マガジン』（The Colored American Magazine）86

『ザ・ネーション』（The Nation）77, 78

サイード, エドワード（Edward Said）28

サイゴン　57

齋藤實　188, 204, 222-32, 234, 239, 240, 242-43, 244, 251, 252, 300, 302

サウス・ケンジントン博物館　104

佐久間左馬太　152

鎖国政策　30, 31

笹川臨風　222

札幌農学校　123

薩摩藩　25, 110, 127

サロー, アルベール（Albert Sarraut）75

釋尾旭邦　356

沢柳政太郎　233

三一運動（朝鮮独立運動）16, 41, 205, 207, 210, 213-14, 220-24, 229, 247, 299, 303, 317, 318

参加　117;

　旅　33, 48, 80, 149-50, 308-309;

戦争　54, 94, 256, 259, 286;

政治　62, 91, 97, 157, 194-200, 239-46, 254-55, 357-58;

社会 93, 239-46;

教育　146, 176, 236, 258, 274, 278-8, 284;

参加, 内鮮一体　262-66, 316, 322-29;

参加, 反日　303, 321

産業政策　264

参勤交代　108

参考書　256-66

三国干渉　138

三国時代　331

し

ジェームズ三世（King James III）63

塩原時三郎　265, 279, 291

マッケナ, シオボールド（Theobald McKenna）68

志願兵　9, 174, 256, 266, 276, 324

『時代日報』271

柴田善三郎　233

ジム・クロウ法（Jim Crow Laws）66, 86

下関条約　142

下村宏　263

社会進化論　20, 51, 60, 215, 336

ジャパン・タイムズ（Japan Times）150, 242

自由党　34

周辺植民地支配　14, 25

儒教　10, 36, 141, 178, 333

朱子学　165

シュタイン, ローレンツ・フォン
　（Lorenz von Stein）116

ジュネーブ海軍軍縮会議（1927）
　252

小学校教員心得　114

尚泰王　128

尚寧王　127-31

昭和天皇　242, 273

女性　86, 89, 93, 112, 133, 151, 152,
　172, 182-83, 238-40, 264, 268,
　272, 290, 303, 310-12, 323, 324

ジョナール, シャルル（Charles
　Jonnart）55

新羅　313, 331

白鳥庫吉　160

清国　34, 128, 136

神社　194, 199-201, 220, 254,
　256-57, 274, 278, 290, 326, 335

紳士遊覧団　33

人種分離　82

神道　131, 163, 186, 274, 333

親日派　10-11, 266, 303, 315, 336,
　343, 346, 351, 355

『新人間』271

新聞　16, 57, 75, 97, 117-18, 149,
　187-90, 199-201, 220, 241-42,
　271, 299

臣民　15, 28, 32, 40, 110, 112, 114,
　116, 119, 122, 139, 148, 153,
　156-57, 161-62, 177, 178-79, 180,

　183, 184, 192, 199, 205, 215, 222,
　245, 258, 260-61, 265-66, 271,
　275-77, 280, 295, 322-23, 326,
　329, 334, 341, 344, 353, 354, 359,
　362

神武天皇　106

神話　86, 88, 106, 186

す

明倫公立簡易農業学校　235

スコットランド　14, 17, 21, 29, 49,
　63, 66-67, 82-85, 89-90, 96, 158,
　346-48, 357, 359

スコットランド高地大反乱（1745）
　67

スチュワート, チャールズ・エド
　ワード（Charles Edward Stuat）67

ストッフェル, ユージーン（Eugene
　Stoffel）72

純宗（スンジョン）196, 217, 240-43,
　248, 257

せ

『西域物語』107

清家彩果　170

青年アルジェリア人（Jennes Algerians）
　54, 56, 92, 336

青年団　149, 259

政友会　102

『世界之日本』102

セネガル　52-53

戦国時代　141

『先住民族トリビューン』57

全朝愛国班　277

そ

徐椿（ソ・チュン）13

徐相勛（ソ・サンフン）196

増上寺　242

ソウル（→京城）

『ソウル・プレス』（Seoul Press）163,
181-82, 188, 196

即位式　132, 194-95, 201, 273

孫基禎（ソン・キジョン）321, 333

孫秉熙（ソン・ピョンヒ）317

た

タイ　48

大アジア主義　34

第1次世界大戦　25, 46, 75, 80, 92,
94, 96, 204, 216

大インド教育論争　59

大英博物館　104

大正天皇（時代）126, 204, 200-01,
240

大正天皇皇后　240

大喪儀　132

怠惰　80, 83, 84, 162, 168, 354

大東亜共栄圏　12

第2次世界大戦　66

『大日本教育雑誌』132

台北国立大学　149

『太陽』158

台湾　14-15, 17, 30, 32, 38, 46, 50,

97, 100, 102, 124, 127, 128, 130,
132, 136-53, 161, 186, 223-24,
287, 336, 348-49, 358

台湾出兵　128

台湾同化会　152, 336

『台湾日日』152

台湾民主国　143

田内千鶴子　290, 354

高橋亀吉　253

高良隣徳　132

田川常治朗　264

竹越與三郎　102, 137

武部欽一　254

畳　311

田中義一　225

田中浩造　269

ダランベール, ジャン・ル・ロン
（Jean-le-Rond D'Alembert）51

檀君（タングン）300

ち

治安維持法　250

済州島（チェジュド）356

チェロキー族　90

崔晩達（チェ・マンダル）318

チャタルジー, パルタ（Partha
Chatterjee）22

朱耀燮（チュ・ヨソプ）300

『中央公論』223, 263

中国・中国人　46, 108, 120, 156,
293, 305-306, 342;

と台湾　14, 136-46;

と朝鮮　34, 48, 93, 133, 220, 239, 250, 297, 322, 328, 331;

と日本・戦争　35, 48, 75, 119, 253, 319, 350;

中国人　101, 133, 172, 222, 250, 259, 312, 323, 332;

と琉球と　129, 135

『中央日報』231

曹秉相（チョ・ピョンサン）9-13, 42, 251, 286, 316, 340

朝貢関係　128

徴税　68, 111, 122, 127

『朝鮮』9, 220, 231, 243, 244, 279, 286

『朝鮮医学会雑誌』171, 172

『朝鮮及び満州』171

朝鮮化・ヨボ化　356

朝鮮教育令　184, 232

『朝鮮教育』233

『朝鮮公論』218

朝鮮参政審議会　245

朝鮮商工会議所　263

朝鮮人巡査補　230

『朝鮮新聞』163

朝鮮独立運動（三一運動）206, 314

朝鮮放送協会　273

朝鮮ホテル　12, 199, 244

崔南善（チェ・ナムソン）271

崔麟（チェ・リン）323, 326

『朝鮮日報』189, 230

鍾路（チョンノ）237-38

つ

『ツーリスト』（Tourist）170

対馬　32, 165

て

逓信局　273

デニソン, ヘンリー・ウィラード（Henry Willard Denison）140

寺内正毅　176, 184, 225, 271

寺子屋　113, 179

天孫族　159

天道教　271, 317

天皇誕生日　196, 198, 200

と

ドイツ　14, 16, 25, 46-47, 49, 60, 63-70, 76-77, 92, 96-97, 104, 106-107, 108, 138, 140, 143, 158, 216, 223, 268, 359

『東亜日報』143, 156, 157, 197, 243

同化会（台湾）152, 336

『東京朝日新聞』157, 197, 243

東京開拓使仮学校　122

『東京日日』117

東京平和博覧会（上野公園, 1922）151

東北　190, 209, 221, 284, 349, 359

戸川昭夫　356

トクヴィル, アレクシ・ド（Alexis de Tocqueville）74

徳川幕府　31, 32, 48, 101, 102, 107-108, 111, 120-21, 127, 143,

索　引　401

158, 164, 166, 243

徳富蘇峰　137

独立運動（→三一運動）

『独立新聞』（The Independent）356-57

富永文一　227

富山県　110, 119

豊臣秀吉　131, 142, 166

トライチュケ, ハインリッヒ・フォン（Henrich von Treitchke）69

鳥賀羅門　172

鳥山喜一　282

奴隷　64, 69, 78, 80, 85-86, 127, 213, 290, 312

トレヴェリアン, チャールズ（Charles Trevelyan）59

トンキン（ベトナム）52

な

内国植民地主義　14-15, 17-30, 32, 40, 47-49, 56, 58, 64, 68-69, 71, 77, 80-81, 87, 93, 97, 100, 102, 111, 174, 246, 250. 329, 340, 354, 359

内鮮一体　11, 12, 16, 250, 255-66, 266-278, 280, 284, 289-91, 297, 316, 321-330

内鮮聯合教育大会　234

中島基次郎　173

中西伊之助　253, 252

中村生　254

梨本宮方子　240-41

梨本宮守正　240

ナトルプ, ルートヴィヒ（Ludwig Natorp）71

南山（ナムサン）198-99

難波可水　169, 237

に

二・二六事件　226

日英同盟（1902年）140

日露戦争　140, 317

日清戦争　30, 35, 100, 136

日朝修好条規　33, 34

新渡戸稲造　142, 167, 217, 348

『日本行脚文集』170

『日本及日本人』169, 209

日本語（国語）32, 110, 115, 116;
　日本語教育　29, 115, 271;
　アイヌ人と　122, 124;
　沖縄人と　129-30;
　台湾人と　147-49;
　朝鮮人と　160‐61, 174‐75, 177-78, 181-92, 194, 197, 221, 228, 236, 256, 258-59, 263-65, 268, 271, 272, 275, 288, 290, 330, 334, 336, 341, 353;
　日本語メディア　170, 209, 264, 273, 317;
　朝鮮語と比較　181;
　朝鮮人の進歩　290, 334, 341, 353

『日本書紀』130-31

ニューメキシコ　140, 208

ね

ネイティブ・アメリカン　26, 29, 49, 58, 64-65, 78-79, 84, 91, 103, 181

の

ノース・ウェールズ・タイムズ　94

ノリス，ジョージ・W.（George W. Norris）207

は

ハースマン，ヒュー・S.（Hugh S. Hershman）309

バート，エドムンド（Edmund Burt）83

バート・ジョセフ（Joseph Chailley-Burt）47

ハームズワース，セシル（Cecil Harmsworth）208

朴齊純（パク・チェスン）196

朴重陽（パク・チュンヤン）326-27

博物館　28, 103-104, 219, 258

朴景嬉（パク・キョンヒ）272

長谷川好道　224-25

ハミルトン，アンガス（Angus Hamilton）35

林董　158

速水滉　281

原象一郎　172

原敬　81, 206, 222-31, 233, 304, 321, 327, 340, 347, 351, 360

ハーリド，エミール（Emir Khaled）56, 58

韓圭復（ハン・キュフク）323

韓相龍（ハン・サンニョン）264

韓胤（ハン・ユン）318-19

ひ

ビスマルク，オットー・フォン（Otto von Bismarck）106-107, 144

ヒュン，ピーター（Peter Hyun）296

玄永燮（ヒョン・ヨンソプ）279-80, 297, 330-36, 340

平壤（ピョンヤン）161, 200, 222, 235, 244

ビルマ　17

ヒンドゥー主義　59

ふ

ファノン，フランツ（Franz Fanon）30, 80, 336

ブイ・クァン・チェウ（Bui Quang Chieu）56-58

フィンランド人　158

フェリー，ジュール（Jules Ferry）73, 116

福澤諭吉　33, 34, 108-109, 112, 144

藤崎済之助　141-42, 146, 151

藤田九皐　304

『婦人公論』133

仏教　131, 332-33

福建省　136

船田享二　269, 281

不平等条約　108, 138

普仏戦争　63, 69, 70, 72

索引　403

プラット , リチャード・H.（Richard H. Pratt）64, 79

フランクフルト条約（1871）140

フランス　14, 17, 47, 52-53, 94, 96, 97, 104-106, 116, 136, 344-45;
  同化政策論　18, 20, 50-51, 66, 215;
  アルジェリア　29, 38, 46, 51, 54-57, 69, 92, 132, 211, 223, 342, 359;
  内国植民政策　58, 62;
  ドイツと　71-72;
  教育改善　73;
  ベトナム　74-75;
  アルザス、ロレーヌ　96;
  フランス語　110, 114;
  日本と　115, 138, 139, 140;
  フランス革命　160
  フランス憲法　51

古い同盟関係（1295）67

プロイセン　25, 29, 38, 47, 58, 64, 71-72, 105, 106

プロテスタント　347

文化政治　204, 214, 217, 222-31, 247, 300

文藝春秋　280

へ

米国　21, 26, 29, 33, 35, 37, 39, 47, 49, 63-65, 68-69, 72, 77-80, 97, 103, 138, 140, 144, 172, 181, 207-208, 211, 226, 280, 294, 308,

316, 321, 331, 342, 345, 359

米国議員団　308-09

米国南北戦争　14, 49, 64-65, 69

米国の黒人　21, 26, 29, 49, 64-65, 69, 77-80, 83-86, 103, 105, 181, 212, 321, 359

伯河許（ベク・ハホ）272

ベッカム大主教　84

ベトナム　53, 56-58, 74-76, 92, 94, 342, 359

ペリー , マシュー・C.（Matthew C. Perry）102

ベルギー　47

ヘルバルト , ヨハン・フリードリヒ（Johann Friedrich Herbart）268

ベルベル人　54

ベルリン・オリンピック（1936）321, 333

ベルツ , エルヴィン・フォン（Erwin von Baelz）109

ほ

澎湖諸島　136

許璉（ホー・チン）196

ホーチミン（Ho Chi Minh）92

ホーチミン市　57

ポーツマス条約　140

ポーランド　158

細井肇　211-15

北海道（蝦夷）17, 31-33, 101, 120-26, 147, 246, 345

ホッブス , トーマス（Thomas Hobbes）

50

穂積重遠　220

ホブズボーム，エリック（Eric
　　Hobsbawm）38, 46

堀尾石峰　180

洪禹載（ホン・ウジェ）164

洪基璦（ホン・キウォン）312

本多利明　101

本町（ソウル）198, 327

ま

『毎日申報』12, 179, 182, 187-201,
　　271-72, 299, 323, 351

マスペロ，ジョルジュ（Georges
　　Maspero）57

マダガスカル　52

松浦静山　164

マラヤ半島　70

マルタ　54

満州（国）33, 119, 156, 161, 219,
　　258, 260, 305, 307, 322, 328, 348,
　　358

満州事変　10, 252-53, 276, 281, 297,
　　316, 323, 341

『万葉集』331

み

水野錬太郎　226, 228, 247

御手洗辰雄　280

三越百貨店　199

三土忠造　179-80

三橋孝一郎　264

南アフリカ　17, 21

南次郎　250, 261, 262, 277

源為朝　131

宮本元　264

ミラー，ランズフォード（Ransford
　　Miller）226

ミルラン，アレクサンドル（Alexandre
　　Millerland）56

閔宗植（ミン・ジョンシク）196

民籍法　229

民族主義　70, 91-93, 247, 300, 325

『民族と歴史』159

閔妃（ミンビ）296

む・め

無政府主義者　330

明治維新　32, 37, 101, 103, 110, 115,
　　120, 123, 296, 330, 331

明治時代　31, 32, 38, 100, 109-110,
　　112-114, 117, 120-36, 158, 163,
　　168, 179

明治天皇　130, 132, 147, 189, 196,
　　200-201, 227, 239, 274, 318

メス　69

メディア　90, 112, 116, 118, 187-88,
　　195, 201, 202, 206, 231, 257, 259,
　　270-71, 275, 285, 295, 303, 310

も

モートン，H.V.（H, V. Morton）82

勿来關人　133

森有禮　116

モルガン , トーマス（Thomas Morgan）
79
モロッコ 89
文部省 113, 124

や

屋久島 130-31
靖国神社 257
矢内原忠雄 216-27, 247
山縣有朋 33, 132, 136, 225, 350
山縣伊三郎 162
山崎巌 265
山路愛山 168
大和民族 132, 159

ゆ

湯浅克衛 287-88, 292
湯浅倉平 242
ユダヤ人 54
尹致昊（ユン・チホ）12, 207, 271,
274, 303, 316

よ

呂運亨（ヨ・ウニョン）303-306
遥拝 132, 200, 255
吉野作造 216, 247, 251, 304
『読売新聞』117

ら・り

ラッセル , バートランド（Bertrand
Russell）332
リ , ロバート・E.（Robert E. Lee）84

リコンストラクション期
（Reconstruction）64-65, 77, 78, 80,
84-85, 103
リスト , フリードリッヒ（Friedrich
List）47
遼東半島 139-40
『琉球新報』130
旅行 149, 150, 168-70, 187, 196-98,
220-22, 231, 241, 342

る

ル・ボン , ギュスターヴ（Gustave Le
Bon）52
ルイス , ジョー（Joe Louis）321
ルイス , ジョージ（George Lewis）90
ルーズベルト , セオドア（Theodore
Roosevelt）35
ルソー , ジャン・ジャック（Jean-
Jacques Rousseau）51
ルボン・ミッシェル（Michel Lubon）
139-40

れ

レーニン , V. L.（Vladimir. L. Lenin）
92
連合 17, 23, 63, 66, 85, 359

ろ

ロイズ , ウィリアム・M.（General
William M. Royds）206
労働（労働者）29, 54, 84, 92, 94, 117,
133, 160, 168, 184, 204, 252, 261,

290, 292, 304, 313

ローマ帝国　50

盧溝橋事件　11, 250, 257, 271, 274,
290, 320, 330

ロシア（ソ連）15, 35, 46, 48, 75, 100,
104, 108, 120-21, 123, 136, 138,
158, 172, 212, 239, 306, 345, 350

ロック , ジョン（John Locke）50

ロックヒル , ウィリアム（William
Rockhill）35

ロレーヌ（→アルザス・ロレーヌ）

ロンドン万国博覧会（1910）150

わ

わかもと　272

早稲田大学　175, 288

〈著者紹介〉

マーク・カプリオ（Mark Caprio）

1957 年生まれ。

2001 年ワシントン大学博士号取得（朝鮮史）

現在、立教大学異文化コミュニケーション学部教授。

主な著作

『アメリカの対日占領政策とその影響——日本の政治・社会の転換』（共編著、明石書店、2004 年）、『近代東アジアのグローバリゼーション』（編、明石書店、2006 年）、"Japan as the Occupier and the Occupied"（共編、Palgrave Macmilan、2015 年）

〈訳者紹介〉

福井昌子（ふくい・しょうこ）

企業勤務、英国留学を経て、現在、翻訳家。

訳書

『値段と価値』（ラジ・パテル、作品社、2019 年）、『ヘイトクライムと修復的司法』（マーク・オースティン・ウォルターズ、明石書店、2018 年）、『相互扶助の経済』（テツオ・ナジタ、みすず書房、2015 年）、『オルガスムの科学』（バリー・R・コミサリュック他、作品社、2014 年）ほか。

植民地朝鮮における日本の同化政策　1910～1945 年

クオン人文・社会シリーズ

2019 年 6 月 30 日　初版第 1 刷発行

著者 ………………… マーク・カプリオ

翻訳 ………………… 福井昌子

発行人 …………… 永田金司　金承福

発行所 …………… 株式会社クオン

　　　　　　　　　〒 101-0051　東京都千代田区神田神保町 1-7-3 三光堂ビル 3 F

　　　　　　　　　電話：03-5244-5426 ／ Fax：03-5244-5428

編集 ………………… 黒田貴史

組版 ………………… 菅原政美

ブックデザイン … 桂川 潤

URL http://www.cuon.jp/

ISBN 978-4-904855-87-4 C0022

万一、落丁乱丁のある場合はお取り替えいたします。小社までご連絡ください。